独角兽网校®
www.dujiaoshou.cn

独角兽法考应试宝典

商法·经济法

独角兽网校◎组编　李文涛◎编著

中国政法大学出版社

2022·北京

图书在版编目（ＣＩＰ）数据

独角兽法考应试宝典：全八册/独角兽网校组编. —北京：中国政法大学出版社，2022.3
ISBN 978-7-5764-0381-7

Ⅰ. ①独…　Ⅱ. ①独…　Ⅲ. ①法律－中国－资格考试－自学参考资料　Ⅳ. ①D920.4

中国版本图书馆CIP数据核字(2022)第042734号

出　版　者　　中国政法大学出版社

地　　　址　　北京市海淀区西土城路25号

邮寄地址　　北京 100088 信箱 8034 分箱　邮编 100088

网　　　址　　http://www.cuplpress.com（网络实名：中国政法大学出版社）

电　　　话　　010-58908285(总编室) 58908433（编辑部）58908334(邮购部)

承　　　印　　保定市中画美凯印刷有限公司

开　　　本　　787mm×1092mm　1/16

印　　　张　　185

字　　　数　　3840 千字

版　　　次　　2022 年 3 月第 1 版

印　　　次　　2022 年 3 月第 1 次印刷

定　　　价　　485.00 元（全八册）

PREFACE 前　言

一、商经法在法律职业资格考试中的重要性

在改制法考之后，商法经济法在法考各个部门法中的考查比例更加突出。商经法在客观卷的分值有 58～63 分左右，在主观卷的分值有 27～28 分左右。其中，2018 年：客观 58 分，主观 28 分；2019 年：客观 63 分，主观 27 分；2020 年：客观 58 分，主观 28 分；2021 年：客观 58 分，主观 29 分。[1] 随着市场经济的深入发展，商法、经济法会越来越受到重视，考查会越来越深入，越来越细致。

二、复习方法和学习方法

法律职业资格考试，是一种应试型的考试，考生学习的目标与教师授课的目标是一致的，就是无限接近并把握命题的思想与规律。为了实现这一目标，我们必须借助正确、有效的学习方法，合理运用各种复习材料。就商经法的复习来说，可供利用的复习资料有四个，即历年真题、基础理论讲义、法条与模拟题。充分、有效地利用上述材料，是我们复习好商经法的基本保证。

（一）复习方法

1. 合理利用历年真题。很多考生在复习过程中不重视历年真题的研究，只是把历年真题作为检测自己复习效果的试金石，从而习惯性地把真题放到每年考试之前的一个月内进行自我测验。这种对真题的利用极不充分，根本没有发挥出真题的价值。如果做真题只关注是否做对、是否记住了真题的答案，哪怕做了 100 次，也是没有效果的。历年真题是集中体现命题思想和规律的材料，是考生复习当中最重要的材料之一。同时，历年真题也是检验讲义、辅导书的观点是否适合司法考试（现法考）的标准。从考生开始准备复习参加司法考试（现法考），到最终走上考场，整个复习过程都要运用历年真题，所以真题的利用是循环进行的，任何阶段的复习过程，都需要利用真题，在不同的复习阶段，考生研究真题的效果也不一样。将来的法律职业资格考试将会与驾照考试中的交规考试相类似，采取题库考试模式，历年真题的重要性不言而喻。

---

[1]　由于司法部在 2018 年后不再公布法考考试真题，因此商法经济法的考查分值统计来源于学员考试回忆整理，并不是准确的分值统计。

2. 重视法条。商经法包含众多的部门法，里面包含大量的法律条文，法律职业资格考试对于商经法的考查也大多基于法条来设计题目，经济法体现得更为明显。法条是法考命题的最基本的依据。因此，对法条的掌握也是一件非常重要的工作，尤其是一些新颁布或修改的法条及司法解释，将成为每年考试的考点集中地。

3. 掌握商经法基本概念、基本原理、基础知识，进行体系化构建。在理论提高阶段主要是夯实理论基础，通过民法原理学习商经法，搭建起一个大的框架体系图。比如商法可以从大的方面分为主体法和行为法，主体法中包含了企业破产法、公司法、合伙企业法、外商投资法、个人独资企业法；行为法中包含了票据法、保险法、证券法；以及兼具主体与行为双重特征的海商法。经济法类可以从市场规制法、宏观调控法这样大的方面将其中的部门法进行分类。这样建立起一个大的框架，有助于掌握商经法所含的所有部门法。

在各个部门法以及各个具体制度的复习过程中也要刻意进行这样一个体系化的构建，比如主体法，可以按照主体的产生—运行—变更—消亡的生命环节流转过程来搭建。

同时，要深入学习和理解商经法的基本概念和基础理论，如公司的基本概念、合伙的基本概念、破产程序的基本概念、票据无因性的基本理论、保险合同的基本法律关系等。万变不离其宗！对基本概念和基本原理的深刻把握和理解是应对法考题目发展变化的不二法门。此外，还建议考生深入学习民法的基本原理，商法的很多理论和规则的法理源于民法。

4. 精心选择模拟题，边学边练，夯实基础，学会运用。

5. 综合理解民法、商法、经济法、民事诉讼法、行政法、刑法之间的关联和体系。

（二）学习方法

总体而言，商经法的学习方法有以下几点：

1. 深刻学习和理解商经法中的基本概念、基本制度、基本理论、基本原理、基本体系、基本方法，通过历年真题把握重点和要点，同时把握各个部门法学科的基本重点。

上述这些基本的东西，往往容易被考生忽视，或者考生对其没有吃透。考生往往会集中于一些比较难的考点的复习，甚至会在一些艰深的考点上钻牛角尖（例如和辅导教师进行无谓的"较真"，其实完全没有必要！）。从近几年的司考（现法考）命题趋势来看，司考（现法考）对基本概念和基本原理的考查越来越多。如：2009 年卷一第 70 题对劳动关系的考查。又如：2010 年卷一第 75 题对国有土地特征的考查。再如：2010 年卷三第 75 题对商事登记制度的考查。还有 2010 年卷三第 94 至 96 题以及 2017 年卷三第 25 题对子公司、分公司的考查。只有把握了法律制度的基本概念和基本体系，才能真正学习好商经法的考点。

通过历年真题和各个部门法学科的基本重点来把握考试的重点。在 2010 年的司考（现法考）中，很多"旧"的真题都重复考查了，甚至包括很多几年前，乃至十多年前的真题都重新浮出水面了。如：2010 年卷一第 68 题几乎就是 1997 年卷三第 89 题的翻版，只是做了一些小小的改动。又如：2010 年卷一第 28 题和 2004 年卷一第 27 题几乎雷同。历年真题就是商经法的题库。在 2022 年司考（现法考）中，大部分题依然会从以往真题中挑选，并结合基本理论进行修改后使用。全面细致而且多遍地练习真题、学习真题，并从真题中总结考点和规律，是把握点多面广的商经法的关键。

同时，历年司考（现法考）都会考一些新的考点，这些考点一部分来自于每年新增的法律法规、司法解释，还有一部分是每个部门法学科的基本重点和难点。如 2015 年卷三第 74 题对支票的考查，2015 年卷三第 73 题对破产债权申报的考查。所以需要对各个部门法的学科重点全面复习和掌握。

2. 把握商经法的体系，全面理解商经法的框架，对每一个具体部分的体系和框架应当通盘考量。

有人认为，商经法体系性差，甚至没有体系。这种看法有一定道理，但是并不完全正确。只要是法律，就一定会有体系，法律的体系性是法律的基本属性，商经法也不例外。其实，商经法是有体系的，而且只有把握了商经法的体系，才可能真正理解和掌握考点之间的逻辑关联，并能应对司考（现法考）不断凸显的综合考查、体系考查乃至理论考查的趋势，与司考（现法考）之大势俱进。商法包括商主体法（公司法、合伙企业法、个人独资企业法、外商投资法、破产法）和商行为法（票据法、保险法、证券法）；经济法包括市场规制法（反垄断法、反不正当竞争法、消费者权益保护法和产品质量法、劳动法、土地法、银行法、环境法）和宏观调控法（财税法）。

从商经法的法律部门来看，也存在体系，如：公司法、合伙企业法、个人独资企业法、外商投资法都属于企业组织法的范畴。而且每个具体法律部门都有非常严谨的体系。如：公司法的考点很好地体现了从公司设立，到公司运作，再到公司解散清算的逻辑主线。又如：票据法的知识点遵循着票据权利的取得、票据权利的变动、票据权利的消灭的逻辑线索。这些都需要考生深刻理解和把握。

3. 深刻理解商经法的各个具体制度的立法目的和理由。

"知其然，更要知其所以然"，是真正学好法律制度和规则的关键。单纯的记忆，不仅容易快速遗忘，而且更容易将知识点混同。而只有全面深刻地理解和掌握了各个具体制度的立法理由，才能真正掌握考点，甚至能推理出相应的法律制度，由此及彼，一通百通。有的考点甚至能够终生记忆。如：公司章程仅仅具有内部约束力，不能对抗债权人。如果深刻理解了章程可类推适用合同相对性规则和保护公司债权人利益的立法目的，则可以完全掌握章程效力这个考点。此外，如果对公司股东会决议和董事会决议的内部效力，对合伙企业中合伙协议的内部效力，对合伙事务执行人的授权约定的内部效力都能有深刻的理解，也就很容易推导出商事组织法内外有别的基本规则。每一个法律规则和技术设计的背后，都有诸多的理由，都有隐藏的"故事"，这需要考生去理解和体会。理解是最好的记忆，充分理解了才是真正的掌握。

在商经法的学习过程中，会出现对立法目的和理由难以理解，或者是不甚明了的情况。此时，为了更好地理解立法目的，可以考虑采取"如果法"，即尝试提问："如果没有该制度会怎么样？或者如果不这样规定会怎么样？""如果有了该制度又会怎么样？"。如果该制度缺失，现实的后果往往非常严重，有时甚至非常荒谬，这样就能更好地理解法律制度存在的意义和价值。如：股份公司不能接受自己的股票作为质押的标的。为何呢？可采用"如果法"，如果股份公司可以接受自己的股票做质押，会怎么样呢？如果股份公司作为债权人接受自己的股票作为质押物，当债务人届期不能偿债时，股份公司会就质押物拍卖的价款优先受偿，这会导致股份公司拍卖自己的股票，这显然会导致出现内幕交易的情况，损害证券市场的交易安全和秩序。显然，在我国证券市场尚不健全的情况下，股份公司不能接受自己的股票作为质押的标的。

4. 深刻理解民法的基本原理、基本制度和基本方法。学习好民法，是学好商经法的关键。

建议考生通过彻底区分物权和债权以及彻底区分负担行为和处分行为的方法来分析民

商事案例，并且尝试采取请求权基础分析方法来分析民商事案例，从合同—类合同—物权—侵权—不当得利的请求权顺序逐一进行检索，以此来分析当事人之间的法律关系。

从民法原理出发考查商经法的考点已经成为商经法命题的基本规律之一，而且很多商法、经济法的原理与民法原理是相通的。如：2010年卷一第95至97题对商品房预售制度的考查，其考点主要就是物权和债权区分的原理。再如：2010年卷三第25题对免除股东出资义务的考查，其考点其实是民法中债的免除中的特殊规则。又如：2008年卷一第25题对产品缺陷责任的考查，其考点是侵权责任原理。2015年卷三第92至93题对合伙企业制度的考查，该题实质考查的是民法上处分行为中的处分权。

经济法的学习则应当把握民法、行政法和刑法法律关系的区分。很多经济法案例综合考查民事法律关系和行政法律关系，考查民事责任和行政责任的结合。

将来的法律职业资格考试对民法原理和商法、经济法结合考查会更多，其考查的理论深度还会加强，这也会使得商经法出现逐渐脱离考查单纯记忆的模式，而转向原理型的考查。这对考生是好消息，因为只要把握民法的基本原理，记忆的工作就可以减负了。

5. 对法条的复习应当更加细致，可适当结合一些模拟题来加深对法条的记忆和运用，掌握易考的关键句、关键词、关键字。重点理解和分析法条和法条之间的关系，及其相互关联。

对法条的复习应当重点更加突出，防止对全部知识点全面出击而出现"记忆疲劳"。如：2010年卷一第77题对建设项目环境影响评价的考查，环境影响很小的建设项目，不需要进行环境影响评价的，也需填报环境影响登记表。其考查的关键词是"也需"。尽管建设项目不需要进行环境影响评价，但是环境影响评价文件也需要填报。2015年卷三第70题对股权转让的考查，细致考查了其他股东针对该转让股权的部分或者全部行使优购权问题。

2016、2017年以来，经济法考查的法条越来越生僻，同时经济法的分值也逐年下降，因此对一些生僻的部门法或法条可考虑放弃。重者恒重、轻者恒轻是法考命题的基本规律，把握经济法的重点，拿到应该拿到的分数，是通过法律职业资格考试的关键。

三、本书特点

基于多年从事商经法学研究和司法考试商经法教学辅导的经验，笔者认为面对商经法学科的基本规律，考试中要想在商经法上有所突破，在全面通读教材、熟悉法条的基础上，抓住重点、突破疑难点势在必行，实现教材内容、法条规定、相关解释完美结合、融为一体确有必要。本书即是此认识的载体和努力的结晶。

1. 三位一体。本书将知识点、相关法条及真题三位一体分章节体现，让考生针对每一章、每一节都同时达到学、验、练的三重效果，夯实基础。

学：每一节开篇会体现该节的知识点内容，让考生对知识点进行初步的理解和掌握；

验：通过相关重点法条的分析，进一步验证知识点的内容，并准确地掌握法条细节；

练：通过历年真题的设置，让考生即时培养学以致用的做题思路，最大化地消化知识点在考试中的运用。

2. 详略得当。商经法是一个将"重者恒重"的特点体现得非常明显的部门。虽然其包含的门类众多，但在考场上出现的机会并不均等，比如作为商法基石的公司法，在商法中占据将近60%的比重，而个人独资企业法、外商投资法等部门法则少有考查，所以考生在复习的过程中，要针对分值偏高、考查机会更多的部门法和知识点倾注更多的精力和时间，而考查机会小的部门法则可以投放相对较少的精力做到关注到高频考点即可。本书基于这样的考虑，针对重点部门法、重要考点花费更多的笔墨，解释得更详细、细致；针对有难度的高频考点，解释得更深入；反之，针对涉考性不是很强的考点只进行简单描述，考生了解即可。

3. 编写思路。基于以上"三位一体"及"详略得当"的基本编写思路，本书主要框架如下：

本书的设计以框架体系开篇，在每章开头以"导学"初步介绍章节内容及重要考点；

以重点知识详解作为核心内容，对考点内容进行展开分析；

配合相关重点法条分析及经典真题解析，进一步对知识点的内容进行验证、巩固和运用；

以"小结/重点整理"对各章进行总结，让考生学完之后对每一章有整体的感知。

李文涛

CONTENTS **目 录**

上编　商法

商法知识体系结构图

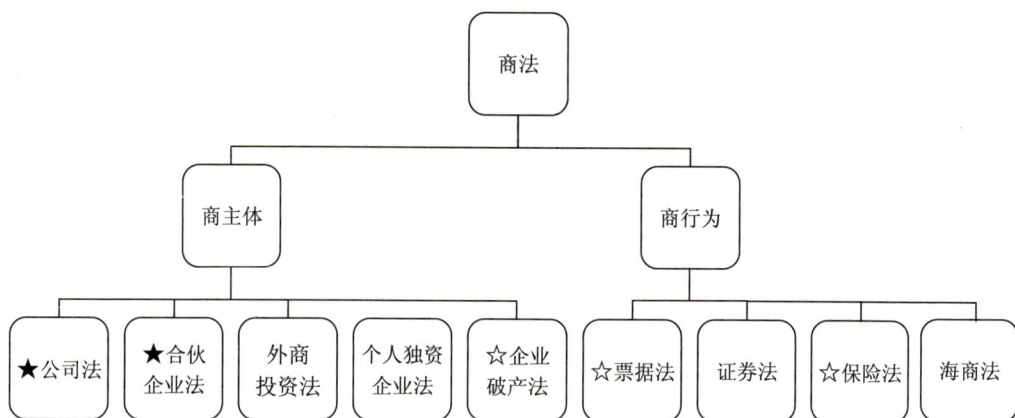

```
                        商法
          ┌──────────────┴──────────────┐
        商主体                         商行为
  ┌────┬────┬────┬────┬────┐   ┌────┬────┬────┬────┐
★公司法 ★合伙 外商  个人独资 ☆企业   ☆票据法 证券法 ☆保险法 海商法
       企业法 投资法 企业法  破产法
```

第一章
公司法

导学　公司法是商法的重点，占据商法分值的60%左右，考点众多，高频考点高发且重点难点考点集中，这在客观题及主观题中都会有所体现。公司作为商主体最为重要的一类，建议按照公司生命环节的产生—运行—变更—消亡的结构搭建公司法相关内容的体系，同时注意区分有限公司和股份公司、区分内部关系和外部关系。公司法是商法的重中之重，建议对公司法的法条展开无一遗漏的地毯式阅读和学习。

★【本部分常考考点包括】

1. 公司的特征、公司分类、分公司和子公司、公司法人人格否认、关联交易。

2. 公司设立（程序、设立中公司的法律地位）、发起人、公司章程（章程约定除外的情形）、股东出资（出资缴纳、出资形式、出资责任）、名义股东和实际股东（股权代持、一股二卖）、股东权利（取得、知情权、分红权、代表诉权、决议撤销权）、董事高管的义务、公司治理（股东会、董事会、监事会、经理）、财务会计制度、公司合并分立变更、公司解散和清算。

3. 有限公司的股权转让与异议回购、一人公司、国有独资公司。

4. 股份公司的募集设立、股份公司的股份发行、转让和回购、上市公司。《公司法解释》一直是法考的重点内容。

公司法的框架体系

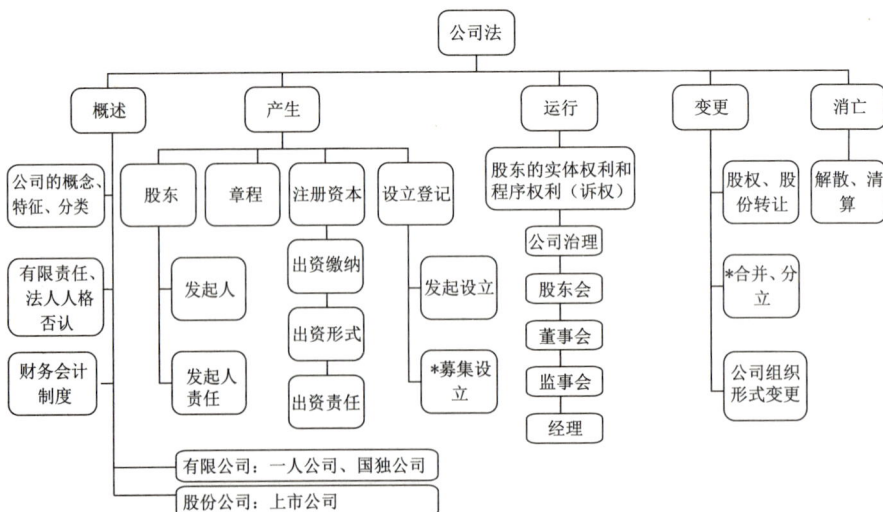

```
                              公司法
      ┌──────────┬──────────────┬────────────┬────────┬────────┐
    概述          产生              运行          变更       消亡
      │       ┌───┬───┬───┬───┐      │         ┌───┐    ┌─────┐
  公司的概念、 股东 章程 注册 设立  股东的实体权利和  股权、  解散、
  特征、分类              资本 登记  程序权利（诉权）   股份转让  清算
      │       │       │    │       │           │
  有限责任、  发起人  出资  发起    公司治理      *合并、分
  法人人格        缴纳  设立       股东会         立
  否认           │    │        董事会         │
      │       发起人  出资  *募集   监事会      公司组织
  财务会计    责任   形式  设立       经理       形式变更
  制度           │
              出资
              责任
      ┌──────────────────────────┐
     有限公司：一人公司、国独公司
      └──────────────────────────┘
     股份公司：上市公司
```

一、概述

考点1　公司的概念和特征

（一）公司的概念

公司指其资本由股东的出资构成，股东以其认缴出资额或者认购的股份为限对公司承担责任，公司以其全部资产对公司债务承担责任，依法设立且具有营利性的社团法人。我国现行《公司法》规定的公司类型包括有限责任公司和股份有限公司两种。

注意区分公司的内部关系和外部关系。

1. 内部关系：公司与股东，股东与股东之间的关系，如执行业务、竞业禁止。公司与董事、监事、高管的关系，股东会决议、董事会决议、监事会决议。

2. 外部关系：公司或股东与外部第三人的关系。

3. 几乎所有的公司法案例题都需要区分公司的内部关系和外部关系，这也体现了商法"内外有别"的基本原则。

> ★特别提示

1. 股东认缴出资 ⟨ 约定的法律关系——合同关系：公司与股东的合意
约定的法律关系——注册资本：直接保护债权人利益

2. 股东认缴出资=注册资本 ⟨ 内部：股东权责分配的依据
外部：债权人保护

3. 认缴——合同订立（负担行为）

4. 实缴——合同履行（处分行为）

> ★特别提示

股东认缴出资即可依法获得股东资格，并承担出资责任；

股东实缴出资即可享有财产权。

（二）公司的特征

特征	内容
★★公司具有独立的人格	1. **财产独立**。公司独立的财产来源于出资人的原始出资及公司成立后运营的累积财产。 ▶ ★特别提示 股东出资时一般应当通过处分行为移转该出资的所有权给公司，并向公司移转该出资的占有（即交付）。 股东既需要转移出资的所有权给公司，还需要转移出资的占有给公司（交付）。如房屋出资而言，股东既需要办理房屋登记手续，还需要交付房屋。 股东出资的处分主要包括： （1）物权的处分：所有权的处分（动产–交付；不动产–登记） （2）债权的处分：债权让与 （3）其他财产的处分：知识产权让与、股权让与、净资产让与、其他权利让与

续表

	2. **名义独立**。公司必须能够以自己的名义从事民商事活动。公司在诉讼中具有诉讼能力，可以做原告、被告和第三人。公司股东会、董事会不能作为诉讼中的原告、被告和第三人。如董事损害公司利益，监事会去起诉董事，原告是公司，而不是监事会。又如股东会决议违法，股东起诉确认股东会决议无效，被告是公司，而不是股东会。 3. **责任独立**。公司以其全部资产对公司债务承担责任。此责任形式为<u>无限责任</u>。
公司是社团组织，具有社团性	
公司以营利为目的，具有营利性	公司具有营利性，是指公司盈利的目的是向股东分红。如果公司解散，公司的剩余财产最终归属于股东。公司的营利性是公司区别于基金会等非营利法人组织的重要特征。

【经典真题】

徽南公司由甲乙丙3个股东组成，其中丙以一项专利出资。丙以专利出资后，自己仍继续使用该专利技术。下列哪一选项是正确的？[1]（2007－3－26）

A. 乙认为既然丙可以继续使用，则自己和甲也可以使用
B. 甲认为丙如果继续使用该专利则需向徽南公司支付费用
C. 丙认为自己可在原使用范围内继续使用该专利
D. 丙认为甲和乙使用该项专利应取得自己的书面同意

【考点】法人财产权

【解析】依据《公司法》的理论，股东个人的财产和公司财产是分离的，股东将自己的财产向公司出资以后，作为出资的财产的财产权即应转移给公司，作为对价，股东获得包括资产受益、重大决策和选择管理者等股东权。《公司法》第28条第1款规定："股东应当按期足额缴纳公司章程中规定的各自所认缴的出资额。股东以货币出资的，应当将货币出资足额存入有限责任公司在银行开设的账户；以非货币财产出资的，应当依法办理其财产权的转移手续。"丙以一项专利出资，实际上是以专利所有权出资。出资后，专利权即属于公司所有，丙所享有的为股东权。故此，本题选项中，只有选项B的表述符合《公司法》的规定及理论，为本题的正确答案。

关联法条

《公司法》

第二条 本法所称公司是指依照本法在中国境内设立的有限责任公司和股份有限公司。

第三条 公司是企业法人，有独立的法人财产，享有法人财产权。公司以其全部财产对公司的债务承担责任。

有限责任公司的股东以其认缴的出资额为限对公司承担责任；股份有限公司的股东以其认购的股份为限对公司承担责任。

---

[1]【答案】B

考点2　有限责任及法人人格否认

（一）有限责任的权利主体及责任范围

1. 权利主体：公司的股东。

2. 责任范围：有限责任公司股东的认缴出资或股份公司股东的认购股份。

公司中的股东承担有限责任，有限责任公司的股东以其认缴的出资额为限对公司承担责任，股份有限公司的股东以其认购的股份为限对公司承担责任。

一般而言，股东除应当按照认缴的股权或股份实缴出资款以外，对公司的债务或对债权人不负其他任何责任。

★特别提示　认缴是股东与公司之间关于出资的约定，实缴则是股东实际履行该出资约定的行为。股东实际履行该约定的义务后，则股东不再负担义务，而享有了履行义务后的相应权利（股权）。股东认缴出资发生债法上的约束力，同时发生《公司法》的法定效力；认缴出资＝注册资本。股东认缴出资获得股东资格。股东实缴出资是股东获得股东财产权的依据，约定除外。

（二）法人人格否认制度★

法人人格否认制度是指在特定的法律关系中，公司股东滥用公司法人独立地位和股东有限责任，逃避债务，严重损害债权人利益的，应当对债权人承担连带责任的法律制度。

1. 适用法人人格否认制度的前提条件。

（1）主体上，责任主体是股东，即公司股东滥用公司人格。

（2）行为上，公司股东滥用公司法人独立地位和股东有限责任。

（3）目的上，逃避债务。

（4）后果上，严重损害债权人利益。

股东损害债权人利益的核心是减少了公司财产，即减少了债务人的责任财产，而导致债务人即公司不能偿债。

2. 否认公司法人人格案件中的原、被告。

适用情形	原告	被告
内部：公司或股东受害时	公司或受害股东	滥用权利的股东
外部：债权人受害	债权人	公司和滥用权利的股东

3. 举证责任：遵循"谁主张谁举证"的原则，由原告承担举证责任。一人公司中适用举证责任倒置，由公司股东承担举证责任证明自己的财产和公司财产相分离。

4. 滥用权利的主要表现形式：

（1）人格混同：认定公司人格与股东人格是否存在混同，最根本的判断标准是公司是否具有独立意思和独立财产，最主要的表现是公司的财产与股东的财产是否混同且无法区分。在认定是否构成人格混同时，应当综合考虑以下因素：

①股东无偿使用公司资金或者财产，不作财务记载的；

②股东用公司的资金偿还股东的债务，或者将公司的资金供关联公司无偿使用，不作财务记载的；

③公司账簿与股东账簿不分，致使公司财产与股东财产无法区分的；

④股东自身收益与公司盈利不加区分，致使双方利益不清的；

⑤公司的财产记载于股东名下，由股东占有、使用的；

⑥人格混同的其他情形。

【总结】以财务混同为主，其他方面混同补强。

（2）过度支配与控制

公司控制股东对公司过度支配与控制，操纵公司的决策过程，使公司完全丧失独立性，沦为控制股东的工具或躯壳，严重损害公司债权人利益，应当否认公司人格，由滥用控制权的股东对公司债务承担连带责任。常见情形为：

①母子公司之间或者子公司之间进行利益输送的。

②母子公司或者子公司之间进行交易，收益归一方，损失却由另一方承担的。

③先从原公司抽走资金，然后再成立经营目的相同或者类似的公司，逃避原公司债务。

④先解散公司，再以原公司场所、设备、人员及相同或者相似的经营目的另设公司，逃避原公司债务的。

⑤过度支配与控制的其他情形。

★特别提示 横向混同：控制股东或实际控制人控制多个子公司或者关联公司，滥用控制权使多个子公司或者关联公司财产边界不清、财务混同，利益相互输送，丧失人格独立性，沦为控制股东逃避债务、非法经营，甚至违法犯罪工具的，可以综合案件事实，否认子公司或者关联公司法人人格，判令承担连带责任。

（3）资本显著不足

公司设立后在经营过程中，股东实际投入公司的资本数额与公司经营所隐含的风险相比明显不匹配。股东利用较少资本从事力所不及的经营，表明其没有从事公司经营的诚意，实质是恶意利用公司独立人格和股东有限责任把投资风险转嫁给债权人。

★特别提示 由于资本显著不足的判断标准有很大的模糊性，特别是要与公司采取"以小博大"的正常经营方式相区分，因此在适用时要十分谨慎，应当与其他因素结合起来综合判断。

5. 对本条适用的限制：个案适用。

公司人格否认制度只是公司独立法人资格的补充，不是一概地否认公司人格的独立性，适用该原则时遵循个案适用的原则，只是对公司人格在某时某事上的否认。

6. 法人人格否认的法律效果

（1）外部：滥用公司人格的股东对债权人承担连带责任。

股东利用控制的两个以上公司损害债权人利益的，各公司对任何一个公司的债务承担连带责任（《公司法修订草案》）。

（2）内部：滥用公司人格的股东对公司、其他股东承担赔偿责任。

★特别提示 公司法人人格否认时，股东对外部债权人承担连带责任。同时在公司内部，股东对公司造成损害的，需要对公司以及其他股东承担赔偿责任。股东转移公司财产的，在转移该财产的范围内承担有限连带责任，股东个人财产与公司财产混同的，股东以其全部财产承担无限连带责任。

【经典真题】

零盛公司的两个股东是甲公司和乙公司。甲公司持股 70% 并派员担任董事长，乙公司持股30%。后甲公司将零盛公司的资产全部用于甲公司的一个大型投资项目，待债权人丙公司要求零盛公司偿还货款时，发现零盛公司的资产不足以清偿。关于本案，下列哪一选项是正确的？[1]（2016-3-27）

A. 甲公司对丙公司应承担清偿责任
B. 甲公司和乙公司按出资比例对丙公司承担清偿责任
C. 甲公司和乙公司对丙公司承担连带清偿责任
D. 丙公司只能通过零盛公司的破产程序来受偿

【解析】依据《公司法》第20条的规定，公司股东滥用公司法人独立地位和股东有限责任，逃避债务，严重损害公司债权人利益的，应当对公司债务承担连带责任。甲公司转移零盛公司财产，导致零盛公司不能偿债，应当对丙公司承担清偿责任。所以A正确。

依据《公司法》第20条的规定，滥用公司人格的甲公司需要对外承担连带责任。因此B错误。

依据《公司法》第20条的规定，乙公司未滥用公司人格，不需要承担连带责任。所以C错误。

依据《公司法》第20条的规定，丙公司可要求甲公司清偿，而不是只能通过零盛公司破产程序来受偿。所以D错误。

▽ 关联法条

《公司法》

第二十条 公司股东应当遵守法律、行政法规和公司章程，依法行使股东权利，不得滥用股东权利损害公司或者其他股东的利益；不得滥用公司法人独立地位和股东有限责任损害公司债权人的利益。

公司股东滥用股东权利给公司或者其他股东造成损失的，应当依法承担赔偿责任。

公司股东滥用公司法人独立地位和股东有限责任，逃避债务，严重损害公司债权人利益的，应当对公司债务承担连带责任。

考点3 公司分类

（一）公司的分类

分类标准	类别
公司股东的责任范围	1. 无限责任公司； 2. 两合公司； 3. 股份两合公司； 4. 股份有限公司； 5. 有限责任公司。 ★特别提示 我国只承认有限责任公司与股份有限公司两种形式。

---

[1] 【答案】A

续表

分类标准	类别
公司股权转让方式	1. 封闭式公司；（非上市公司） 2. 开放式公司。（上市公司） ★特别提示 有限责任公司属于封闭式公司，上市的股份有限公司为开放式公司，但非上市的股份公司为封闭公司。
★信用基础	1. 人合公司：股东之间有彼此的信赖和依附关系，且对公司债务承担无限连带责任。我国没有完全的人合公司的形式。普通合伙企业类似人合公司。 2. 资合公司：股东之间的信赖或依附关系比较淡薄，且对公司债务承担有限责任。我国的公司都具有资合的属性。 3. 人合兼资合公司：人合和资合的属性兼而有之。有限合伙企业由有限合伙人和普通合伙人组成，类似人合兼资合公司。 ★特别提示 有限责任公司是人合兼资合公司（人合性高于资合性），股份有限公司是资合公司，但非上市股份有限公司因其封闭性有一定的人合属性。
★★公司之间的关系	1. 以控制关系为标准：母公司与子公司，子公司系独立的法人，仅仅是被母公司控制； 2. 以组织管理为标准：总公司与分公司，分公司不具有法人资格，财产和责任不独立。
国籍	1. 本国公司； 2. 外国公司。

（二）子公司与分公司的区别

	子公司	分公司
独立人格	有	无
独立财产	有	无
独立名义	子公司有自己独立的名称，不一定与母公司名称相关	无
独立责任	有	无
经营能力	自主经营，自负盈亏	在总公司 授权 范围内开展经营活动，责任由总公司承担，财产属于总公司 （1）分公司的责任最终由总公司承担； （2）分公司有标明"分公司"的义务。
分别与母/总公司的关系	1. 母公司是子公司股东，受有限责任保护； 2. 母公司设立子公司可以是全资设立，也可以是联合设立。如果全资设立子公司，则子公司的组织形式是一人公司。	分公司相当于总公司的业务单元或办事机构。

　　1. 子公司具有独立的法人资格，有独立人格、有独立财产、有独立名义，独立承担责任。

　　2. 分公司不具有独立的法人资格，其责任最终由总公司承担其财产所有权属于总公司。但分公司需要办理工商税务登记，其对外订立的合同有效，其可作为用人单位订立劳动合同，其可以作原告和被告，但其最终责任由总公司承担。

3. 母子公司的关系。

(1) 母公司是子公司股东，受有限责任保护；

(2) 子公司的类型包括全资子公司、绝对控股子公司、相对控股子公司。

【经典真题】

1. 玮平公司是一家从事家具贸易的有限责任公司，注册地在北京，股东为张某、刘某、姜某、方某四人。公司成立两年后，拟设立分公司或子公司以开拓市场。对此，下列哪一表述是正确的？[1] (2014 - 3 - 25)

A. 在北京市设立分公司，不必申领分公司营业执照

B. 在北京市以外设立分公司，须经登记并领取营业执照，且须独立承担民事责任

C. 在北京市以外设立分公司，其负责人只能由张某、刘某、姜某、方某中的一人担任

D. 在北京市以外设立子公司，即使是全资子公司，亦须独立承担民事责任

【考点】 分公司与子公司的区别

【解析】 根据《公司法》第14条："公司可以设立分公司。设立分公司，应当向公司登记机关申请登记，领取营业执照。分公司不具有法人资格，其民事责任由公司承担。公司可以设立子公司，子公司具有法人资格，依法独立承担民事责任。"

分公司与子公司最大的区别在于"独立性"。

A项错误，设立分公司也需要领取营业执照；

B项错误，分公司不能独立承担民事责任；

C项错误，分公司的经营并非只能由总公司股东担任；

D项正确，子公司具有独立的法人资格，独立承担民事责任。

关联法条

《公司法》

第十四条 公司可以设立分公司。设立分公司，应当向公司登记机关申请登记，（公司设立分公司的，应当自决定作出之日起30日内向分公司所在地的公司登记机关申请登记）领取营业执照。分公司不具有法人资格，其民事责任由公司承担。（但分公司在总公司授权的范围内可以进行一定的经营行为但不能独立承担责任。）

公司可以设立子公司，子公司具有法人资格，依法独立承担民事责任。（母公司实际为子公司的股东。）

2. 植根农业是北方省份一家从事农产品加工的公司。为拓宽市场，该公司在南方某省分别设立甲分公司与乙分公司。关于分公司的法律地位与责任，下列哪一选项是错误的？[2] (2017 - 3 - 25)

A. 甲分公司的负责人在分公司经营范围内，当然享有以植根公司名义对外签订合同的权利

B. 植根公司的债权人在植根公司直接管理的财产不能清偿债务时，可主张强制执行各分公司的财产

---

[1] 【答案】D

[2] 【答案】D

C. 甲分公司的债权人在甲分公司直接管理的财产不能清偿债务时，可主张强制执行植根公司的财产

D. 乙分公司的债权人在乙分公司直接管理的财产不能清偿债务时，不得主张强制执行甲分公司直接管理的财产

【解析】依据《公司法》第14条的规定，分公司虽然不具有法人资格，但是类推适用法人规则，分公司负责人在分公司的经营范围内，可以以公司名义对外订立合同，A选项正确，不选。依据《公司法》第14条的规定，分公司不具有法人资格，系总公司的分支机构，分公司与总公司为同一个法律人格，同一个责任财产。在总公司不能偿债时，分公司的财产当然构成总公司的责任财产，此时总公司债权人可以执行分公司的财产，B选项正确，不选。依据《公司法》第14条的规定，分公司不具有法人资格，其民事责任由总公司承担，因此在分公司不能偿债时，分公司的债权人可以主张执行总公司的财产，C选项正确，不选。依据《公司法》第14条的规定，分公司不具有独立法人资格，各分公司财产都统一构成对总公司和其他各个分公司的债权人的责任财产，因此，当乙分公司不能偿债时，其债权人可以主张执行其他分公司的财产，D选项错误，要选。

考点4　公司的财务与会计制度

（一）利润分配顺序——交足国家的，留够公司的，剩余才是自己的

公司利润按照法定顺序分配：纳税→弥补亏损→提取法定公积金→提取任意公积金→分配给股东

（二）股东红利分配原则★

有限公司除了全体股东另有约定外，按实缴比例分配利润，公司新增资本时，股东按照实缴比例认缴出资；

股份公司股东按持股比例分配利润，但章程另有规定除外，公司所持有的本公司股份没有表决及红利分配权。

★特别提示　章程约定优先，如无约定，按实缴比例分配。

【经典真题】

1. 甲、乙、丙成立一家科贸有限公司，约定公司注册资本100万元，甲、乙、丙各按20%、30%、50%的比例出资。甲、乙缴足了出资，丙仅实缴30万元。公司章程对于红利分配没有特别约定。当年年底公司进行分红。下列哪一说法是正确的？[1]（2012-3-25）

A. 丙只能按30%的比例分红

B. 应按实缴注册资本80万元，由甲、乙、丙按各自的实际出资比例分红

C. 由于丙违反出资义务，其他股东可通过决议取消其当年分红资格

D. 丙有权按50%的比例分红，但应当承担未足额出资的违约责任

【考点】红利分配

【解析】《公司法》第34条："股东按照实缴的出资比例分取红利；公司新增资本时，股东有权优先按照实缴的出资比例认缴出资。但是，全体股东约定不按照出资比例分取红

---

[1]【答案】B

利或者不按照出资比例优先认缴出资的除外。"本题中，成立该有限公司，约定注册资本100万元，甲、乙、丙各按20%、30%、50%的比例出资，即三者出资分别为20、30、50万元，但丙仅实缴30万元，差额20万元，所以成立该公司实缴注册资本80万元。没有约定的，应按实缴出资比例分红，B项正确，A、D错误。

股东违反出资义务，有出资不足的情况，按法律规定承担相应的责任，但不能因此取消其股东分红资格，所以C项错误。

◇ 关联法条

《公司法》

第三十四条 股东按照实缴的出资比例分取红利；公司新增资本时，股东有权优先按照实缴的出资比例认缴出资。但是，全体股东约定不按照出资比例分取红利或者不按照出资比例优先认缴出资的除外。（章程约定优先）

第一百六十六条 公司分配当年税后利润时（首先缴纳税款），应当提取利润的百分之十列入公司法定公积金。公司法定公积金累计额为公司注册资本的百分之五十以上的，可以不再提取。

公司的法定公积金不足以弥补以前年度亏损的，在依照前款规定提取法定公积金之前，应当先用当年利润弥补亏损。（提取法定公积金之前要弥补前年度亏损）

公司从税后利润中提取法定公积金后，经股东会或者股东大会决议，还可以从税后利润中提取任意公积金。（任意公积金的提取由公司股东会议自治）

公司弥补亏损和提取公积金后所余税后利润，有限责任公司依照本法第三十四条的规定分配；股份有限公司按照股东持有的股份比例分配，但股份有限公司章程规定不按持股比例分配的除外。

股东会、股东大会或者董事会违反前款规定，在公司弥补亏损和提取法定公积金之前向股东分配利润的，股东必须将违反规定分配的利润退还公司。

公司持有的本公司股份不得分配利润。

2. 有限责任公司，公司章程约定前三年不分红。后公司连续五年盈利，某股东请求分红被拒。后来很多股东提出抗议，请求公司分红。下列表述正确的是？[1]

A. 对不分红持异议对股东可请求公司回购其股权

B. 如公司决定分红，股东可对外转让利润分配请求权

C. 某股东未实缴出资，该股东的分红权可受到相应的限制

D. 公司全体股东可约定不按出资比例分红

【解析】依据《公司法》第74条第1款第1项的规定，公司连续5年盈利，但连续5年不分红的，异议股东可请求公示回购其股权，A正确。

利润分配请求权系财产权，不涉及有限公司内部的人合性，可以自由处分，B正确。

依据《公司法》第34条第1句第1分句的规定，股东按照实缴的出资比例分取红利，依据《公司法解释三》第16条的规定，股东未实缴出资，公司可依据公司章程或股东会决议对其财产权做出相应的限制，C正确。

依据《公司法》第34条但书的规定，全体股东可约定不按照出资比例分红，D正确。

─────────

〔1〕【答案】ABCD

关联法条

《公司法》第 34、74 条，《公司法解释三》第 16 条

（三）公积金制度 ★★

法定公积金	①资本公积金（F167）——资本收益——资本用途，不补亏 溢价款以及国务院财政部门规定列入资本公积金的其他收入。
	②法定盈余公积金（F166）——利润 10%；法定公积金达到资本 50% 以上，可不提取 公司分配当年（税后）利润时，应当提取利润的10% 列入公司（法定公积金）。 公司法定公积金累计额为公司注册资本的50% 以上的，可以不再提取。 法定公积金不足弥补以前年度亏损的，在提取法定公积金之前，应先用当年利润补亏。
任意公积金	公司从税后利润中提取法定公积金后，经股东会决议，还可以从税后利润中提取任意公积金。

公积金的用途	①补亏： 弥补公司的亏损；资本公积金不得用于弥补公司的亏损。
	②扩营： 扩大公司生产经营；
	③增资 转为增加公司资本。但，法定公积金转为资本时，所留存的该项公积金不得少于（转增前）公司注册资本的25%；

公积金又称储备金，为了增强自身财产能力，扩大生产经营和预防意外亏损，依法从公司利润、资本收益或其他形式提取的一种款项。目的在于充实公司的注册资本，巩固公司财产基础，增加公司信用，保护公司债权人利益。

（1）法定公积金：

①资本公积金：资本收益

股票发行的溢价款以及国务院财政部门规定列入资本公积金的其他收入，比如股东出资的自然增值、接受赠与财产。

②法定盈余公积金：经营利润

公司分配当年税后利润时，应当提取税后利润的 10% 列入公司法定公积金。公司法定公积金累计额为公司注册资本的 50% 以上的，可以不再提取。

（2）约定（任意）公积金：

公司从税后利润中提取法定公积金后，经股东（大）会决议，还可以从税后利润中提取任意公积金。

（3）公积金的用途：

①弥补公司的亏损。资本公积金不得用于弥补公司的亏损；

②扩大公司生产经营；

③转为增加公司资本。但法定公积金转为资本时，所留存的该项公积金不得少于转增

前公司注册资本的25%。

> ★**特别提示** 弥补亏损竭尽全力、法定公积金转增资本有所留存、资本公积金不得用于弥补亏损。上帝的归上帝、凯撒的归凯撒，资本公积金只能用于资本收益（扩营），不能弥足经营亏损。

【经典真题】

关于公司的财务行为，下列哪些选项是正确的？[1]（2014-3-71）

A. 在会计年度终了时，公司须编制财务会计报告，并自行审计

B. 公司的法定公积金不足以弥补以前年度亏损时，则在提取本年度法定公积金之前，应先用当年利润弥补亏损

C. 公司可用其资本公积金来弥补公司的亏损

D. 公司可将法定公积金转为公司资本，但所留存的该项公积金不得少于转增前公司注册资本的百分之二十五

【考点】公司财务会计制度

【解析】《公司法》第164条第1款："公司应当在每一会计年度终了时编制财务会计报告，并依法经会计师事务所审计。"公司不能自行审计，所以A项错误。

第166条第2款："公司的法定公积金不足以弥补以前年度亏损的，在依照前款规定提取法定公积金之前，应当先用当年利润弥补亏损。"B项正确。

第168条："公司的公积金用于弥补公司的亏损、扩大公司生产经营或者转为增加公司资本。但是，资本公积金不得用于弥补公司的亏损。法定公积金转为资本时，所留存的该项公积金不得少于转增前公司注册资本的百分之二十五。"所以C错误，D正确。

关联法条

《公司法》

第一百六十七条 股份有限公司以超过股票票面金额的发行价格发行股份所得的溢价款以及国务院财政部门规定列入资本公积金的其他收入（实践中主要有接受赠与、股东出资、自然升值等），应当列为公司资本公积金。

第一百六十八条 公司的公积金用于弥补公司的亏损、扩大公司生产经营或者转为增加公司资本。但是，资本公积金不得用于弥补公司的亏损。

法定公积金转为资本时，所留存的该项公积金不得少于转增前公司注册资本的百分之二十五。（弥补亏损竭尽全力，转增资本有所留存）

---

[1] 【答案】BD

二、公司的产生

考点1　人——基本概念

概念	内容
股东	股东是股份有限公司或有限责任公司中持有股份或股权的人，有权出席股东大会或股东会并依法享有资产收益、参与重大决策和选择管理者等权利。 ➡★特别提示 股东享有财产权和管理权。
控股股东	1. 绝对控股股东，持股超过50%。 2. 相对控股股东。 ➡★特别提示 具有控股地位的股东。
实际控制人	是指虽不是公司股东，但通过投资关系、协议或者其他安排，能够实际支配公司行为的人。 ➡★特别提示 并非公司股东，对公司没有直接的投资关系。例如某基金A，独资设立的公司B，B出资成为C的控股股东，那么A是C的实际控制人，B是C的控股股东。
发起人	发起人是指依照有关法律规定订立发起人协议，履行公司设立职责，认购公司股份，并对公司设立承担责任者。

考点2　人——发起人

（一）发起人的概念

为设立公司而签署公司章程、向公司认购出资或者股份并履行公司设立职责的人，应当认定为公司的发起人，包括有限责任公司设立时的股东。自然人、法人、其他组织、国家均可成为公司的发起人。

有限公司由1～50个股东出资成立，任何情况不得突破该限制；股份公司发起人有2～200人，且要求半数以上在中国境内有住所。

➡★特别提示 两类公司发起人人数的限制不同。

发起人可类推合伙规则，发起人之间有连带关系。

【经典真题】

张某与潘某欲共同设立一家有限责任公司。关于公司的设立，下列哪一说法是错误的？[1]（2015－3－25）

A. 张某、潘某签订公司设立书面协议可代替制定公司章程

B. 公司的注册资本可约定为50元人民币

C. 公司可以张某姓名作为公司名称

D. 张某、潘某二人可约定以潘某住所作为公司住所

【考点】公司设立的条件：章程、名称、住所、注册资本

---

[1]【答案】A

【解析】依据《公司法》第11条的规定，设立公司必须依法制定公司章程，不能以公司设立书面协议代替公司章程，A错误，要选。

公司法取消了最低注册资本的要求，注册资本可以是50元，B正确，不选。

依据《企业名称登记管理实施办法》第15条的规定，股东的姓名可作为公司名称，法律不禁止即许可，C正确，不选。

依据《公司法》第10条的规定，股东的住所可作为公司主要办事机构所在地，即公司住所，D正确，不选。

关联法条

《公司法》

第十条　公司以其主要办事机构所在地为住所。

第十一条　设立公司必须依法制定公司章程。公司章程对公司、股东、董事、监事、高级管理人员具有约束力。

第二十三条　设立有限责任公司，应当具备下列条件：

（一）股东符合法定人数；

（二）有符合公司章程规定的全体股东认缴的出资额；

（三）股东共同制定公司章程；

（四）有公司名称，建立符合有限责任公司要求的组织机构；

（五）有公司住所。

《企业名称登记管理实施办法》

第十五条　企业名称可以使用自然人投资人的姓名作字号。

（二）发起人的职责

1. 设立失败。

（1）外部：发起人对设立公司产生的费用与债务、发起人因履行公司设立职责造成他人的损害承担连带责任。因设立公司产生的债权，发起人享有连带债权。

（2）内部：

①约定的责任比例——约定的出资比例——均分责任。

②因发起人的过错导致公司未成立：按照过错担责。

无过错的发起人承担赔偿责任后，可以向有过错的发起人追偿。

按照发起人约定的责任比例分担，没有约定责任比例的，按照约定的出资比例追偿，没有约定出资比例的，按照均等份额追偿。

2. 设立成功。

（1）合同责任。

①对外合同（以发起人名义签订）：发起人担责。相对人可请求公司担责。

▶★**特别提示**　发起人用自己名义为公司利益缔约的，属于间接代理，相对人享有选择权，可选择向发起人或向公司主张权利。

②对外合同（以设立中公司名义签订）：公司担责。但有证据证明发起人为自己利益且相对人恶意的，公司不担责。

▶★**特别提示**　发起人用公司名义为自己利益缔约的，属于冒名行为，可类推无权代理，相对人恶意的，不适用表见代理，对公司不生效，公司不担责。

（2）侵权责任。

①外部：发起人因履行公司设立职责对第三人造成损害的，公司承担对第三人的赔偿责任。（适用雇主责任或机关责任）

②内部：在公司设立过程中，发起人因自己的过失造成公司利益损害的，对公司承担损害赔偿责任。公司或发起人担责后，可向有过错的发起人追偿。

> ★**特别提示** 募集设立的股份有限公司，如果设立失败，发起人应当向认股人返还股款并加算同期银行存款利息。

【经典真题】

1. 甲、乙、丙、丁拟设立一家商贸公司，就设立事宜分工负责，其中丙负责租赁公司运营所需仓库。因公司尚未成立，丙为方便签订合同，遂以自己名义与戊签订仓库租赁合同。关于该租金债务及其责任，下列哪些表述是正确的？[1]（2011-3-68）

A. 无论商贸公司是否成立，戊均可请求丙承担清偿责任

B. 商贸公司成立后，如其使用该仓库，戊可请求其承担清偿责任

C. 商贸公司成立后，戊即可请求商贸公司承担清偿责任

D. 商贸公司成立后，戊即可请求丙和商贸公司承担连带清偿责任

【考点】发起人责任

【解析】《公司法解释三》第2条规定，"发起人为设立公司以自己名义对外签订合同，合同相对人请求该发起人承担合同责任的，人民法院应予支持；公司成立后合同相对人请求公司承担合同责任的，人民法院应予支持。"为保护交易安全，发起人为设立公司以自己名义对外订立合同的，公司成立后相对人可请求公司担责。因此ABC都正确。

2. 李某和王某正在磋商物流公司的设立之事。通大公司出卖一批大货车，李某认为物流公司需要，便以自己的名义与通大公司签订了购买合同，通大公司交付了货车，但尚有150万元车款未收到。后物流公司未能设立。关于本案，下列哪一说法是正确的？[2]（2016-3-25）

A. 通大公司可以向王某提出付款请求

B. 通大公司只能请求李某支付车款

C. 李某、王某对通大公司的请求各承担50%的责任

D. 李某、王某按拟定的出资比例向通大公司承担责任

【考点】公司设立失败时发起人的责任

【解析】依据《公司法解释三》第4条第1款的规定，公司因故未成立，债权人请求全体或者部分发起人对设立公司行为所产生的费用和债务承担连带清偿责任的，人民法院应予支持。即全体发起人系合伙关系，对外承担无限连带责任。债权人可向王某主张无限连带责任，所以A正确。

债权人可以向王某、李某主张连带责任，而不是只能向李某主张权利，所以B错误。

---

〔1〕【答案】ABC

〔2〕【答案】A

依据《公司法解释三》第4条第2款的规定，公司设立失败的，在发起人内部承担责任时，首先依据发起人的约定，没有约定时，按照出资比例承担责任，没有约定出资比例时，均担责任，均担责任排在最后，所以C错误。

依据《公司法解释三》第4条第2款的规定，公司设立失败的，首先看发起人的约定，而不是首先依出资比例承担责任，所以D错误。

◇ **关联法条**

《公司法解释三》

第二条　发起人为设立公司以自己名义对外签订合同，合同相对人请求该发起人承担合同责任的，人民法院应予支持；公司成立后合同相对人请求公司承担合同责任的，人民法院应予支持。

第三条　发起人以设立中公司名义对外签订合同，公司成立后合同相对人请求公司承担合同责任的，人民法院应予支持。

公司成立后有证据证明发起人利用设立中公司的名义为自己的利益与相对人签订合同，公司以此为由主张不承担合同责任的，人民法院应予支持，但相对人为善意的除外。

第四条　公司因故未成立，债权人请求全体或者部分发起人对设立公司行为所产生的费用和债务承担连带清偿责任的，人民法院应予支持。

部分发起人依照前款规定承担责任后，请求其他发起人分担的，人民法院应当判令其他发起人按照约定的责任承担比例分担责任；没有约定责任承担比例的，按照约定的出资比例分担责任；没有约定出资比例的，按照均等份额分担责任。

因部分发起人的过错导致公司未成立，其他发起人主张其承担设立行为所产生的费用和债务的，人民法院应当根据过错情况，确定过错一方的责任范围。

第五条　发起人因履行公司设立职责造成他人损害，公司成立后受害人请求公司承担侵权赔偿责任的，人民法院应予支持；公司未成立，受害人请求全体发起人承担连带赔偿责任的，人民法院应予支持。

公司或者无过错的发起人承担赔偿责任后，可以向有过错的发起人追偿。

考点3　人——股东

（一）股东的概念及资格

股东又称出资人、投资人，但出资人、投资人的概念更为宽泛，股东是对公司法上的出资人的特别称谓。

股东可以是自然人或法人，可以是非法人组织，还可以是国家，当股东是国家时，由国有资产监督管理机构代为履行股东职责和权利。

法律对股东并无任何积极条件的要求，对于行为能力、组织形式、国籍等均无限制。当限制行为能力人或无行为能力人作为股东时，由其法定代理人代理其行使股东权利，但其不能担任公司的董事、监事或高管。

▷ ★**特别提示**　一人公司的股东只能是一个法人或一个自然人，即合伙企业、个人独资企业、分公司不能设立一人公司。

【经典真题】

关于股东的表述，下列哪一选项是正确的?[1]（2009－3－25）

A. 股东应当具有完全民事行为能力

B. 股东资格可以作为遗产继承

C. 非法人组织不能成为公司的股东

D. 外国自然人不能成为我国公司的股东

【考点】 股东资格

【解析】 公司对股东资格没有做积极条件的限制，所以行为能力、组织形式、国籍等不做要求，A、C、D错误;《公司法》第75条:"自然人股东死亡后，其合法继承人可以继承股东资格;但是，公司章程另有规定的除外。"B正确。

（二）股东资格的取得与确认★★★

1. 股东资格的取得。

出资人认缴出资，记载于股东名册，公司成立后其身份即成为股东，依据股东名册的记载行使股东权利。

（1）公司经依法登记而成立，与股东出资瑕疵无关。

（2）股东的资格经依法认缴出资而取得，与股东是否履行出资义务无关。

2. 股东资格的表面证据。

有限责任公司	股东名册记载
股份有限公司	记名股票——股东名册记载
	不记名股票——持股

如果股东名册的记载与公司登记内容有冲突的，股东权利以股东名册为准，工商登记仅仅是宣示登记，据以对抗第三人。工商登记无法发生股权转让之效果，股权转让应当办理股东名册变更。

★特别提示 股东名册系股权变动的生效要件，对公司生效;公司工商登记系股东变动的对抗要件，对抗外部第三人。对抗有双重含义，其一，在股权上，第三人对股权可参照适用善意取得。其二，在债权上，解决债权人的信赖利益的保护问题。

【经典真题】

关于有限责任公司股东名册制度，下列哪些表述是正确的?[2]（2014－3－69）

A. 公司负有置备股东名册的法定义务

B. 股东名册须提交于公司登记机关

C. 股东可依据股东名册的记载，向公司主张行使股东权利

D. 就股东事项，股东名册记载与公司登记之间不一致时，以公司登记为准

【考点】 股东名册制度

---

[1]【答案】B

[2]【答案】AC

【解析】《公司法》第32条："有限责任公司应当置备股东名册，记载下列事项：

（一）股东的姓名或者名称及住所；

（二）股东的出资额；

（三）出资证明书编号。

记载于股东名册的股东，可以依股东名册主张行使股东权利。

公司应当将股东的姓名或者名称向公司登记机关登记；登记事项发生变更的，应当办理变更登记。未经登记或者变更登记的，不得对抗第三人。"

A项正确，股东名册是有限责任公司必须置备的文件；

B项错误，提交公司登记机关的内容仅仅是股东的姓名或名称，而并非整个股东名册；

C项正确，股东名册是在公司内部证明股东权利的文件资料；

D项错误，名册与登记内容不一致的，对内以名册为准，对外以登记为准。

注意： 区分出资证明书、股东名册、登记三者的效力：①出资证明书只有证明股东资格的效力；②股东名册具有证明股东身份变动的效力；③登记具有对抗第三人的效力。

（三）名义股东与实际股东 ★★★★★

1. 协议方式形成的名义股东与实际股东。

股权代持		
实体	股权代持合同具有相对性	有限公司的实际出资人与名义股东之间因投资权益的归属发生争议，法院支持实际出资人。
	公司—股东名册	A. 保护公司对于股东名册的信赖，公司基于股东名册向股东分红。 B. 实际出资人未经公司其他股东半数以上同意，请求公司变更股东、签发出资证明书、记载于股东名册、记载于公司章程并办理公司登记机关登记的，法院不予支持。
	第三人—工商登记	名义股东处分股权的，参照适用善意取得（有权处分）。 实际股东未履行出资义务的，债权人可请求名义股东对公司债务不能清偿的部分在未出资本息范围内承担补充赔偿责任。 名义股东赔偿后，可向实际出资人追偿。
程序	确权之诉	(1) 实际出资人可依法主张股东资格确权之诉，实际出资人为原告，公司为被告，名义股东做第三人。
		(2) 当事人之间对股权归属发生争议，一方请求法院确认其享有股权的，应证明：已经依法向公司出资或认缴出资，且不违反法律法规强制性规定。
冒名出资		冒用他人名义出资并工商登记的，冒名登记行为人担责。 类推无权代理，对被冒名人不生效力。

其一，实体法律关系。

（1）名义股东与实际股东的代持股协议——合同具有相对性。

有限责任公司的实际出资人与名义出资人订立合同，约定由实际出资人出资并享有投资权益，以名义出资人为名义股东，此协议只要没有法定的无效事由，法院认可其效力。

名义股东与实际股东的纠纷处理：

第一，判断投资权益归属时侧重保护实际股东。

实际出资人与名义股东因投资权益的归属发生争议，保护实际出资人享有的实际收益权。名义股东以公司股东名册记载、公司登记机关登记为由否认实际出资人权利的，人民法院不予支持。

第二，实际股东显名化应征求其他股东半数以上同意——合同相对性、公司的人合性。

实际出资人请求公司变更股东、签发出资证明书、将其记载于股东名册、将其记载于公司章程并办理公司登记机关登记的，应经公司其他股东半数以上（人数）同意。

（2）公司——股东名册。

保护公司对于股东名册的信赖，公司基于股东名册向股东分红。

（3）第三人——工商登记。

保护第三人对于工商登记的信赖。

第一，名义股东处分其名下股权。

名义股东将登记于其名下的股权转让、质押或者以其他方式处分。

① 该处分行为是有权处分。因为从名义股东与公司的关系上来讲，名义股东已经是公司的股东（股权代持合同仅仅具有相对性），有权利处分其名下股权。

② 保护善意第三人，认可处分行为有效。

实际出资人以其对于股权享有实际权利为由，请求认定处分股权行为无效的，人民法院可以参照善意取得的规定处理。

③ 对实际出资人的补救。

名义股东处分股权造成实际出资人损失，实际出资人请求名义股东承担赔偿责任的，人民法院应予支持。

第二，出资瑕疵的责任承担。

① 名义股东对外向债权人承担出资瑕疵的责任。

公司债权人以名义股东未履行出资义务为由，请求其对公司债务不能清偿的部分在未出资本息范围内承担补充赔偿责任，股东以其仅为名义股东而非实际出资人为由进行抗辩的，人民法院不予支持。

★特别提示 由名义股东向债权人承担出资不实的责任。

② 名义股东向实际出资人追偿。

名义股东根据前款规定承担赔偿责任后，可向实际出资人追偿。

★特别提示 一般情况下，股东代持合同具有相对性，实际出资人无法向第三人主张权利。但是，在特殊情形下，依据《民法典》第925条第1分句的规定，股权代持关系可以参照间接代理关系，即名义股东作为实际出资人的间接代理人持有公司股份，如果公司和其他股东知道并且同意股权代持关系，实际出资人也实际参与了公司治理，实际出资人可主张介入权，直接享有股东权利。

其二，程序法律关系。

实际出资人可依法向公司主张股东资格确权之诉，实际出资人作原告，公司作被告，名义股东作第三人。

2. 股权转让未办理变更手续的名义与实际不符（一股二卖、一股二处分）。

一股二卖		
实体	股权转让合同具有相对性	原股东与受让股东之间的股权转让合同具有相对性。
	公司—股东名册	受让人支付价款并经其他股东同意后，公司未依法记载于股东名册并办理公司登记机关登记，可请求公司履行上述义务。
	第三人—工商登记	A. 保护第三人对于工商登记的信赖。 B. 股权转让后未办理工商登记变更的，原股东处分股权的，参照适用善意取得。 C. 对此有过错的董事、高管或实际控制人承担相应责任，受让股东对此也有过错的，适当减轻董事、高管或实际控制人的责任。
程序	确权之诉	受让股东可以依法起诉请求确认其股东资格的，受让股东做原告，应当以公司为被告，原股东作为第三人参加诉讼。
		当事人之间对股权归属发生争议，一方请求法院确认其享有股权的，应证明：已经受让或以其他形式继受公司股权，且不违反法律法规强制性规定。

其一，实体法律关系。

（1）原股东与受让股东订立买卖合同——合同具有相对性。

（2）公司——股东名册。

保护公司对于股东名册的信赖，公司基于股东名册向股东分红。

（3）第三人——工商登记。

保护第三人对于工商登记的信赖。

①基于善意取得认可二卖行为效力，保护二卖受让人的权利。

股权转让后尚未向公司登记机关办理变更登记（此时原股东相当于名义股东，受让股东相当于实际股东），原股东将仍登记于其名下的股权转让、质押或者以其他方式处分（股东名册系生效要件，股权已经发生变动，原股东此时的处分构成无权处分），受让股东以其对于股权享有实际权利为由，请求认定处分股权行为无效的，人民法院可以参照善意取得的规定处理。

▶ ★特别提示 请考生清晰区分负担行为与处分行为，股权转让合同系负担行为，股权转让属于处分行为。

1. 股权转让合同属于负担行为，仅仅产生债权债务关系，只要当事人达成合意，合同一般即可成立生效。

2. 股权转让属于处分行为，需要符合处分行为生效的四个要件

（1）股权是特定的、现存的

（2）当事人达成股权处分之合意

（3）公示（变更股东名册）

（4）处分权（处分人有处分权）

②一卖受让人的损失找原股东及过错董、高、实追偿。

原股东处分股权造成受让股东损失，受让股东请求原股东承担赔偿责任、对于未及时办理变更登记有过错的董事、高级管理人员或者实际控制人承担相应责任的，人民法院应予支持；受让股东对于未及时办理变更登记也有过错的，可以适当减轻上述董事、高级管理人员或者实际控制人的责任。

★特别提示 董事、高级管理人员及实际控制人的责任前提是有过错。受让股东也有过错的，应当分担损失。

【经典习题】

甲有限公司股东黄先生将其持有的甲公司股权对外转让给陈先生，双方订立股权转让协议，陈先生支付了全部价款。该股权转让得到其他股东的一致同意，并依法办理了股东名册变更，但由于董事刘某未尽勤勉义务，一直未办理公司登记机关登记。后基于公司登记机关的登记，黄先生将股权出质给不知情的杜女士。下列说法错误的是？[1]

A. 如果甲公司未依法办理股东名册变更，陈先生可依法请求公司履行该义务

B. 杜女士不能取得股权质权

C. 董事刘某需要对陈先生的损失承担相应的过错责任

D. 如果陈先生对未办理公司登记机关登记也有过错，要适当减轻刘某的责任

【解析】 原股东基于工商登记处分股权的，第三人可参照适用善意取得。

其二，程序法律关系。

受让股东可依法向法院主张股东资格确权之诉，受让股东作原告，公司作被告，原股东作第三人。

3. 冒用他人的名义与实际不符——类推无权代理，被冒名者不担责。

冒用他人名义出资并将该他人作为股东在公司登记机关登记的，冒名登记行为人应当承担相应责任；公司、其他股东或者公司债权人以未履行出资义务为由，请求被冒名登记为股东的承担补足出资责任或者对公司债务不能清偿部分的赔偿责任的，人民法院不予支持。

★特别提示 因为被冒名者对作为股东相关事宜不知情也没有任何意思表示，故不承担股东的任何责任，也不享有股东身份。可类推无权代理，对被冒名者不生效。

【经典真题】

1. 高才、李一、曾平各出资40万元，拟设立"鄂汉食品有限公司"。高才手头只有30万元的现金，就让朋友艾瑟为其垫付10万元，并许诺一旦公司成立，就将该10万元从公司中抽回偿还给艾瑟。而李一与其妻闻菲正在闹离婚，为避免可能的纠纷，遂与其弟李三商定，由李三出面与高、曾设立公司，但出资与相应的投资权益均归李一。公司于2012年5月成立，在公司登记机关登记的股东为高才、李三、曾平，高才为董事长兼法定代表人，

---

[1]【答案】B

曾平为总经理。

请回答下列问题：

（1）关于李一与李三的约定以及股东资格，下列表述正确的是：[1]（2012－3－93）

A. 二人间的约定有效

B. 对公司来说，李三具有股东资格

C. 在与李一的离婚诉讼中，闻菲可以要求分割李一实际享有的股权

D. 李一可以实际履行出资义务为由，要求公司变更自己为股东

【考点】 名义与实际股东

【解析】《公司法解释三》第24条第1款规定：有限责任公司的实际出资人与名义出资人订立合同，约定由实际出资人出资并享有投资权益，以名义出资人为名义股东，实际出资人与名义股东对该合同效力发生争议的，人民法院应当认定该合同有效。A项正确。李一与李三约定有效，并且公司登记机关登记的股东有李三，李三是名义股东，具有股东资格。B项正确。

李一不是公司的股东，基于股权代持合同的相对行为，李一只能向李三主张合同债权。李一的妻子无法请求分割李一的股权。C错误。

实际出资人未经公司其他股东半数以上同意，请求公司变更股东、签发出资证明书、记载于股东名册、记载于公司章程并办理公司登记机关登记的，人民法院不予支持。D项错误。

（2）2012年7月，李三买房缺钱，遂在征得其他股东同意后将其名下的公司股权以42万元的价格，出卖给王二，并在公司登记机关办理了变更登记等手续。下列表述正确的是：[2]（2012－3－94）

A. 李三的股权转让行为属于无权处分行为

B. 李三与王二之间的股权买卖合同为有效合同

C. 王二可以取得该股权

D. 就因股权转让所导致的李一投资权益损失，李一可以要求李三承担赔偿责任

【考点】 名义股东处分股权

【解析】 公司登记机关登记的股东有李三，李三享有股东权，所以，股权转让属于有权处分的行为。A项表述错误。

《公司法》第71条第2款规定："股东向股东以外的人转让股权，应当经其他股东过半数同意。"李三将股权卖给王二，已征得其他股东同意，并且在登记机关办理了变更登记等手续，属于有效行为，王二可以取得该股权。所以，B、C表述正确。

《公司法解释三》第25条第2款规定："名义股东处分股权造成实际出资人损失，实际出资人请求名义股东承担赔偿责任的，人民法院应予支持。"所以D项表述正确。

2. 胡铭是从事进出口贸易的茂福公司的总经理，姚顺曾短期任职于该公司，2016年初离职。2016年12月，姚顺发现自己被登记为贝达公司的股东。经查，贝达公司实际上是胡铭与其友张莉、王威共同设立的，也从事进出口贸易。胡铭为防止茂福公司发现自己的行为，用姚顺留存的身份信息等材料，将自己的股权登记在姚顺名下。就本案，下列哪些选

---

[1]【答案】AB

[2]【答案】BCD

项是错误的?[1](2017 – 3 – 69)

    A. 姚顺可向贝达公司主张利润分配请求权

    B. 姚顺有权参与贝达公司股东会并进行表决

    C. 在姚顺名下股权的出资尚未缴纳时，贝达公司的债权人可向姚顺主张补充赔偿责任

    D. 在姚顺名下股权的出资尚未缴纳时，张莉、王威只能要求胡铭履行出资义务

【解析】依据《公司法解释三》第28条的规定和民法的基本原理，冒用他人名义出资并将该他人作为股东在公司登记机关登记的，冒名登记行为人应当承担相应责任。冒名出资行为，可类推无权代理，对被假冒人（被代理人）不发生法律效力，而应当由假冒人承担责任，并享有相应权利。因此，该案中的被假冒人姚顺不承担责任，也不享有权利，当然没有分红权，所以A选项错误，要选。

依据《公司法解释三》第28条的规定和民法基本原理，被假冒人姚顺不享有表决权，B选项错误，要选。

依据《公司法解释三》第28条的规定，冒用他人名义出资并将该他人作为股东在公司登记机关登记的，冒名登记行为人应当承担相应责任；应由假冒人胡铭承担出资责任，而不是被假冒人姚顺，C选项错误，要选。

依据《公司法解释三》第28条的规定，冒名出资，由假冒人承担责任，D选项正确，不选。

关联法条

《公司法解释三》

第二十二条 当事人之间对股权归属发生争议，一方请求人民法院确认其享有股权的，应当证明以下事实之一：

（一）已经依法向公司出资或者认缴出资，且不违反法律法规强制性规定；

（二）已经受让或者以其他形式继受公司股权，且不违反法律法规强制性规定。

第二十四条 有限责任公司的实际出资人与名义出资人订立合同，约定由实际出资人出资并享有投资权益，以名义出资人为名义股东，实际出资人与名义股东对该合同效力发生争议的，如无法律规定的无效情形，人民法院应当认定该合同有效。

前款规定的实际出资人与名义股东因投资权益的归属发生争议，实际出资人以其实际履行了出资义务为由向名义股东主张权利的，人民法院应予支持。名义股东以公司股东名册记载、公司登记机关登记为由否认实际出资人权利的，人民法院不予支持。

实际出资人未经公司其他股东半数以上同意，请求公司变更股东、签发出资证明书、记载于股东名册、记载于公司章程并办理公司登记机关登记的，人民法院不予支持。

第二十五条 名义股东将登记于其名下的股权转让、质押或者以其他方式处分，实际出资人以其对于股权享有实际权利为由，请求认定处分股权行为无效的，人民法院可以参照民法典第三百一十一条的规定处理。

名义股东处分股权造成实际出资人损失，实际出资人请求名义股东承担赔偿责任的，人民法院应予支持。

注意：名义股东对其名下的股权处分是有权处分，参照善意取得评判其效力，保护善意第三人的权利，因此给实际出资人造成损失的，名义股东负赔偿责任。

第二十六条 公司债权人以登记于公司登记机关的股东未履行出资义务为由，请求其

---

    [1]【答案】ABC

对公司债务不能清偿的部分在未出资本息范围内承担补充赔偿责任，股东以其仅为名义股东而非实际出资人为由进行抗辩的，人民法院不予支持。

名义股东根据前款规定承担赔偿责任后，向实际出资人追偿的，人民法院应予支持。

第二十七条　股权转让后尚未向公司登记机关办理变更登记，原股东将仍登记于其名下的股权转让、质押或者以其他方式处分，受让股东以其对于股权享有实际权利为由，请求认定处分股权行为无效的，人民法院可以参照民法典第三百一十一条的规定处理。

原股东处分股权造成受让股东损失，受让股东请求原股东承担赔偿责任、对于未及时办理变更登记有过错的董事、高级管理人员或者实际控制人承担相应责任的，人民法院应予支持；受让股东对于未及时办理变更登记也有过错的，可以适当减轻上述董事、高级管理人员或者实际控制人的责任。

第二十八条　冒用他人名义出资并将该他人作为股东在公司登记机关登记的，冒名登记行为人应当承担相应责任；公司、其他股东或者公司债权人以未履行出资义务为由，请求被冒名登记为股东的承担补足出资责任或者对公司债务不能清偿部分的赔偿责任的，人民法院不予支持。

【经典真题】

甲捡了乙遗失的身份证，利用乙的信息注册成股东。下列表述正确的是？[1]

A. 债权人可请求乙承担出资责任　　　B. 公司应请求甲承担股东义务
C. 乙可以行使股东权利　　　　　　　D. 乙可以申请注销错误的股权登记

【解析】依据《公司法解释三》第28条第2分句的规定，冒名出资的，被冒名出资人不承担出资瑕疵转让，A错误。

依据《公司法解释三》第28条第1分句的规定，冒名出资的，假冒行为人应当承担责任，包括承担股东出资义务，被冒名出资人不承担责任，也不享有义务，冒名行为对被冒名出资人不发生效力，B正确，C错误。

冒名出资的，被假冒人不承担责任，不享有权利，其不是股东。因此，关于股东的工商登记出现了错误，乙可申请注销错误的股权登记，D正确。

关联法条

《公司法解释三》第28条

（四）股东权利和义务

1. 股东权利。

财产权	(1) 发给股票或其他股权证明请求权； (2) 股份转让权； (3) 股息红利分配请求权，即资产收益权； (4) 优先认购新股权； (5) 公司剩余财产分配权。

★**特别提示**　三项权利都按照实缴出资比例行使权利，约定除外。

---

[1]【答案】BD

续表

管理权	（1）股东会临时召集权或自行召集权； （2）出席股东会并行使表决权，即参与重大决策和选择管理者的权利； （3）对公司财务的监督检查权和会计账簿的查阅权； （4）对公司章程及股东会议记录，董事会议决议，监事会议决议的知情权； （5）权利损害救济权及股东代表诉讼权； （6）对公司经营的建议与质询权。

2. 股东义务。

全体股东的共同义务	（1）出资义务 （2）不滥用股东权利 （3）特定情形下的表决权限制 **例如**：公司为公司股东或者实际控制人提供担保的，必须经股东会或者股东大会决议，被提供担保的股东或者受被提供担保的实际控制人支配的股东，不得参加关于该事项股东会或者股东大会决议的表决。
控股股东的特别义务	（1）不得滥用控股股东的地位，损害公司和其他股东的利益； （2）不得利用其关联关系损害公司利益； （3）滥用股东权利的赔偿义务。

考点4　钱（注册资本）★★★★★

【经典真题】

2014年5月，甲乙丙丁四人拟设立一家有限责任公司。关于该公司的注册资本与出资，下列哪些表述是正确的？[1]（2014－3－68）

A. 公司注册资本可以登记为1元人民币

B. 公司章程应载明其注册资本

C. 公司营业执照不必载明其注册资本

D. 公司章程可以要求股东出资须经验资机构验资

【考点】公司注册资本与出资

【解析】《公司法》第26条规定："有限责任公司的注册资本为在公司登记机关登记的全体股东认缴的出资额。

法律、行政法规以及国务院决定对有限责任公司注册资本实缴、注册资本最低限额另有规定的，从其规定。"新公司法取消了注册资本的法定限制，改为股东约定，章程自治，所以A正确；

第25条："有限责任公司章程应当载明下列事项：

（一）公司名称和住所；

（二）公司经营范围；

（三）公司注册资本；

---

[1]【答案】ABD

（四）股东的姓名或者名称；

（五）股东的出资方式、出资额和出资时间；

（六）公司的机构及其产生办法、职权、议事规则；

（七）公司法定代表人；

（八）股东会会议认为需要规定的其他事项。

股东应当在公司章程上签名、盖章。"既然注册资本为章程自治，那么章程中自然应当包含注册资本事项，B 正确；

该法第 7 条第 2 款规定："公司营业执照应当载明公司的名称、住所、注册资本、经营范围、法定代表人姓名等事项。"所以营业执照中应当载明注册资本，供公众知悉，C 错误；

《公司法》取消了法定的验资程序，但如果章程约定验资依据遵从股东的意思自治的原则是可以的，D 项正确。

考点 5　钱——股东的出资 ★★★★

（一）股东出资的形式及法定要求（区分货币和非货币，三个要件：依法处分、依法评估、不违法）

出资缴纳	设立类型	验资
认缴	发起设立（增资）	约定
实缴	募集设立（增资）：发起人认购的股份缴足前，不得向他人募集股份。	法定
法律、行政法规及国务院决定对注册资本实缴、最低限额另有规定的除外。		
货币出资	以贪污、受贿、侵占、挪用等违法犯罪所得的货币出资后取得股权的，应采取拍卖或变卖的方式处置其股权。	
非货币出资	（1）出资条件 ①可依法转让（处分）（第 27、28 条）： 转移所有权（处分）＋转移占有（交付） ②可评估（公司法第 27 条、解释三第 9 条）： 应评估作价，不得高估或低估。 出资贬值的风险负担（解释三第 15 条）——以实缴时为界限判定出资是否贬值 出资人以符合法定条件的非货币财产出资后，因市场变化或其他客观因素导致出资财产贬值，公司、其他股东或债权人请求该出资人承担补足出资责任的，法院不予支持，约定除外。 ③不违法： 出资禁止：劳务、自然人姓名、信用、商业信誉、特许经营权、设置担保的财产； 无处分权的财产出资（解释三第 7 条）：参照善意取得。 ★特别提示　盗赃物不适用善意取得、遗失物有限适用善意取得。公司是否善意的判断以物权交易当事人的善恶意进行判断，当事人受到指示的，以指示人为准。 如：股东张三将他人家具擅自出资（无权处分），公司的代理人李四受领该家具。如果李四系恶意，则公司为恶意。如果李四善意，则公司为善意。但是，如果李四受到指示的，以指示人为准。如果李四系善意，但系受到恶意的公司代表人王二的指示而从事该交易，则以王二为准，公司依然系恶意。	

续表

出资缴纳	设立类型	验资
	（2）出资类型 ①**土地使用权**（解释三第10条） 划拨——出让；附抵押——涤除抵押权； ②**不动产和知识产权**（解释三第10条） A. **一般规则**：登记和交付都完成后，才享有股东权利（**财产权**） 已登记未交付的，在实际交付之前不享有相应股东权利。 B. **追溯规则**：先交付，后登记——追溯到交付，享有股东权利（**财产权**） 已交付未登记的，后依法补办登记的——自其实际交付时享有相应股东权利； ③**股权**（解释三第11条） A. **可转让**：出资的股权由出资人合法持有并依法**可以转让**； B. **无瑕疵和负担**：出资的股权**无权利瑕疵**或者权利负担； C. **已转让**：出资人已履行关于股权转让的**法定手续**； D. **已评估**：出资的股权已依法进行了**价值评估**。	

【经典真题】

甲、乙、丙、丁计划设立一家从事技术开发的天际有限责任公司，按照公司设立协议，甲以其持有的君则房地产开发有限公司20%的股权作为其出资。下列哪些情形会导致甲无法全面履行其出资义务？[1]（2011-3-69）

A. 君则公司章程中对该公司股权是否可用作对其他公司的出资形式没有明确规定

B. 甲对君则公司尚未履行完毕其出资义务

C. 甲已将其股权出质给其债权人戊

D. 甲以其股权作为出资转让给天际公司时，君则公司的另一股东已主张行使优先购买权

【考点】 股权出资

【解析】 根据上文股权转让的条件（《公司法解释三》第11条），B项出资义务没有履行完毕，出资人的股权受限制，不是完全合法持有者，C项属于有权利负担的股权，D项属于没有履行完毕转让手续，所以B、C、D三项均存在股权出资的障碍；A项，公司章程无限制，因此不存在股权出资的障碍。

（二）股东的出资程序

1. 以货币出资的，应当将货币出资足额存入有限责任公司在银行开设的账户。

★特别提示 银行转账的法律性质：民法理论认为，银行转账行为系事实行为。由于并不存在有体的实物货币，因此不涉及物权变动，而是事实行为，其涉及付款人、付款人开户行、收款人、收款人开户行之间的债权债务关系的变化。如果发生错误转账行为，可以通过不当得利规则解决。

2. 以非货币财产出资的，应当依法办理其财产权的转移手续（做出处分行为），并交付公司使用（转移占有）。

3. 以非货币财产出资的，应当评估作价，核实财产，不得高估或低估作价。

---

〔1〕**【答案】** BCD

（三）股东出资瑕疵的责任

出资瑕疵包括未履行或未完全履行出资义务。

1. 对内责任（针对公司和其他股东）——类推适用买卖合同中的瑕疵担保规则。

（1）有限责任公司

① 出资不足、不出资。

具体指货币没有存到公司账户或非货币财产没有办理财产的转移手续。欠缴股东应当向公司足额缴纳，还应当向已按期足额缴纳出资的股东承担违约责任，并且由发起人与欠缴股东承担连带责任。

即：出资不足：

补缴——欠缴股东对公司补缴

　★特别提示　此处只连带发起人，公司成立后新加入公司的股东不承担此责任。

② 出资不实。

专门指非货币财产过高估价。应当由交付该出资的股东补足其差额；公司设立时的其他股东承担连带责任。

即：出资不实：

补缴——欠缴股东对公司补缴

＋违约——欠缴股东对公司、对其他足额出资股东的违约责任：计算银行同期利息、损害赔偿

＋连带——欠缴股东与公司发起人（设立时的股东）对公司连带

（2）股份有限公司

股份有限公司成立后，发起人未按照公司章程的规定缴足出资的或发现作为设立公司出资的非货币财产的实际价额显著低于公司章程所定价额的，应当由交付该出资的发起人补足其差额；其他发起人承担连带责任。

不分出资瑕疵的表现方式，均为：

补缴——欠缴股东对公司补缴

＋违约——欠缴股东对公司、对其他足额出资股东的违约责任：计算银行同期利息、损害赔偿

＋连带——欠缴股东与公司发起人（设立时的股东）对公司连带

2. 对外责任（针对债权人）。

　★特别提示　出资瑕疵可以适用债的给付障碍理论规则，即出资义务的类型障碍包括的类型和对应的法律效果是：

1. 确定的不出资：出资不能——损害赔偿　\　依法解除股东资格

2. 暂时的不出资：迟延出资——损害赔偿＋继续出资　\　依法解除股东资格

3. 不完全出资：出资瑕疵——损害赔偿＋补足出资

出资责任	一般责任	发起人连带责任（设立出资瑕疵）
内部	股东不按照章程缴纳出资的，除应向公司足额缴纳外（承担债务不履行的责任），还应向已按期足额缴纳出资的股东承担违约责任。 **内部补缴：**公司或其他股东可请求其向公司履行补缴责任。应当加算银行同期存款利息，造成公司损失的，承担损害赔偿责任。	发起人对此承担连带责任，知情的董监高未采取必要措施的，承担损害赔偿责任
外部	**外部补充：**债权人可请求其在未出资本息范围内对公司债务不能清偿的部分承担补充赔偿责任。 债权人——债务人（公司）——次债务人（股东）	发起人对此承担连带责任
特殊责任	①验资机构责任（《公司法》第207条第3款）： 验资机构在验资不实的范围内对债权人承担过错推定的赔偿责任。 ②替代出资责任： 由被替代的股东承担出资责任。 ③恶意受让人的连带责任（解释三第18条）： 有限公司股东未履行出资义务即转让股权，**恶意受让人**对该出资义务**承担连带责任**。受让人可向该股东追偿。 ④转让未届出资期限之股权的，受让股东承担实缴责任 股东转让认缴但未届实缴期限之股权的，由受让股东承担实缴责任。 股东甲认缴出资10万，公司章程规定于2022年7月出资。2022年1月，甲将该股权转让给丙，丙承担实缴出资义务。	

📖 ★特别提示 出资债务不适用诉讼时效；不能随意免除；公司进入破产程序后不能随意抵销、加速到期（立即补缴）。

时间	义务人	责任
设立阶段	欠缴股东、发起人	在未出资的本息范围内对公司债务不能偿还的部分承担连带补充赔偿责任 📖 ★特别提示（1）公司的发起人承担责任后，可以向被告股东追偿； （2）此责任以一次**完满**履行为限，（欠缴义务全部履行完毕）其他债权人提出相同请求的，义务人不再承担责任。 （3）股东出资瑕疵责任可类推适用买卖合同中出卖人的瑕疵担保责任和违约责任：继续履行、损害赔偿和补救措施（《民法典》第577条）。
增资阶段	欠缴股东	在未出资的本息范围内就公司债务不能偿还的部分承担补充赔偿责任
	有过错的董、高人员 📖 ★特别提示 责任主体只有未尽到忠诚和勤勉义务的公司的董事、高级管理人员。	相应责任 📖 ★特别提示 此处的责任是过错责任。

抽逃出资	法律责任	连带责任
内部	**返还责任**：公司、其他股东可请求该股东向公司返还出资本息。	协助抽逃出资的其他股东、董事、高管或实际控制人**对此承担连带责任**。
外部	**补充责任**：公司债权人可请求抽逃出资的股东在**抽逃出资本息范围内**对**公司债务不能清偿的部分**承担**补充赔偿责任**。 债权人—债务人（公司）—次债务人（股东）	协助抽逃出资的其他股东、董事、高管或实际控制人**对此承担连带责任**。

　　★**特别提示** 股东出资责任一定要区分内部责任（对公司、对其他股东）和外部责任（对债权人）

　　3. 抽逃出资。

　　（1）抽逃出资的行为表现

　　公司股东有下列行为的，认定为抽逃出资：

　　① 通过虚构债权债务关系将其出资转出；

　　② 制作虚假财务会计报表虚增利润进行分配；

　　③ 利用关联交易将出资转出；

　　④ 其他未经法定程序将出资抽回的行为。

　　（2）股东抽逃出资的责任

　　内部：股东抽逃出资的，应当向公司返还出资本息，协助抽逃出资的其他股东、董事、高级管理人员承担连带责任；

　　外部：对公司不能清偿的债务，抽逃出资的股东在抽逃出资本息范围内承担补充赔偿责任，协助抽逃出资的其他股东、董事、高级管理人员承担连带责任；抽逃出资的股东已经承担上述责任，其他债权人提出相同请求的，人民法院不予支持。

　　（3）股东出资不实或抽逃出资的权利限制

出资不履行的效果	法律后果
财产权的限制	根据公司章程或股东会决议可对其**利润分配请求权**、**新股优先认购权**、**剩余财产分配请求权**等股东权利作出**相应的**合理限制。

　　（4）除名

　　内部——合同关系：解除合同：未履行出资义务或抽逃全部出资，经公司催告在合理期间内无果的，股东会决议可**解除该股东的股东资格**。被除名股东依然需要承担违反出资约定的违约责任。

　　外部——注册资本：债权人保护：公司应**依法减资**或由**其他股东或第三人出资**。

　　（5）举证责任倒置

　　原告提供对股东履行出资义务产生合理怀疑证据的，**被告股东应当就其已履行出资义务承担举证责任**。

　　★**特别提示**

　　① 股东出资不实或抽逃出资的，可以对股东的财产权做出相应的限制。

　　限制的依据：公司章程、股东会决议

　　限制的权利：财产权（利润分配请求权、新股优先认购权、剩余财产分配请求权）

限制的范围：相应的合理限制

②除名规则

除名的条件：全部不出资或抽逃全部出资＋催告＋迟延

除名的程序：股东会决议

除名不影响债权人利益：依法减资或由其他股东或第三人出资

③股东出资不实或抽逃出资，对公司的补缴义务不受诉讼时效保护，对债权人的补充赔偿责任，以债权人的债权保护时效为承担责任的时效。

【经典真题】

1. 泰昌有限公司共有6个股东，公司成立两年后，决定增加注册资本500万元。下列哪一表述是正确的？[1]（2013－3－26）

A. 股东会关于新增注册资本的决议，须经三分之二以上股东同意

B. 股东认缴的新增出资额可分期缴纳

C. 股东有权要求按照认缴出资比例来认缴新增注册资本的出资

D. 一股东未履行其新增注册资本出资义务时，公司董事长须承担连带责任

【考点】对外责任

【解析】《公司法》第43条第2款："股东会会议作出修改公司章程、增加或者减少注册资本的决议，……，必须经代表三分之二以上表决权的股东通过。"2/3特别多数要求的是表决权而非人数，A错；第178条第1款："有限责任公司增加注册资本时，股东认缴新增资本的出资，依照本法设立有限责任公司缴纳出资的有关规定执行。"即由公司章程灵活约定，当然可分期，B正确；第34条："股东按照实缴的出资比例分取红利；公司新增资本时，股东有权优先按照实缴的出资比例认缴出资。"而非认缴出资，C错误；《公司法解释三》第13条第4款："股东在公司增资时未履行或者未全面履行出资义务，依照本条第一款或者第二款提起诉讼的原告，请求未尽公司法第一百四十七条第一款规定的义务而使出资未缴足的董事、高级管理人员承担相应责任的，人民法院应予支持；董事、高级管理人员承担责任后，可以向被告股东追偿。"董事长有过错才承担责任，D错误。

2. 甲乙丙三人共同组建一有限责任公司。公司成立后，甲将其20%股权中的5%转让给第三人丁，丁通过受让股权成为公司股东。甲、乙均按期足额缴纳出资，但发现由丙出资的机器设备的实际价值明显低于公司章程所确定的数额。对此，下列哪些表述是错误的？[2]（2010－3－72）

A. 由丙补交其差额，甲、乙和丁对其承担连带责任

B. 丙应当向甲、乙和丁承担违约责任

C. 由丙补交其差额，甲、乙对其承担连带责任

D. 丙应当向甲、乙承担违约责任

【考点】瑕疵出资责任

【解析】丙的非货币财产过高估价所以应当按照补缴＋连带的责任来要求丙承担责任，即

---

[1]【答案】B
[2]【答案】ABD

丙向公司补缴，公司发起人甲乙承担连带责任，只有C正确；丁是后加入主体，不对此连带。

关联法条

《公司法》

第二十八条 股东应当按期足额缴纳公司章程中规定的各自所认缴的出资额。股东以货币出资的，应当将货币出资足额存入有限责任公司在银行开设的账户；以非货币财产出资的，应当依法办理其财产权的转移手续。

股东不按照前款规定缴纳出资的，除应当向公司足额缴纳外，还应当向已按期足额缴纳出资的股东承担违约责任。

第三十条 有限责任公司成立后，发现作为设立公司出资的非货币财产的实际价额显著低于公司章程所定价额的，应当由交付该出资的股东补足其差额；公司设立时的其他股东承担连带责任。

第九十三条 股份有限公司成立后，发起人未按照公司章程的规定缴足出资的，应当补缴；其他发起人承担连带责任。

股份有限公司成立后，发现作为设立公司出资的非货币财产的实际价额显著低于公司章程所定价额的，应当由交付该出资的发起人补足其差额；其他发起人承担连带责任。

《公司法解释三》

第十二条 公司成立后，公司、股东或者公司债权人以相关股东的行为符合下列情形之一且损害公司权益为由，请求认定该股东抽逃出资的，人民法院应予支持：

（一）制作虚假财务会计报表虚增利润进行分配；

（二）通过虚构债权债务关系将其出资转出；

（三）利用关联交易将出资转出；

（四）其他未经法定程序将出资抽回的行为。

第十三条 股东未履行或者未全面履行出资义务，公司或者其他股东请求其向公司依法全面履行出资义务的，人民法院应予支持。

公司债权人请求未履行或者未全面履行出资义务的股东在未出资本息范围内对公司债务不能清偿的部分承担补充赔偿责任的，人民法院应予支持；未履行或者未全面履行出资义务的股东已经承担上述责任，其他债权人提出相同请求的，人民法院不予支持。

股东在公司设立时未履行或者未全面履行出资义务，依照本条第一款或者第二款提起诉讼的原告，请求公司的发起人与被告股东承担连带责任的，人民法院应予支持；公司的发起人承担责任后，可以向被告股东追偿。

股东在公司增资时未履行或者未全面履行出资义务，依照本条第一款或者第二款提起诉讼的原告，请求未尽公司法第一百四十七条第一款规定的义务而使出资未缴足的董事、高级管理人员承担相应责任的，人民法院应予支持；董事、高级管理人员承担责任后，可以向被告股东追偿。

第十四条 股东抽逃出资，公司或者其他股东请求其向公司返还出资本息、协助抽逃出资的其他股东、董事、高级管理人员或者实际控制人对此承担连带责任的，人民法院应予支持。

公司债权人请求抽逃出资的股东在抽逃出资本息范围内对公司债务不能清偿的部分承担补充赔偿责任、协助抽逃出资的其他股东、董事、高级管理人员或者实际控制人对此承担连带责任的，人民法院应予支持；抽逃出资的股东已经承担上述责任，其他债权人提出相同请求的，人民法院不予支持。

第十六条　股东未履行或者未全面履行出资义务或者抽逃出资，公司根据公司章程或者股东会决议对其利润分配请求权、新股优先认购权、剩余财产分配请求权等股东权利作出相应的合理限制，该股东请求认定该限制无效的，人民法院不予支持。

第十七条　有限责任公司的股东未履行出资义务或者抽逃全部出资，经公司催告缴纳或者返还，其在合理期间内仍未缴纳或者返还出资，公司以股东会决议解除该股东的股东资格，该股东请求确认该解除行为无效的，人民法院不予支持。

在前款规定的情形下，人民法院在判决时应当释明，公司应当及时办理法定减资程序或者由其他股东或者第三人缴纳相应的出资。在办理法定减资程序或者其他股东或者第三人缴纳相应的出资之前，公司债权人依照本规定第十三条或者第十四条请求相关当事人承担相应责任的，人民法院应予支持。

第十九条　公司股东未履行或者未全面履行出资义务或者抽逃出资，公司或者其他股东请求其向公司全面履行出资义务或者返还出资，被告股东以诉讼时效为由进行抗辩的，人民法院不予支持。

公司债权人的债权未过诉讼时效期间，其依照本规定第十三条第二款、第十四条第二款的规定请求未履行或者未全面履行出资义务或者抽逃出资的股东承担赔偿责任，被告股东以出资义务或者返还出资义务超过诉讼时效期间为由进行抗辩的，人民法院不予支持。

考点6　募集设立★★

条件	内容
符合条件的发起人	2～200人，半数以上在中国境内有 住所 。
注册资本法定资本制	股份有限公司采取募集方式设立的，注册资本为在公司登记机关登记的 实收股本总额 。 📑★特别提示　执行严格实缴制，不适用分期缴纳。
程序	(1) 发起人认购的股份不得少于公司股份总数的 百分之三十五 ； (2) 公告招股说明书，并制作认股书； (3) 发起人同证券公司签订承销协议； (4) 发起人同银行签订代收股权的协议； (5) 股款缴足后，必须经依法设立的验资机构验资并出具证明； 📑★特别提示　仅在此处保留了法定的验资程序。 (6) 发起人应当自股款缴足之日起 三十日内 主持召开公司创立大会，选举董事会、监事会成员； 📑★特别提示　创立大会的地位相当于公司成立后的股东大会，其职责是创立公司社团（通过章程、选举公司机关）、审核发起事宜（审判发起人）。 (7) 董事会 在创立大会结束后 三十日内 ，申请设立登记。 📑★特别提示　先成立社团，然后办理登记，公司法人设立的基本程序是：首先成立社团组织（制定章程、成立股东会和董事会），然后办理登记取得权利能力。因此，在登记前，设立中公司被称为"无权利能力社团"。

创立大会（《公司法》第89、90条）：

1. 召开时间： 发起人应当自股款缴足之日起30日内主持召开公司创立大会，创立大会由发起人、认股人组成。

2. 出席： 创立大会应**有代表股份总数过半数的发起人、认股人出席**，方可举行。

3. 决议： 创立大会的决议，必须经出席会议的**认股人所持表决权过半数**通过。

4. 职权：

（1）**审核权：** 审议发起人关于公司筹办情况的报告；对公司的设立费用进行审核；对发起人用于抵作股款的财产的作价进行审核；

（2）**通过权：** 通过公司章程；

（3）**选举权：** 选举董事会、监事会成员；

发生不可抗力或者经营条件发生重大变化直接影响公司设立的，可以作出不设立公司的决议。

【经典真题】

1. 甲、乙、丙等拟以募集方式设立厚亿股份公司。经过较长时间的筹备，公司设立的各项事务逐渐完成，现大股东甲准备组织召开公司创立大会。下列哪些表述是正确的？[1]（2016－3－70）

A. 厚亿公司的章程应在创立大会上通过

B. 甲、乙、丙等出资的验资证明应由创立大会审核

C. 厚亿公司的经营方针应在创立大会上决定

D. 设立厚亿公司的各种费用应由创立大会审核

【考点】 创立大会的职权

【解析】 依据《公司法》第90条第2款第2项的规定，股份公司募集设立的，由创立大会通过公司章程，所以A正确。

依据《公司法》第90条第2款第6项的规定，创立大会对发起人用于抵作股款的财产的作价进行审核，甲、乙、丙等非货币出资的验资证明应由创立大会审核，创立大会并非审查所有出资的验资证明，因此B错误。

依据《公司法》第90条的规定，创立大会没有决定公司经营方针的法定职权，所以C错误。依据《公司法》第37条第1款第1项的规定，决定公司的经营方针是股东会的职权。

依据《公司法》第90条第2款第5项的规定，创立大会对公司的设立费用进行审核，所以D正确。

2. 顺昌有限公司等五家公司作为发起人，拟以募集方式设立一家股份有限公司。关于公开募集程序，下列哪些表述是正确的？[2]（2014－3－72）

A. 发起人应与依法设立的证券公司签订承销协议，由其承销公开募集的股份

B. 证券公司应与银行签订协议，由该银行代收所发行股份的股款

C. 发行股份的股款缴足后，须经依法设立的验资机构验资并出具证明

D. 由发起人主持召开公司创立大会，选举董事会成员、监事会成员与公司总经理

---

[1]【答案】AD

[2]【答案】AC

【考点】募集设立

【解析】募集设立，应当由发起人与证券公司签订承销协议，与银行签订代收股权的协议，A正确，B错误；募集设立股份公司仍然保留了法定的验资程序，C正确；创立大会上选举的是董事会和监事会成员，总经理随后由董事会任命，D错误。

▽ 关联法条

《公司法》

第八十四条　以募集设立方式设立股份有限公司的，发起人认购的股份不得少于公司股份总数的百分之三十五；但是，法律、行政法规另有规定的，从其规定。

第八十七条　发起人向社会公开募集股份，应当由依法设立的证券公司承销，签订承销协议。

第八十八条　发起人向社会公开募集股份，应当同银行签订代收股款协议。

第八十九条第一款　发行股份的股款缴足后，必须经依法设立的验资机构验资并出具证明。发起人应当自股款缴足之日起三十日内主持召开公司创立大会。创立大会由发起人、认股人组成。

第九十条　发起人应当在创立大会召开十五日前将会议日期通知各认股人或者予以公告。创立大会应有代表股份总数过半数的发起人、认股人出席，方可举行。

创立大会行使下列职权：

（一）审议发起人关于公司筹办情况的报告；

（二）通过公司章程；

（三）选举董事会成员；

（四）选举监事会成员；

（五）对公司的设立费用进行审核；

（六）对发起人用于抵作股款的财产的作价进行审核；

（七）发生不可抗力或者经营条件发生重大变化直接影响公司设立的，可以作出不设立公司的决议。

创立大会对前款所列事项作出决议，必须经出席会议的认股人所持表决权过半数通过。

考点7　增减资

	内部程序	外部程序
增资	①股东会特别决议，修改章程（2/3资本多数决）内部增资、外部增资 ②优先认购新股权：（第34条） 有限公司新增资本时，股东有权优先按照**实缴的出资比例**认缴出资，全体股东约定不按照出资比例优先认缴出资的除外。 ▷ **★特别提示** 优先认股权系财产权，股东可自由转让，其他股东没有优购权。 ③增资缴纳（第178条）发起增资或募集增资	依法登记（生效要件）。

续表

	内部程序	外部程序
	④增资瑕疵（解释三第 13 条第 4 款） 股东在公司增资时未履行或未全面履行出资义务，**未尽法定注意义务和勤勉义务**而使出资未缴足的董事、高管承担相应责任（内部＋外部）。 董、高承担责任后，可向该股东追偿。	
减资	股东会**特别决议**（2/3 资本多数决）	通知公告债权人 债权人有权请求担保或偿债。 依法登记（生效要件）。

【经典真题】

　　湘星公司成立于 2012 年，甲、乙、丙三人是其股东，出资比例为 7∶2∶1，公司经营状况良好。2017 年初，为拓展业务，甲提议公司注册资本增资 1000 万元。关于该增资程序的有效完成，下列哪些说法是正确的?[1]（2017－3－68）

　　A. 三位股东不必按原出资比例增资

　　B. 三位股东不必实际缴足增资

　　C. 公司不必修改公司章程

　　D. 公司不必办理变更登记

　　【解析】 依据《公司法》第 34 条的规定，公司新增资本时，股东有权优先按照实缴的出资比例认缴出资。但是，全体股东约定不按照出资比例分取红利或者不按照出资比例优先认缴出资的除外。因此公司增资，不必按照原来的出资比例增资，而是依据实缴的出资比例，但全体股东约定除外，A 选项正确。

　　依据《公司法》第 178 条的规定，公司增资时，股东缴纳出资的方式因发起增资和募集增资不同而不同，发起增资的，可认缴出资；募集增资的，实缴出资，因此公司增资，不一定必须实缴出资，B 选项正确。

　　依据《公司法》第 25 条第 1 款第 3 项的规定，公司章程应当载明公司注册资本，因此增减资应当修改公司章程，C 选项错误。

　　依据《公司法》第 179 条第 2 款的规定，公司增加或者减少注册资本，应当依法向公司登记机关办理变更登记，D 选项错误。

　　关联法条

《公司法》

　　第一百七十八条　有限责任公司增加注册资本时，股东认缴新增资本的出资，依照本法设立有限责任公司缴纳出资的有关规定执行。

　　股份有限公司为增加注册资本发行新股时，股东认购新股，依照本法设立股份有限公司缴纳股款的有关规定执行。

　　第一百七十九条　公司合并或者分立，登记事项发生变更的，应当依法向公司登记机

───────────────

[1] 【答案】AB

关办理变更登记；公司解散的，应当依法办理公司注销登记；设立新公司的，应当依法办理公司设立登记。

公司增加或者减少注册资本，应当依法向公司登记机关办理变更登记。

考点8 公司章程

（一）公司章程的概念与特征

公司章程是指公司所必备的，规定其名称、宗旨、资本、组织结构等对内对外事务的基本法律文件。公司章程系一种特殊的债务合同，产生债法上的约束力，对公司、股东、董事、监事、高管产生约束力，可参照违约责任的规则。

概念	债务合同
必备性	设立公司必须依法制定公司章程。
效力	（1）章程只对公司、股东、董事、监事、高级管理人员有约束力。 （2）章程对法定代表人代表权的限制，不得对抗善意相对人。
章程规定	（1）**有限公司**：分红（全体股东约定除外）、股东会表决、股东会会议通知、股东资格继承、股权转让；外保 （2）**股份公司**：分红、累积投票、临时股东会召开、董监高股份转让的限制、外保

★特别提示 11项公司章程自治规定汇总

1	（有限责任公司）自然人股东死亡后，其合法继承人可以继承股东资格；但是，公司章程另有规定的除外。
2	（有限责任公司）召开股东会会议，应当于会议召开十五日前通知全体股东；但是，公司章程另有规定或者全体股东另有约定的除外。
3	（有限责任公司）股东会会议由股东按照出资比例行使表决权；但是，公司章程另有规定的除外。
4	（有限责任公司）公司章程对股权转让另有规定的，从其规定。
5	（股份有限公司）公司章程可以对公司董事、监事、高级管理人员转让其所持有的本公司股份作出其他限制性规定。
6	（两类公司）公司弥补亏损和提取公积金后所余税后利润，有限责任公司股东按照实缴的出资比例分取红利；公司新增资本时，股东有权优先按照实缴的出资比例认缴出资。但是，全体股东约定不按照出资比例分取红利或者不按照出资比例优先认缴出资的除外。 股份有限公司按照股东持有的股份比例分配，但股份有限公司章程规定不按持股比例分配的除外。
7	（两类公司）公司法定代表人依照公司章程的规定，由董事长、执行董事或者经理担任，并依法登记。公司法定代表人变更，应当办理变更登记。
8	（两类公司）公司向其他企业投资或者为他人提供担保，依照公司章程的规定，由董事会或者股东会、股东大会决议；公司章程对投资或者担保的总额及单项投资或者担保的数额有限额规定的，不得超过规定的限额。

续表

9	（两类公司）公司章程对经理职权另有规定的，从其规定。
10	（股份有限公司）股东大会选举董事、监事，可以依照公司章程的规定或者股东大会的决议，实行累积投票制。
11	（两类公司）公司章程对公司注册资本及出资程序可自行规定。

【经典真题】

1. 甲、乙、丙设立一有限公司，制定了公司章程。下列哪些约定是合法的？[1]（2013 – 3 – 68）

　　A. 甲、乙、丙不按照出资比例分配红利

　　B. 由董事会直接决定公司的对外投资事宜

　　C. 甲、乙、丙不按照出资比例行使表决权

　　D. 由董事会直接决定其他人经投资而成为公司股东

　　【考点】 章程自治权

　　【解析】 其他人投资成为公司股东，相当于公司增加注册资本，依法规定应当由股东会 2/3 以上表决权特别多数通过才能生效，D 错误；《公司法》第 34 条："股东按照实缴的出资比例分取红利；公司新增资本时，股东有权优先按照实缴的出资比例认缴出资。但是，全体股东约定不按照出资比例分取红利或者不按照出资比例优先认缴出资的除外。"A 正确；第 16 条："公司向其他企业投资或者为他人提供担保，依照公司章程的规定，由董事会或者股东会、股东大会决议；……"所以投资事宜，章程可以授权董事会决策，B 正确；第 42 条："股东会会议由股东按照出资比例行使表决权；但是，公司章程另有规定的除外。"C 正确。

2. 科鼎有限公司设立时，股东们围绕公司章程的制订进行讨论，并按公司的实际需求拟定条款规则。关于该章程条款，下列哪些说法是正确的？[2]（2016 – 3 – 68）

　　A. 股东会会议召开 7 日前通知全体股东

　　B. 公司解散需全体股东同意

　　C. 董事表决权按所代表股东的出资比例行使

　　D. 全体监事均由不担任董事的股东出任

　　【考点】 股东会表决程序、议事方式；董事会表决程序、议事方式；监事会组成和职权

　　关联法条

　　《公司法》第 41、43、48、51 条

　　【解析】 依据《公司法》第 41 条的规定，召开股东会会议，应当于会议召开十五日前通知全体股东；但是，公司章程另有规定或者全体股东另有约定的除外。所以章程规定，提前 7 日通知股东是可以的，因此 A 正确。

---

〔1〕**【答案】** ABC
〔2〕**【答案】** AB

依据《公司法》第43条的规定，股东会的议事方式和表决程序，除本法有规定的外，由公司章程规定。公司解散必须经过代表三分之二以上表决权的股东通过，章程规定全体股东一致同意也是可以的，所以B正确。

依据《公司法》第48条的规定，董事会的议事方式和表决程序，除本法有规定的外，由公司章程规定。董事会决议的表决，实行一人一票。因此董事会决议应当实行一人一票，而不能按照出资比例表决，所以C错误。

依据《公司法》第51条第2款的规定，监事会应当包括股东代表和适当比例的公司职工代表，其中职工代表的比例不得低于三分之一，具体比例由公司章程规定。如果采取监事会形式，应包括职工代表，因此D错误。

（二）公司章程的订立

1. 公司章程必须采书面形式。

2. 订立程序。

（1）有限责任公司：股东制定。

（2）国有独资公司：董事会制订，报国有资产监督管理机构批准或者由国有资产监督管理机构制定。

（3）募集设立的股份有限公司：发起人制订，创立大会通过。

（4）发起设立的股份有限公司：发起人制定。

3. 章程应当载明事项

		有限公司	股份公司
公司概况	公司人格	公司名称和住所、经营范围、法定代表人	公司名称和住所、经营范围、法定代表人 设立方式、解散事由与清算办法
	公司资本	注册资本	公司股份总数、每股金额和注册资本 公司利润分配办法
	公司治理	公司的机构及其产生办法、职权、议事规则	董事会、监事会的组成、职权和议事规则
股东概况		股东姓名或名称、股东的出资方式、出资额和出资时间	
发起人概况			发起人的姓名或名称、认购的股份数、出资方式和出资时间
其他事项		股东会会议认为需要规定的其他事项	股东大会会议认为需要规定的其他事项

（三）公司章程的效力

设立公司必须依法制定公司章程。

公司章程对公司、股东、董事、监事、高级管理人员具有约束力。公司章程可类推适用合同的规则，股东违反章程可类推适用违约责任规则。

章程仅仅具有公司内部效力。

对公司	公司自身的行为要受公司章程的约束。
对股东	公司章程系由公司股东制定，并对股东具有约束力。这种约束力不仅只针对起草、制定公司章程的股东，而且对<u>后来加入公司的股东</u>亦有约束力，这是由公司章程的自治规则性质所决定的。
对董事、监事、高级管理人员	董事、监事、高级管理人员应当遵守公司章程。依照法律和公司章程的规定行使职权。 ★特别提示 董监高人员越权行为的效力，出于<u>保护善意第三人</u>的目的一般会认可其越权行为的效力，但支持内部追偿。

（四）公司章程的变更

公司章程变更，须经过三分之二以上的资本多数决。有限公司：必须经代表三分之二以上表决权的股东通过；股份公司：须经出席会议的股东所持表决权的三分之二以上通过。

原则上公司章程所记载的事项，不论是绝对记载事项还是任意记载事项，只要确属必要，均可变更。

三、公司的运行

考点1 股东的权利保护★★★★★

具体考点1. 知情权——《公司法解释四》。

（一）知情权的范围和具体内容

知情权	权利范围	具体内容
有限公司股东	查阅复制权	公司章程、股东会会议记录、董事会会议决议、监事会会议决议和财务会计报告。
	查账权	**查阅**公司会计账簿的，应向公司提出书面请求； 公司有合理根据认为其有不正当目的，可能损害公司利益的，可拒绝，应自股东提出**书面请求之日起**15日内**书面答复该理由**； 公司拒绝的，股东**可请求法院要求公司**提供查阅。
股份公司股东	查阅权	公司章程、股东大会会议记录、董事会会议决议、监事会会议决议、财务会计报告、股东名册、公司债券存根，对公司的经营提出建议或质询。

（二）知情权的主体和行使

1. 知情权的主体——股东；持股期间受害的除外（《公司法解释四》第7条）

（1）股东依法律或章程的规定，起诉请求查阅或复制公司特定文件材料的，法院应依法予以受理。

（2）公司证明不是股东的，驳回起诉

公司有证据证明前款规定的原告在起诉时不具有公司股东资格的，法院应驳回起诉。

（3）原告证明持股期间受害的，除外

但原告有初步证据证明在持股期间其合法权益受到损害，请求依法查阅或复制其持股期间的公司特定文件材料的除外。

2. 知情权的行使——判决明确查阅范围、辅助查阅（《公司法解释四》第 10 条）

（1）判决明确查阅复制的时间、地点和文件名录

法院审理股东请求查阅或复制公司特定文件材料的案件，对原告诉讼请求予以支持的，应在判决中明确查阅或复制公司特定文件材料的时间、地点和特定文件材料的名录。

（2）股东在场，并由中介机构执业人员辅助

股东依据法院生效判决查阅公司文件材料的，在该股东在场的情况下，可由会计师、律师等依法或依据执业行为规范负有保密义务的中介机构执业人员辅助进行。

（三）知情权的限制和滥用

1. 知情权的限制——不正当目的（《公司法解释四》第 8 条）

有证据证明股东存在下列情形之一的，法院应认定股东有"不正当目的"：

（1）竞业

股东自营或为他人经营与公司主营业务有实质性竞争关系业务的，但章程另有规定或全体股东另有约定的除外；

（2）为了向他人通报信息，可能损害公司利益

股东为了向他人通报有关信息查阅公司会计账簿，可能损害公司合法利益的；

（3）查阅请求之日前的 3 年内，曾向他人通报信息，损害公司利益

股东在向公司提出查阅请求之日前的三年内，曾通过查阅公司会计账簿，向他人通报有关信息损害公司合法利益的；

（4）其他

股东有不正当目的的其他情形。

2. 知情权的滥用——侵害商业秘密（《公司法解释四》第 11 条）

（1）泄密——损害赔偿

股东行使知情权后泄露公司商业秘密导致公司合法利益受到损害，公司请求该股东赔偿相关损失的，法院应予以支持。

（2）中介机构执业人员泄密——损害赔偿

辅助股东查阅公司文件材料的会计师、律师等泄露公司商业秘密导致公司合法利益受到损害，公司请求其赔偿相关损失的，法院应予以支持。

（四）知情权的保护

1. 协议剥夺知情权——违反（《公司法解释四》第 9 条）

章程、股东之间的协议等实质性剥夺股东依法规定的查阅或复制公司文件材料的权利，公司以此为由拒绝股东查阅或复制的，法院不予支持。

★特别提示　知情权系股东的固有权，不能通过公司章程或协议剥夺股东的知情权。

2. 董、高未依法制作或保存法定文件的——损害赔偿（《公司法解释四》第 12 条）

公司董事、高级管理人员等未依法履行职责，导致公司未依法制作或保存公司法规定的公司文件材料，给股东造成损失，股东依法请求负有相应责任的公司董事、高级管理人员承担民事赔偿责任的，法院应予以支持。

【经典真题】

张某是红叶有限公司的小股东，持股5%；同时，张某还在枫林有限公司任董事，而红叶公司与枫林公司均从事保险经纪业务。红叶公司多年没有给张某分红，张某一直对其会计账簿存有疑惑。关于本案，下列哪一选项是正确的？[1]（2016-3-26）

A. 张某可以用口头或书面形式提出查账请求

B. 张某可以提议召开临时股东会表决查账事宜

C. 红叶公司有权要求张某先向监事会提出查账请求

D. 红叶公司有权以张某的查账目的不具正当性为由拒绝其查账请求

【考点】 股东知情权、有限公司股东的查账权、召开临时股东会的提议权

【解析】 依据《公司法》第33条第2款的规定，有限公司股东查账，应当向公司提出书面请求，所以A错误。

依据《公司法》第39条第2款的规定，代表十分之一表决权的股东才有召开临时股东会的提议权，而且查账事宜也不是股东会法定职权，张某持股只有5%，没有召开股东会的提议权，所以B错误。

依据《公司法》第33条第2款的规定，有限公司股东的查账权的行使没有先向监事会提出查账请求的前置程序，所以C错误。

依据《公司法》第33条第2款的规定，公司有合理根据认为股东查阅会计账簿有不正当目的，可能损害公司合法利益的，可以拒绝提供查阅，所以D正确。

关联法条

《公司法》第33、39条

【经典真题】

关于股东或合伙人知情权的表述，下列哪一选项是正确的？[2]（2013-3-27）

A. 有限公司股东有权查阅并复制公司会计账簿

B. 股份公司股东有权查阅并复制董事会会议记录

C. 有限公司股东可以知情权受到侵害为由提起解散公司之诉

D. 普通合伙人有权查阅合伙企业会计账簿等财务资料

【考点】 知情权

【解析】 《公司法》第33条："股东有权查阅、复制公司章程、股东会会议记录、董事会会议决议、监事会会议决议和财务会计报告。股东可以要求查阅公司会计账簿。股东要求查阅公司会计账簿的，应当向公司提出书面请求，说明目的。公司有合理根据认为股东查阅会计账簿有不正当目的，可能损害公司合法利益的，可以拒绝提供查阅，并应当自股东提出书面请求之日起十五日内书面答复股东并说明理由。公司拒绝提供查阅的，股东可以请求人民法院要求公司提供查阅。"有限公司股东无权复制财务账簿，A错；《公司法》第97条："股东有权查阅公司章程、股东名册、公司债券存根、股东大会会议记录、董事

---

[1]【答案】D
[2]【答案】D

会会议决议、监事会会议决议、财务会计报告，对公司的经营提出建议或者质询。"股份公司股东无权复制董事会会议记录，B 错；《公司法》第 182 条："公司经营管理发生严重困难，继续存续会使股东利益受到重大损失，通过其他途径不能解决的，持有公司全部股东表决权百分之十以上的股东，可以请求人民法院解散公司。"司法强制解散公司的适用情形不适用于股东知情权受损，C 错；《合伙企业法》第 28 条第 2 款："合伙人为了了解合伙企业的经营状况和财务状况，有权查阅合伙企业会计账簿等财务资料。"所以 D 正确。

具体考点 2. 临时提案权。

股份有限公司股东特有的权利，降低门槛，保护了小股东的利益。

单独或者合计持有公司百分之三以上股份的股东，可以在股东大会召开十日前提出临时提案并书面提交董事会；董事会应当在收到提案后二日内通知其他股东，并将该临时提案提交股东大会审议。临时提案的内容应当属于股东大会职权范围，并有明确议题和具体决议事项。

具体考点 3. 股东会临时召集主持权或自行召集主持权。

权利	股东条件	
	有限公司	股份公司
股东会临时召集主持权	持股 10%	
自行召集权 ▶★特别提示 要在董事会和监事会均不履行召集职责的前提下行使自行召集权。	持股 10%	持股 10%；连续持股时间 90 天以上

A. **提议召开临时股东会权**

（1）**有限公司**：代表十分之一以上表决权的股东。

（2）**股份公司**：单独或者合计持有公司百分之十以上股份的股东。

B. **在董监会不作为时，召集和主持股东会权**

（1）**有限公司**：代表十分之一以上表决权的股东。

（2）**股份公司**：连续九十以上单独或者合计持有公司百分之十以上股份的股东。

具体考点 4. 决议无效、撤销请求权。

	股东会、董事会决议存在下列情形之一，当事人主张决议不成立的，法院应予以支持：
不成立	（1）**未开会** 公司未召开会议的，但依法或章程规定可不召开股东会而直接作出决定，并由全体股东在决定文件上签名、盖章的除外；
	（2）**未表决** 会议未对决议事项进行表决的；
	（3）**出席人数或表决权违法违章** 出席会议的人数或股东所持表决权不符合公司法或章程规定的；
	（4）**表决未通过** 会议的表决结果未达到公司法或章程规定的通过比例的；

续表

	（5）其他 导致决议不成立的其他情形。 下列表述中股东会、董事会决议不成立的是？[1] A. 出席甲股份公司董事会的董事人数不足全体董事的半数 B. 乙公司股东会决议的表决结果未达到公司章程规定的通过比例 C. 丙公司股东会的召集程序违法、董事会表决方式违法 D. 丁公司董事会决议内容违反公司章程的规定、股东会决议内容违法 【解析】董事人数不足、表决结果不足通过比例，公司无法做出意思表示，决议不成立。
无效	**1. 内容违法——无效** 股东会、董事会的决议内容违反法律、行政法规的，无效。
	2. 主张无效或不成立的主体——股东、董事、监事 公司股东、董事、监事等请求确认股东会、董事会决议无效或不成立的，法院应依法予以受理。
可撤销	**1. 程序违法、程序和内容违章——可撤销；60日；担保** 股东会、董事会的会议召集程序、表决方式违反法律、行政法规或公司章程，或决议内容违反公司章程的，股东可以自决议作出之日起60日内，请求法院撤销。 法院可以应公司的请求，要求股东提供相应担保。
	2. 撤销权的主体——股东 （1）依法请求撤销股东会、董事会决议的原告，应在起诉时具有公司股东资格。 （2）当事人恒定和诉讼结果继承 起诉后股权转让的，原告不变，诉讼效果可由受让股东承继
	3. 撤销权的限制——召集程序和表决方式轻微瑕疵、对决议没实质影响的，不得撤销 会议召集程序或表决方式仅有轻微瑕疵，且对决议未产生实质影响的，法院不予支持撤销请求。
诉讼主体	**1. 公司为被告** 原告请求确认股东会、董事会决议不成立、无效或撤销决议的案件，应列公司为被告。 对决议涉及的其他利害关系人，可依法列为第三人。
	2. 共同原告 一审法庭辩论终结前，其他有原告资格的人以相同的诉讼请求申请参加前款规定诉讼的，可列为共同原告。
外部善意相对人	股东会、董事会决议被法院判决确认无效或撤销的，公司依据该决议与善意相对人形成的民事法律关系不受影响。

---

[1]【答案】AB

具体考点5. 股东的司法强制解散请求权

行使条件	(1) 公司经营管理发生严重困难。 ① 股东会僵局：公司持续两年以上无法召开股东会或者股东大会，公司经营管理发生严重困难的。 股东表决时无法达到法定或者规定的比例，持续两年以上不能做出有效的股东会或者股东大会决议，公司经营管理发生严重困难的。 ② 董事会僵局：公司董事长期冲突，且无法通过股东会或者股东大会解决，公司经营管理发生严重困难的。 ③ 其他僵局。 (2) 继续存续会使股东利益受到重大损失。 (3) 其他途径无法解决。 法院审理涉及有限责任公司股东重大分歧案件时，应当注重调解。当事人协商一致以下列方式解决分歧，且不违反法律、行政法规的强制性规定的，法院应予支持： 公司回购部分股东股份；其他股东受让部分股东股份；他人受让部分股东股份；公司减资；公司分立；其他能够解决分歧，恢复公司正常经营，避免公司解散的方式。 法院审理股东甲申请司法解散乙有限公司诉讼案例，哪些措施可采取，以避免公司解散？[1] A. 乙公司回购甲的股权 B. 其他股东受让甲的股权或由第三人受让甲的股权 C. 乙公司依法减资 D. 乙公司派生分立 【解析】股东请求司法解散，应尽可能维护公司之存续。 ★特别提示 法院审理解散公司诉讼案件，应当注重调解。当事人可依法协商同意由公司或者股东收购股份，或者以减资等方式使公司存续。经法院调解公司收购原告股份的，公司应当自调解书生效之日起六个月内将股份转让或者注销。股份转让或者注销之前，原告不得以公司收购其股份为由对抗公司债权人。 (4) 股东持有10%以上表决权。 注意：股东以知情权、利润分配请求权等权益受到损害（应直接诉讼），或者公司亏损、财产不足以偿还全部债务（提请公司破产），以及公司被吊销企业法人营业执照未进行清算（提请清算）等为由，提起解散公司诉讼的，人民法院不予受理。 ★特别提示 公司出现僵局，即使公司处于盈利状态，依然可司法解散。
诉讼当事人	原告：提起诉讼的股东。 被告：公司。 其他股东可以共同原告或第三人参加诉讼。
限制及后果	(1) 不能与清算的申请并用。 股东提起解散公司诉讼，同时又申请人民法院对公司进行清算的，人民法院对其提出的清算申请不予受理。 (2) 在股东提供担保且不影响公司正常经营的情形下，可以申请保全。 (3) 一事不再理。 人民法院关于解散公司诉讼作出的判决，对公司全体股东具有法律约束力。人民法院判决驳回解散公司诉讼请求后，提起该诉讼的股东或者其他股东又以同一事实和理由提起解散公司诉讼的，人民法院不予受理。

[1] 【答案】ABCD

【经典真题】

某经营高档餐饮的有限责任公司，成立于 2004 年。最近四年来，因受市场影响，公司业绩逐年下滑，各董事间又长期不和，公司经营管理几近瘫痪。股东张某提起解散公司诉讼。对此，下列哪一表述是正确的?[1]（2014－3－28）

A. 可同时提起清算公司的诉讼

B. 可向法院申请财产保全

C. 可将其他股东列为共同被告

D. 如法院就解散公司诉讼作出判决，仅对公司具有法律拘束力

【考点】 司法强制解散

【解析】 A 项错误，《公司法解释二》第 2 条："股东提起解散公司诉讼，同时又申请人民法院对公司进行清算的，人民法院对其提出的清算申请不予受理。人民法院可以告知原告，在人民法院判决解散公司后，依据民法典第七十条、公司法第一百八十三条和本规定第七条的规定，自行组织清算或者另行申请人民法院对公司进行清算。"

B 项正确，《公司法解释二》第 3 条："股东提起解散公司诉讼时，向人民法院申请财产保全或者证据保全的，在股东提供担保且不影响公司正常经营的情形下，人民法院可予以保全。"所以保全可以一并提出。

C 项错误，《公司法解释二》第 4 条 1、2 款："股东提起解散公司诉讼应当以公司为被告。原告以其他股东为被告一并提起诉讼的，人民法院应当告知原告将其他股东变更为第三人；原告坚持不予变更的，人民法院应当驳回原告对其他股东的起诉。"

D 项错误，《公司法解释二》第 6 条："人民法院关于解散公司诉讼作出的判决，对公司全体股东具有法律约束力。人民法院判决驳回解散公司诉讼请求后，提起该诉讼的股东或者其他股东又以同一事实和理由提起解散公司诉讼的，人民法院不予受理。"

具体考点 6. 异议股东股权回购请求权。

异议股东股权回购权	对股东会决议投反对票的股东可以请求公司按照合理的价格收购其股权
有限公司	（1）5 年不分红 公司连续五年不向股东分配利润，而公司该五年连续盈利，且符合本法规定的分配利润条件的；
	（2）合并分立重大处分 公司合并、分立、转让主要财产的；
	（3）延期经营 章程规定的营业期限届满或规定的其他解散事由出现，股东会通过决议修改章程使公司存续的。
股份公司	合并、分立
回购权行使的除斥期间	股东会会议决议通过之日起 60 日内达成股权收购协议——否则，90 日内起诉。

---

[1]【答案】B

▶★特别提示 自决议做出 60 日内达成股权收购协议（协商前置）——否则，自决议作出 90 日内向人民法院提起诉讼。

▶★特别提示 异议股东回购请求权是法定权利，是形成权，只有符合法定情形才可行使！

【经典真题】

香根餐饮有限公司有股东甲、乙、丙三人，分别持股 51%、14% 与 35%。经营数年后，公司又开设一家分店，由丙任其负责人。后因公司业绩不佳，甲召集股东会，决议将公司的分店转让。对该决议，丙不同意。下列哪一表述是正确的？[1]（2013－3－28）

A. 丙可以该决议程序违法为由，主张撤销

B. 丙可以该决议损害其利益为由，提起解散公司之诉

C. 丙可以要求公司按照合理的价格收购其股权

D. 公司可以丙不履行股东义务为由，以股东会决议解除其股东资格

【考点】股东权利

【解析】根据新《公司法》有关股份回购请求权的内容，题干涉及内容为转让主要财产，丙持有不同意见，可以主张回购，C 正确；该股东会决议没有体现程序违法之处，A 错；司法强制解散请求权需要具备法定客观前提即公司经营陷入困境，题目中并未涉及，B 错；股东一旦认缴了出资即具备了股东资格，除非不履行出资义务或抽逃全部出资外，不能解除其股东资格，D 错。

具体考点 7. 股东代表诉。

（1）基本概念和规则

代表诉	
概念	当公司的合法利益受到董监高或他人的不法侵害而**公司却怠于起诉**时，公司股东即以**自己的名义**起诉，起诉**害公司的人**，所获赔偿归于公司的一种诉讼制度。 股东（债权人）————公司（债务人）————害公司的人（次债务人）
原告	有限公司：任一股东； 股份公司：180 日以上单独或合计持有公司百分之一以上股份的股东
前置程序：书面请求	董高害公司——监事会；监事害公司——董事会；股东害公司、第三人害公司——两会都可以 ①拒绝提起诉讼，②自收到请求之日起 30 日内未提起诉讼，③情况紧急（主要涉及诉讼时效的经过），不立即提起诉讼将会使公司利益受到难以弥补的损害的，股东有权为了公司的利益以**自己的名义**直接起诉。
被告	害公司的人
第三人	公司

▶★特别提示 代表诉系债法上的代位权在公司法上的具体适用，即股东（债权人）——公司（债务人）——害公司的人（次债务人）

---

[1]【答案】C

（2）诉讼当事人（《公司法解释四》第23～24条）

①监事告董高——公司为原告

监事会或不设监事会的监事依法对董高起诉的，应列公司为原告，依法由监事会主席或不设监事会的有限公司的监事代表公司进行诉讼。

②董事告监事——公司为原告

董事会或执行董事依法对监事起诉讼的，或依法对他人提起诉讼的，应列公司为原告，依法由董事长或执行董事代表公司进行诉讼。

③股东直接告董监高他人——公司为第三人，相同诉求的其他股东为共同原告

A 股东依法直接对董监高或他人起诉讼的，应列公司为第三人参加诉讼。

B 一审法庭辩论终结前，符合公司法规定的其他股东，以相同的诉讼请求申请参加诉讼的，应列为共同原告。

（3）胜诉利益归公司（《公司法解释四》第25～26条）

①利益归公司

股东依法直接起诉的案件，胜诉利益归属于公司。股东请求被告直接向其承担民事责任的，法院不予支持。

②公司承担股东参加诉讼的合理费用

其诉讼请求部分或全部得到法院支持的，公司应承担股东因参加诉讼支付的合理费用。

　★特别提示　公司承担股东参加诉讼的合理费用，不是股东参加诉讼的全部费用。对于不合理的费用，公司不承担。

【经典真题】

郑贺为甲有限公司的经理，利用职务之便为其妻吴悠经营的乙公司谋取本来属于甲公司的商业机会，致甲公司损失50万元。甲公司小股东付冰欲通过诉讼维护公司利益。关于付冰的做法，下列哪一选项是正确的？[1]（2012－3－27）

A. 必须先书面请求甲公司董事会对郑贺提起诉讼

B. 必须先书面请求甲公司监事会对郑贺提起诉讼

C. 只有在董事会拒绝起诉情况下，才能请求监事会对郑贺提起诉讼

D. 只有在其股权达到1%时，才能请求甲公司有关部门对郑贺提起诉讼

【考点】股东代位诉讼

【解析】《公司法》第151条："董事、高级管理人员有本法第一百四十九条规定的情形的，有限责任公司的股东、股份有限公司连续一百八十日以上单独或者合计持有公司百分之一以上股份的股东，可以书面请求监事会或者不设监事会的有限责任公司的监事向人民法院提起诉讼；监事有本法第一百四十九条规定的情形的，前述股东可以书面请求董事会或者不设董事会的有限责任公司的执行董事向人民法院提起诉讼。

监事会、不设监事会的有限责任公司的监事，或者董事会、执行董事收到前款规定的股东书面请求后拒绝提起诉讼，或者自收到请求之日起三十日内未提起诉讼，或者情况紧急、不立即提起诉讼将会使公司利益受到难以弥补的损害的，前款规定的股东有权为了公

---

[1]【答案】B

司的利益以自己的名义直接向人民法院提起诉讼。

他人侵犯公司合法权益，给公司造成损失的，本条第一款规定的股东可以依照前两款的规定向人民法院提起诉讼。"

股东代位诉讼需要走尽内部救济，且交叉管辖，董、高侵权找监事会，监事侵权找董事会，本题中，郑贺是公司经理为高管侵权，应该找监事会起诉，所以 B 正确；A、C 错误；代位诉讼的原告，有限责任公司只要是股东即可，没有持股要求，股份公司要求单独或合计持股 1% 且持股 180 天以上，所以 D 错。

具体考点 8. 直接诉讼（《公司法》第 152 条）。

董事、高级管理人员违反法律、行政法规或公司章程的规定，损害股东利益的，股东可起诉。

具体考点 9. 利润分配请求权——《公司法解释四》。

原告	股东；其他股东基于同一分配方案请求分配利润并申请参加诉讼的，应列为共同原告。
被告	公司
诉讼请求	1. 股东提交载明具体分配方案的股东会决议，请求分红——公司抗辩理由不成立，判决分红。 2. 股东未提交载明具体分配方案的股东会决议，请求分红——驳回诉讼请求；大股东滥用股东权利导致不分红的，除外。
分红时间	1. 分红决议作出后，在决议载明时间内分红——未载明时间，以章程规定的时间为准——决议、章程均未规定或超过 1 年的，在决议作出 1 年内完成分红。 分配利润的股东会决议作出后，公司应当在决议载明的时间内完成利润分配。决议没有载明时间的，以公司章程规定的为准。决议、章程中均未规定时间或时间超过一年的，公司应当自决议作出之日起一年内完成利润分配。 2. 决议载明的分红时间超过章程规定——股东可依法撤销该时间的规定。 决议中载明的利润分配完成时间超过公司章程规定时间的，股东可以依据公司法第二十二条第二款规定请求法院撤销决议中关于该时间的规定。

【经典真题】

关于甲公司的分红问题，下列表述错误的是？[1]

A. 股东李某请求公司分配利润案件，以公司为被告，其他股东应当作为第三人

B. 只要股东张某提交载明具体分配方案的有效股东会决议，请求分红的，公司应当依据该决议分配

C. 股东王某虽未提交载明具体分配方案的股东会决议，但其证明其他大股东周某隐瞒公司利润和收益，导致公司不分配利润，其可请求公司依法分配利润

D. 甲公司股东会的分红决议和公司章程均未规定分红的时间，甲公司应当自决议做出之日起 1 年内完成分红；如果股东会决议载明的分红时间超过公司章程的规定，则该关于分红时间的决议内容无效。公司违法向股东林某分配的利润，为保护信赖利益，林某无需

---

[1] 【答案】ABD

返还

【解析】分红案件,其他股东有相同诉求的,为共同原告。股东会决议无法执行的,公司可不分红。决议违反章程,可撤销。

▽ **关联法条**

《公司法解释四》第 13、14、15 条,《公司法解释五》第 4 条。

考点2　公司组织结构

(一)股东会:权力机关

项目		有限责任公司	股份有限公司
性质		公司的**权力机关**,除法律特别规定的一人公司和国有独资公司外,其余公司必设。**非常设机关**,以会议形式存在。	公司的**权力机关**,必设机关,非常设机关,以会议形式存在。
会议机制	纸面决议	可以,股东以**书面形式**一致表示同意的,可以不召开股东会会议,直接作出决定,并由全体股东在决定文件上签名、盖章。	无纸面决议。
	定期会议	召开时间由公司章程规定,一般一年一次。	股份公司**应当每年召开一次年会**。
	临时会议	1. 1/10 以上表决权股东提议; 2. 1/3 以上董事提议; 3. 监事(会)提议。 ★**特别提示** 股东提议按表决权,董事提议按人数。	下列情形下两个月内召开: 1. 董事人数不足《公司法》规定的法定最低人数或章程所定人数的2/3; 2. 公司未弥补亏损达到实收股本总额的1/3时; 3. 单独或合计持有公司 10% 以上股份的股东请求时; 4. 董事会认为必要时; 5. 监事会提议召开时。
召集和主持	首次会议	出资最多的股东召集和主持。	无此特例。
	常规会议	1. 召集:董事会(执行董事); 主持:董事长——副董事长——半数以上董事推选董事。 2. 召集和主持:监事(会); 3. 召集和主持:代表 1/10 以上表决权的股东。 ★**特别提示** 顺序执行,1/10 以上表决权的股东对此无诉权保护。	1. 召集:董事会(执行董事); 主持:董事长——副董事长——半数以上董事推选董事; 2. 召集和主持:监事(会); 3. 召集和主持:**连续 90 天**,单独或合计持有公司 10% 以上股份的股东。 ★**特别提示** 顺序执行。

续表

项目		有限责任公司	股份有限公司
准备工作	会议通知	提前 15 天通知全体股东，章程另有规定除外。	年会提前20天通知，临时会议提前15天通知；发行不记名股票的，提前30天公告时间、地点、审议事项。
	临时提案制度	无	单独或合计持有3%以上股份的股东，提前10天提交董事会。董事会应当在收到提案后二日内通知其他股东，并将该临时提案提交股东大会审议。临时提案的内容应当属于股东大会职权范围，并有明确议题和具体决议事项。
决议	表决权	股东会会议由股东按照出资比例行使表决权；但是，公司章程另有规定的除外。 ★特别提示 章程约定优先。	所持每一股份有一表决权。但是，公司持有的本公司股份没有表决权。 ★特别提示 一股一权，股权平等。
	一般决议	股东会的议事方式和表决程序，除本法有规定的外，由公司章程规定。 ★特别提示 章程约定优先。	必须经出席会议的股东所持表决权过半数通过。 ★特别提示 法定性。
	特别决议	修改公司章程、增加或者减少注册资本的决议，以及公司合并、分立、解散或者变更公司形式的决议，必须经代表三分之二以上表决权的股东通过。	修改公司章程、增加或者减少注册资本的决议，以及公司合并、分立、解散或者变更公司形式的决议，必须经出席会议的股东所持表决权的三分之二以上通过。
累积投票制		无	自行选择适用于选举董事、监事的过程。
权限		1. 决定公司的经营方针和投资计划； 2. 选举和更换非由职工代表担任的董事、监事，决定有关董事、监事的报酬事项； 3. 审议批准董事会的报告； 4. 审议批准监事会或者监事的报告； 5. 审议批准公司的年度财务预算方案、决算方案； 6. 审议批准公司的利润分配方案和弥补亏损方案； 7. 对公司增加或者减少注册资本作出决议； 8. 对发行公司债券作出决议； 9. 对公司合并、分立、解散、清算或者变更公司形式作出决议； 10. 修改公司章程。 ★特别提示 股东会的职权： 1. 人事权：选举和更换非由职工代表担任的董事、监事，决定有关董事、监事的报酬事项； 2. 财务权：批准年度财务预决算方案，利润分配和弥补亏损方案，发行债券；批准董事会、监事会的报告； 3. 决策权：增减资改章程、合分散改形式；清算；决定公司的经营方针和投资计划；	

【经典真题】

钱某为益扬有限公司的董事，赵某为公司的职工代表监事。公司为钱某、赵某支出的下列哪些费用须经公司股东会批准? [1] (2015 - 3 - 68)

A. 钱某的年薪　　　　　　　　　　B. 钱某的董事责任保险费

C. 赵某的差旅费　　　　　　　　　D. 赵某的社会保险费

【考点】 股东会职权、董事的薪酬、监事履职的费用

【解析】 有关董事的报酬事项由股东会批准，钱某的年薪由股东会批准，A 正确。

公司为钱某支付的董事责任保险费也属于有关董事的报酬事项，也须经股东会批准，B 正确。

监事行使监事职权所发生的费用，法律规定由公司负担，无需经股东会批准，C 错误。

赵某作为公司的劳动者，公司应当依法为其支付社会保险费，不需要经股东会批准，D 错误。

（二）董事会：执行机关★★

项目	有限责任公司	股份有限公司
设立	可选，人数少、规模小可不设	必设 ★特别提示 代表十分之一以上表决权的股东、三分之一以上董事或者监事会，可以提议召开董事会临时会议。
人数	3~13 人	5~19 人
任期	不超过三年，连选可以连任，董事任期届满未及时改选，或者董事在任期内辞职导致董事会成员低于法定人数的，在改选出的董事就任前，原董事仍应当依照法律、行政法规和公司章程的规定，履行董事职务。	
职工代表	可选，但国有有限责任公司和国有独资公司中须有职工代表	可选
董事长、副董事长产生办法	公司章程规定，但国有独资公司中由国有资产监督管理机构指定。	由董事会以全体董事的过半数选举产生。
议事规则	除《公司法》另有规定外，由章程规定，董事会的表决，实行一人一票。	股份公司的董事会会议应有过半数的董事出席方可举行。董事会作出决议，必须经全体董事的过半数通过。董事会决议的表决，实行一人一票。董事会会议，应由董事本人出席；董事因故不能出席，可以书面委托其他董事代为出席，委托书中应载明授权范围。

---

[1]【答案】AB

续表

项目	有限责任公司	股份有限公司
责任承担及免责	董事会的决议违反法律、行政法规或者公司章程、股东大会决议，致使公司遭受严重损失的，参与决议的董事对公司负赔偿责任但经证明在表决时曾表明异议并记载于会议记录的该董事可以免除责任。 📂★**特别提示** 1. 董事任期届满前被股东会有效决议解除职务，不得主张解除不发生法律效力。 2. 董事职务被解除后，因补偿与公司发生纠纷提起诉讼的，法院应当依据法律、行政法规、公司章程的规定或者合同的约定，综合考虑解除的原因、剩余任期、董事薪酬等因素，确定是否补偿以及补偿的合理数额。	
职权	1. 召集股东会会议，并向股东会报告工作； 2. 执行股东会的决议； 3. 决定公司的经营计划和投资方案； 4. 制订公司的年度财务预算方案、决算方案； 5. 制订公司的利润分配方案和弥补亏损方案； 6. 制订公司增加或者减少注册资本以及发行公司债券的方案； 7. 制订公司合并、分立、解散或者变更公司形式的方案； 8. 决定公司内部管理机构的设置； 9. 决定聘任或者解聘公司经理及其报酬事项，并根据经理的提名决定聘任或者解聘公司副经理、财务负责人及其报酬事项； 10. 制定公司的基本管理制度。 📂★**特别提示** 董事会职权（《公司法》第46条）： 1. **执行权**：执行股东会的决议； 2. **管理权**：经营管理（经营计划、投资方案、内部管理机构设置、基本管理制度）； 3. **聘任权——经理、财务负责人**：决定聘任或者解聘公司经理、副经理、财务负责人及其报酬事项。	

📂★**特别提示** 留守董事制度：董事离任导致董事人数低于法定人数或董事任期届满未及时改选，董事应当留任。董事与公司之间系以信任为基础的委托合同关系，董事应尽善管和忠实义务，包括后合同义务。因此董事会会议以董事人头决为基础。

【经典真题】

1. 彭兵是一家（非上市）股份有限公司的董事长，依公司章程规定，其任期于2017年3月届满。由于股东间的矛盾，公司未能按期改选出新一届董事会。此后对于公司内部管理，董事间彼此推诿，彭兵也无心公司事务，使得公司随后的一项投资失败，损失100万元。对此，下列哪一选项是正确的?[1]（2017-3-26）

A. 因已届期，彭兵已不再是公司的董事长

B. 虽已届期，董事会成员仍须履行董事职务

C. 就公司100万元损失，彭兵应承担全部赔偿责任

D. 对彭兵的行为，公司股东有权提起股东代表诉讼

---

[1]【答案】B

【解析】依据《公司法》第109条第1款的规定，董事会设董事长一人，可以设副董事长。董事长和副董事长由董事会以全体董事的过半数选举产生。董事长的任免有法定程序，因此A选项错误。

依据《公司法》第45条第2款的规定，董事任期届满未及时改选，或者董事在任期内辞职导致董事会成员低于法定人数的，在改选出的董事就任前，原董事仍应当依照法律、行政法规和公司章程的规定，履行董事职务。董事依然需要尽对公司的善管义务，因此B选项正确。

依据《公司法》第149条的规定，董事违反忠实义务和勤勉义务，造成公司的损失的，应当承担损害赔偿责任，但是100万损失并不是彭兵一人所导致，由彭兵承担全部赔偿责任，显然是错误的，C选项错误。

依据《公司法》第151条的规定，股东提起股东代表诉讼，有前置程序，即董事损害公司利益，必须先找监事会，因此D选项错误。

关联法条

《公司法》第44、45、109、149、151条。

2. 新余有限公司共有股东4人，股东刘某为公司执行董事。在公司章程无特别规定的情形下，刘某可以行使下列哪一职权？[1] (2013-3-25)

A. 决定公司的投资计划

B. 否决其他股东对外转让股权行为的效力

C. 决定聘任公司经理

D. 决定公司的利润分配方案

【考点】董事会职权

【解析】根据股东会及董事会的职权内容，A、B、D项内容属于股东会的职权，刘某作为执行董事只能执行董事会的职权，所以C项正确。

(三) 监事会：监督机关

项目	有限责任公司	股份有限公司
设立	不是必设机构，人数较少，规模较小的公司不设监事会，设1~2名监事。	必设机构
人数及组成	不少于3人，但国有独资公司不少于5人，由股东代表和职工代表组成。	不少于3人，由股东代表和职工代表组成。
职工代表	设立监事会的，职工代表比例不低于1/3，不设监事会的不要求。股东代表由股东会选举产生，职工代表由公司职工民主选举产生。国有独资公司非职工代表由国有资产监督管理机构委派，职工代表由职工代表大会选举产生。	职工代表比例不低于1/3。股东代表由股东大会选举产生，职工代表由公司职工民主选举产生。

---

〔1〕【答案】C

续表

项目	有限责任公司	股份有限公司
会议周期	每年至少召开一次会议，监事提议可以召开临时会议。	每六个月至少召开一次会议，监事提议可以召开临时会议。
禁止兼任	公司董事、高级管理人员不得兼任监事。	
主席、副主席	由全体监事过半数选举产生。	
任期	三年。任期届满，连选可以连任。任职期满未即时改选，或任期内辞职导致监事会成员低于法定人数的，在改选出的监事就任前，原监事要留任履职。	
监事费用	行使职权所必需的费用，由公司承担。	
职权	1. 检查公司财务； 2. 对董事、高级管理人员执行公司职务时的行为进行监督，对违反法律、法规、公司章程或者股东会决议的董事、高级管理人员提出罢免的建议； 3. 当董事和高级管理人员的行为损害公司的利益时，要求董事和高级管理人员予以纠正； 4. 提议召开临时股东会会议，在董事会不履行《公司法》规定的召集和主持股东会会议职责时召集和主持股东会会议； 5. 向股东会会议提出提案； 6. 依照《公司法》第151条的规定对董事、高级管理人员提起诉讼； 7. 监事可以列席董事会会议，并对董事会决议事项提出质询或者建议。监事会、不设监事会的公司的监事发现公司经营情况异常，可以进行调查；必要时，可以聘请会计师事务所等协助其工作，费用由公司承担。 ★特别提示 1. **针对董事高官的监督权**：监督董高，对董高提出罢免的建议、要求董高纠正损害公司利益的行为、依法代表公司对损害公司利益的董高起诉。 2. **提议权、召集主持权**：提议召开临时股东会会议，在董事会不作为时召集和主持股东会会议（股东公司监事会有权提议召开临时董事会：《公司法》第110条第2款）。 3. **提案权**：向股东会会议提出提案。 4. **其他职权**：章程规定的其他职权。 监事可以列席董事会会议，并对董事会决议事项提出质询或者建议。

【经典真题】

紫云有限公司设有股东会、董事会和监事会。近期公司的几次投标均失败，董事会对此的解释是市场竞争激烈，对手强大。但监事会认为是因为董事狄某将紫云公司的标底暗中透露给其好友的公司。对此，监事会有权采取下列哪些处理措施？[1]（2016-3-69）

A. 提议召开董事会   B. 提议召开股东会

C. 提议罢免狄某   D. 聘请律师协助调查

【考点】监事会职权

【解析】依据《公司法》第53条的规定，监事会的法定职权不包括提议召开董事会，

---

[1] 【答案】BCD

所以 A 错误。

依据《公司法》第 53 条第 1 款第 4 项的规定，监事会职权包括提议召开临时股东会，所以 B 正确。

依据《公司法》第 53 条第 1 款第 2 项的规定，监事会的职权包括对董事提出罢免的建议，所以 C 正确。

依据《公司法》第 54 条第 2 款的规定，监事会、不设监事会的公司的监事发现公司经营情况异常，可以进行调查；必要时，可以聘请会计师事务所等协助其工作，费用由公司承担。通过对该"等"的解释，可以得知也包括聘请律师协助工作，所以 D 正确。

（四）经理：实施机关

有限责任公司可以设经理，由董事会决定聘任或者解聘。经理对董事会负责。

职权（《公司法》第 49 条）

1. 主持实施权

主持公司生产经营管理工作，组织实施董事会决议、公司年度经营计划和投资方案。

2. 拟订权；制定权

拟订公司内部管理机构设置方案、基本管理制度；制定公司的具体规章。

3. 聘任权

决定聘任或解聘由董事会任免以外的负责管理人员。

> ★**特别提示** "拟订""制订"等属于虚权，"制定"属于实权。法考一般考查实权。

【经典真题】

1. 荣吉有限公司是一家商贸公司，刘壮任董事长，马姝任公司总经理。关于马姝所担任的总经理职位，下列哪一选项是正确的？[1]（2015 - 3 - 26）

　A. 担任公司总经理须经刘壮的聘任

　B. 享有以公司名义对外签订合同的法定代理权

　C. 有权制定公司的劳动纪律制度

　D. 有权聘任公司的财务经理

【考点】公司经理的职权、董事会的职权

【解析】依据《公司法》第 46 条第 1 款第 9 项的规定，聘任公司总经理、副经理、财务负责人由董事会决定，A 错误。

依据《公司法》的基本原理，公司法定代表人是公司的代表机关，依法享有法定代表权（类推适用法定代理权），而经理没有法定代理权，B 错误。

依据《公司法》第 49 条第 1 款第 5 项的规定，公司经理有权制定公司的具体规章，包括公司的劳动纪律制度，C 正确。

依据《公司法》第 46 条第 1 款第 9 项的规定，公司财务经理由经理提名，由董事会决定聘任，D 错误。

---

〔1〕【答案】C

关联法条

《公司法》

第四十九条 有限责任公司可以设经理，由董事会决定聘任或者解聘。经理对董事会负责，行使下列职权：

（一）主持公司的生产经营管理工作，组织实施董事会决议；

（二）组织实施公司年度经营计划和投资方案；

（三）拟订公司内部管理机构设置方案；

（四）拟订公司的基本管理制度；

（五）制定公司的具体规章；

（六）提请聘任或者解聘公司副经理、财务负责人；

（七）决定聘任或者解聘除应由董事会决定聘任或者解聘以外的负责管理人员；

（八）董事会授予的其他职权。

公司章程对经理职权另有规定的，从其规定。

经理列席董事会会议。

2. 茂森股份公司效益一直不错，为提升公司治理现代化，增强市场竞争力并顺利上市，公司决定重金聘请知名职业经理人王某担任总经理。对此，下列哪些选项是正确的？[1]（2017－3－71）

A. 对王某的聘任以及具体的薪酬，由茂森公司董事会决定

B. 王某受聘总经理后，就其职权范围的事项，有权以茂森公司名义对外签订合同

C. 王某受聘总经理后，有权决定聘请其好友田某担任茂森公司的财务总监

D. 王某受聘总经理后，公司一旦发现其不称职，可通过股东会决议将其解聘

【解析】依据《公司法》第46条第1款第9项的规定，董事会任命经理并决定经理的报酬，A选项正确。

依据《公司法》第49条的规定，经理是公司的具体实施机关，在其职权范围，有权以公司名义对外签订合同，B选项正确。

依据《公司法》第49条第1款第7项的规定，经理可以任免经理和财务负责人以外的负责管理人员，而不能任免财务总监，C选项错误。

依据《公司法》第46条第1款第9项的规定，董事会任免经理，而不是股东会，D选项错误。

---

[1]【答案】AB

（五）董事、监事、高级管理人员

董、监、高的消极任职资格	1. 无民事行为能力或者限制民事行为能力； 2. 因犯有贪污、贿赂、侵占财产、挪用财产罪或者破坏社会主义市场经济秩序罪，被判处刑罚，执行期满未逾5年，或者因犯罪被剥夺政治权利，执行期满未逾5年； 📋★**特别提示** 限于①经济型犯罪；②所有类型犯罪被剥夺政治权利者。 3. 担任破产清算的公司、企业的董事或者厂长、经理，并对该公司、企业的破产负有个人责任的，自该公司、企业破产清算完结之日起未逾3年； 📋★**特别提示** 对象为破产企业的董事、厂长、经理；要求个人责任，3年内受限，不包括股东。 4. 担任因违法被吊销营业执照、责令关闭的公司、企业的法定代表人，并负有个人责任的，自该公司、企业被吊销营业执照之日起未逾3年； 📋★**特别提示** 对象为被处罚公司、企业的法定代表人，要求个人责任，3年内受限。 5. 个人所负数额较大的债务到期未清偿。 📋★**特别提示** 个人包括候选人本身也包括候选人投资的个人独资企业。
董、监、高的共同义务	1. 遵守法律、行政法规，遵守公司章程，忠实履行职务，维护公司利益； 2. 不得利用在公司的地位和职权为自己牟取私利； 3. 不得利用职权收受贿赂或者其他非法收入； 4. 不得侵占公司的财产； 5. 不得泄露公司秘密。 股东会或者股东大会要求董事、监事、高级管理人员列席会议的，董事、监事、高级管理人员应当列席，并接受股东的质询。

董、高的特定性义务 📋★**特别提示** 没有监事，因为这些义务限于执行职务的过程	绝对禁止	1. 挪用公司资金； 2. 将公司资金以其个人名义或者以其他个人名义开立账户存储； 3. 接受他人与公司交易的佣金归自己； 4. 擅自披露公司秘密。
	相对禁止	1. 违反公司章程的规定，未经股东会、股东大会或者董事会同意，将公司资金借贷给他人或者以公司财产为他人提供担保； 2. 违反公司章程的规定或者未经股东会、股东大会同意，与本公司订立合同或者进行交易；（自我交易） 3. 未经股东会或者股东大会同意，利用职务之便利为自己或他人谋取属于公司的商业机会，自营或者为他人经营与所任职公司同类的业务；（竞业行为、侵占商业机会） 董事、高级管理人员违反上述规定所得的收入归公司所有。 📋★**特别提示** 董事高管与公司的自我交易，可类推自我代理，该自我交易行为效力待定。

📋★**特别提示** 外部：董事高管违反公司章程或违反股东会董事会决议与外部第三人从事的法律行为有效；在理论上，公司还享有介入权。董高以自己名义处分公司财产，第三人可以依法适用善意取得。董高以公司名义从事法律行为，第三人可以依法适用表见代理。

内部：收益归入公司＋损害赔偿。

公司怠于起诉，股东可依法提起代表诉讼。

【经典真题】

1. 烽源有限公司的章程规定，金额超过 10 万元的合同由董事会批准。蔡某是烽源公司的总经理。因公司业务需要车辆，蔡某便将自己的轿车租给烽源公司，并约定年租金 15 万元。后蔡某要求公司支付租金，股东们获知此事，一致认为租金太高，不同意支付。关于本案，下列哪一选项是正确的？[1]（2016 - 3 - 28）

　　A. 该租赁合同无效

　　B. 股东会可以解聘蔡某

　　C. 该章程规定对蔡某没有约束力

　　D. 烽源公司有权拒绝支付租金

【考点】 自我交易、公司章程的效力

关联法条

《公司法》第 11、148 条

【解析】 依据《公司法》第 148 条的规定，公司高管与公司进行的自我交易，可类推适用自我代理，其效力待定，而非无效，经公司章程或股东会同意后，可以实施，所以 A 错误。

题干中，没有明确蔡某违反董事对公司的忠实义务的事实，股东会解聘蔡某没有事实依据和法律依据，所以 B 错误。

依据《公司法》第 11 条的规定，公司章程对公司、股东、董事、监事、高管具有约束力，公司章程可以约束蔡某，所以 C 错误。

依据《公司法》第 148 条的规定，公司高管与公司进行的自我交易，公司股东会不同意的，对公司不生效，公司有权拒绝支付租金，所以 D 正确。

2. 李方为平昌公司董事长。债务人姜呈向平昌公司偿还 40 万元时，李方要其将该款打到自己指定的个人账户。随即李方又将该款借给刘黎，借期一年，年息 12%。下列哪些表述是正确的？[2]（2013 - 3 - 70）

　　A. 该 40 万元的所有权，应归属于平昌公司

　　B. 李方因其行为已不再具有担任董事长的资格

　　C. 在姜呈为善意时，其履行行为有效

　　D. 平昌公司可要求李方返还利息

【考点】 董事义务

【解析】 银行转账仅仅是数字的变化，不涉及具体的货币，不涉及有体物，不涉及物权问题，不存在物的所有权问题，因此 A 错误。董事长的消极任职资格中并没有包含违法行为，B 错；李方的行为侵犯了平昌公司利益，平昌可要求返还利息，D 正确；C 项为善意第三人的保护，正确。

---

〔1〕【答案】D
〔2〕【答案】CD

考点3　公司担保和投资

（一）投资

公司可以向其他企业投资；但是，除法律另有规定外，不得成为对所投资企业的债务承担连带责任的出资人。《合伙企业法》禁止上市公司、国有独资公司、国有企业、公益性事业单位、社会团体投资到普通合伙企业。除此之外，公司可以投资到合伙企业做普通合伙人。

公司对外投资，根据章程授权由股东（大）会或董事会决议。数额不得超过章程规定的限额。

（二）担保

内部		外保	章程规定，董事会或股东会	
	内保	为股东	股东会决议	除去接受担保的股东，出席会议股东所持表决权过半数决。
		为实际控制人	股东会决议	除去实际控制人支配的股东，出席会议股东所持表决权过半数决。
外部	公司与外部善意第三人订立的投资合同、担保合同有效。			

公司对外提供担保，根据章程授权由股东（大）会或董事会决议。公司对内担保，由股东（大）会决议。关联股东回避，出席会议的其他股东所持表决权的过半数通过。但证券公司不得为其股东或者股东的关联人提供融资或者担保。

> ▶ **★特别提示** 对外担保＋投资——章程授权，董事会或股东会均可决议；

对内担保——股东会决议，接受担保的股东或实际控制人控制的股东不得表决。内保仅仅包括两种人：公司为股东、实际控制人提供担保。公司为其他人提供担保，都属于外保。

> ▶ **★特别提示** 董事高管违反公司章程对外从事投资和担保活动，以公司名义与外部善意第三人订立投资合同或担保合同的，外部投资合同和担保合同有效；内部：公司向有过错的董事高管追偿。

▽ **关联法条**

《公司法》

第十六条　公司向其他企业投资或者为他人提供担保，依照公司章程的规定，由董事会或者股东会、股东大会决议；公司章程对投资或者担保的总额及单项投资或者担保的数额有限额规定的，不得超过规定的限额。

公司为公司股东或者实际控制人提供担保的，必须经股东会或者股东大会决议。

前款规定的股东或者受前款规定的实际控制人支配的股东，不得参加前款规定事项的表决。该项表决由出席会议的其他股东所持表决权的过半数通过。

考点4　关联交易

关联交易损害公司利益	公司起诉的，被告不得以履行信息披露、经股东会同意等法定章定程序为由抗辩； 公司怠于起诉的，股东依法提起代表诉讼 关联交易损害公司利益，原告公司依法请求控股股东、实际控制人、董事、监事、高级管理人员赔偿所造成的损失，被告仅以该交易已经履行了信息披露、经股东会或者股东大会同意等法律、行政法规或者公司章程规定的程序为由抗辩的，法院不予支持。 公司没有提起诉讼的，股东可以依法提起代表诉讼。
关联交易合同	关联交易合同无效或可撤销的，公司怠于起诉的，股东依法提起代表诉 关联交易合同存在无效或者可撤销情形，公司没有起诉合同相对方的，股东可以依法提起代表诉讼。

▶ ★**特别提示** 关联关系，是指公司控股股东、实际控制人、董事、监事、高级管理人员与其直接或者间接控制的企业之间的关系，以及可能导致公司利益转移的其他关系。但是，国家控股的企业之间不仅因为同受国家控股而具有关联关系。

【经典真题】

甲系 A 公司的控股股东，以 A 公司向 B 公司订立买卖合同方式将 A 公司的主要财产低价卖给到 B 公司（甲设立的一人公司），A 公司请求甲承担损害赔偿责任。下列表述错误的是？[1]

A. A 公司依法请求甲承担赔偿责任，甲可以该交易经 A 公司股东会同意为由抗辩

B. 如 A 公司怠于向甲起诉，则 A 公司的股东乙可以依法向甲提起股东代表诉讼

C. 如 A 公司与 B 公司的买卖合同存在无效情形，而 A 公司怠于起诉 B 公司，则 A 公司的股东丙可依法向 B 公司提起股东代表诉讼

D. 如甲的行为造成 A 公司债权人的损害，甲需要对 A 公司的债务承担连带责任

【解析】 关联交易损害公司利益的，实质重于形式，程序抗辩不成立。公司怠于起诉，股东可依法提起代表诉讼。

▽ **关联法条**

《公司法解释五》第 1~2 条。

---

〔1〕**【答案】** A

四、公司的变更

考点1　公司的合并、分立★★

	概念	内部	外部
合并	两个或两个以上的公司，订立合并协议，**不经过清算**，直接结合为一个公司。 吸收合并（A + B = A）； 新设合并（A + B = C）。	A. 2/3 资本多数决 B. 资产清理	A. 通知公告债权人（公司应自作出合并决议之日起十日内通知债权人，并三十日内在报纸上公告）； B. 债权人**有权**要求**担保或偿债**（债权人自接到通知书之日起三十日内，未接到通知书的自公告之日起四十五日内，可以要求公司清偿债务或提供相应的担保）。 C. 办理登记： 吸收合并的，被吸收公司的注销登记；新设合并，被合并的公司注销登记，新设的公司设立登记； D. 债权债务关系由合并后的公司承继。
分立	一个公司，订立分立协议，**不经过清算**，分为两个或两个以上的公司。 派生分立（A = A + B）； 新设分立（A = B、C、D、E、F……）	A. 2/3 资本多数决 B. 资产清理	A. 通知公告债权人（公司应自作出分立决议之日起十日内通知债权人，并三十日内在报纸上公告）； B. 办理登记： 派生分立的，派生的公司设立登记；新设分立的，原公司注销登记，新设公司设立登记； C. 债权债务关系由分立后的公司（**连带关系**）承担**连带责任**，享有**连带债权**，公司分立时与债权人有约定的除外。 各分立公司之间对债权债务关系的约定有内部效力。
变更	有限公司变更为股份公司，股份公司变更为有限公司。	2/3 资本多数决	有限公司变更为股份公司时，折合的实收股本总额不得高于公司净资产额。 公司变更前的债权、债务由变更后的公司承继。

> ⚡ **★特别提示** 公司合并，债权债务由合并后的公司承继，包括债权让与和债务转移。而债务移转的处分权属于债权人，未经债权人同意的债务移转属于无权处分；而且债务移转会改变债务人，直接会影响债权人利益，因此，公司合并时，债权人有权要求担保或偿债。

公司合并、分立都无需办理清算，通过内部程序来保护股东利益，有异议的股东可主张异议股东股权回购请求权；通过外部程序来保护债权人利益。

【经典真题】

1. 张某、李某为甲公司的股东，分别持股 65% 与 35%，张某为公司董事长。为谋求更大的市场空间，张某提出吸收合并乙公司的发展战略。关于甲公司的合并行为，下列哪些表述是正确的？[1]（2015 – 3 – 69）

A. 只有取得李某的同意，甲公司内部的合并决议才能有效

B. 在合并决议作出之日起 15 日内，甲公司须通知其债权人

---

[1] 【答案】AD

C. 债权人自接到通知之日起 30 日内，有权对甲公司的合并行为提出异议

D. 合并乙公司后，甲公司须对原乙公司的债权人负责

【解析】依据《公司法》第43、173 条的规定，公司合并包括内部程序和外部程序，内部需要股东会的特别多数决，即须经代表三分之二以上表决权的股东通过，张某持股只有65%，不足三分之二，所以需要取得李某同意，才能达到三分之二以上，合并决议才能生效，A 正确。

依据《公司法》第 173 条的规定，公司应当自作出合并决议之日起十日内通知债权人，并于三十日内在报纸上公告，B 错误。

依据《公司法》第 173 条的规定，债权人自接到通知书之日起三十日内，未接到通知书的自公告之日起四十五日内，可以要求公司清偿债务或者提供相应的担保，而不是异议，C 错误。

依据《公司法》第 174 条的规定，合并后，债务、债权由合并后的公司承继，甲公司吸收合并乙公司，甲公司承继乙公司的债务，D 正确。

2. 白阳有限公司分立为阳春有限公司与白雪有限公司时，在对原债权人甲的关系上，下列哪一说法是错误的？[1]（2011 - 3 - 25）

A. 白阳公司应在作出分立决议之日起 10 日内通知甲

B. 甲在接到分立通知书后 30 日内，可要求白阳公司清偿债务或提供相应的担保

C. 甲可向分立后的阳春公司与白雪公司主张连带清偿责任

D. 白阳公司在分立前可与甲就债务偿还问题签订书面协议

【考点】公司分立

【解析】根据《公司法》第 175 条："公司分立，其财产作相应的分割。公司分立，应当编制资产负债表及财产清单。公司应当自作出分立决议之日起十日内通知债权人，并于三十日内在报纸上公告。"第 176 条："公司分立前的债务由分立后的公司承担连带责任。但是，公司在分立前与债权人就债务清偿达成的书面协议另有约定的除外。"所以A、C、D是合法的，公司分立过程中不影响债权人的权益，没有对债权人的特殊救济。所以 B 错误。

▽ **关联法条**

《公司法》

第一百七十二条 公司合并可以采取吸收合并或者新设合并。

一个公司吸收其他公司为吸收合并，被吸收的公司解散。两个以上公司合并设立一个新的公司为新设合并，合并各方解散。

第一百七十三条 公司合并，应当由合并各方签订合并协议，并编制资产负债表及财产清单。公司应当自作出合并决议之日起十日内通知债权人，并于三十日内在报纸上公告。债权人自接到通知书之日起三十日内，未接到通知书的自公告之日起四十五日内，可以要求公司清偿债务或者提供相应的担保。（合并可能损害债权人利益，法律赋予债权人的救济措施。）

第一百七十四条 公司合并时，合并各方的债权、债务，应当由合并后存续的公司或者新设的公司承继。（概括继承）

---

[1] 【答案】B

第一百七十五条　公司分立，其财产作相应的分割。

公司分立，应当编制资产负债表及财产清单。公司应当自作出分立决议之日起十日内通知债权人，并于三十日内在报纸上公告。（清算程序，注意分立过程中不涉及对债权人利益的侵害，所以不提供要求提前还债或提供担保的救济措施。）

第一百七十六条　公司分立前的债务由分立后的公司承担连带责任。但是，公司在分立前与债权人就债务清偿达成的书面协议另有约定的除外。

第一百七十九条　公司合并或者分立，登记事项发生变更的，应当依法向公司登记机关办理变更登记；公司解散的，应当依法办理公司注销登记；设立新公司的，应当依法办理公司设立登记。（三种法定登记形式）

公司增加或者减少注册资本，应当依法向公司登记机关办理变更登记。

考点2　股权、股份的转让★★★

（一）有限责任公司股权转让

具体考点1. 有限公司股权转让——《公司法解释四》。

1. 有限公司股权转让的一般规则

（1）股东之间的转让：可以相互转让无需通知其他股东。（自由）

（2）股东向股东以外的人转让股权：应当经其他股东过半数同意，并且要求书面通知。（人数的过半数，体现人合性要求）

（3）股东的退出机制（股东的退出权），推定同意制度：

①其他股东自接到书面通知之日起满三十日未答复的，视为同意转让；（默示推定同意）

②其他股东半数以上不同意转让的，不同意的股东应当购买该转让的股权；不购买的，视为同意转让。（强制购买，否则推定同意）

（4）其他股东的优先购买权：经股东同意转让的股权，在同等条件下，其他股东有优先购买权。两个以上股东主张行使优先购买权的，协商确定各自的购买比例；协商不成的，按照转让时各自的出资比例行使优先购买权。

　▶★**特别提示**

A. 同等条件，不仅包括转让价格，还包括购买数量、付款条件、付款期限、支付方式以及其他转让方提出的合理条件；

同等条件还包括优购的比例，股东仅仅对拟外转股权的一部分主张优购权不属于同等条件。

B. 享有主体：转让方之外的其他股东。无论其对转让方对外转让股权的在先态度如何；

C. 出资比例是指转让当时其他股东的实际出资比例。

D. 请区分股权转让合同（负担行为）和股权转让（处分行为）。股权转让无效，但股权转让合同效力不受影响，依然有效。

　▶★**特别提示**

1. 股权变动包括基于法律行为的股权变动和非基于法律行为的股权变动。

2. 基于法律行为的股权变动即股权转让，股权转让系处分行为。

有效的股权转让包括下列要件：

（1）存在特定的股权

（2）当事人有股权转让的意思表示合意

（3）办理股权转让公示（变更股东名册）

（4）处分人有处分权（其他股东有同意权会限制转让股东的处分权）

公司章程对股权转让另有规定的，从其规定。

▸ ★特别提示 尊重公司的意思自治，公司章程可以对股权转让作出其他或严或松的规定。公司章程可以规定股东对外转让股权时其他股东没有优先购买权或享有优先购买权的具体条件、程序，等等；章程可以规定股东对外转让股权的其他条件，比如经过其他股东一致同意，其他股东1/4以上同意，等等。

公司的人合性保护优于交易安全，如果股东外转股权未通知其他股东，侵害股东优购权的，股东可以依法主张撤销权。

内转	自由
外转	
同意权	**（1）书面通知或其他合理方式——经其他股东过半数同意** 股东外转股权，应就其股权转让事项以书面或其他能确认收悉的合理方式通知其他股东征求同意。 **（2）视为同意** **A. 不答复——视为同意** 30日未答复的，视为同意转让； **B. 不同意、应购买、不购买——视为同意** 其他股东半数以上不同意转让的，不同意的股东应当购买——不购买的，视为同意转让；
优购权	**1. 行使** 经同意转让的股权，其他股东有同等条件下的优先购买权。 **（1）通知"同等条件"** 经股东同意转让的股权，其他股东主张转让股东应向其以书面或其他能够确认收悉的合理方式通知转让股权的同等条件的，法院应予以支持。 **（2）同等条件——数量、价格、支付方式、付款期限** 法院在判断"同等条件"时，应考虑转让股权的数量、价格、支付方式及期限等因素。 **（3）多个股东主张优购权的，按出资比例行使** 两个以上股东主张优先购买权的，协商不成的，按照转让时各自的出资比例行使优先购买权。

续表

	2. 除斥期间
	（1）正常通知
	章程——通知——通知短于 30 日或不明的，30 日
	股东主张优先购买转让股权的，应在收到通知后，在章程规定的行使期间内提出购买请求。
	章程没有规定行使期间或规定不明确的，以通知确定的期间为准，通知确定的期间短于 30 日或未明确行使期间的，行使期间为 30 日。
	（2）损害优购权而违法不通知
	明知或应知之日（主观）：30 日；股权登记之日（客观）：1 年
	股东外转股权，未就其股权转让事项征求其他股东意见，或以欺诈、恶意串通等手段，损害其他股东优先购买权，其他股东主张按照同等条件购买该转让股权的，法院应予以支持，但其他股东自知道或应知道行使优先购买权的同等条件之日起三十日内没有主张，或自股权变更登记之日起超过一年的除外。
	3. 保护
	（1）不主张优购权的——不保护
	其他股东仅提出确认股权转让合同及股权变动效力等请求，未同时主张按照同等条件购买转让股权的，法院不予支持。
	（2）非自身原因无法行使优购权的——损害赔偿；
	其他股东非因自身原因导致无法行使优先购买权，可请求损害赔偿。
	（3）第三人的保护——向转让股东主张权利
	股东以外的股权受让人，因股东行使优先购买权而不能实现合同目的，可依法请求转让股东承担相应民事责任。
	4. 排除
	（1）继承
	自然人股东因继承发生变化时，其他股东主张行使优先购买权的，法院不予支持，但章程另有规定或全体股东另有约定的除外。
	（2）转让股东的反悔权
	A. 转让股东的反悔权
	转让股东，在其他股东主张优先购买后又不同意转让股权的，对其他股东优先购买的主张，法院不予支持，但章程另有规定或全体股东另有约定的除外。
	B. 转让股东的信赖赔偿
	其他股东主张转让股东赔偿其损失合理的，法院应予以支持。

★特别提示 股权让与担保——股东出资有瑕疵的，作为名义股东的债权人不承担连带责任

股东以将其股权转移至债权人名下的方式为债务履行提供担保，公司或公司的债权人以股东未履行或未全面履行出资义务、抽逃出资等为由，请求作为名义股东的债权人与股东承担连带责任的，法院不予支持。

【经典真题】

甲持有硕昌有限公司69%的股权，任该公司董事长；乙、丙为公司另外两个股东。因打算移居海外，甲拟出让其全部股权。对此，下列哪些说法是错误的？[1]（2015－3－70）

A. 因甲的持股比例已超过2/3，故不必征得乙、丙的同意，甲即可对外转让自己的股权

B. 若公司章程限制甲转让其股权，则甲可直接修改章程中的限制性规定，以使其股权转让行为合法

C. 甲可将其股权分割为两部分，分别转让给乙、丙

D. 甲对外转让其全部股权时，乙或丙均可就甲所转让股权的一部分主张优先购买权

【考点】 有限公司股权自愿转让：内转、外转

【解析】 依据《公司法》第71条第2款的规定，有限公司股东外转股权时，应该经过其他股东人头数过半同意，而不是持股比例的半数，因为有限公司有人合性，A错误。

依据《公司法》第71条第4款的规定，修改公司章程需要经过股东会的特别多数决，须经法定程序，甲直接修改章程程序违法。而且对于股权外转的限制事宜，由于有限公司的人合性，章程可作出特别规定，可约定高于三分之二表决权的比例，或要求全体一致决，甲直接修改章程的行为在实体上也可能是违法的，B错误。

依据《公司法》第71条第1款的规定，有限公司股权内转是自由的，甲当然可以分割其股权，将其自由转给其他股东，C正确。

依据《公司法》第71条第3款的规定，有限公司股权外转时，其他股东享有优购权，该优购权是针对该外转的全部股权，而非一部分。因此仅仅购买股权的一部分，不属于同等条件，不能主张优购权。D错误。

关联法条

《公司法》

第七十一条 有限责任公司的股东之间可以相互转让其全部或者部分股权。

股东向股东以外的人转让股权，应当经其他股东过半数同意。股东应就其股权转让事项书面通知其他股东征求同意，其他股东自接到书面通知之日起满三十日未答复的，视为同意转让。其他股东半数以上不同意转让的，不同意的股东应当购买该转让的股权；不购买的，视为同意转让。

经股东同意转让的股权，在同等条件下，其他股东有优先购买权。两个以上股东主张行使优先购买权的，协商确定各自的购买比例；协商不成的，按照转让时各自的出资比例行使优先购买权。

公司章程对股权转让另有规定的，从其规定。

具体考点2. 强制执行程序。

人民法院依照法律规定的强制执行程序转让股东的股权时，应当通知公司及全体股东，其他股东在同等条件下有优先购买权。其他股东自人民法院通知之日起满二十日不行使优先购买权的，视为放弃优先购买权。

---

[1]【答案】ABD

　★**特别提示**　强制执行过程中，其他股东没有表示不同意的权利，进而也没有因过半数不同意而推定其同意购买的制度。优购权系形成权，受到 20 天的除斥期间的限制。

　　股权的强制执行属于非法律行为的股权变动，在人民法院在执行程序中作出拍卖成交裁定书、以物抵债裁定书时，直接发生股权变动。

优购权	①**优购权** 人民法院强制执行程序转让股东的股权时，应当通知公司及全体股东，其他股东在同等条件下有优先购买权。 ②**除斥期间** 其他股东自人民法院通知之日起满二十日不行使优先购买权的，视为放弃优先购买权。

【经典真题】

　　汪某为兴荣有限责任公司的股东，持股 34%。2017 年 5 月，汪某因不能偿还永平公司的货款，永平公司向法院申请强制执行汪某在兴荣公司的股权。关于本案，下列哪一选项是正确的？[1]（17－3－28）

　　A. 永平公司在申请强制执行汪某的股权时，应通知兴荣公司的其他股东

　　B. 兴荣公司的其他股东自通知之日起 1 个月内，可主张行使优先购买权

　　C. 如汪某所持股权的 50% 在价值上即可清偿债务，则永平公司不得强制执行其全部股权

　　D. 如在股权强制拍卖中由丁某拍定，则丁某取得汪某股权的时间为变更登记办理完毕时

　　【**解析**】依据《公司法》第 72 条的规定，人民法院依照法律规定的强制执行程序转让股东的股权时，应当通知公司及全体股东，而不是其他股东，还应当包括被强制执行的汪某，A 选项错误。

　　依据《公司法》第 72 条的规定，强制执行股权时，其他股东自人民法院通知之日起满二十日不行使优先购买权的，视为放弃优先购买。优购权行使的期间是 20 天，而不是一个月，B 选项错误。

　　依据债法的基本原理，债的目的已经实现，则债权消灭，债权人不能继续执行债务人的财产，因此债务人汪某所持股权的 50% 在价值上可偿债时，则债权人永平公司不能强制执行其全部股权，C 选项正确。

　　依据《民法典物权编解释一》第 7 条的规定，及人民法院在执行程序中作出的拍卖成交裁定书、以物抵债裁定书，直接导致股权设立、变更、转让或消灭，系非法律行为的股权变动，而不需要变更股权登记，D 选项错误。

◇ 关联法条

　　《**公司法**》

　　第七十二条　人民法院依照法律规定的强制执行程序转让股东的股权时，应当通知公司及全体股东，其他股东在同等条件下有优先购买权。其他股东自人民法院通知之日起满

---

〔1〕【答案】C

二十日不行使优先购买权的，视为放弃优先购买权。

《民法典》

第二百二十九条　因人民法院、仲裁机构的法律文书或者人民政府的征收决定等，导致物权设立、变更、转让或者消灭的，自法律文书或者征收决定等生效时发生效力。

《民法典物权编解释一》

第七条　人民法院、仲裁机构在分割共有不动产或者动产等案件中作出并依法生效的改变原有物权关系的判决书、裁决书、调解书，以及人民法院在执行程序中作出的拍卖成交裁定书、变卖成交裁定书、以物抵债裁定书，应当认定为民法典第二百二十九条所称导致物权设立、变更、转让或者消灭的人民法院、仲裁机构的法律文书。

具体考点 3. 股权的继承。

自然人股东死亡后，其合法继承人可以继承股东资格；但是，公司章程另有规定的除外。

★特别提示　章程约定优先，如无约定，则当然继承。

【经典真题】

1. 甲与乙为一有限责任公司股东，甲为董事长。2014 年 4 月，一次出差途中遭遇车祸，甲与乙同时遇难。关于甲、乙股东资格的继承，下列哪一表述是错误的？[1]（2014 - 3 - 26）

A. 在公司章程未特别规定时，甲、乙的继承人均可主张股东资格继承

B. 在公司章程未特别规定时，甲的继承人可以主张继承股东资格与董事长职位

C. 公司章程可以规定甲、乙的继承人继承股东资格的条件

D. 公司章程可以规定甲、乙的继承人不得继承股东资格

【考点】　股权继承

【解析】《公司法》第 75 条："自然人股东死亡后，其合法继承人可以继承股东资格；但是，公司章程另有规定的除外。"所以股权的继承问题章程自治优先，A、C、D 的说法都正确；B 项错误，主要原因在于"董事长职位"的继承问题，并非当然发生的。根据《公司法》第 44 条："有限责任公司设董事会，其成员为三人至十三人；但是，本法第五十条另有规定的除外。两个以上的国有企业或者两个以上的其他国有投资主体投资设立的有限责任公司，其董事会成员中应当有公司职工代表；其他有限责任公司董事会成员中可以有公司职工代表。董事会中的职工代表由公司职工通过职工代表大会、职工大会或者其他形式民主选举产生。董事会设董事长一人，可以设副董事长。董事长、副董事长的产生办法由公司章程规定。"有限公司的董事长产生办法由章程自治，但并未体现当然继承的规则，所以 B 错误。

2. 甲、乙、丙为某有限责任公司股东。现甲欲对外转让其股份，下列哪一判断是正确的？[2]（2009 - 3 - 26）

A. 甲必须就此事书面通知乙、丙并征求其意见

B. 在任何情况下，乙、丙均享有优先购买权

C. 在符合对外转让条件的情况下，受让人应当将股权转让款支付给公司

---

〔1〕**【答案】**B

〔2〕**【答案】**A

D. 未经工商变更登记，受让人不能取得公司股东资格

【考点】 股权转让

【解析】《公司法》第71条："有限责任公司的股东之间可以相互转让其全部或者部分股权。股东向股东以外的人转让股权，应当经其他股东过半数同意。股东应就其股权转让事项书面通知其他股东征求同意，其他股东自接到书面通知之日起满三十日未答复的，视为同意转让。其他股东半数以上不同意转让的，不同意的股东应当购买该转让的股权；不购买的，视为同意转让。经股东同意转让的股权，在同等条件下，其他股东有优先购买权。两个以上股东主张行使优先购买权的，协商确定各自的购买比例；协商不成的，按照转让时各自的出资比例行使优先购买权。公司章程对股权转让另有规定的，从其规定。"有限公司股东甲对外转让股权，需要书面征得其他股东过半数同意，所以 A 正确；其他股东的优先购买权取决于达到同等条件，且章程对此权利没有排除，所以 B 错误；股权转让只要符合条件就可以进行，是股东的个人交易，与公司无关，不需要将转让款打给公司，C 错误；股东资格的取得的外在证据是股东名册的变更，工商登记只有对抗第三人的效力，D 错误。

> ★**特别提示** 股权质押规则

负担行为	股权质押合同
处分行为	1. **特定权利**：存在特定的股权 2. **处分合意**：当事人有股权质押的意思表示合意 3. **公示：工商登记——生效要件** 4. **处分权**：处分人有处分权

（二）股份公司股份转让

股份转让实行自由转让的原则。但是，为了保护公司、股东、债权人及投资人的利益，为规制内幕交易，防范发起人、董事、监事、高管的道德风险，我国《公司法》对股份转让做了必要限制。主要有：

其一，对股份转让场所的限制

股东转让其股份，应当在依法设立的证券交易场所进行或者按照国务院规定的其他方式进行。

其二，特定主体转让股份的限制

1. 发起人限制

发起人持有的本公司股份，自公司成立之日起一年内不得转让，公司公开发行股份前已发行的股份，自公司股票在证券交易所上市交易之日起一年内不得转让。

2. 公司董事、监事、高级管理人员限制

（1）持股披露义务。公司的董事、监事、高级管理人员应当向公司申报所持有的本公司的股份及其变动情况；

（2）任职期间按比例转让。公司的董事、监事、高级管理人员在任职期间每年转让的股份不得超过其（当年）所持有本公司股份总数的百分之二十五；

> ★**特别提示** 上市公司董事、监事和高级管理人员以上年末其所持有本公司发行的股份为基数，计算其中可转让股份的数量。上市公司董事、监事和高级管理人员所持股份不

超过1000股的，可一次全部转让，不受前款转让比例的限制。

（3）公司上市的，上市起一年内禁转。公司的董事、监事、高级管理人员所持本公司股份自公司股票上市交易之日起一年内不得转让；

（4）离职日起半年内禁转。公司的董事、监事、高级管理人员离职后半年内，不得转让其所持有的本公司股份。

3. 对公司章程相对授权

公司章程可以对公司董事、监事、高级管理人员转让其所持有的本公司股份作出其他限制性规定。（公司章程只允许比法律规定的更严格，不能宽于法律的限制性规定只能加重。）

其三，股份有限公司的股份回购

1. 公司一般不得收购本公司股份。

2. 允许公司收购本公司股份的例外情形：

收购情形	收购程序	收购后的处理
减资 减少公司注册资本	股东会决议（减资程序）	应当自收购之日起10日内注销
合并 与持有本公司股份的其他公司合并	股东会决议（合并程序）	应当在6个月内转让或者注销
股权激励 将股份用于员工持股计划或者股权激励； **债转股** 将股份用于转换上市公司发行的可转换为股票的公司债券； **保值** 上市公司为维护公司价值及股东权益所必需。	可以依照公司章程的规定或者股东大会的授权，经三分之二以上董事出席的董事会会议决议。 上市公司因该情形收购本公司股份的，应当通过公开的集中交易方式进行。	公司合计持有的本公司股份数不得超过本公司已发行股份总额的10%，并应当在3年内转让或者注销。
异议回购权 股东因对股东大会作出的公司合并、分立决议持异议，要求公司收购其股份。		应当在6个月内转让或者注销
特别注意：上市公司收购本公司股份的，应当依照《证券法》的规定履行信息披露义务。		

3. 公司不得接受本公司的股票作为质押权的标的。

如甲向乙上市公司借款，用乙公司的股票提供质押，乙作为债权人不能接受自己的股票作为质物。如果允许质押，一旦甲不能偿债，乙公司会拍卖自己的股票，会引发内幕交易之风险。

某上市公司拟回购自己公开发行的股份，依据《公司法》，下列表述错误的是？[1]

A. 公司为维护公司价值之需要可回购本公司已发行股份总额的20%，并应当在1年内转让

B. 公司可回购股份用于转换公司发行的可转换股票之债券，该事项可直接由董事会决议

C. 公司因为股权激励而回购本公司股份的，应当通过公开的集中交易方式进行

D. 公司收购本公司股份的，依据我国《公司法》的规定履行信息披露义务即可

【解析】上市公司为维护公司价值及股东权益之需可回购本公司股份，公司合计持有的本公司股份数不得超过本公司已发行股份总额的10%，并应当在三年内转让或者注销。公司可回购股份用于转换公司发行的可转换股票之债券，可以依照公司章程的规定或者股东大会的授权，经三分之二以上董事出席的董事会会议决议。上市公司收购本公司股份的，应当依照《证券法》的规定履行信息披露义务。

▽ **关联法条** 《公司法》第142条。

其四，公司不得接受本公司的股票作为质押权的标的

⯈ ★特别提示 防止非法回购。

五、公司的消亡

考点1 公司的解散

自愿解散	1. 公司章程规定的营业期限届满或者公司章程规定的其他解散事由出现时。 ⯈ ★特别提示 但在此种情形下，可以通过修改公司章程而使公司继续存在，并不意味着公司必须解散，如果有限公司股东对此有异议，可依法主张异议股东股权回购请求权。 2. 股东会或者股东大会特别多数决议解散。 3. 因公司合并或者分立需要解散。 公司因合并分立解散的，无需清算。
强制解散	1. 行政解散 主管机关决定。国有独资公司由国家授权投资机构或者国家授权的部门作出解散的决定，该国有独资公司应当解散。 责令关闭。公司违反法律、行政法规被主管机关依法责令关闭的，应当解散。 2. 司法解散 当公司经营管理发生严重困难，继续存在会使股东利益受到重大损失，通过其他途径不能解决的，持有公司全部股东表决权10%以上的股东可以请求人民法院解散公司。 ⯈ ★特别提示 法院审理涉及有限责任公司股东重大分歧案件时，应当注重调解。当事人协商一致以下列方式解决分歧，且不违反法律、行政法规的强制性规定的，法院应予支持： 公司回购部分股东股份；其他股东受让部分股东股份；他人受让部分股东股份；公司减资；公司分立；其他能够解决分歧，恢复公司正常经营，避免公司解散的方式。

---

[1]【答案】ABD

续表

法院审理股东甲申请司法解散乙有限公司诉讼案例，哪些措施可采取，以避免公司解散?[1] A. 乙公司回购甲的股权 B. 其他股东受让甲的股权或由第三人受让甲的股权 C. 乙公司依法减资 D. 乙公司派生分立 【解析】股东请求司法解散，应尽可能维护公司之存续。 ★特别提示 公司出现僵局，即使公司处于盈利状况，依然可依法司法解散公司。 **3. 破产解散** 公司符合破产原因的，被依法宣告破产而解散。 ★特别提示 公司解散并不是公司破产!

【经典真题】

怡宝公司由三大股东持股，赵某、朴某和鲁某，其中赵某和朴某为夫妻关系，且各持股 49%。2016 年两人感情关系矛盾冲突不断，股东会也无法继续召开。2020 年两人离婚，怡宝公司申请公司解散，但实际公司所管理的大厦盈利状况可观，利润逐年上升。以下哪几项是正确的?[2]

A. 法院无权申请司法解散

B. 赵某作为股东有权申请解散公司

C. 鲁某作为股东有权申请解散公司

D. 朴某作为股东有权申请解散公司，将赵某作为被告，同时把怡宝公司列为共同被告

【解析】依据《公司法》第 182 条的规定，公司经营管理发生严重困难，继续存续会使股东利益受到重大损失，通过其他途径不能解决的，持有公司全部股东表决权 10% 以上的股东，可以请求人民法院解散公司，因此法院无权请求司法解散，A 正确。

赵某持股 49%，可以请求司法解散，虽然公司盈利状况客观，利润上升，但是公司经营管理发生困难，4 年未能召开股东会，赵某可依法请求司法解散公司，B 正确。

鲁某持股只有 2%，无权请求司法解散公司，C 错误。

依据《公司法解释二》第 4 条第 1 款的规定，股东请求司法解散公司的，应以公司为被告，D 错误。

关联法条

《公司法》第 182 条，《公司法解释二》第 4 条。

考点 2　公司的清算 ★★★

清算是终结已解散公司的一切法律关系，处理公司剩余财产的程序，目的是终结公司

---

[1]【答案】ABCD

[2]【答案】AB

的债权债务关系，消灭公司的人格。

　　▶ ★特别提示　清算的目的：

　　1. 外部：保护债权人利益

　　2. 内部：保护公司利益、股东利益。

（一）成立清算组

　　1. 自行组成清算组。

　　依照我国《公司法》的规定，公司除因合并或分立解散无需清算，以及因破产而解散的公司适用破产清算程序外，其他解散的公司，都应当按《公司法》的规定进行清算。应当自解散之日起 15 日内成立清算组。

　　有限责任公司的清算组由股东组成，股份有限公司的清算组由董事或者股东大会确定的人员组成。

　　清算方案应当报股东会或者股东大会决议确认。

　　▶ ★特别提示　合并分立的程序中本身蕴含了清算的程序，而且对公司的债权债务关系已经有所安排，所以没必要重复清算程序。

　　2. 人民法院指定清算组。

　　解散的公司超过 15 日不成立清算组的，债权人可以申请人民法院指定有关人员组成清算组，人民法院应当受理该申请，并及时指定人员组成清算组。

　　债权人未提起清算申请，公司股东申请人民法院指定清算组对公司进行清算的，人民法院应予受理。清算方案应当报人民法院确认。

　　▶ ★特别提示　人民法院指定清算组是由债权人申请启动的，只有在债权人不申请的时候，才可以由股东申请。

　　人民法院受理清算案件，应当同时指定清算组成员。

　　根据公司的具体情形，清算组成员可以由公司的股东、董事、监事，或者依法设立的律师事务所、会计师事务所、破产清算事务所等社会中介机构，或者具备相关专业知识并取得执业资格的人员组成。

　　▶ ★特别提示　清算组具有中立性特征，不能与债权人有直接或间接的利害关系。

　　3. **清算组成员的更换。**

　　人民法院指定的清算组成员有下列情形之一的，人民法院可以根据债权人、公司股东、董事或**其他利害关系人**的申请，或者依职权更换清算组成员：

　　（1）有违反法律或者行政法规的行为；

　　（2）丧失执业能力或者民事行为能力；

　　（3）有严重损害公司或者债权人利益的行为。

【经典真题】

　　2012 年 5 月，东湖有限公司股东申请法院对公司进行司法清算，法院为其指定相关人员组成清算组。关于该清算组成员，下列哪一选项是错误的？[1]（2012－3－28）

　　A. 公司债权人唐某　　　　　　　　　B. 公司董事长程某

――――――――――

[1]【答案】A

C. 公司财务总监钱某   D. 公司聘请的某律师事务所

【解析】清算组成员必须要有能力且中立，与公司有利害冲突的债权人不可以成为清算组成员，A 错误。

（二）清算程序

1. 通知公告债权人。

清算组应当自成立之日起 10 日内通知债权人，并于 60 日内在报纸上公告。债权人应当自接到通知书之日起 30 日内，未接到通知书的自公告之日起 45 日内，向清算组申报其债权。债权人申报其债权，应当说明债权的有关事项，并提供证明材料。

▣ ★特别提示 对于通知和公告的动作是法定要求必须作出，次数不做限制。

2. 清算组应当对债权进行登记。在申报债权期间，清算组不得对债权人进行清偿。

债权申报：

（1）正常申报

债权人向清算组申报其债权。

（2）补充申报

①债权人可在公司清算程序终结（清算报告经股东会或法院确认完毕）前补充申报。

②补充申报的债权，可在公司尚未分配的财产中依法清偿，不足清偿的，债权人可主张就股东在剩余财产分配中已取得的财产受偿，但债权人因重大过错未在规定期限内申报债权的除外。

③公司财产不足以清偿补充申报债权的，不适用破产宣告。

▣ ★特别提示 要债期间不还债。补充申报的债权人只能分配剩余财产，承担迟延申报的风险，保护已经受偿债权人的信赖利益。

3. 清算组在清理公司财产、编制资产负债表和财产清单后，应编制清算方案，并报股东会、股东大会或人民法院确认。

▣ ★特别提示 清算组在清理公司财产、编制资产负债表和财产清单后，发现公司财产不足以清偿债务的，应当立即向人民法院申请宣告破产，不能自行处理资不抵债状态下的债权债务。

4. 清算期间，公司存续，但不得开展与清算无关的经营活动。

▣ ★特别提示 经营活动无论是否能为公司盈利，只要与清算无关，都不得开展。

5. 财产分配。

公司财产能清偿公司债务的，清算组应先拨付清算费用，然后按照下列顺序清偿：

（1）职工工资和社会保险费用和法定补偿金；

（2）所欠税款；

（3）公司债务。

在支付清算费用和清偿公司债务后，清算组应将剩余的公司财产分配给股东。有限责任公司按照股东的出资比例进行分配；股份有限公司按照股东持有的股份比例进行分配。

▣ ★特别提示 公司财产在未清偿公司债务前，不得分配给股东。

6. 清算终结。

（1）资不抵债时申请破产：清算组发现公司财产不足偿债的，应向法院申请宣告破产。

（2）资不抵债时的协商机制：法院指定的清算组发现公司资不偿债时，可与债权人协商制作有关债务清偿方案。

债务清偿方案经全体债权人确认且不损害其他利害关系人利益的，法院可认可。否则清算组应依法向人民法院宣告破产。

（3）承诺有效：公司未经依法清算即办理注销登记，股东或第三人在公司登记机关办理注销登记时承诺对公司债务承担责任，债权人可主张其对公司债务承担相应民事责任。

7. 清算责任：连带责任——《公司法解释二》规定的唯一的连带责任。

有限公司股东、股份公司董事和控股股东因怠于履行义务，导致公司主要财产、账册、重要文件等灭失，无法进行清算，债权人可主张其对公司债务承担连带清偿责任。

上述情形系实际控制人原因造成的，债权人可主张实际控制人对公司债务承担相应民事责任。

8. **清算方案确认。**

（1）公司自行清算的，清算方案应当报股东会或者股东大会决议确认。

（2）人民法院组织清算的，清算方案应当报人民法院确认。

（3）未经确认的清算方案，清算组不得执行。

（4）执行未经确认的清算方案给公司或者债权人造成损失，公司、股东、董事、公司**其他利害关系人**或者债权人可主张清算组成员承担赔偿责任。

（三）清算组的职责

清算组负责解散公司财产的保管、清理、处理和分配工作。按照我国《公司法》第184条的规定，清算组在清算期间行使下列职权：

1. 清理公司财产，分别编制资产负债表和财产清单；

2. 通知、公告债权人；

3. 处理与清算有关的公司未了结的业务；

4. 清缴所欠税款以及清算过程中产生的税款；

5. 清理债权、债务；

6. 处理公司清偿债务后的剩余财产；

7. 代表公司参与民事诉讼活动。

清算组成员应当忠于职守，依法履行清算义务，不得利用职权收受贿赂或者其他非法收入，不得侵占公司财产。

清算组成员违法清算（《公司法解释二》第23条）：

1. **债权人**可主张其承担赔偿责任；

2. **公司也可主张**——股东可以依法提起代表诉讼，公司清算完毕注销的，参照适用，以其他股东为第三人。

★特别提示 公司成立清算组的，由清算组负责人代表公司参加诉讼；尚未成立清算组的，由原法定代表人代表公司参加诉讼。

【经典真题】

因公司章程所规定的营业期限届满，蒙玛有限公司进入清算程序。关于该公司的清算，

下列哪些选项是错误的？[1]（2014-3-70）

　　A. 在公司逾期不成立清算组时，公司股东可直接申请法院指定组成清算组

　　B. 公司在清算期间，由清算组代表公司参加诉讼

　　C. 债权人未在规定期限内申报债权的，则不得补充申报

　　D. 法院组织清算的，清算方案报法院备案后，清算组即可执行

【考点】公司清算

【解析】《公司法》第183条部分规定："逾期不成立清算组进行清算的，债权人可以申请人民法院指定有关人员组成清算组进行清算。人民法院应当受理该申请，并及时组织清算组进行清算。"《公司法解释二》第7条："公司应当依照民法典第七十条、公司法第一百八十三条的规定，在解散事由出现之日起十五日内成立清算组，开始自行清算。

　　有下列情形之一，债权人、公司股东、董事或其他利害关系人申请人民法院指定清算组进行清算的，人民法院应予受理：

　　（一）公司解散逾期不成立清算组进行清算的；

　　（二）虽然成立清算组但故意拖延清算的；

　　（三）违法清算可能严重损害债权人或者股东利益的。

　　所以申请法院清算主体应当是债权人，只有符合条件情形下，债权人未提起清算申请，股东才可以提请清算，A错误；

　　《公司法解释二》第10条："公司依法清算结束并办理注销登记前，有关公司的民事诉讼，应当以公司的名义进行。

　　公司成立清算组的，由清算组负责人代表公司参加诉讼；尚未成立清算组的，由原法定代表人代表公司参加诉讼。"所以公司在清算期间的诉讼活动并非一定由清算组代表参加诉讼，B项错误；

　　《公司法解释二》第13条："债权人在规定的期限内未申报债权，在公司清算程序终结前补充申报的，清算组应予登记。

　　公司清算程序终结，是指清算报告经股东会、股东大会或者人民法院确认完毕。"补充申报是可以支持的，C错误；

　　《公司法解释二》第15条第1款："公司自行清算的，清算方案应当报股东会或者股东大会决议确认；人民法院组织清算的，清算方案应当报人民法院确认。未经确认的清算方案，清算组不得执行。"所以法院组织清算的，清算方案经法院确认后才可以执行，而非简单的备案，D项错误。

▽ **关联法条**

《公司法》

第一百八十条　公司因下列原因解散：

（一）公司章程规定的营业期限届满或者公司章程规定的其他解散事由出现；

（二）股东会或者股东大会决议解散；

（三）因公司合并或者分立需要解散；

（四）依法被吊销营业执照、责令关闭或者被撤销；

（五）人民法院依照本法第一百八十二条的规定予以解散。

---

[1]【答案】ABCD

第一百八十二条 公司经营管理发生严重困难，继续存续会使股东利益受到重大损失，通过其他途径不能解决的，持有公司全部股东表决权百分之十以上的股东，可以请求人民法院解散公司。

第一百八十三条 公司因本法第一百八十条第（一）项、第（二）项、第（四）项、第（五）项规定而解散的，应当在解散事由出现之日起十五日内成立清算组，开始清算。有限责任公司的清算组由股东组成，股份有限公司的清算组由董事或者股东大会确定的人员组成。逾期不成立清算组进行清算的，债权人可以申请人民法院指定有关人员组成清算组进行清算。人民法院应当受理该申请，并及时组织清算组进行清算。

第一百八十四条 清算组在清算期间行使下列职权：

（一）清理公司财产，分别编制资产负债表和财产清单；

（二）通知、公告债权人；

（三）处理与清算有关的公司未了结的业务；

（四）清缴所欠税款以及清算过程中产生的税款；

（五）清理债权、债务；

（六）处理公司清偿债务后的剩余财产；

（七）代表公司参与民事诉讼活动。

第一百八十五条 清算组应当自成立之日起十日内通知债权人，并于六十日内在报纸上公告。债权人应当自接到通知书之日起三十日内，未接到通知书的自公告之日起四十五日内，向清算组申报其债权。

债权人申报债权，应当说明债权的有关事项，并提供证明材料。清算组应当对债权进行登记。

在申报债权期间，清算组不得对债权人进行清偿。

第一百八十六条 清算组在清理公司财产、编制资产负债表和财产清单后，应当制定清算方案，并报股东会、股东大会或者人民法院确认。

公司财产在分别支付清算费用、职工的工资、社会保险费用和法定补偿金，缴纳所欠税款，清偿公司债务后的剩余财产，有限责任公司按照股东的出资比例分配，股份有限公司按照股东持有的股份比例分配。

清算期间，公司存续，但不得开展与清算无关的经营活动。公司财产在未依照前款规定清偿前，不得分配给股东。

《公司法解释二》

第八条 人民法院受理公司清算案件，应当及时指定有关人员组成清算组。

清算组成员可以从下列人员或者机构中产生：

（一）公司股东、董事、监事、高级管理人员；

（二）依法设立的律师事务所、会计师事务所、破产清算事务所等社会中介机构；

（三）依法设立的律师事务所、会计师事务所、破产清算事务所等社会中介机构中具备相关专业知识并取得执业资格的人员。

第十条 公司依法清算结束并办理注销登记前，有关公司的民事诉讼，应当以公司的名义进行。

公司成立清算组的，由清算组负责人代表公司参加诉讼；尚未成立清算组的，由原法定代表人代表公司参加诉讼。

第十三条　债权人在规定的期限内未申报债权，在公司清算程序终结前补充申报的，清算组应予登记。

公司清算程序终结，是指清算报告经股东会、股东大会或者人民法院确认完毕。

【经典真题】

李桃是某股份公司发起人之一，持有 14% 的股份。在公司成立后的两年多时间里，各董事之间矛盾不断，不仅使公司原定上市计划难以实现，更导致公司经营管理出现严重困难。关于李桃可采取的法律措施，下列哪一说法是正确的？[1]（2015 - 3 - 27）

A. 可起诉各董事履行对公司的忠实义务和勤勉义务

B. 可同时提起解散公司的诉讼和对公司进行清算的诉讼

C. 在提起解散公司诉讼时，可直接要求法院采取财产保全措施

D. 在提起解散公司诉讼时，应以公司为被告

【考点】司法解散之诉、清算程序

【解析】依据《公司法》第 147 条的规定，董事之间矛盾不断，并不表明董事违反对公司的忠实义务和勤勉义务，股东起诉董事，没有请求权基础，A 错误。

依据《公司法解释二》第 2 条的规定，解散公司之诉和对公司进行清算是两个程序，解散公司之诉是诉讼程序，清算是非诉程序，先申请解散，解散裁判生效后，进入清算程序。股东提起解散公司诉讼，同时又申请人民法院对公司进行清算的，人民法院对其提出的清算申请不予受理。人民法院可以告知原告，在人民法院判决解散公司后，依法自行组织清算或另行申请人民法院对公司进行清算。B 错误。

依据《公司法解释二》第 3 条的规定，股东提起解散公司诉讼时，向法院申请财产保全或者证据保全的，在股东提供担保且不影响公司正常经营的情形下，法院可予以保全。C 错误。

依据《公司法解释二》第 4 条的规定，股东提起解散公司诉讼应当以公司为被告。D 正确。

六、一人公司、国有独资公司、上市公司

考点 1　一人公司★★★

（一）一人公司的特征

1. 股东为一人。股东可以为自然人，也可以为法人，但不能是其他非法人组织。
2. 股东对公司债务承担有限责任。
3. 组织机构的简化。不设股东会，是否设立董事会、监事会，由公司章程规定。

（二）对一人公司的规制

由于一人公司存在诸多"一言堂"的弊端，法律在允许设立一人公司的同时也规定若干不同于一般有限责任公司的限制性条件，对一人公司进行规制，旨在防止股东借一人公司的独立法律地位和股东有限责任而损害公司债权人及其他利害关系人的利益。

1. 投资人的限制：一个自然人只能投资设立一个一人有限责任公司（计划生育）。该

---

[1]【答案】D

一人有限责任公司不能投资设立新的一人有限责任公司（绝育手术）。

2. 组织机构：不设股东会。股东作出决定时，应采用书面形式，并由股东签名后置备于公司。

3. 强制审计：在会计年度终了时编制财务会计报告，并经会计师事务所审计。

4. 人格混同推定：股东不能证明公司财产独立于股东自己的财产，应对公司债务承担连带责任。

★特别提示 "计划生育"只针对自然人股东，"一人一子"不适用于法人股东。强制审计制度要求一人有限责任公司应当在每一会计年度终了时编制财务会计报告，并经会计师事务所审计。一人公司的形式及公开性的要求是因为一人公司只有一个股东，不设股东会，为了明确区分公司的意思表示和股东其个人的意思表示。

法人人格否认时举证责任倒置：一人有限责任公司的股东不能证明公司财产独立于股东自己财产的，适用公司法人人格否认制度，股东必须对公司债务承担连带责任，公司的债权人可以将公司和公司股东作为共同债务人进行追索。

【经典真题】

下列有关一人公司的哪些表述是正确的？[1]（2012－3－69）

A. 国有企业不能设立一人公司

B. 一人公司发生人格或财产混同时，股东应当对公司债务承担连带责任

C. 一人公司的注册资本必须一次足额缴纳

D. 一个法人只能设立一个一人公司

【考点】 一人公司的限制

【解析】 根据《公司法》第57条第2款的规定："本法所称一人有限责任公司，是指只有一个自然人股东或者一个法人股东的有限责任公司"。国有企业作为法人，可以设立一人公司。A项错误。

新《公司法》取消了一人公司最低注册资本及一次性缴纳出资的法定要求，所以C错误。

第58条："一个自然人只能投资设立一个一人有限责任公司。该一人有限责任公司不能投资设立新的一人有限责任公司。"对法人设立一人有限公司无此限制，所以D项错误。

第63条规定："一人有限责任公司的股东不能证明公司财产独立于股东自己的财产的，应当对公司债务承担连带责任。"B项正确。

关联法条

《公司法》

第五十八条 一个自然人只能投资设立一个一人有限责任公司。该一人有限责任公司不能投资设立新的一人有限责任公司。（一人一子："人"只限制自然人；"子"只限制一人公司，开办其他的企业形式不受此限制）

第五十九条 一人有限责任公司应当在公司登记中注明自然人独资或者法人独资，并在公司营业执照中载明。

---

[1]【答案】B

第六十一条　一人有限责任公司不设股东会。股东作出本法第三十七条第一款所列决定时，应当采用书面形式，并由股东签名后置备于公司。

第六十二条　一人有限责任公司应当在每一会计年度终了时编制财务会计报告，并经会计师事务所审计。

第六十三条　一人有限责任公司的股东不能证明公司财产独立于股东自己的财产的，应当对公司债务承担连带责任。（举证责任倒置）

考点2　国有独资公司

（一）国有独资公司的概念和特征

国有独资公司是指国家单独出资、由国务院或者地方人民政府授权本级人民政府国有资产监督管理机构履行出资人职责的有限责任公司。国有独资公司存在于特殊产品或者特定行业：关系国计民生的产品或行业，如：邮政、铁路、军火、烟草、稀有金属以及从事国家机密、尖端技术研究、生产的企业等。其特征有：

1. 国有独资公司为有限责任公司。

2. 国有独资公司股东的唯一性，国有独资公司仅有一个股东即国家。所以，国有独资公司在性质上属于一人公司。

3. 国有独资公司股东的法定性，即国有独资公司的股东只能是国家，只能由国家单独出资设立，具体则由国务院或者地方人民政府委托本级人民政府国有资产监督管理机构履行出资人职责，即由国有资产监督管理机构代行股东权利。

（二）国有独资公司的组织机构

1. 国有独资公司的权力机关。

国有独资公司不设股东会，国有资产监督管理机构以唯一股东的身份行使股东会的职权。国有资产监督管理机构可以授权公司董事会行使股东会的部分职权，决定公司的重大事项，但公司的合并、分立、解散、增加或者减少注册资本和发行公司债券，必须由国有资产监督管理机构决定；其中，重要的国有独资公司合并、分立、解散、申请破产的，应当由国有资产监督管理机构审核后，报本级人民政府批准。

2. 国有独资公司的董事会与经理。

国有独资公司设董事会为公司的执行机关。董事会的人选来于：

一是由国有资产监督管理机构委派；

二是公司职工代表，由公司职员中通过职工代表大会民主选举产生。董事会成员中应当有公司职工代表。

董事会的任期每届不超过3年。

董事会设董事长一人，可以设副董事长。董事长、副董事长由国有资产监督管理机构从董事会成员中指定。

国有独资公司的经理，由董事会聘任或者解聘。经国有资产监督管理机构同意，董事会成员可以兼任经理。

国有独资公司的董事长、副董事长、董事、高级管理人员，未经国有资产监督管理机构同意，不得在其他有限责任公司、股份有限公司或者其他经济组织兼职。

3. 监事会。

监事会主要由国务院或者国务院授权的机构、部门委派的人员组成，并有公司职工代表参加。监事会的成员不得少于 5 人，其中职工代表的比例不得少于 1/3。

【经典真题】

方圆公司与富春机械厂均为国有企业，合资设立富圆公司，出资比例为 30% 与 70%。关于富圆公司董事会的组成，下列哪些说法是正确的？[1]（2012-3-68）

A. 董事会成员中应当有公司职工代表
B. 董事张某任期内辞职，在新选出董事就任前，张某仍应履行董事职责
C. 富圆公司董事长可由小股东方圆公司派人担任
D. 方圆公司和富春机械厂可通过公司章程约定不按出资比例分红

【考点】 国有独资公司的组织结构

【解析】《公司法》第 44 条第 2 款："两个以上的国有企业或者两个以上的其他国有投资主体投资设立的有限责任公司，其董事会成员中应当有公司职工代表；其他有限责任公司董事会成员中可以有公司职工代表。董事会中的职工代表由公司职工通过职工代表大会、职工大会或者其他形式民主选举产生。"由此，选项 A 说法正确；

第 45 条："董事任期由公司章程规定，但每届任期不得超过三年。董事任期届满，连选可以连任。董事任期届满未及时改选，或者董事在任期内辞职导致董事会成员低于法定人数，在改选出的董事就任前，原董事仍应当依照法律、行政法规和公司章程的规定，履行董事职务。"B 选项中董事张某任期内辞职，但须因辞职导致董事会成员低于法定人数，才在新选出董事就任前，仍应履行董事职责。故 B 项说法错误；

富圆公司作为有限公司，董事长由章程约定产生方式，可由股东派人担任，因此 C 项说法正确；

第 34 条："股东按照实缴的出资比例分取红利；公司新增资本时，股东有权优先按照实缴的出资比例认缴出资。但是，全体股东约定不按照出资比例分取红利或者不按照出资比例优先认缴出资的除外。"由此，股东可约定不按出资比例分红，故 D 说法正确。

考点3 上市公司

上市公司组织机构的特别规定

《公司法》对上市公司的组织机构方面进行了若干特别的规定，内容如下：

制度	内容
重大交易股东大会特别多数决议制度	上市公司在一年内购买、出售重大资产或者担保金额超过公司资产总额 30% 的，应当由股东大会作出决议，并经出席会议的股东所持表决权的 2/3 以上通过。
独立董事制度	上市公司必须设立独立董事。
董事会秘书	上市公司设董事会秘书，负责公司股东大会和董事会会议的筹备、文件保管以及公司股东资料的管理，办理信息披露事务等事宜。 ★特别提示 董秘属于高管。

[1]【答案】ACD

续表

制度	内容
关联董事回避制度	上市公司董事与董事会会议决议事项涉及的企业有关联关系的，不得对该项决议行使表决权，也不得代理其他董事行使表决权。该董事会会议由过半数的无关联关系董事出席即可举行，董事会会议所作决议须经无关联关系董事过半数通过。出席董事会的无关联关系董事人数不足 3 人的，应将该事项提交上市公司股东大会审议。

【经典真题】

1. 星煌公司是一家上市公司。现董事长吴某就星煌公司向坤诚公司的投资之事准备召开董事会。因公司资金比较紧张，且其中一名董事梁某的妻子又在坤诚公司任副董事长，有部分董事对此投资事宜表示异议。关于本案，下列哪些选项是正确的？[1]（16 - 3 - 71）

A. 梁某不应参加董事会表决

B. 吴某可代梁某在董事会上表决

C. 若参加董事会人数不足，则应提交股东大会审议

D. 星煌公司不能投资于坤诚公司

【考点】 上市公司关联董事表决

关联法条

《公司法》第 124 条

【解析】 依据《公司法》第 124 条的规定，上市公司董事与董事会会议决议事项所涉及的企业有关联关系的，不得对该项决议行使表决权，也不得代理其他董事行使表决权。梁某与该上市公司董事会决议涉及的企业有关联关系，应当表决回避，而且也不能作为代理人表决，所以 A 正确。

依据《公司法》第 124 条的规定，上市公司关联董事不能对关联事项行使表决权，该表决包括自己表决，也包括由代理人表决，即梁某不能有吴某作为代理人进行表决，所以 B 错误。简而言之，上市公司关联董事不能表决（不能亲自表决，也不能由代理人表决），同时也不能作为其他董事的代理人参与表决。

依据《公司法》第 124 条的规定，出席董事会的无关联关系董事人数不足三人的，应将该事项提交上市公司股东大会审议。所以 C 正确。

依据《公司法》第 124 条的规定，《公司法》仅仅限制上市公司关联董事表决，而并未限制上市公司关联交易，如果经过无关联董事决议通过，星煌公司可以投资于坤诚公司，D 错误。

2. 唐宁是沃运股份有限公司的发起人和董事之一，持有公司 15% 的股份。因公司未能上市，唐宁对沃运公司的发展前景担忧，欲将所持股份转让。关于此事，下列哪一说法是正确的？[2]（16 - 3 - 29）

A. 唐宁可要求沃运公司收购其股权

---

[1] 【答案】AC
[2] 【答案】B

B. 唐宁可以不经其他股东同意对外转让其股份

C. 若章程禁止发起人转让股份，则唐宁的股份不得转让

D. 若唐宁出让其股份，其他发起人可依法主张优先购买权

【考点】股份公司股权回购和转让、发起人董监高持股转让的限制

关联法条

《公司法》第71、141、142条

【解析】依据《公司法》第142条第1款第4项的规定，股份公司股东的异议回购权仅仅限于对合并分立有异议的情形，因此A错误。

依据《公司法》第141条的规定，股份公司发起人和董事持有本公司的股份的转让存在一定限制，在法定期限内，不能自由转让，但是其转让股份并不需要经过其他股东同意，所以B正确。

依据《公司法》第141条第2款的规定，公司章程可以对公司董事、监事、高级管理人员转让其所持有的本公司股份作出其他限制性规定。因此公司章程可限制发起人转让股权，但是股份转让权是股东的固有权，章程不能剥夺和禁止该权利，所以C错误。

依据《公司法》第71条的规定，优购权适用于有限公司的股权外转，而对于股份公司的股权转让，《公司法》没有明确规定优购权，所以D错误。

【本章小结】

公司作为现行经济社会中最重要的一类商主体存在，对公司的规范制度和内容在司法考试中的重要性自然毋庸置疑。本章承载详解《公司法》相关知识的重任，按照公司的产生——运行——变更——消亡的顺序搭建体系，将历年重点、高频考点深入浅出地详细解读。例如产生环节的股东出资、出资责任、名义股东及实际出资人；运行环节的股东权利保护；变更环节的公司合并、分立；消亡环节的清算等都是出题者的宠儿，需要重点且深刻的理解。允许公司章程另有规定的事项，属于近年法考追捧的热门考点。本章包括《公司法解释四》的全部法条及其命题点提示和说明。

请特别注意公司法与民法典、民事诉讼法、票据法、保险法、破产法的体系考查!! 这是法考的命题要点。

导学

合伙企业法是商法中仅次于公司法的重点科目，年均考查分数在5～10分。合伙企业依旧是商主体，建议按照主体生命环节的产生—运行—变更—消亡的结构搭建合伙企业法相关内容的体系，同样需要区分内部关系和外部关系。

★【本部分常考考点包括】

合伙人的权利与义务、合伙事务的执行，合伙与第三人的关系，合伙责任的承担，合伙的入伙与退伙，合伙协议约定除外的事项等。

合伙企业法框架体系

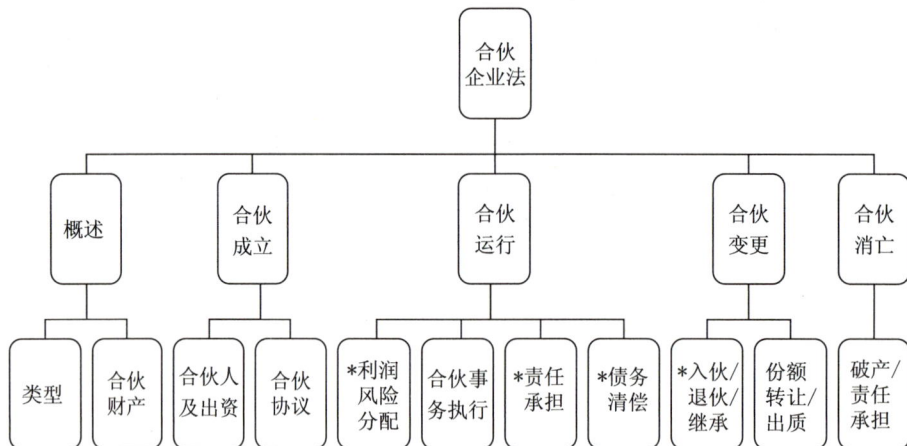

一、概述

（一）合伙企业类型

1. 两类三种

合伙企业，是指自然人、法人和其他组织依照《合伙企业法》在中国境内设立的普通合伙企业和有限合伙企业。

类型：普通合伙、有限合伙

普通合伙：一般普通合伙、特殊普通合伙

2. 特殊的普通合伙

（1）特殊普通合伙企业的概念与设立

特殊的普通合伙企业是指以专门知识和技能为客户提供有偿服务的专业服务机构，这些服务机构可以设立为特殊的普通合伙企业。

强调合伙人的个人独立性，自己的过错自己赔，大家没有过错（故意或重大过失），合伙人共担风险和亏损。

例如律师事务所、会计师事务所、医师事务所、设计师事务所等。特殊的普通合伙企业必须在其企业名称中标明"特殊普通合伙"字样，以区别于普通合伙企业。

（2）特殊的普通合伙企业的债务承担

第一，一般性债务：全体合伙人承担无限连带责任。

第二，一个或数个合伙人故意或重大过失造成的合伙企业债务：

① 过错合伙人对此债务承担无限责任或无限连带责任。其他合伙人则仅以其在合伙企业中的财产份额为限承担责任。

② 如果合伙企业财产对外承担清偿责任后，过错合伙人应当按照合伙协议的约定对给合伙企业造成的损失承担赔偿责任。

【经典真题】

君平昌成律师事务所是一家采取特殊普通合伙形式设立的律师事务所，曾君、郭昌是其中的两名合伙人。在一次由曾君主办、郭昌辅办的诉讼代理业务中，因二人的重大过失而泄露客户商业秘密，导致该所对客户应承担巨额赔偿责任。关于该客户的求偿，下列哪些说法是正确的？[1]（2015－3－72）

A. 向该所主张全部赔偿责任

B. 向曾君主张无限连带赔偿责任

C. 向郭昌主张补充赔偿责任

D. 向该所其他合伙人主张连带赔偿责任

【考点】特殊普通合伙的责任形式

【解析】依据《合伙企业法》第58条的规定，特殊的普通合伙，合伙人具有个人独立性，自己的过错自己赔偿，非过错的风险由全体合伙人共担。但客户与律师事务所订立合同，基于合同相对性，客户可向律所主张全部赔偿责任，A正确。

依据《合伙企业法》第57条第1款的规定，基于特殊普通合伙的合伙人的个人独立性，对于因合伙人故意或重大过失造成的合伙企业债务，该合伙人应当承担无限连带责任，客户可依法向该合伙人主张无限连带责任，B正确。

依据《合伙企业法》第57条第1款的规定，过错合伙人承担补充赔偿责任的说法，没有法律依据，过错合伙人应当对债权人承担无限连带责任，而不是补充赔偿责任，C错误。

依据《合伙企业法》第57条第1款的规定，基于特殊普通合伙的合伙人的个人独立性，无过错合伙人以其在合伙企业中的财产份额为限承担责任，而无需承担无限连带责任，D错误。

---

[1]【答案】AB

关联法条

《合伙企业法》

第五十七条 一个合伙人或者数个合伙人在执业活动中因故意或者重大过失造成合伙企业债务的，应当承担无限责任或者无限连带责任，其他合伙人以其在合伙企业中的财产份额为限承担责任。

合伙人在执业活动中非因故意或者重大过失造成的合伙企业债务以及合伙企业的其他债务，由全体合伙人承担无限连带责任。

第五十八条 合伙人执业活动中因故意或者重大过失造成的合伙企业债务，以合伙企业财产对外承担责任后，该合伙人应当按照合伙协议的约定对给合伙企业造成的损失承担赔偿责任。

（二）合伙企业的特征

1. 合伙协议是合伙得以成立的法律基础。商事合伙成立必须有书面的合伙协议。
2. 合伙须由全体合伙人共同出资、共同经营。
3. 合伙人共负盈亏，共担风险。

▶ ★**特别提示** 共同承担亏损是合伙企业最本质的特征，所有合伙企业，合伙人都必须共同承担亏损，禁止约定部分合伙人承担亏损。普通合伙企业，全体合伙人承担无限连带责任。有限合伙企业中，普通合伙人承担无限连带责任，有限合伙人以出资为限承担有限责任。

（三）合伙与公司的区别

项目	合伙	公司
出资人	自然人、法人和其他组织； 国有企业、国有独资公司、具有公益性的事业单位和社会团体不能成为普通合伙人。	自然人、法人和其他组织。
出资方式	丰富多样，相对灵活。普通合伙企业的合伙人可以用货币、实物、土地使用权、知识产权或其他财产权利出资，也可以以劳务出资，但是以劳务出资的作价要求在协议中载明； 有限合伙企业的有限合伙人不能以劳务出资。 ▶ ★**特别提示** 公司股东出资时，必须作出处分行为，转移权利的归属。股东出资，可类推适用买卖合同的规则。而合伙人出资，则不必然需要作出处分行为，不必然需要移转权利的归属，可通过管理行为（出租、有偿出借）来完成。合伙人可以以物的使用权出资，此时可类推适用租赁合同的规则。	公司股东可以用货币出资，也可以用实物、知识产权、土地使用权等可以用货币估价并可以依法转让的非货币财产作价出资。
资本	没有法定的最低注册资本要求。	除法律、法规另有规定外，没有法定的最低注册资本要求。

续表

项目	合伙	公司
组织机构	合伙人可自行约定，法律无强制要求。	对于股东会议、董事会（执行董事）、监事（会）的设立、职权、职责、运行机制、组成人员等有相对严格的法律限制，尤其股份公司的限制更多一些。
财产性质	合伙企业：合伙企业的财产。共享利润，共担亏损	公司具有独立的法人资格，具有独立的财产权。
盈亏负担	合伙人可以按出资比例，也可以按合伙人约定的其他办法来分配合伙企业的盈利及责任的负担；但不得排除部分人的责任承担，有限合伙企业可以例外约定合伙企业利润分配给部分合伙人。	股东以实缴的出资比例或所持股份比例来分享公司利润。公司章程另有规定或股东另有协议约定除外。 ★特别提示 约定优先。
民事责任	普通合伙人对合伙企业不能清偿的债务承担连带责任；有限合伙人以出资额为限承担有限责任。	股东以认缴出资额或所持股份为限对公司承担有限责任； 公司以其全部财产对所有债务承担独立责任。
是否具有法人资格	无	有

★特别提示 （1）公司具有法人资格，独立承担责任；而合伙企业不具有法人资格，不能独立承担责任，合伙企业不能偿债的，普通合伙人需要承担无限连带责任。（2）公司需要缴纳企业所得税，合伙企业不缴纳企业所得税，合伙人缴纳个税。

（四）合伙财产

根据《合伙企业法》第20条的规定，合伙人的出资和所有以合伙企业名义取得的收益均为合伙企业的财产，由全体合伙人共同管理和使用。

二、合伙成立

考点1 设立条件及程序★★

项目	普通合伙企业	有限合伙企业
合伙人行为能力	普通合伙人为自然人的，须为完全民事行为能力人。	有限合伙人不要求行为能力。
合伙人资格限制	(1) **职业回避**：法官、检察官、国家公务员等法律、行政法规规定的禁止从事营利性活动的人； (2) **五类特殊主体不得为普通合伙人**：国有独资公司、国有企业、上市公司以及公益性的事业单位、社会团体。	**职业回避**：法官、检察官、国家公务员等法律、行政法规规定的禁止从事营利性活动的人。

续表

项目	普通合伙企业	有限合伙企业
合伙人出资	普通合伙人可以以<u>劳务</u>出资。 合伙人以货币以外的形式出资，一般应进行评估作价，即折价入伙。评估作价由合伙人协商确定，也可以由全体合伙人委托法定评估机构进行评估，以评估报告作为折价的依据。若以劳务出资，其评估办法由合伙人协商确定，并在合伙协议中载明。 ▶ ★特别提示 普通合伙人强调人合，以个人财产提供信赖基础（个人信用），以个人财产承担无限连带责任，出资完全灵活。	有限合伙人不能以<u>劳务</u>出资 ▶ ★特别提示 有限合伙人强调资合，以出资提供信赖基础（出资信用），以出资为限承担有限责任，出资必须确定且不能抽逃出资。
名称	合伙企业名称中注明"普通合伙""特殊普通合伙"或"有限合伙"的字样。	
合伙协议	书面合伙协议。	
经营场所	有经营场所是从事合伙经营的必要条件。	
其他	法律、行政法规规定的其他条件。	

考点2　合伙协议 ★

（一）合伙协议的内容

合伙类型	普通合伙企业	有限合伙企业
协议内容	（1）合伙企业的名称和主要经营场所的地点； （2）合伙目的和合伙经营范围； （3）合伙人的姓名或者名称、住所； （4）合伙人的出资方式、数额和缴付期限； （5）利润分配、亏损分担方式； （6）合伙事务的执行； （7）入伙与退伙； （8）争议解决办法； （9）合伙企业的解散与清算； （10）违约责任。	（1）上述普通合伙协议内容； （2）普通合伙人和有限合伙人的姓名或者名称、住所； （3）执行事务合伙人应具备的条件和选择程序； （4）执行事务合伙人权限与违约处理办法； （5）执行事务合伙人的除名条件和更换程序； （6）有限合伙人入伙、退伙的条件、程序以及相关责任； （7）有限合伙人和普通合伙人<u>相互转变</u>程序。

（二）合伙协议生效及未尽事宜的处理

1. 生效

合伙协议经全体合伙人签名、盖章后生效。

2. 修改

修改或者补充合伙协议，应当经全体合伙人一致同意；但是，合伙协议另有约定的除外。

3. 未尽事宜处理

合伙协议未约定或者约定不明确的事项，由合伙人协商决定；协商不成的，依照《合伙企业法》和其他有关法律、行政法规的规定处理。

考点3 利润分配及风险负担 ★★

项目	普通合伙企业	有限合伙企业
利润分配	(1) 合伙协议对利润分配、亏损承担的比例有约定的，从约定； (2) 未约定或者约定不明确的，由合伙人协商决定； (3) 协商不成的，由合伙人按照实缴出资比例分配、分担； (4) 无法确定出资比例的，由各合伙人平均分配和负担。	除合伙协议另有约定外，有限合伙企业不得将全部利润分配给部分合伙人。 ★特别提示 合伙协议可以灵活约定利润的分配方式。
风险负担	★特别提示 共享利润，共担风险。利润分配和风险负担按照约定——协商——实缴——平均的顺序执行；利润分配和风险负担均不得排除部分合伙人。	全体合伙人共担风险，具体承担比例按照约定——协商——实缴——平均的顺序执行，利润可由部分合伙人独占，但不可排除部分合伙人的责任承担。

★特别提示 合伙协议可以灵活约定利润的分配方式。全体合伙人共担风险，具体承担比例按照约定——协商——实缴——平均的顺序执行。

【经典真题】

1. 关于合伙企业的利润分配，如合伙协议未作约定且合伙人协商不成，下列哪一选项是正确的？[1]（2010－3－34）

A. 应当由全体合伙人平均分配

B. 应当由全体合伙人按实缴出资比例分配

C. 应当由全体合伙人按合伙协议约定的出资比例分配

D. 应当按合伙人的贡献决定如何分配

[考点] 合伙利润分配

[解析] 根据《合伙企业法》第33条第1款："合伙企业的利润分配、亏损分担，按照合伙协议的约定办理；合伙协议未约定或者约定不明确的，由合伙人协商决定；协商不成的，由合伙人按照实缴出资比例分配、分担；无法确定出资比例的，由合伙人平均分配、分担。"合伙的利润分配顺序按照约定——协商——实缴——平均的顺序进行，题干中已经给出没有约定且协商不成，所以紧邻下一步应该遵从的是按实缴比例分配，只有实缴比例无法确定才会适用平均分配的原则，所以B正确。

2. 国有企业甲、合伙企业乙、自然人丙协商，拟共同投资设立一合伙企业从事贸易业务。根据我国《合伙企业法》的规定，下列哪些选项是错误的？[2]（2007－3－75）

A. 拟设立的合伙企业可以是普通合伙企业，亦可以是有限合伙企业

B. 乙不能以劳务作为出资方式

C. 三方可以约定丙按固定数额分配红利而不承担亏损

---

[1] 【答案】B

[2] 【答案】ABC

D. 三方可以约定不经全体合伙人一致同意而吸收新的合伙人

【考点】合伙人出资及利润风险负担原则

【解析】国有企业甲不得作为普通合伙人，只能是有限合伙人，其参加的合伙只能是有限合伙，A错误；乙的身份可能是有限合伙人也可能是普通合伙人，B项一概否认其以劳务出资确认其是有限合伙人的身份，错误；有限合伙企业不得排除部分人的亏损承担的义务，C错误；《合伙企业法》第43条第1款规定："新合伙人入伙，除合伙协议另有约定外，应当经全体合伙人一致同意，并依法订立书面入伙协议。"所以吸纳新的合伙人，合伙协议可以灵活约定为不经全体合伙人一致同意，D正确。

三、合伙运行

考点1　合伙事务的执行★★★★★

（一）合伙事务执行的原则

普通合伙企业	有限合伙企业
普通合伙人对执行合伙事务享有同等的权利。具体执行方式如下： （1）全体合伙人共同执行。 （2）按照合伙协议的约定或者经全体合伙人决定，可以委托一个或者数个合伙人对外代表合伙企业，执行合伙事务。 不执行合伙事务的合伙人有权监督执行事务合伙人执行合伙事务的情况。 受委托执行合伙事务的合伙人不按合伙协议或全体合伙人的决定执行事务，其他合伙人可以决定撤销该委托。 合伙人有权查阅企业财务会计账簿等财务资料。 （3）执行事务合伙人可以对其他合伙人执行的事务提出异议。 （4）全体合伙人一致同意委托合伙人以外的人执行合伙事务。 （5）作为合伙人的法人、其他组织执行合伙事务的，由其委派的代表执行。	由普通合伙人执行合伙事务，有限合伙人只出资，不执行合伙事务，不得对外代表有限合伙企业。

▶★特别提示　执行人有执行权、异议权；执行人享有异议权，被异议的合伙人应当暂停事务执行，此时可由异议的执行人来执行事务，因此不会影响合伙事务的执行。非执行人有监督权、撤销权、知情查账权。执行人代表权的限制不得对抗善意第三人。合伙企业理论认为，合伙人都是合伙企业的代表机关，都可以对外代表合伙企业从事法律行为。

有限合伙人类似"沉睡的股东"，其承担有限责任，但仅仅是投资，而不参与企业管理。

【经典真题】

兰艺咖啡店是罗飞、王曼设立的普通合伙企业，合伙协议约定罗飞是合伙事务执行人且承担全部亏损。为扭转经营亏损局面，王曼将兰艺咖啡店加盟某知名品牌，并以合伙企业的名义向陈阳借款20万元支付了加盟费。陈阳现在要求还款。关于本案，下列哪一说法是正确的？[1]（2016－3－30）

A. 王曼无权以合伙企业的名义向陈阳借款

---

［1］【答案】B

B. 兰艺咖啡店应以全部财产对陈阳承担还款责任

C. 王曼不承担对陈阳的还款责任

D. 兰艺咖啡店、王曼和罗飞对陈阳的借款承担无限连带责任

【考点】合伙事务管理和执行、债务清偿

▽ **关联法条**

《合伙企业法》第 26、27、37、38、39 条

【解析】依据《合伙企业法》第 27 条第 1 款的规定，合伙企业的事务执行人执行合伙事务，其他合伙人不再执行合伙事务。命题人认为王曼作为合伙企业的合伙人，基于合伙企业的基本原理，合伙人均系合伙企业的机关，都享有法定的代理权，同时为保护外部交易安全，约定不能排除合伙人的法定代理权，所以 A 错误。

依据《合伙企业法》第 37 条的规定以及合同相对性的基本原理，以合伙企业名义对外订立的合同，合伙企业对外承担责任，因此以合伙企业名义向陈阳的借款，合伙企业应以全部财产承担责任，所以 B 正确。

依据《合伙企业法》第 39 条的规定，合伙企业不能清偿到期债务的，合伙人承担无限连带责任。王曼作为合伙人需要对合伙企业不能偿债的部分承担无限连带责任，合伙协议关于罗飞承担全部亏损的约定因非法而无效，所以 C 错误。

依据《合伙企业法》第 38 条的规定，合伙企业对其债务，应先以其全部财产进行清偿。王曼以合伙企业名义与陈阳订立的合同，应先由合伙企业承担无限连带责任，所以 D 错误。

（二）合伙事务的决议

普通合伙企业	**一般决议**：合伙人对合伙企业有关事项作出决议，按合伙协议约定的表决方式办理。如果合伙企业对表决办法没有约定或者约定不明，则实行<u>一人一票</u>并经全体合伙人<u>过半数</u>通过的表决办法处理。
	特别决议：除合伙协议另有约定外，合伙企业的下列事务的决定必须经全体合伙人一致同意： 1. 改变合伙企业的<u>名称</u>； 2. 改变合伙企业的经营<u>范围</u>、主要经营场所的<u>地点</u>； 3. 处分合伙企业的<u>不动产</u>； 4. 转让或处分合伙企业的<u>知识产权</u>和<u>其他财产权利</u>； 5. 以合伙企业名义为<u>他人提供担保</u>； 6. 聘任合伙人以外的人担任合伙企业的<u>经营管理人员</u>。 ★**特别提示** 三改变：改名、改地、改范围；两处分：处分无形资产、不动产；两他人：他人担保、他人管理。处分行为指直接使得特定权利移转或消灭的法律行为。处分行为的类型是法定的，其包括 1. 权利之所有权的转让（如转移动产的所有权、转移不动产的所有权、转移其他财产权利的所有权）；2. 设定用益物权；3. 设定担保物权。合伙人转移合伙企业财产的所有权，将合伙企业财产设定担保物权、用益物权等都属于处分行为。反之，合伙人将合伙企业财产出租，则不属于处分行为。

（三）合伙人的竞业及自我交易限制

有限合伙人	**有限合伙人的权利（《合伙企业法》第68条）** 有限合伙人的下列行为，不视为执行合伙事务： 1. **决定权**：参与**决定**普通合伙人入伙、**退伙**； 2. **建议权**：对企业的经营管理提出**建议**； 3. **知情权**： （1）**选择权**：参与**选择**承办有限合伙企业审计业务的**会计师事务所**； （2）**获取权**：获取经审计的有限合伙企业**财务会计报告**； （3）**查账权**：对涉及自身利益的情况，查阅有限合伙企业财务**会计账簿**等财务资料； 4. **诉权**： （1）**直接诉**：在有限合伙企业中的利益受到侵害时，向有责任的合伙人主张权利或提起**诉讼**； （2）**代表诉**：执行事务合伙人怠于行使权利时，督促其行使权利或为本企业的利益**以自己的名义提起诉讼**； 5. **担保权**：依法为本企业提供**担保**。

【经典真题】

1. 某普通合伙企业为内部管理与拓展市场的需要，决定聘请陈东为企业经营管理人。对此，下列哪一表述是正确的？[1]（2015－3－29）

A. 陈东可以同时具有合伙人身份

B. 对陈东的聘任须经全体合伙人的一致同意

C. 陈东作为经营管理人，有权以合伙企业的名义对外签订合同

D. 合伙企业对陈东对外代表合伙企业权利的限制，不得对抗第三人

【考点】合伙企业事务执行、聘请经营管理人

【解析】依据《合伙企业法》第43条的规定，合伙企业经营管理人具有合伙人身份，属于入伙，需要经过合伙人一致同意，合伙协议约定除外，A错误。

依据《合伙企业法》第31条的规定，合伙企业聘请合伙人以外的第三人作为经营管理人，需要经过合伙人一致决定，合伙协议约定除外，B正确。

依据《合伙企业法》第35条的规定，合伙企业经营管理人应当在授权的范围内履行职务，不一定有权以合伙企业名义对外订立合同，C错误。

依据《合伙企业法》第37条的规定，合伙企业对经营管理人的限制，不得对抗善意第三人，恶意第三人不受保护，D错误。

2. 通源商务中心为一家普通合伙企业，合伙人为赵某、钱某、孙某、李某、周某。就合伙事务的执行，合伙协议约定由赵某、钱某二人负责。下列哪些表述是正确的？[2]（2014－3－73）

A. 孙某仍有权以合伙企业的名义对外签订合同

B. 对赵某、钱某的业务执行行为，李某享有监督权

―――――――――――

〔1〕【答案】B

〔2〕【答案】BD

C. 对赵某、钱某的业务执行行为，周某享有异议权

D. 赵某以合伙企业名义对外签订合同时，钱某享有异议权

【考点】合伙事务执行

【解析】《合伙企业法》第27条："依照本法第二十六条第二款规定委托一个或者数个合伙人执行合伙事务的，其他合伙人不再执行合伙事务。不执行合伙事务的合伙人有权监督执行事务合伙人执行合伙事务的情况。"所以A项中，孙某作为其他合伙人不再执行合伙事务，不能对外签合同，A错误。

B项正确，作为其他合伙人的李某对于事务执行人有监督权。

第29条第1款："合伙人分别执行合伙事务的，执行事务合伙人可以对其他合伙人执行的事务提出异议。提出异议时，应当暂停该项事务的执行。如果发生争议，依照本法第三十条规定作出决定。"事务执行人之间彼此存在异议的权利，所以D正确，C错误。

3. 王某、张某、田某、朱某共同出资180万元，于2012年8月成立绿园商贸中心（普通合伙）。其中王某、张某各出资40万元，田某、朱某各出资50万元；就合伙事务的执行，合伙协议未特别约定。

请回答第92~94题。

（1）2013年9月，鉴于王某、张某业务能力不足，经合伙人会议决定，王某不再享有对外签约权，而张某的对外签约权仅限于每笔交易额3万元以下。关于该合伙人决议，下列选项正确的是：[1]（2014 - 3 - 92）

A. 因违反合伙人平等原则，剥夺王某对外签约权的决议应为无效

B. 王某可以此为由向其他合伙人主张赔偿其损失

C. 张某此后对外签约的标的额超过3万元时，须事先征得王某、田某、朱某的同意

D. 对张某的签约权限制，不得对抗善意相对人

【考点】合伙事务执行

【解析】《合伙企业法》第26条第2款："按照合伙协议的约定或者经全体合伙人决定，可以委托一个或者数个合伙人对外代表合伙企业，执行合伙事务。"所以合伙人会议决定王某不再执行事务是合法的，A、B项错误。

合伙人会议对张某的权利限制基于合伙人意思自治是可以生效的，张某如果想突破此限制应当征得其他合伙人同意方可修正合伙人会议的决定，C正确。

合伙人的内部约定不能对抗外部善意第三人，所以D正确。

（2）2014年1月，田某以合伙企业的名义，自京顺公司订购价值80万元的节日礼品，准备在春节前转销给某单位。但对这一礼品订购合同的签订，朱某提出异议。就此，下列选项正确的是：[2]（2014 - 3 - 93）

A. 因对合伙企业来说，该合同标的额较大，故田某在签约前应取得朱某的同意

B. 朱某的异议不影响该合同的效力

C. 就田某的签约行为所产生的债务，王某无须承担无限连带责任

D. 就田某的签约行为所产生的债务，朱某须承担无限连带责任

---

[1]【答案】CD

[2]【答案】BD

【考点】合伙事务执行

【解析】合伙事务执行人享有平等的执行事务的权限，所以 A 项说法缺乏法律依据而错误。

田某作为合伙事务的执行人，有权以合伙企业的名义从事业务活动，所以其与京顺公司的合同是合法有效的，所以 B 项正确。

普通合伙企业中，各合伙人均承担无限连带责任，无论是否执行合伙事务，所以 C 错误，D 正确。

考点 2 合伙人的责任承担 ★★★

（一）合伙人的一般责任承担

普通合伙人对合伙企业债务承担无限连带责任。有限合伙人以其认缴的出资额为限对合伙企业债务承担责任。

（二）合伙人身份转化时责任的承担

1. 内部——保护人合性：除合伙协议另有约定外，身份变更，须经全体合伙人**一致同意**。

2. 外部——保护债权人利益：身份变更，需对（**原身份期间**）的企业债务承担无限连带责任。

3. 仅剩有限合伙人的，解散。

4. 仅剩普通合伙人的，转为普通合伙企业。

（三）表见普通合伙

如果有限合伙人的行为足以使得第三人合理信赖其为普通合伙人，并与之进行交易，则有限合伙人得承担普通合伙人的责任，即承担无限连带责任。

表见的普通合伙仅适用于该案特定的情形，而非从合伙人地位上完全否认有限合伙人的身份，对其他不构成表见普通合伙的情形，有限合伙人仍旧承担有限责任。

　★特别提示 ①个案适用；外部：无限连带；内部：损害赔偿；②第三人负举证责任类推表见代理。

（四）合伙人退伙时责任承担

普通合伙人退伙后，对基于其退伙前的原因发生的债务承担无限连带责任；

有限合伙人退伙后，对基于其退伙前的原因发生的有限合伙企业债务，以其退伙时从有限合伙企业中取回的财产承担责任。

　★特别提示 对有限合伙人类推适用股东的规则，即一旦出资，永久出资，可以分得合伙企业的收益，但不能转移合伙企业财产，否则以转移财产为限对债权人承担责任。该规则是公司法人人格否认规则对有限合伙人的类推适用。

【经典真题】

甲乙丙丁 4 人组成一个运输有限合伙企业，合伙协议规定甲、乙为普通合伙人，丙、丁为有限合伙人。某日，丁为合伙企业运送石材，路遇法院拍卖房屋，丁想替合伙企业竞买该房，于是以合伙企业的名义将石材质押给徐某，借得 20 万元，竞买了房子。徐某的债

权若得不到实现，应当向谁主张权利？[1]（2007 - 3 - 27）

    A. 应当要求丁承担清偿责任

    B. 应当要求甲、乙、丙、丁承担连带清偿责任

    C. 应当要求甲、乙承担连带清偿责任

    D. 应当要求甲、乙、丁承担连带清偿责任

【考点】表见普通合伙责任承担

【解析】根据《合伙企业法》第76条第1款："第三人有理由相信有限合伙人为普通合伙人并与其交易的，该有限合伙人对该笔交易承担与普通合伙人同样的责任。"题干描述，丁作为表见普通合伙人，应该为此行为与普通合伙人一起向善意第三人承担无限连带责任，其他有限合伙人不连带。所以答案为D。

考点3　合伙与第三人的关系★★

（一）合伙与善意第三人的关系

普通合伙人之间以及普通合伙人与合伙企业之间具有以普通合伙人身份为基础的当然代理关系。民法理论认为，合伙人是合伙企业的机关，其可以代表合伙企业并以合伙企业名义实施民事法律行为。若普通合伙人以通常方式处理合伙企业事业范围内无须特别表决的事项，则其所实施的法律行为对合伙企业具有约束力。合伙企业关于普通合伙人对外代表合伙企业和执行合伙事务权利的限制，不得用以对抗善意第三人。

（二）合伙企业与债务人的关系

1. 合伙企业债务清偿规则——合同相对性。

（1）外部清偿规则

合伙企业对其债务，应先以其全部财产进行清偿。合伙企业不能清偿到期债务的，普通合伙人承担无限连带责任。

（2）内部责任比例

合伙协议有约定的按约定比例分担，没有约定的，由当事人协商确定，协商不成的，由各合伙人按照实缴出资比例分担，实缴出资比例确定不了的平均分担。

（3）对内追偿权

若合伙人实际清偿的债务数额超过了其依照约定或法定比例应承担的数额，有权就超过部分要求未支付或未足额支付应承担债务数额的合伙人予以偿还。

★特别提示

合同的相对性：（1）合伙财产优先清偿（合伙）债务：

不能清偿的——合伙人承担无限连带责任。

（2）个人财产优先清偿（个人）债务：

不能清偿的——合伙收益——或强制执行企业中的财产份额（优先购买权）。

合伙人发生与合伙企业无关的债务，相关债权人**不得以其债权抵销**其对合伙企业的债务；也**不得代位**行使合伙人在合伙企业中的权利。

2. 合伙人个人债务的清偿规则。

---

[1]【答案】D

合伙人发生与合伙企业无关的债务，称为合伙人个人债务。

合伙人的个人债务，优先由个人其他财产清偿，不足部分，该合伙人可以以其从合伙企业中分取的收益用于清偿；债权人也可以依法请求人民法院强制执行该合伙人在合伙企业中的财产份额用于清偿。

🔲 ★特别提示 禁止代位，禁止合伙人的的债权人以其对合伙企业债务抵销其对合伙人的债权。

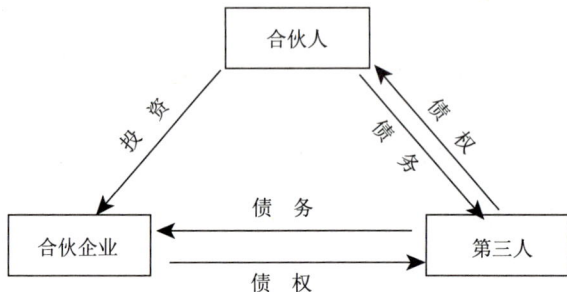

【经典真题】

1. 王某、张某、田某、朱某共同出资 180 万元，于 2012 年 8 月成立绿园商贸中心（普通合伙）。其中王某、张某各出资 40 万元，田某、朱某各出资 50 万元；就合伙事务的执行，合伙协议未特别约定。

2014 年 4 月，朱某因抄底买房，向刘某借款 50 万元，约定借期四个月。四个月后，因房地产市场不景气，朱某亏损不能还债。关于刘某对朱某实现债权，下列选项正确的是：[1]（2014 – 3 – 94）

　A. 可代位行使朱某在合伙企业中的权利
　B. 可就朱某在合伙企业中分得的收益主张清偿
　C. 可申请对朱某的合伙财产份额进行强制执行
　D. 就朱某的合伙份额享有优先受偿权

【考点】合伙债务清偿

【解析】《合伙企业法》第 41 条："合伙人发生与合伙企业无关的债务，相关债权人不得以其债权抵销其对合伙企业的债务；也不得代位行使合伙人在合伙企业中的权利。"所以 A 错误。

第 42 条："合伙人的自有财产不足清偿其与合伙企业无关的债务的，该合伙人可以以其从合伙企业中分取的收益用于清偿；债权人也可以依法请求人民法院强制执行该合伙人在合伙企业中的财产份额用于清偿。

人民法院强制执行合伙人的财产份额时，应当通知全体合伙人，其他合伙人有优先购买权；其他合伙人未购买，又不同意将该财产份额转让给他人的，依照本法第五十一条的规定为该合伙人办理退伙结算，或者办理削减该合伙人相应财产份额的结算。"所以 B、C 正确；D 项应当是其他合伙人享有优先购买权，而非债权人刘某，所以错误。

2. 周橘、郑桃、吴柚设立一家普通合伙企业，从事服装贸易经营。郑桃因炒股欠下王

---

〔1〕【答案】BC

椰巨额债务。下列哪些表述是正确的？[1]（2012-3-72）

    A. 王椰可以郑桃从合伙企业中分取的利益来受偿

    B. 郑桃不必经其他人同意，即可将其合伙财产份额直接抵偿给王椰

    C. 王椰可申请强制执行郑桃的合伙财产份额

    D. 对郑桃的合伙财产份额的强制执行，周橘和吴柚享有优先购买权

【考点】合伙与第三人关系

【解析】根据《合伙企业法》第42条第1款："合伙人的自有财产不足清偿其与合伙企业无关的债务的，该合伙人可以以其从合伙企业中分取的收益用于清偿；债权人也可以依法请求人民法院强制执行该合伙人在合伙企业中的财产份额用于清偿。"A、C表述正确。

B项相当于郑桃将合伙份额对外转让给王椰，只不过王椰给付的对价是之前借给郑桃的欠款，所以需要取得其他合伙人的一致同意，B错误。

第42条第2款："人民法院强制执行合伙人的财产份额时，应当通知全体合伙人，其他合伙人有优先购买权。"D项表述正确。

四、合伙的变更

考点1　合伙份额的处分（转让和出质）★★★

合伙份额的转让、出质和强制执行

	有限合伙人	普通合伙人	公示
份额转让	内部转让：自由； 外部转让：应当提前30天通知。 ▣ ★特别提示 自主转让，尊重转让人的私权处分，且有限合伙人份额主要体现资产属性，类似于股份公司之股东，其份额类似于股份公司之股票。其他合伙人没有优先购买权。 有限合伙人按照合伙协议约定外转份额，合伙协议可以对有限合伙人份额外转做出特别约定，但该约定无法对抗善意第三人。	内部转让：通知； 外部转让：其他合伙人一致同意，其他合伙人有优先购买权，合伙协议另有约定除外。 ▣ ★特别提示 普通合伙人具有高度人合性，普通合伙人合伙份额的转让会导致转让人退伙，受让人入伙，会影响合伙企业的人合性，因此须经全体合伙人一致决，合伙协议另有约定除外。	合伙协议记载生效，工商登记对抗
份额出质	原则上自由，▣ ★特别提示 但合伙协议有约定的除外。	其他合伙人一致同意，否则质权绝对无效。质押合同系债权合同，质押合同依然有效。	合伙协议记载生效，工商登记对抗

---

〔1〕【答案】ACD

续表

	有限合伙人	普通合伙人	公示
人民法院强制执行	应当通知全体合伙人。在同等条件下，其他合伙人<u>有优先购买权</u>。	通知全体合伙人，其他合伙人有优先购买权；其他合伙人未购买，又不同意将该财产份额转让给他人的，依照《合伙企业法》第51条的规定为该合伙人办理退伙结算，或者办理削减该合伙人相应财产份额的结算。 ▷★特别提示 普通合伙人的人合性保护力度更高。	无需公示，在执行裁定生效时直接发生变动

▷★特别提示

1. 合伙份额的转让包括负担行为（合伙份额转让合同）和处分行为（合伙份额转让）
合伙份额质押也包括负担行为（合伙份额质押合同）和处分行为（合伙份额质押）

2. 合伙份额转让系处分行为，有效的合伙份额转让包括以下要件：
（1）特定的合伙份额
（2）当事人转换合伙份额的意思表示合意
（3）合伙份额转让的公示（合伙协议记载系生效要件、工商登记系对抗要件）
（4）处分人有处分权（普通合伙人份额的外转或出质，须经其他合伙人同意）

负担行为	合伙份额转让合同、合伙份额质押合同
处分行为	**处分行为的要件：** 1. **特定权利**：特定的合伙份额 2. **处分合意**：当事人转换合伙份额的意思表示合意 3. **公示**：合伙协议记载——生效要件、工商登记——对抗要件 4. **处分权**：处分权受到其他合伙人之同意权的限制
其他合伙人	同意权、优购权

【经典真题】

1. 灏德投资是一家有限合伙企业，专门从事新能源开发方面的风险投资。甲公司是灏德投资的有限合伙人，乙和丙是普通合伙人。关于合伙协议的约定，下列哪些选项是正确的？[1]（2016－3－72）

A. 甲公司派驻灏德投资的员工不领取报酬，其劳务折抵10%的出资

B. 甲公司不得与其他公司合作从事新能源方面的风险投资

C. 甲公司不得将自己在灏德投资中的份额设定质权

D. 甲公司不得将自己在灏德投资中的份额转让给他人

[考点] 有限合伙人的权利

---

[1]【答案】BC

关联法条《合伙企业法》第64、71、72、73条

【解析】依据《合伙企业法》第64条第2款的规定，有限合伙人不得以劳务出资。所以A错误。

依据《合伙企业法》第71条的规定，有限合伙人可以自营或者同他人合作经营与本有限合伙企业相竞争的业务；但是，合伙协议另有约定的除外。合伙协议可约定有限合伙人不得从事竞业行为，所以B正确。

依据《合伙企业法》第72条的规定，有限合伙人可以将其在有限合伙企业中的财产份额出质；但是，合伙协议另有约定的除外。合伙协议可约定有限合伙人不得将其份额出质，所以C正确。

依据《合伙企业法》第73条的规定，有限合伙人可以按照合伙协议的约定向合伙人以外的人转让其在有限合伙企业中的财产份额，但应当提前三十日通知其他合伙人。但合伙份额转让系合伙人的固有权，合伙协议不能剥夺，合伙协议不可约定有限合伙人的份额不能外转，所以D错误。

2. 高崎、田一、丁福三人共同出资200万元，于2011年4月设立"高田丁科技投资中心（普通合伙）"，从事软件科技的开发与投资。其中高崎出资160万元，田、丁分别出资20万元，由高崎担任合伙事务执行人。

请回答下列问题：

2012年6月，丁福为向钟冉借钱，作为担保方式，而将自己的合伙财产份额出质给钟冉。下列说法正确的是：[1]（2013-3-92）

A. 就该出质行为，高、田二人均享有一票否决权

B. 该合伙财产份额质权，须经合伙协议记载与工商登记才能生效

C. 在丁福伪称已获高、田二人同意，而钟冉又是善意时，钟冉善意取得该质权

D. 在丁福未履行还款义务，如钟冉享有质权并主张以拍卖方式实现时，高、田二人享有优先购买权

【考点】合伙份额出质

【解析】《合伙企业法》第25条："合伙人以其在合伙企业中的财产份额出质的，须经其他合伙人一致同意；未经其他合伙人一致同意，其行为无效，由此给善意第三人造成损失的，由行为人依法承担赔偿责任。"所以A正确。

份额出质，只要符合其他人一致同意，买卖双方签订出质合同即能生效，登记只是起到对抗第三人的效力，B错误。

丁福伪称获得其他合伙人同意，造成钟冉详细丁福有处分权的信赖，但是处分权的信赖一般不适用善意取得，钟冉不能善意取得合伙份额质权。同时合伙份额出质会导致合伙份额被拍卖，会影响合伙企业的人合性，人合性的保护由于交易安全，钟冉不能取得合伙份额质权，C错误。

合伙具有人合性，份额拍卖时，其他合伙人享有优先购买权，D正确。

----

[1]【答案】AD

▽ **关联法条**

《合伙企业法》

第二十二条 除合伙协议另有约定外，合伙人向合伙人以外的人转让其在合伙企业中的全部或者部分财产份额时，须经其他合伙人一致同意。

合伙人之间转让在合伙企业中的全部或者部分财产份额时，应当通知其他合伙人。

第二十三条 合伙人向合伙人以外的人转让其在合伙企业中的财产份额的，在同等条件下，其他合伙人有优先购买权；但是，合伙协议另有约定的除外。

第二十四条 合伙人以外的人依法受让合伙人在合伙企业中的财产份额的，经修改合伙协议（新人入伙的时间点）即成为合伙企业的合伙人，依照本法和修改后的合伙协议享有权利，履行义务。

第二十五条 合伙人以其在合伙企业中的财产份额出质的，须经其他合伙人一致同意；未经其他合伙人一致同意，其行为无效，由此给善意第三人造成损失的，由行为人依法承担赔偿责任。

第七十二条 有限合伙人可以将其在有限合伙企业中的财产份额出质；但是，合伙协议另有约定的除外。

第七十三条 有限合伙人可以按照合伙协议的约定向合伙人以外的人转让其在有限合伙企业中的财产份额，但应当提前三十日通知其他合伙人。

第四十二条 合伙人的自有财产不足清偿其与合伙企业无关的债务的，该合伙人可以以其从合伙企业中分取的收益用于清偿；债权人也可以依法请求人民法院强制执行该合伙人在合伙企业中的财产份额用于清偿。

人民法院强制执行合伙人的财产份额时，应当通知全体合伙人，其他合伙人有优先购买权；其他合伙人未购买，又不同意将该财产份额转让给他人的，依照本法第五十一条的规定为该合伙人办理退伙结算，或者办理削减该合伙人相应财产份额的结算。

第七十四条 有限合伙人的自有财产不足清偿其与合伙企业无关的债务的，该合伙人可以以其从有限合伙企业中分取的收益用于清偿；债权人也可以依法请求人民法院强制执行该合伙人在有限合伙企业中的财产份额用于清偿。

人民法院强制执行有限合伙人的财产份额时，应当通知全体合伙人。在同等条件下，其他合伙人有优先购买权。

考点2 合伙、合伙人转换★★

1. 合伙人转化程序

内部：除合伙协议另有约定外，普通合伙人转变为有限合伙人，或者有限合伙人转变为普通合伙人，应当经全体合伙人一致同意。

2. 合伙人身份转化时责任的承担

外部：合伙人身份变更后对原身份期间的合伙企业债务承担无限连带责任。

内部：一致决，约定除外

外部：有限转普通——类推普通合伙人入伙

身份：	有限合伙人期间	普通合伙人期间
责任：	无限连带	无限连带

普通转有限——类推普通合伙人退伙

身份：	普通合伙人期间	有限合伙人期间
责任：	无限连带	有限责任

3. 转换的后果。

有限合伙企业仅剩有限合伙人的，应当解散；有限合伙企业仅剩普通合伙人的，转为普通合伙企业。

【经典真题】

高崎、田一、丁福三人共同出资 200 万元，于 2011 年 4 月设立"高田丁科技投资中心（普通合伙）"，从事软件科技的开发与投资。其中高崎出资 160 万元，田、丁分别出资 20 万元，由高崎担任合伙事务执行人。

2013 年 2 月，高崎为减少自己的风险，向田、丁二人提出转变为有限合伙人的要求。对此，下列说法正确的是：[1]（2013 - 3 - 93）

A. 须经田、丁二人的一致同意

B. 未经合伙企业登记机关登记，不得对抗第三人

C. 转变后，高崎可以出资最多为由，要求继续担任合伙事务执行人

D. 转变后，对于 2013 年 2 月以前的合伙企业债务，经各合伙人决议，高崎可不承担无限连带责任

【考点】 合伙人转换

【解析】 根据《合伙企业法》第82条的规定："除合伙协议另有约定外，普通合伙人转变为有限合伙人，或者有限合伙人转变为普通合伙人，应当经全体合伙人一致同意。"所以 A 正确。

登记起到公示公信的效力，对抗第三人，B 正确。

高崎转变后变成有限合伙人，根据《合伙企业法》第67条部分："有限合伙企业由普通合伙人执行合伙事务。"所以，高崎作为有限合伙人无权执行合伙事务，C 错误。

第84条："普通合伙人转变为有限合伙人的，对其作为普通合伙人期间合伙企业发生的债务承担无限连带责任。"高崎转为有限合伙人后，对于 2013 年 2 月以前，其作为普通合伙人期间的合伙企业债务依旧需要承担无限连带责任，D 错误。

---

[1] 【答案】AB

▼ **关联法条**

《合伙企业法》

第八十二条 除合伙协议另有约定外，普通合伙人转变为有限合伙人，或者有限合伙人转变为普通合伙人，应当经全体合伙人一致同意。

第八十三条 有限合伙人转变为普通合伙人的，对其作为有限合伙人期间有限合伙企业发生的债务承担无限连带责任。

第八十四条 普通合伙人转变为有限合伙人的，对其作为普通合伙人期间合伙企业发生的债务承担无限连带责任。（有限转普通，不问前世今生，一律无限连带；普通转有限，转换后有限责任，转换前无限连带。）

第七十五条 有限合伙企业仅剩有限合伙人的，应当解散；有限合伙企业仅剩普通合伙人的，转为普通合伙企业。

考点3 入伙、退伙★★★

（一）入伙

	普通合伙人	有限合伙人
程序	新合伙人入伙，除合伙协议另有约定外，应当经全体合伙人一致同意，并依法订立书面入伙协议。 ◆★**特别提示** 新合伙人入伙，需要经过全体普通合伙人和有限合伙人一致同意。	
新合伙人责任承担	对入伙前合伙企业的债务承担无限连带责任。 ◆★**特别提示** 合伙人约定新入伙的合伙人不承担连带责任的，该约定具有内部效力，不能对抗外部第三人。	有限合伙人对入伙前有限合伙企业的债务，以其认缴的出资额为限承担责任。

【经典真题】

1. 李军退休后于2014年3月，以20万元加入某有限合伙企业，成为有限合伙人。后该企业的另一名有限合伙人退出，李军便成为唯一的有限合伙人。2014年6月，李军不幸发生车祸，虽经抢救保住性命，但已成为植物人。对此，下列哪一表述是正确的?[1]（2015-3-30）

A. 就李军入伙前该合伙企业的债务，李军仅需以20万元为限承担责任

B. 如李军因负债累累而丧失偿债能力，该合伙企业有权要求其退伙

C. 因李军已成为植物人，故该合伙企业有权要求其退伙

D. 因唯一的有限合伙人已成为植物人，故该有限合伙企业应转为普通合伙企业

【考点】 有限合伙人退伙

【解析】 依据《合伙企业法》第77条的规定，以有限合伙人身份入伙的，对入伙前债务以出资为限承担有限责任，有限合伙人类似于股东，承担有限责任，A正确。

有限合伙人基于资本信用入伙，以出资为限承担有限责任，具有资合性，其自身丧失

---

〔1〕【答案】A

偿债能力，不退伙，B错误。

依据《合伙企业法》第79条的规定，有限合伙人基于资本信用入伙，以出资为限承担有限责任，具有资合性，其丧失行为能力，不退伙，无、限制行为能力人可以继续做有限合伙人，C错误。

无、限制行为能力人可以继续做有限合伙人，既然还存在有限合伙人，该有限合伙无需转为普通合伙，D错误。

▽ 关联法条

《合伙企业法》

第七十七条 新入伙的有限合伙人对入伙前有限合伙企业的债务，以其认缴的出资额为限承担责任。

第七十九条 作为有限合伙人的自然人在有限合伙企业存续期间丧失民事行为能力的，其他合伙人不得因此要求其退伙。

2. 雀凰投资是有限合伙企业，从事私募股权投资活动。2017年3月，三江有限公司决定入伙雀凰投资，成为其有限合伙人。对此，下列哪些选项是错误的?[1]（17-3-72）

A. 如合伙协议无特别约定，则须经全体普通合伙人一致同意，三江公司才可成为新的有限合伙人

B. 对入伙前雀凰投资的对外负债，三江公司仅以实缴出资额为限承担责任

C. 三江公司入伙后，有权查阅雀凰投资的财务会计账簿

D. 如合伙协议无特别约定，则三江公司入伙后，原则上不得自营与雀凰投资相竞争的业务

【解析】 依据《合伙企业法》第43、60条的规定，新合伙人入伙，除合伙协议另有约定外，应当经全体合伙人一致同意，并依法订立书面入伙协议。有限合伙适用普通合伙关于入伙的规定，对于有限合伙而言，新人的入伙对合伙企业有重大的影响，应当经过全体合伙人的一致决，而不仅仅是全体普通合伙人的一致决，A选项错误。

依据《合伙企业法》第77条的规定，新入伙的有限合伙人对入伙前有限合伙企业的债务，以其认缴的出资额为限承担责任，而不是实缴出资，B选项错误。

依据《合伙企业法》第68条第2款第5项的规定，有限合伙人对涉及自身利益的情况，查阅有限合伙企业财务会计账簿等财务资料，而不是可以随意查账，C选项错误。

依据《合伙企业法》第71条的规定，有限合伙人可以自营或者同他人合作经营与本有限合伙企业相竞争的业务；但是，合伙协议另有约定的除外。有限合伙人一般可以从事竞业行为，D选项错误。

（二）退伙

1. 普通合伙人声明退伙（任意退伙、自愿退伙）

✦★特别提示 有期限要有理由、无期限要预告知。

合伙协议约定合伙期限的——合伙人享有单方退伙权，该权利的条件是：符合法定（丧失人合性）或约定的情形；

合伙协议未约定合伙期限的——合伙人享有任意退伙权，该权利的条件是：不造成不利影响、提前30天预告。

---

[1] 【答案】ABCD

对于不定期合同，合同当事人一般享有任意解除权。如不定期租赁合同、不定期物业服务合同等等。

债的本质在于消灭，合伙本身包含了消灭的基因。合伙是以信任为基础的债之关系，当信任基础丧失时，合伙人享有退伙权。

协议约定经营期限的，法定情形下退伙	(1) 合伙协议约定的退伙事由出现； (2) 经全体合伙人同意退伙； (3) 发生合伙人难以继续参加合伙企业的事由； (4) 其他合伙人严重违反合伙协议约定的义务。
协议未约定经营期限的，预告退伙 ★特别提示 预告的期间是提前三十天。即发出通知三十天后退伙才能生效。	若合伙协议未约定合伙企业经营期限，合伙人可在不给合伙事务造成不利影响的情况下，不经其他合伙人同意而单方通知退伙，但应提前30日通知其他合伙人，以让其他合伙人有所准备。

2. 普通合伙人除名退伙

合伙人具有下述情形之一，其他合伙人可经一致同意，决议将其除名：

（1）未履行出资义务；

（2）因故意或重大过失给合伙企业造成损失；

（3）执行合伙企业事务时有不正当行为；

（4）发生合伙协议约定的事由。

其他合伙人有义务将除名决议以书面形式通知被除名人，自被除名人接到除名通知之日起，除名生效，被除名人丧失合伙人资格。若被除名人对除名决议有异议，可在接到除名通知之日起30日内向法院起诉，由法院审理后决定除名是否有效。

3. 两类合伙人法定退伙——当然退伙。

普通合伙人	有限合伙人
普通合伙人若有下列情形，其合伙人资格自法定事由实际发生之日起自动丧失： (1) 作为合伙人的自然人死亡或者被依法宣告死亡； (2) 个人丧失偿债能力； (3) 作为合伙人的法人或者其他组织依法被吊销营业执照、责令关闭撤销，或者被宣告破产； (4) 法律规定或者合伙协议约定合伙人必须具有相关资格而其丧失该资格； (5) 合伙人在合伙企业中的全部财产份额被人民法院强制执行。 ★特别提示 人死、财空、资格无当然退伙。	有限合伙人若有下列情形，其合伙人资格自法定事由实际发生之日起自动丧失： (1) 作为合伙人的自然人死亡或者被依法宣告死亡； (2) 作为合伙人的法人或者其他组织依法被吊销营业执照、责令关闭撤销，或者被宣告破产； (3) 法律规定或者合伙协议约定合伙人必须具有相关资格而其丧失该资格； (4) 合伙人在合伙企业中的全部财产份额被人民法院强制执行。 ★特别提示 有限合伙人系资合，强调资本信用（出资信用），而不是个人信用，因此有限合伙人个人丧失偿债能力或成为"无限人"，不退伙。

4. 合伙人变为无、限制行为能力人的处理。

合伙人被依法认定为无民事行为能力人或者限制民事行为能力人的，经其他合伙人一致同意，可以依法转为有限合伙人，普通合伙企业依法转为有限合伙企业。其他合伙人未能一致同意的，该无民事行为能力或者限制民事行为能力的合伙人退伙。

退伙事由实际发生之日（注意，此日期是合伙人实际成为无限人的日期）为退伙生效之日。

5. 退伙的法律效果。

（1）退伙人丧失合伙人身份，脱离原合伙协议所约定的权利义务关系。若合伙人仅为二人，若一人退伙，法定期间内不能补足，则合伙解散。

（2）内部：进行合伙财产清理和结算。

在合伙事务均已了结的情况下，其他合伙人应与退伙人对退伙时合伙企业的财产状况进行清理结算，退还退伙人的出资份额、分配盈余、负担亏损。退伙时的结算应遵循如下规则：

① 合伙人退伙，其他合伙人应当与该退伙人按照退伙时的合伙企业财产状况进行结算，退还退伙人的财产份额。退伙时有未了结的合伙企业事务的，可以待该事务了结后再进行结算。

★特别提示　清算应在退伙时进行，结算可以待未了结事务了结后再进行。

② 退伙人对给合伙企业造成的损失负有赔偿责任的，可以相应扣减其应当赔偿的数额。

③ 退伙人在合伙企业中财产份额的退还办法，由合伙协议约定或者由全体合伙人决定，可以退还货币，也可以退还实物。

★特别提示　如果合伙人是以非货币财产出资的，退伙时退还的财产份额不一定是出资的财产，可以折价为货币或约定为其他财产。

④ 如果退伙时合伙企业的财产少于合伙企业债务，亦即资不抵债，则退伙人（普通合伙人）应当根据合伙协议的约定或者《合伙企业法》第33条的规定分担亏损。

（3）外部：责任——保护债权人。

普通退伙人退伙时，对基于其退伙前的原因发生的合伙企业债务，仍应与其他合伙人一起承担无限连带责任。此种责任为法定责任，退伙人不得以与其他合伙人之债务承担协议加以抗辩。

有限合伙人退伙时，对基于其退伙前的原因发生的合伙企业债务，以退伙时从合伙中取回的财产为限承担有限责任。

6. 死亡退伙的法律后果。

普通合伙人	有限合伙人
1. 手动继承——"同意＋愿意"。 合伙人死亡或被依法宣告死亡的：其继承人，按照合伙协议的约定或者经**全体合伙人一致同意**，从继承开始之日起，**取得该合伙企业的合伙人资格**。 **2. "无限人"继承。** 合伙人的继承人为"无限人"的：经全体合伙人一致同意，可依法成为有限合伙人，普通合伙企业依法转为有限合伙企业；未能一致同意的，应将被继承合伙人的财产份额退还该继承人。 ★特别提示　合伙人的继承人为无民事行为能力人或者限制民事行为能力人的，经全体合伙人一致同意，可以依法成为有限合伙人，普通合伙企业依法转为有限合伙企业。全体合伙人未能一致同意的，合伙企业应当将被继承合伙人的财产份额退还该继承人。	**当然继承：** 作为有限合伙人的自然人死亡、被依法宣告死亡或者作为有限合伙人的法人及其他组织终止时，其继承人或者权利承受人可以依法取得该有限合伙人在有限合伙企业中的资格。

▶★**特别提示**　不能继承——份额退还

有下列情形之一的，合伙企业应向合伙人的继承人退还被继承合伙人的财产份额：

A. 主观：

继承人不愿意成为合伙人；

B. 客观：

法律规定或合伙协议约定合伙人必须具有相关资格，而该继承人未取得该资格；合伙协议约定不能成为合伙人的其他情形。

【经典真题】

1. 张、王、李、赵各出资四分之一，设立通程酒吧（普通合伙企业）。合伙协议未约定合伙期限。现围绕合伙份额转让、酒吧管理等事项，回答第92～94题。

酒吧开业半年后，张某在经营理念上与其他合伙人冲突，遂产生退出想法。下列说法正确的是：[1]（2011－3－92）

A. 可将其份额转让给王某，且不必事先告知赵某、李某

B. 可经王某、赵某同意后，将其份额转让给李某的朋友刘某

C. 可主张发生其难以继续参加合伙的事由，向其他人要求立即退伙

D. 可在不给合伙事务造成不利影响的前提下，提前30日通知其他合伙人要求退伙

【考点】合伙人退伙及份额转让

【解析】根据《合伙企业法》第46条："合伙协议未约定合伙期限的，合伙人在不给合伙企业事务执行造成不利影响的情况下，可以退伙，但应当提前三十日通知其他合伙人。"所以C错误，D正确。

第22条："除合伙协议另有约定外，合伙人向合伙人以外的人转让其在合伙企业中的全部或者部分财产份额时，须经其他合伙人一致同意。合伙人之间转让在合伙企业中的全部或者部分财产份额时，应当通知其他合伙人。"所以A、B错误。

2. 某合伙企业原有合伙人3人，后古某申请入伙，当时合伙企业负债20万元。入伙后，合伙企业继续亏损，古某遂申请退伙，获同意。古某退伙时，合伙企业已负债50万元，但企业尚有价值20万元的财产。后合伙企业解散，用企业财产清偿债务后，尚欠70万元不能偿还。对古某在该合伙企业中的责任，下列哪种说法是正确的？[2]（2006－3－28）

A. 古某应对70万元债务承担连带责任

B. 古某仅对其参与合伙期间新增的30万元债务承担连带责任

C. 古某应对其退伙前的50万元债务承担连带责任

D. 古某应对其退伙前的50万元债务承担连带责任，但应扣除其应分得的财产份额

【考点】退伙后责任

【解析】《合伙企业法》第44条规定："入伙的新合伙人与原合伙人享有同等权利，承担同等责任。入伙协议另有约定的，从其约定。新合伙人对入伙前合伙企业的债务承担无

_____

〔1〕【答案】D

〔2〕【答案】C

限连带责任。"。第 53 条规定："退伙人对基于其退伙前的原因发生的合伙企业债务，承担无限连带责任。"综合该两条规定，古某应该对其退伙时合伙企业的 50 万元债务承担责任，而不仅仅限于其在合伙企业期间新增的 30 万。B 错误。

合伙企业解散时的 70 万元债务，其中 20 万是古某退伙后新增的，并且这 20 万并没说明是基于退伙前的原因发生的，所以古某不应该对其承担责任。A 选项不正确。

C、D 选项的差别在于对 50 万元债务承担责任，是否应该扣除古某应该分得的财产份额，虽然合伙人之间对债务的承担会有一定的份额比例，但是，这并不能免除其对外承担的无限连带责任，所以，不能将其应分担的财产份额扣除，D 选项不对，C 正确。

3. 2009 年 3 月，周、吴、郑、王以普通合伙企业形式开办一家湘菜馆。2010 年 7 月，吴某因车祸死亡，其妻欧某为唯一继承人。在下列哪些情形中，欧某不能通过继承的方式取得该合伙企业的普通合伙人资格？[1]（2011 - 3 - 71）

　　A. 吴某之父对欧某取得合伙人资格表示异议

　　B. 合伙协议规定合伙人须具有国家一级厨师资格证，欧某不具有

　　C. 郑某不愿意接纳欧某为合伙人

　　D. 欧某因夫亡突遭打击，精神失常，经法院宣告为无民事行为能力人

【考点】死亡退伙的法津后果

【解析】根据《合伙企业法》第 50 条："合伙人死亡或者被依法宣告死亡的，对该合伙人在合伙企业中的财产份额享有合法继承权的继承人，按照合伙协议的约定或者经全体合伙人一致同意，从继承开始之日起，取得该合伙企业的合伙人资格。

有下列情形之一的，合伙企业应当向合伙人的继承人退还被继承合伙人的财产份额：

（一）继承人不愿意成为合伙人；

（二）法律规定或者合伙协议约定合伙人必须具有相关资格，而该继承人未取得该资格；

（三）合伙协议约定不能成为合伙人的其他情形。

合伙人的继承人为无民事行为能力人或者限制民事行为能力人的，经全体合伙人一致同意，可以依法成为有限合伙人，普通合伙企业依法转为有限合伙企业。全体合伙人未能一致同意的，合伙企业应当将被继承合伙人的财产份额退还该继承人。"

A 项，吴某的父亲对于吴某的合伙人份额没有任何的权利（题干表明欧某是唯一的继承人），所以吴某父亲的异议无效，不会阻碍欧某继承。

B 项属于继承人资格不具备，C 项属于其他合伙人不同意，D 项因为欧某被宣告为无限人而不再能做普通合伙人，所以都成为阻碍欧某继承为普通合伙人的障碍，均为应选项。

五、合伙的解散和清算

（一）合伙解散的事由

1. 合伙协议约定的经营期限届满，合伙人不愿继续经营的。

2. 合伙协议约定的解散事由出现。

3. 全体合伙人决定解散。

4. 合伙人已不具备法定人数满 30 天。

---

［1］【答案】BCD

5. 合伙协议约定的合伙目的已经实现或者无法实现。

6. 被依法吊销营业执照、责令关闭或者被撤销。

7. 出现法律、行政法规规定的合伙企业解散的其他原因。

（二）合伙的清算

1. 清算人的确定

清算人应由全体合伙人担任；如果未能由全体合伙人担任清算人的，经全体合伙人过半数同意，可以自合伙企业解散后 15 日内指定一名或者数名合伙人，或者委托第三人担任清算人。

2. 合伙企业注销后的债务承担

根据《合伙企业法》第 91 条的规定，合伙企业注销后，原普通合伙人对合伙企业存续期间的债务仍应承担连带责任。

3. 合伙企业的破产与债务清偿

合伙企业不能清偿到期债务的，债权人可以依法向人民法院提出破产清算申请，也可以要求普通合伙人清偿。

如果选择破产清算程序，则合伙企业在依法被宣告破产后，普通合伙人对合伙企业的债务仍然需要承担无限连带责任。

> ★**特别提示** 债权人选择申请合伙企业破产的，一方面可以经过破产程序得到部分债务的清偿，另外，如果合伙企业之前有不当减少财产的行为，则只有破产程序中，才可以通过管理人行使撤销权和追回权，以增加的合伙企业财产来偿债。

▷ 关联法条

《合伙企业法》

第八十五条 合伙企业有下列情形之一的，应当解散：

（一）合伙期限届满，合伙人决定不再经营；

（二）合伙协议约定的解散事由出现；

（三）全体合伙人决定解散；

（四）合伙人已不具备法定人数满三十天；

（五）合伙协议约定的合伙目的已经实现或者无法实现；

（六）依法被吊销营业执照、责令关闭或者被撤销；

（七）法律、行政法规规定的其他原因。

第八十六条 合伙企业解散，应当由清算人进行清算。

清算人由全体合伙人担任；经全体合伙人过半数同意，可以自合伙企业解散事由出现后十五日内指定一个或者数个合伙人，或者委托第三人，担任清算人。

自合伙企业解散事由出现之日起十五日内未确定清算人的，合伙人或者其他利害关系人可以申请人民法院指定清算人。

第九十一条 合伙企业注销后，原普通合伙人对合伙企业存续期间的债务仍应承担无限连带责任。

第九十二条 合伙企业不能清偿到期债务的，债权人可以依法向人民法院提出破产清算申请，也可以要求普通合伙人清偿。

合伙企业依法被宣告破产的，普通合伙人对合伙企业债务仍应承担无限连带责任。

【本章小结】

1. 普通合伙人 & 有限合伙人对比。

区别特征	普通合伙人	有限合伙人
资格	只能是完人	没有限制，完人、无限人都可以
入伙出资	可以劳务出资	不可以劳务出资
入伙前企业债务	无限连带	出资为限承担有限责任
盈亏分担	普伙企业共担盈亏	有伙企业盈利可独占，亏损须共担
竞业	绝对禁止	自由，约定除外
自我交易	一致决或合伙协议约定	自由，约定除外
份额外转	一致决，约定除外（有优购权）	自由，约定除外，30 日预告（无优购权）
份额质押	一致决，否则绝对无效	自由，约定除外
份额强制执行	其他合伙人有优购权	其他合伙人有优购权
退伙	丧失偿债能力当然退伙	丧失偿债能力不退伙
资格继承	手动	自动
退伙前企业债务	无限连带	取回财产为限承担有限责任

2. 合伙协议不得灵活约定的内容

①法律强制性规定，比如合伙人责任性质（普通合伙人——无限连带责任，有限合伙人——有限责任）；有限合伙人不执行合伙事务；

②普通合伙企业中，合伙协议不得约定将全部利润分配给部分合伙人或者由部分合伙人承担全部亏损；

③有限合伙企业中，合伙协议不得约定由部分合伙人承担全部亏损；

④普通合伙人以其在合伙企业中的财产份额出质的，须经其他合伙人一致同意；

⑤普通合伙人竞业行为：合伙人不得自营或者同他人合作经营与本合伙企业相竞争的业务。

请注意合伙企业与公司，个人独资企业之间的关联考查！

第三章
个人独资企业法

导学 本章的内容在法律职业资格考试中所占比重不大，且并非每年都涉考。一般考1题，分值在0~1分左右。所以只需要将相关内容作基本了解即可。

★ 【本部分常考考点包括】

个人独资企业的管理、解散清算、投资人责任等。

个人独资企业法框架体系

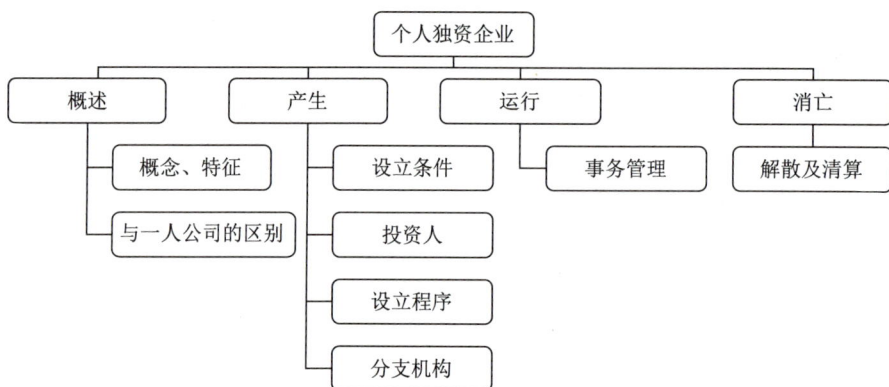

```
                     个人独资企业
        ┌──────────┬──────────┬──────────┐
       概述         产生        运行        消亡
        │           │           │           │
    概念、特征      设立条件     事务管理    解散及清算
        │           │
   与一人公司的区别   投资人
                    │
                   设立程序
                    │
                   分支机构
```

考点1 个人独资企业概述

（一）概念及特征

个人独资企业是指依照《个人独资企业法》在中国境内设立的由一个自然人投资，财产为投资人个人所有，投资人以其个人财产对企业债务承担无限责任的经营实体。

个人独资企业的特征如下：

1. 投资主体方面的特征。仅由一个自然人投资设立。

2. 企业财产方面的特征。全部财产为投资人个人所有，投资人（也称业主）是企业财产（包括企业成立时投入的初始出资财产与企业存续期间积累的财产）的唯一所有者。

3. 责任承担方面的特征。投资人以其个人财产对企业债务承担无限责任。仅在企业设立登记时明确以其家庭共有财产作为个人出资的，才依法以家庭共有财产对企业债务承担无限责任。

4. 主体资格方面的特征。不具有独立的法人资格。尽管独资企业有自己的名称或商号，并以企业名义从事经营行为和参加诉讼活动，但它不具有独立的法人地位。

（二）个人独资企业与个体工商户的区别

1. 出资人：个人独资企业由一个自然人出资；个体工商户还可以家庭出资设立。

2. 责任：个人独资企业以个人财产承担无限责任；个体工商户，如家庭经营的，以家庭财产承担责任。

3. 法律依据：个人独资企业依据《个人独资企业法》；个体工商户依据《民法典》《城乡个体工商户管理暂行条例》。

4. 组织形态：个人独资企业是经营实体，是企业组织形态，具有团体人格的组织体属性；个体工商户不采用企业形式，不具有组织体的属性。

（三）个人独资企业与一人公司的区别

项目	个人独资企业	一人公司
投资人	一个自然人	一个自然人或法人
主体资格	没有独立法人资格	独立法人资格
责任承担	投资人无限责任	股东有限责任
设立的法律依据	《个人独资企业法》	《公司法》

【经典真题】

张平以个人独资企业形式设立"金地"肉制品加工厂。2011年5月，因瘦肉精事件影响，张平为减少风险，打算将加工厂改换成一人有限公司形式。对此，下列哪一表述是错误的？[1]（2011-3-28）

A. 因原投资人和现股东均为张平一人，故加工厂不必进行清算即可变更登记为一人有限公司

B. 新成立的一人有限公司仍可继续使用原商号"金地"

C. 张平为设立一人有限公司，须一次足额缴纳其全部出资额

D. 如张平未将一人有限公司的财产独立于自己的财产，则应对公司债务承担连带责任

【考点】个人独资企业与一人公司

【解析】因为个人独资企业和一人公司的债务承担责任形式是不同的，所以个人独资企业需要经过清算，处理完债权债务关系后，才能设立新的一人公司，A错误。

公司名称沿用"金地"是合法的，B正确。

《公司法》取消了一人公司一次性缴足出资的法定要求，所以C错误。

最新修订的《公司法》第63条规定："一人有限责任公司的股东不能证明公司财产独立于股东自己的财产的，应当对公司债务承担连带责任。"所以D正确。

---

[1]【答案】AC（原司法部公部答案为A，现经《公司法》修改后，答案应为AC）

关联法条

《个人独资企业法》

第二条　本法所称个人独资企业，是指依照本法在中国境内设立，由一个自然人投资，财产为投资人个人所有，投资人以其个人财产对企业债务承担无限责任的经营实体。

考点2　个人独资企业的设立

（一）设立的条件

1. 投资人为一个自然人。

2. 有合法的企业名称。独资企业的名称不得使用"有限""有限责任"字样。

3. 有投资人申报的投资。

4. 有固定的生产经营场所和必要的生产经营条件以及必要的从业人员。

（二）个人独资企业的投资人

1. 投资人的条件

个人独资企业投资人只能是一个自然人；投资的财产必须是私人所有的财产。《个人独资企业法》第16条规定："法律、行政法规禁止从事营利性活动的人，不得作为投资人申请设立个人独资企业。"

我国现行法律、行政法规所禁止从事营利性活动的人包括：（1）法官；（2）检察官；（3）人民警察；（4）国家公务员。

2. 投资人权利与责任

（1）投资人是企业财产的唯一所有者。

（2）个人独资企业的投资人的有关权利可以依法进行转让或继承。

（3）投资人以其个人财产对企业债务承担无限责任。若投资人在申请企业设立登记时明确以其家庭共有财产作为个人出资的，则应当依法以家庭共有财产对企业债务承担无限责任。

（4）分支机构的民事责任由设立分支机构的独资企业承担，实质上最终由投资人承担。

（5）个人独资企业解散后，原投资人对个人独资企业存续期间的债务仍承担偿还责任，但有5年的除斥期间，即债权人在5年内未向债务人提出偿债请求的，责任消灭。

（三）个人独资企业的分支机构

个人独资企业设立分支机构应当由投资人或者其委托的代理人向分支机构所在地的登记机关申请登记，领取营业执照。分支机构经核准登记后，应将登记情况报该分支机构隶属的个人独资企业的登记机关备案。企业的分支机构是企业的一部分，其产生的民事责任理应由企业承担。由于投资人以其个人财产对个人独资企业的债务承担无限责任，所以，个人独资企业分支机构的民事责任实际上还是应由投资人承担。

关联法条

《个人独资企业法》

第八条　设立个人独资企业应当具备下列条件：

（一）投资人为一个自然人；

（二）有合法的企业名称；

（三）有投资人申报的出资；

（四）有固定的生产经营场所和必要的生产经营条件；

（五）有必要的从业人员。

第十四条 个人独资企业设立分支机构，应当由投资人或者其委托的代理人向分支机构所在地的登记机关申请登记，领取营业执照。

分支机构经核准登记后，应将登记情况报该分支机构隶属的个人独资企业的登记机关备案。

分支机构的民事责任由设立该分支机构的个人独资企业承担。

第十六条 法律、行政法规禁止从事营利性活动的人，不得作为投资人申请设立个人独资企业。

第十七条 个人独资企业投资人对本企业的财产依法享有所有权，其有关权利可以依法进行转让或继承。

第十八条 个人独资企业投资人在申请企业设立登记时明确以其家庭共有财产作为个人出资的，应当依法以家庭共有财产对企业债务承担无限责任。（承担责任的财产范围取决于登记时明确的出资财产的属性）

第二十八条 个人独资企业解散后，原投资人对个人独资企业存续期间的债务仍应承担偿还责任，但债权人在五年内未向债务人提出偿债请求的，该责任消灭。（5 年除斥期间）

考点3　个人独资企业的运行★

（一）事务管理的方式

主要有自行管理、委托他人管理、聘任管理三种模式。

▶ ★**特别提示** 个人独资企业并非一定由出资人亲自管理。

（二）他人管理的要明确授权范围

投资人委托或者聘用他人管理个人独资企业事务，应当与受托人或者被聘用的人签订书面合同，明确委托的具体内容和授予权利的范围。受托人或者被聘用的人员应当履行诚信、勤勉义务，按照与投资人签订的合同负责个人独资企业的事务管理，违反约定给投资人造成损失时应当承担违约责任。

（三）投资人对受托人或者被聘用的人员职权的限制，不得对抗善意第三人

▶ ★**特别提示** 请区分个人独资企业的内部关系和外部关系。投资人对管理人职权限制属于内部关系，不能对抗外部善意第三人。

（四）投资人委托或者聘用的管理个人独资企业事务的人员不得有下列行为

1. 利用职务上的便利，索取或者收受贿赂；

2. 利用职务或者工作上的便利侵占企业财产；

3. 挪用企业的资金归个人使用或者借贷给他人；

4. 擅自将企业资金以个人名义或者以他人名义开立账户储存；

5. 擅自以企业财产提供担保；

6. 未经投资人同意，从事与本企业相竞争的业务；

7. 未经投资人同意，同本企业订立合同或者进行交易；

8. 未经投资人同意，擅自将企业商标或者其他知识产权转让给他人使用；

9. 泄露本企业的商业秘密；

10. 法律、行政法规禁止的其他行为。

【经典真题】

为开拓市场需要，个人独资企业主曾水决定在某市设立一个分支机构，委托朋友霍火为分支机构负责人。关于霍火的权利和义务，下列哪一表述是正确的？[1]（2012－3－29）

A. 应承担该分支机构的民事责任

B. 可以从事与企业总部相竞争的业务

C. 可以将自己的货物直接出卖给分支机构

D. 经曾水同意可以分支机构财产为其弟提供抵押担保

【考点】个人独资企业管理人员的行为限制

【解析】《个人独资企业法》第14条第3款规定："分支机构的民事责任由设立该分支机构的个人独资企业承担。"霍火作为分支机构的被聘用的管理者，不应当承担分支机构的民事责任，A项表述错误。

第20条规定："投资人委托或者聘用的管理个人独资企业事务的人员不得有下列行为：……（五）擅自以企业财产提供担保；（六）未经投资人同意，从事与本企业相竞争的业务；（七）未经投资人同意，同本企业订立合同或者进行交易；……。"受托人或被聘用人不是绝对不可以从事上述行为，关键前提是看投资人是否同意：（1）未经投资人同意，不可以；（2）如果投资人同意，则可以。因此B项的竞业行为，C项的自我交易均没有得到投资人的同意，所以错误，D正确。

考点4　个人独资企业的解散和清算

（一）个人独资企业的解散事由

1. 投资人决定解散。

2. 投资人死亡或者被宣告死亡，无继承人或者继承人放弃继承。

3. 被依法吊销营业执照。

（二）个人独资企业的清算

1. 清算人的产生

个人独资企业解散，由投资人自行清算或者由债权人申请人民法院指定清算人进行清算。

★特别提示　清算人只有投资人自己或者人民法院指定的人，没有其他选择。

2. 责任消灭制度

个人独资企业解散后，原投资人对个人独资企业存续期间的债务仍应承担偿还责任，但债权人自个人独资企业解散之日起5年内未向债务人提出偿债请求的，该责任消灭。

★特别提示　该责任消灭期间实质上是请求权的消灭期间，类似于保证期间。即债权人未在个人独资企业解散之日5年内主张权利，该请求权消灭。

3. 注销登记

个人独资企业清算结束后，投资人或者人民法院指定的清算人应当编制清算报告，并

---

［1］【答案】D

于十五日内到登记机关办理注销登记。注销登记完成后，个人独资企业即宣告消灭。

【经典真题】

"李老汉私房菜"是李甲投资开设的个人独资企业。关于该企业遇到的法律问题，下列哪一选项是正确的？[1]（17－3－30）

A. 如李甲在申请企业设立登记时，明确表示以其家庭共有财产作为出资，则该企业是以家庭成员为全体合伙人的普通合伙企业

B. 如李甲一直让其子李乙负责企业的事务管理，则应认定为以家庭共有财产作为企业的出资

C. 如李甲决定解散企业，则在解散后5年内，李甲对企业存续期间的债务，仍应承担偿还责任

D. 如李甲死后该企业由其子李乙与其女李丙共同继承，则该企业必须分立为两家个人独资企业

【解析】 依据《个人独资企业法》第18条的规定，个人独资企业投资人在申请企业设立登记时明确以其家庭共有财产作为个人出资的，应当依法以家庭共有财产对企业债务承担无限责任，而不是以家庭成员为全体合伙人，A选项错误。

依据《个人独资企业法》第19条的规定，个人独资企业投资人可以自行管理企业事务，也可以委托或者聘用其他具有民事行为能力的人负责企业的事务管理。但不因此直接认定家庭共有财产作为个人独资企业的出资，B选项错误。

依据《个人独资企业法》第20条的规定，个人独资企业解散后，原投资人对个人独资企业存续期间的债务仍应承担偿还责任，但债权人在五年内未向债务人提出偿债请求的，该责任消灭。在5年内，投资人应当承担责任，C选项正确。

依据《个人独资企业法》第17条的规定，个人独资企业投资人对本企业的财产依法享有所有权，其有关权利可以依法进行转让或继承，而不需要分立为两个个人独资企业，D选项错误。

【本章小结】

个人独资企业作为一类商主体，本章也按照商主体的生命环节的顺序搭建知识体系，重点内容是运行阶段的事务管理、消亡阶段的清算。要结合个体工商户、一人公司、合伙企业、中外合资、中外合作企业的考点进行比较学习和思考。

---

[1] **【答案】** C

1. 外资和外企概念（F2）

外商投资	外国的自然人、企业或其他组织（外国投资者）直接或间接在中国境内进行的投资活动，包括下列情形： （1）**投资设立企业** 外国投资者单独或与其他投资者共同在中国境内设立外商投资企业； （2）**股权收购** 外国投资者取得中国境内企业的股份、股权、财产份额或其他类似权益； （3）**投资新建项目** 外国投资者单独或与其他投资者共同在中国境内投资新建项目； （4）**其他方式投资** 法律、行政法规或国务院规定的其他方式的投资。
外商投资企业	全部或部分由外国投资者投资，依照中国法律在中国境内经登记设立的企业。

2. 投资准入（F4、28–30）

准入前国民待遇＋负面清单	国家对外商投资实行准入前国民待遇加负面清单管理制度。
	准入前国民待遇 在投资准入阶段给予外国投资者及其投资不低于本国投资者及其投资的待遇；中国缔结或参加的国际条约、协定对外国投资者准入待遇有更优惠规定的，可以按照相关规定执行。
	负面清单 国家规定在特定领域对外商投资实施的准入特别管理措施。

续表

负面清单禁止投资	**不得投资**外商投资准入负面清单规定禁止投资的领域，外国投资者不得投资。 外国投资者投资外商投资准入负面清单规定禁止投资的领域，当事人主张投资合同无效的，法院应予支持。
	法律责任 **1. 责令停止、限期处分、恢复原状、没收违法所得** 外国投资者投资外商投资准入负面清单规定禁止投资的领域的，由有关主管部门责令停止投资活动，限期处分股份、资产或采取其他必要措施，恢复到实施投资前的状态；有违法所得的，没收违法所得。 **2. 相应法律责任** 外国投资者还应依法承担相应的法律责任。
负面清单限制投资	**符合条件才能投资** 外商投资准入负面清单规定限制投资的领域，外国投资者进行投资应符合负面清单规定的条件。 外国投资者投资外商投资准入负面清单规定限制投资的领域，当事人以违反限制性准入特别管理措施为由，主张投资合同无效的，法院应予支持。 人民法院作出生效裁判前，当事人采取必要措施满足准入特别管理措施的要求，当事人主张前款规定的投资合同有效的，应予支持。
	法律责任 **1. 限期改正、采取措施满足准入要求——逾期不改正，适用禁止投资规则** 外国投资者的投资活动违反外商投资准入负面清单规定的限制性准入特别管理措施的，由有关主管部门责令限期改正，采取必要措施满足准入特别管理措施的要求；逾期不改正的，依照前款规定处理。 **2. 相应法律责任** 外国投资者还应依法承担相应的法律责任。
负面清单以外领域	**国民待遇** 国家对负面清单之外的外商投资，给予国民待遇。负面清单由国务院发布或批准发布。 **内外资一致原则** 外商投资准入负面清单以外的领域，按照内外资一致的原则实施管理。
	投资项目核准备案 外商投资需要办理投资项目核准、备案的，按照国家有关规定执行。
	特许经营 外国投资者在依法需要取得许可的行业、领域进行投资的，应依法办理相关许可手续。 有关主管部门应按照与内资一致的条件和程序，审核外国投资者的许可申请，法律、行政法规另有规定的除外。

3. 投资促进（F9－18）

平等适用	外商投资企业依法平等适用国家支持企业发展的各项政策。
立法	**相关立法——应征求意见；** 制定与外商投资有关的法律、法规、规章，**应采取适当方式**征求外商投资企业的意见和建议。 **规范性文件、裁判文书——应及时公布** 与外商投资有关的规范性文件、裁判文书等，**应依法**及时公布。
	县府——制定促进和便利外资措施
标准化	**平等参与标准化制定、强制性标准平等适用** 国家保障外商投资企业**依法平等参与标准制定工作**，强化标准制定的信息公开和社会监督。 国家制定的强制性标准平等适用于外商投资企业。
政府采购	**公平竞争参与政府采购、平等对待** 国家保障外商投资企业依法通过公平竞争参与政府采购活动。 政府采购依法对外商投资企业在中国境内生产的产品、提供的服务平等对待。
融资	**融资** 外商投资企业可依法通过公开发行股票、公司债券等证券和其他方式进行融资。

4. 投资保护（F20－27）

征收禁止和例外	**国家对外国投资者的投资不实行征收。** 在特殊情况下，国家为了公共利益的需要，可以依照法律规定对外国投资者的投资实行征收或征用。征收、征用应依照法定程序进行，并及时给予公平、合理的补偿。
收益自由处分	**收益自由汇入汇出** 外国投资者在中国境内的出资、利润、资本收益、资产处置所得、知识产权许可使用费、依法获得的补偿或赔偿、清算所得等，可以依法以人民币或外汇自由汇入、汇出。
保护知识产权	国家保护外国投资者和外商投资企业的知识产权，保护知识产权权利人和相关权利人的合法权益。
依法行政	**1. 政府依法制定相关规范性文件——不减损外企权益、不设置市场进退条件、不干预外企正常经营**
	2. 政府履行承诺、依据程序改变承诺并补偿损失
投诉	**侵犯权益：协调（外企投诉工作机制）——或行政复议、行政诉讼** 国家建立外商投资企业投诉工作机制，及时处理外商投资企业或其投资者反映的问题，协调完善相关政策措施。 外商投资企业或其投资者认为行政机关及其工作人员的行政行为侵犯其合法权益的，可以通过外商投资企业投诉工作机制申请协调解决。 外商投资企业或其投资者认为行政机关及其工作人员的行政行为侵犯其合法权益的，还可以依法申请行政复议、提起行政诉讼。

5. 投资管理（F31－36）

组织治理	**组织形式及活动准则——公司法、合伙企业法** 外商投资企业的组织形式、组织机构及其活动准则，适用《中华人民共和国公司法》《中华人民共和国合伙企业法》等法律的规定。
集中	**经营者集中——接受审查** 外国投资者并购中国境内企业或以其他方式参与经营者集中的，应依照《中华人民共和国反垄断法》的规定接受经营者集中审查。
安全审查	**安全审查** 国家建立外商投资安全审查制度，对影响或可能影响国家安全的外商投资进行安全审查。 依法作出的安全审查决定为最终决定。
信息报告	**1. 通过企业登记系统以及企业信用信息公示系统向商务主管部门报送** 国家建立外商投资信息报告制度。 外国投资者或外商投资企业应通过企业登记系统以及企业信用信息公示系统向商务主管部门报送投资信息。 外商投资信息报告的内容和范围按照确有必要的原则确定；通过部门信息共享能够获得的投资信息，不得再行要求报送。 **2. 法律责任** 责令限期改正——逾期不改正的，罚款（10～50万） 外国投资者、外商投资企业违反本法规定，未按照外商投资信息报告制度的要求报送投资信息的，由商务主管部门责令限期改正；逾期不改正的，处十万元以上五十万元以下的罚款。
守法	**1. 遵守劳动保护、社会保险、税收、会计、外汇方面的法律** 外商投资企业开展生产经营活动，应遵守法律、行政法规有关劳动保护、社会保险的规定，依照法律、行政法规和国家有关规定办理税收、会计、外汇等事宜，并接受相关主管部门依法实施的监督检查。 **2. 法律责任：违法查处、纳入信用系统** 对外国投资者、外商投资企业违反法律、法规的行为，由有关部门依法查处，并按照国家有关规定纳入信用信息系统。

⯈ ★**特别提示** 请考生清晰区分股权质押合同（负担行为）与股权质押（处分行为）

1. 外商投资企业股东与债权人订立的股权质押合同，除法律、行政法规另有规定或者合同另有约定外，自成立时生效。未办理质权登记的，不影响股权质押合同的效力。

2. 当事人仅以股权质押合同未经外商投资企业审批机关批准为由主张合同无效或未生效的，人民法院不予支持。

3. 股权质押合同依照民法典的相关规定办理了出质登记的，股权质权自登记时设立。

【经典真题】

依据《外商投资法》，下列表述错误的是？[1]

A. 在甲国注册的 A 公司在我国南方某省新建某足球学校项目，该投资活动不受外商投资法调整，但因 A 公司在我国有投资行为，其系外商投资企业

B. 中国缔结的国际条约对 A 公司准入待遇有更优惠规定的，可以按照其规定执行

C. 在乙国注册的 B 公司投资到了外商投资准入负面清单规定禁止投资的采矿领域，由有关主管部门责令停止投资活动，没收违法所得。如果该投资行为造成我国矿业资源损失的，还应当依法损害赔偿责任

D. 在丙国注册的 C 公司的投资活动违反外商投资准入负面清单规定的限制性准入特别管理措施的，由有关主管部门责令限期改正，采取必要措施满足准入特别管理措施的要求

【解析】 禁止投资——不得投资，否则责令停止、恢复原状、没收所得、其他相应法律责任

限制投资——符合条件，否则限期改正、采取措施满足条件；否则适用禁止投资规则

负面清单以外领域——国民待遇、内外一致

▽ **关联法条**

《外商投资法》第 4、36 条。

_____

第五章
企业破产法

导学

　　破产法在法考中分值不高，考查2题，一个单选，一个多选，分值3分，但该法的可考点非常多，可谓点多面广。学习破产法，首先需要把握破产程序从启动到终结的逻辑线索，即破产申请——破产受理——债权申报——破产程序终结；其次需要学习破产法中三大程序（破产重整、破产和解、破产清算）都适用的一般实体规则和程序规则；还需要学习破产法上两个独立阶段：重整计划执行和和解协议执行。最后需要对三大程序适用的特殊规则和程序非常熟悉，尤其是对重整程序需要全面把握和学习。破产法的核心是债务人财产（破产财团），管理人是破产财团的管理机关，通过管理破产财团来保护债权人利益、破产企业利益以及其他利益。

★ 【本部分常考考点包括】

　　破产申请、管理人、债务人财产——破产财团（撤销权、取回权、别除权、抵销权）、债权申报、重整程序、和解程序、破产清算程序。3个基本程序加2个执行程序。

企业破产法框架体系

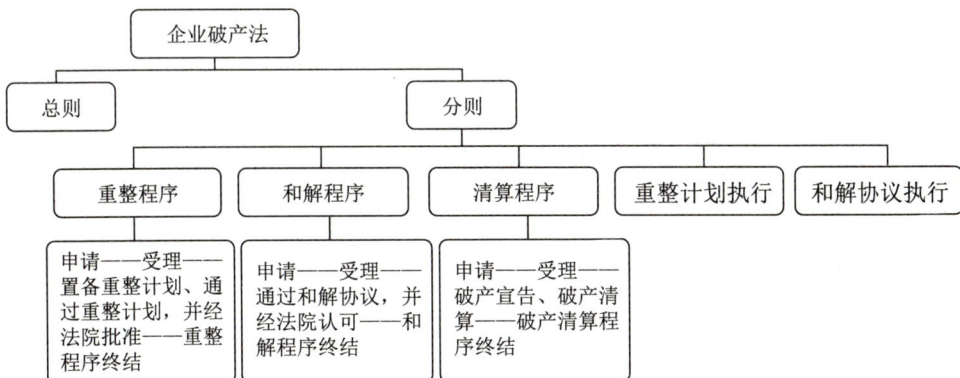

一、总则

考点1　破产案件的适用范围及适用程序

（一）破产案件的适用程序

破产案件是指通过司法程序处理的无力偿债事件。

这里所说的司法程序包括三种：和解、重整和破产清算。

申请程序的类型和转换：

1. 重整

（1）重整是对可能或已经发生破产原因的法人企业，置备重整计划，进行营业债务整理，通过重整计划并经法院批准后生效的程序。

（2）重整计划的置备、通过和批准（生效）程序。

（3）重整失败的，进入清算程序。

申请、受理——置备重整计划、通过重整计划并经法院批准——重整程序终结

　　　　　　　　　　　　　　　　↘清算

2. 和解

（1）和解是债务人提出与债权人达成了结债务的协议，并经法院认可后生效的程序。

（2）和解协议的订立、通过和认可（生效）程序。

（3）和解失败的，进入清算程序。

　　　　申请、受理——通过和解协议，并经法院认可——和解程序终结

　　　　　　　　　　　　　　　↘清算

3. 清算

（1）清算是清理债务人的财产和债务，于破产宣告之后，对全体债权人公平分配的程序。

（2）对全体债权人公平分配破产财产的程序。

（3）在清算程序中，在破产宣告之前，可依法转换为重整或和解程序。

　　　　　　　↗重整

申请、受理——破产宣告、破产清算——破产清算程序终结

　　　　　　　↘和解

4. 申请人必须从中选择一种程序提出破产申请

重整、和解和破产清算三种程序之间的转换关系：

　　　↗重整

债务人→和解

　　　↘清算→重整

　　　　　　↘和解（只能由债务人提出）

　　　↗重整

债权人

　　　↘清算→重整：债务人或占债务人注册资本10%以上出资人

　　　　　　↘和解（只能由债务人提出）

1	债务人在提出破产申请时可以选择适用重整程序、和解程序或者清算程序，债权人在提出破产申请时可以选择适用重整程序或者清算程序。 ▶ ★**特别提示** 和解程序只有债务人自己可以启动。（只能债务人"跪求"债权人谅解）
2	债权人申请债务人破产清算的案件，在破产宣告前，债务人可以申请和解，债务人或者其出资人可以申请重整。 ▶ ★**特别提示** 由"死"到"活"，可以主动申请。
3	债务人申请破产清算的案件，在破产宣告前，债权人或者债务人的出资人可以申请重整，债务人也可以申请和解。
4	债务人进入重整程序或者和解程序后可以在具备破产法规定的特定事由时，经破产宣告转入破产清算程序。重整、和解失败的，进入清算程序。 ▶ ★**特别提示** 由"活"到"死"只能被动转换。
5	债务人一旦经破产宣告进入破产清算程序，则不得转入重整或者和解程序。
6	债务人有明显丧失清偿能力可能的，债务人可直接申请重整。 债务人 { 重整 和解 清算 { 重整 和解（只能由债务人提出） 债权人 { 重整 清算 { 重整：债务人或占债务人注册资本10%以上出资人 和解（只能由债务人提出）

【经典真题】

关于破产清算、重整与和解的表述，下列哪些选项是正确的？[1]（2010-3-79）

A. 债务人一旦被宣告破产，则不可能再进入重整或者和解程序

B. 破产案件受理后，只有债务人才能提出和解申请

C. 即使债务人未出现现实的资不抵债情形，也可申请重整程序

D. 重整是破产案件的必经程序

【考点】 重整、和解、破产清算之间的转换

【解析】债务人一旦被宣告破产后，只能走破产清算的程序，所以不能再进入重整和和解的程序，A正确；和解只能由债务人启动，B正确；根据《企业破产法》第2条的规定："企业法人不能清偿到期债务，并且资产不足以清偿全部债务或者明显缺乏清偿能力的，依照本法规定清理债务。企业法人有前款规定情形，或者有明显丧失清偿能力可能的，可以依照本法规定进行重整。"所以，当企业具备资不抵债可能性，不要求现实的资不抵债也可以启动重整程序，C正确；重整依利益相关者的申请而启动，并非破产案件的必经程序，所以D错误。

---

[1] 【答案】ABC

（二）破产程序的适用范围

1. 企业法人

2. 企业法人以外的组织

其他法律规定的企业法人以外的组织的清算，属于破产清算的，参照适用《破产法》规定的程序。

3. 金融机构

商业银行、证券公司、保险公司等金融机构具备破产原因，国务院金融监督管理机构可以向人民法院提出对该金融机构进行重整或者破产清算的申请。

（三）破产原因 ★★★

企业法人不能清偿到期债务（表面资不抵债－现金流标准），并且资产不足以清偿全部债务或明显缺乏清偿能力（实质资不抵债）。

1. 债务人不能清偿到期债务的情形：

（1）债权债务关系依法成立；

（2）债务履行期限已经届满；

（3）债务人未完全清偿债务。

2. 资产不足以清偿全部债务的证明：

债务人的资产负债表，或者审计报告、资产评估报告等显示其全部资产不足以偿付全部负债的，人民法院应当认定债务人资产不足以清偿全部债务，但有相反证据足以证明债务人资产能够偿付全部负债的除外。

3. 明显缺乏清偿能力的表现：

债务人账面资产虽大于负债，但存在下列情形之一的，人民法院应当认定其明显缺乏清偿能力：

（1）因资金严重不足或者财产不能变现等原因，无法清偿债务；

（2）法定代表人下落不明且无其他人员负责管理财产，无法清偿债务；

（3）经人民法院强制执行，无法清偿债务；

（4）长期亏损且经营扭亏困难，无法清偿债务；

（5）导致债务人丧失清偿能力的其他情形。

★特别提示 相关当事人以对债务人的债务负有连带责任的人未丧失清偿能力为由，主张债务人不具备破产原因的，人民法院应不予支持。

【经典真题】

中南公司不能清偿到期债务，债权人天一公司向法院提出对其进行破产清算的申请，但中南公司以其账面资产大于负债为由表示异议。天一公司遂提出各种事由，以证明中南公司属于明显缺乏清偿能力的情形。下列哪些选项符合法律规定的关于债务人明显缺乏清偿能力、无法清偿债务的情形？[1]（2012－3－71）

A. 因房地产市场萎缩，构成中南公司核心资产的房地产无法变现

B. 中南公司陷入管理混乱，法定代表人已潜至海外

C. 天一公司已申请法院强制执行中南公司财产，仍无法获得清偿

---

〔1〕【答案】ABC

D. 中南公司已出售房屋质量纠纷多，市场信誉差

【考点】破产原因

【解析】根据《破产法司法解释一》（2011年）第4条规定："债务人账面资产虽大于负债，但存在下列情形之一的，人民法院应当认定其明显缺乏清偿能力：（一）因资金严重不足或者财产不能变现等原因，无法清偿债务；（二）法定代表人下落不明且无其他人员负责管理财产，无法清偿债务；（三）经人民法院强制执行，无法清偿债务；（四）长期亏损且经营扭亏困难，无法清偿债务；（五）导致债务人丧失清偿能力的其他情形。"本题中 A 项属于（一）；B 项属于（二）；C 项属于（三）；而 D 选项"出售房屋质量纠纷多，市场信誉差"，并不能说明资产不足，缺乏清偿能力，不选。所以应选 ABC。

（四）破产案件的管辖

地域管辖	破产案件由债务人住所地人民法院管辖。根据司法解释，所谓债务人住所地，是指企业主要办事机构所在地。 ★特别提示 当企业登记注册地与主要办事机构所在地不一致时，应以后者为准。
级别管辖	1. 基层人民法院一般管辖县、县级市或者区的工商行政管理机关核准登记的企业的破产案件； 2. 中级人民法院一般管辖地区、地级市（含本级）以上的工商行政管理机关核准登记的企业的破产案件； 3. 纳入国家计划调整的企业破产案件，由中级人民法院管辖。

（五）破产案件的裁定

1. 破产案件中，无论是程序性问题，还是实体性问题，均用裁定方式，并且组成合议庭。

2. 除驳回破产申请的裁定，申请人不服的，可以自裁定送达之日起 10 日内向上一级人民法院提起上诉以外，其他一律不准上诉。

考点2　申请和受理★★★★

（一）申请

1. 破产案件的申请人及适用条件

破产申请

（1）债务人申请

①已经破产

不能清偿到期债务，并且资产不足以清偿全部债务或明显缺乏清偿能力的，可向法院提出重整、和解或破产清算申请。

②可能破产

有明显丧失清偿能力可能的，可直接申请重整。

（2）债权人申请

不能偿债

只要债务人不能清偿到期债务，债权人就可以向法院提出对债务人进行重整或破产清算的申请。

债权人申请债务人破产的，应当提交债务人不能清偿到期债务的有关证据。

（3）清算组申请

资不抵债

企业法人已解散但未清算或未清算完毕，资产不足以偿债的，依法负有清算责任的人应向法院申请破产清算。

清算组申请破产清算是唯一选择。

申请人	可申请程序	申请人需要的条件	适用条件
债务人	重整、和解、破产清算	无	<u>具备破产原因</u>，即债务人不能清偿全部债务且资产不足以清偿全部债务或明显缺乏清偿能力。
债权人	重整、破产清算	（1）须为具有给付为内容的请求权； （2）须为法律上可以强制执行的请求权； （3）须为已到期的请求权。	表面资不抵债：债务人不能清偿到期债务。 ★特别提示 "实质资不抵债"属于企业的内部情况，债权人无法得知，因而不能要求债权人在提出破产申请时加以证明。而应当将此证明责任交给债务人，允许其在法定期间内提出异议。
清算人	破产清算	无	企业法人已解散但未清算或者未清算完毕，资产不足以清偿债务的，依法负有清算责任的人应当向人民法院申请破产清算。 ★特别提示 在提出破产申请时，破产清算是唯一的选择，不可以提出重整或和解的申请。

【经典真题】

2013 年 3 月，债权人甲公司对债务人乙公司提出破产申请。下列哪些选项是正确的？[1]（2013 - 3 - 73）

A. 甲公司应提交乙公司不能清偿到期债务的证据

B. 甲公司应提交乙公司资产不足以清偿全部债务的证据

C. 乙公司就甲公司的破产申请，在收到法院通知之日起七日内可向法院提出异议

D. 如乙公司对甲公司所负债务存在连带保证人，则其可以该保证人具有清偿能力为由，主张其不具备破产原因

【考点】破产申请

【解析】《破产法》第 7 条第 2 款规定："债务人不能清偿到期债务，债权人可以向人民法院提出对债务人进行重整或者破产清算的申请。"《破产法司法解释一》第 6 条第 1 款规定："债权人申请债务人破产的，应当提交债务人不能清偿到期债务的有关证据。债务人对债权人的申请未在法定期限内向人民法院提出异议，或者异议不成立的，人民法院应当

---

[1]【答案】AC

依法裁定受理破产申请。"所以债务人乙公司资产不足以清偿全部债务或明显缺乏清偿能力并非债权人甲公司的举证范围，所以 A 正确，B 错。

《破产法》第 10 条第 1 款规定："债权人提出破产申请的，人民法院应当自收到申请之日起五日内通知债务人。债务人对申请有异议的，应当自收到人民法院的通知之日起七日内向人民法院提出。人民法院应当自异议期满之日起十日内裁定是否受理。" C 正确。

《破产法司法解释一》第 1 条第 2 款规定："相关当事人以对债务人的债务负有连带责任的人未丧失清偿能力为由，主张债务人不具备破产原因的，人民法院应不予支持。"所以 D 错误。

2. 破产案件的接收

（1）接受破产申请的工作规范

人民法院收到破产申请时，应当向申请人出具收到申请及所附证据的书面凭证。

人民法院收到破产申请后应当及时对申请人的主体资格、债务人的主体资格和破产原因，以及有关材料和证据等进行审查。人民法院应当自收到申请之日起 5 日内通知债务人。债务人对申请有异议的，应当自收到人民法院的通知之日起 7 日内向人民法院提出。人民法院应当自异议期满之日起 10 日内裁定是否受理。

除上述规定的情形外，人民法院应当自收到破产申请之日起 15 日内裁定是否受理。

有特殊情况需要延长前两款规定的裁定受理期限的，经上一级人民法院批准，可以延长 15 日。

人民法院认为申请人应当补充、补正相关材料的，应当自收到破产申请之日起 5 日内告知申请人。当事人补充、补正相关材料的期间不计入上述的期限。

（2）破产申请未被接收时的补救

申请人向人民法院提出破产申请，人民法院未接收其申请，或者未按上文接收程序执行的，申请人可以向上一级人民法院提出破产申请。

上一级人民法院接到破产申请后，应当责令下级法院依法审查并及时作出是否受理的裁定；下级法院仍不作出是否受理裁定的，上一级人民法院可以径行作出裁定。

上一级人民法院裁定受理破产申请的，可以同时指令下级人民法院审理该案件。

▶★特别提示 上级法院径行裁定是在责令下级法院审查并裁定，下级法院不服从的基础上才能作出的。

3. 诉讼费用

破产案件的诉讼费用，作为破产费用，从债务人财产中拨付。相关当事人以申请人未预先交纳诉讼费用为由，对破产申请提出异议的，人民法院不予支持。

▶★特别提示 破产案件诉讼费不要求提前预交。

【经典真题】

某公司经营不善，现进行破产清算。关于本案的诉讼费用，下列哪一说法是错误的？[1]（2012 - 3 - 30）

A. 在破产申请人未预先交纳诉讼费用时，法院应裁定不予受理破产申请

---

[1] 【答案】A

B. 该诉讼费用可由债务人财产随时清偿

C. 债务人财产不足时，诉讼费用应先于共益费用受清偿

D. 债务人财产不足以清偿诉讼费用等破产费用的，破产管理人应提请法院终结破产程序

【考点】破产费用

【解析】根据《破产法司法解释一》第8条的规定："相关当事人以申请人未预先交纳诉讼费用为由，对破产申请提出异议的，人民法院不予支持。"所以破产案件的诉讼费用，并不需要提前预交，A 项错误。

根据《破产法》第41条第（一）项的规定，破产案件的诉讼费用属于破产费用。《破产法》第43条规定："破产费用和共益债务由债务人财产随时清偿。债务人财产不足以清偿所有破产费用和共益债务的，先行清偿破产费用。债务人财产不足以清偿所有破产费用或者共益债务的，按照比例清偿。债务人财产不足以清偿破产费用的，管理人应当提请人民法院终结破产程序。"归纳 4 点方便大家理解记忆：

（1）破产费用和共益债务具有优先受偿性，不属于破产债权；

（2）债务人财产不足以清偿全部破产费用和共益债务时，破产费用优先于共益债务；

（3）债务人财产不足以完全清偿破产费用或共益债务的，内部按比例清偿；

（4）债务人财产不能清偿破产费用的，终结破产程序。

据此，BCD 都是正确的。

（二）受理

破产受理，又称立案，是指法院收到破产申请后，认为符合法定条件而予以接受，开始破产程序的司法行为。

受理裁定的送达、通知、公告。

管理人的任命。

1. 破产受理对债务人的效果

（1）人身效果

①迁徙自由的限制

债务人的法定代表人（经法院决定，可包括企业的财务管理人员和其他经营管理人员）：合作与协助、信息提供、不擅离义务。

②资格的丧失

不新任其他企业的董监高。

（2）财产效果：债务人丧失对财产的处分权、管理权、受领权

①债务人个别清偿无效

②第三人对管理人给付

其故意向债务人给付，损害债权人利益的，不免除其清偿责任；第三人的清偿属于无权处分，对债务人不生效。

甲公司申请破产被法院受理后，指定乙为管理人。甲公司的债务人丙知情后，依然向甲公司清偿，丙的债务不消灭。甲公司丧失受领权，丙应当向管理人清偿。

2. 破产受理对诉讼仲裁程序的效果

（1）管辖恒定

有关债务人的民事诉讼，只能向受理破产申请的法院提起。

（2）程序中止

①保全解除和执行中止

②民事诉讼或仲裁中止，在管理人接管债务人的财产后，该诉讼或仲裁继续进行

（3）涉及债务人财产的诉讼中止审理

破产申请受理前，债权人就债务人财产提起诉讼，破产申请受理时案件尚未审结的，法院应当中止审理；

债务人破产宣告后，法院应判决驳回债权人的诉讼请求；

但债权人一审中变更其诉讼请求为"追收的相关财产归入债务人财产"的除外。

3. 破产受理对特殊合同的效果

（1）待履行合同的处理

①管理人有选择权

A. 行使

法院受理破产申请后，管理人对破产申请受理前成立而债务人和对方当事人均未履行完毕的合同有权决定解除或继续履行，并通知对方当事人。

B. 除斥期间：2 个月或 30 日

管理人自破产申请受理之日起 2 个月内未通知对方当事人，或自收到对方当事人催告之日起 30 日内未答复的，视为解除合同。

②相对人有催告权和担保要求权

管理人决定继续履行合同的，对方当事人有权要求管理人提供担保。管理人不提供担保的，视为解除合同。

（2）所有权保留买卖合同的处理（《破产法司法解释二》第 34～38 条）

出卖人破产：

①管理人选择继续履行——买受人按约继续付款，否则，解除（取回标的物）

买受人违约的，管理人可主张取回标的物（但买受人已付 75% 以上价款或第三人善意取得的除外）。

②管理人选择解除，买受人返还标的物

买受人按约返还后，其债权作为共益债权（务）清偿，但买受人迟延返还的，其债权作为普通债权清偿。

买受人破产：

①管理人选择继续履行——出卖人可请求管理人立即付款，否则，解除（取回标的物）

管理人违约的，出卖人可主张取回标的物（但买受人已付 75% 以上价款或第三人善意取得的除外），出卖人的债权作为共益债权（务）清偿。

②管理人选择解除——出卖人取回标的物

标的物价值明显减少给出卖人造成损失的，出卖人可从已付价款中优先抵扣后，返还剩余价款；已付价款不足弥补的，出卖人可主张作为共益债权（务）清偿。

【经典真题】

2011 年甲公司以所有权保留方式出售某家具给乙公司，并约定：总价款 100 万，在乙公司付清全部价款之前，甲公司保留所有权。甲公司将家具交付给了乙公司，乙公司首期

支付价款30万，余款3年内付清。2012年甲公司申请破产被法院受理，下列正确的是？[1]

  A. 如甲公司管理人主张继续履行，乙公司违约支付价款的，管理人可主张取回权

  B. 如甲公司管理人依法主张取回家具而未能取回，可主张乙公司继续付款、履行义务、承担赔偿责任

  C. 如甲公司管理人主张解除合同，乙公司将家具返还管理人，其返还价款请求权作为破产债权受偿

  D. 如甲公司管理人主张解除合同，乙公司违反合同约定，迟延返还家具，其返还价款请求权作为普通破产债权受偿

【解析】管理人主张解除合同，但合同相对人违约迟延返还标的物的，其债权作为普通破产债权处理。

关联法条

《破产法解释二》第34～38条

【经典真题】

2012年甲公司以所有权保留方式出售某汽车给乙公司，并约定：总价款100万，在乙公司付清全部价款之前，甲公司保留所有权。甲公司将汽车交付给了乙公司，乙公司首期支付价款30万，余款3年内付清。2013年乙公司申请破产被法院受理，下列正确的是？[2]

  A. 如乙公司管理人主张继续履行，则甲公司的债务作为共益债务受偿

  B. 如乙公司支付的价款达到80万时，则甲公司不能主张取回权

  C. 如乙公司管理人主张解除合同，此时该汽车仅值80万，则甲公司返还首付价款时，可扣除相应的损失

  D. 如乙公司管理人主张解除合同，此时汽车因驾驶不当已经报废，则甲公司的损失作为普通破产债权受偿

【解析】管理人选择解除合同的，相对人的损害赔偿请求权作为共益债权处理。

关联法条

《破产法解释二》第34～38条

考点3   破产管理人 ★★★

（一）管理人的任免

1. 资格

（1）管理人可以由有关部门、机构的人员组成的清算组或者依法设立的律师事务所、会计师事务所、破产清算事务所等社会中介机构担任。

（2）清算组可担任管理人：公司清算时资不抵债的，法院可指定清算组为管理人。

（3）个人担任管理人的，应参加执业责任保险。

（4）不得担任管理人情形：

  A. 因故意犯罪受过刑事处罚；

---

[1]【答案】ABD

[2]【答案】ABC

B. 曾被吊销相关专业执业证书；

C. 与本案有利害关系；

D. 法院认为不宜担任管理人的其他情形。

2. 任免

管理人由法院在裁定受理破产时指定。债权人会议可申请法院予以更换。

债权人通过债权人会议或债权人委员会，要求管理人依法向次债务人、债务人的出资人等追收债务人财产，管理人无正当理由拒绝的，债权人会议可申请法院更换管理人。

3. 报酬

管理人的报酬由法院确定。

> ★特别提示　管理人不仅保护债权人利益，还保护债务人利益（破产企业），同时还保护利益相关者利益（职工、出资人），还会涉及到社会利益、甚至国家利益，因此管理人由法院任免，其报酬由法院决定。

（二）管理人的职责与义务（《破产法》第23、25、29、69条）

1. 一般职责（破产财团的代表机关）

（1）管理、处分权——破产财团

A. 接管权、调查权

接管债务人的财产、印章和账簿、文书等资料。

调查债务人财产状况，制作财产状况报告。

B. 决定权

债务人的内部管理事务；债务人的日常开支和其他必要开支；继续或停止债务人的营业（在第一次债权人会议召开之前）。

C. 处分权

管理和处分债务人的财产。

> ★特别提示　管理人系破产财团的代表人和管理人。

（2）代表权——债务人

代表债务人参加诉讼、仲裁或者其他法律程序。

（3）提议权、撤销权——债权人

提议召开债权人会议。撤销破产企业在破产受理前1年内不正常的交易行为；撤销破产企业在破产受理前半年内符合破产原因时的个别正常交易行为。

（4）其他职责

法院认为管理人应当履行的其他职责。

2. 报告义务、列席债权人会议义务、不辞任义务

（1）向法院报告工作，并接受债权人会议和债权人委员会的监督。

（2）列席债权人会议，向债权人会议报告职务执行情况，并回答询问。

（3）管理人没有正当理由不得辞去职务，管理人辞去职务应当经法院许可。

3. 重大行为的许可和报告义务

（1）会前许可。在第一次债权人会议召开之前，管理人决定继续或者停止债务人的营业或者实施重大行为的，应当经法院许可。

（2）会后报告。第一次债权人会议之后，应当及时报告债权人委员会，未设立债权人委员会的，应及时报告法院。

（3）重大行为——重大处分行为

A. **转让**：涉及土地、房屋等不动产权益、探矿权、采矿权、知识产权等财产权、全部库存或者营业、债权和有价证券。

B. **担保**：设定财产担保、担保物的取回。

C. **弃权**：放弃权利。

D. **履行合同**：履行债务人和对方当事人均未履行完毕的合同。——往往涉及重大处分

E. **借款**：——重大负担行为

F. **其他处分行为**：对债权人利益有重大影响的其他财产处分行为。

★特别提示 重大处分的程序——事先表决、实施前报告

（1）事先制作管理变价方案提交债权人会议表决——未通过的，不得处分；

（2）实施处分10日前报告债权人委员会或法院——债权委可要求其说明或提供依据、要求纠正——拒绝纠正的，请求法院决定——法院认为不妥的，责令停止处分——管理人纠正或提交债权人会议重新表决。

【经典真题】

1. 某破产案件中，债权人向法院提出更换管理人的申请。申请书中指出了如下事实，其中哪些属于主张更换管理人的正当事由？[1]（2009-3-76）

A. 管理人列席债权人会议时，未如实报告债务人财产接管情况，并拒绝回答部分债权人询问

B. 管理人将债务人的一处房产转让给第三人，未报告债权人委员会

C. 债权人对债务人在破产申请前曾以还债为名向关联企业划转大笔资金的情况多次要求调查，但管理人一再拖延

D. 管理人将对外追收债款的诉讼业务交给其所在律师事务所办理，并单独计收代理费

【考点】 管理人职权

【解析】 根据《破产法》第23条的规定，管理人有依法履行职务并在列席债权人会议时，向债权人会议报告职务执行情况并回答询问的义务。A项中，管理人不如实报告债务人财产接管情况，并拒绝回答部分债权人询问的行为违反了法律规定的法定义务，属于《破产法》第22条第2款规定的不能依法、公正执行职务的情况。债权人可以此为由申请更换管理人。因此，A项正确。

《破产法》第69条第（一）项规定，管理人实施涉及土地、房屋等不动产权益的转让应当及时报告债权人委员会。B项中，管理人将债务人的一处房产转让给第三人，未报告债权人委员会的行为违反了法律规定的法定义务，属于《破产法》第22条第2款规定的不能依法、公正执行职务的情况。债权人可以此为由申请更换管理人。因此，B项正确。

《破产法》第33条第（一）项规定，债务人为逃避债务而隐匿、转移财产的行为无效。《破产法》第34条规定："因本法第三十一条、第三十二条或者第三十三条规定的行为而取得的债务人的财产，管理人有权追回。"据此可知，管理人有义务对债务人在破产申请

---

〔1〕【答案】ABC

前为逃避债务而转移财产的行为进行调查，如果属实应当将转移财产追回。本题 C 项中，管理人怠于行使上述法定职权，属于《破产法》第 22 条第 2 款规定的不能依法、公正执行职务的情况。债权人可以以此为由申请更换管理人。因此，C 项正确。

《破产法》第 24 条第 1 款规定："管理人可以由有关部门、机构的人员组成的清算组或者依法设立的律师事务所、会计师事务所、破产清算事务所等社会中介机构担任。"据此可知，律师事务所可以担任破产企业的管理人，如果管理人是律师事务所来担任的，那么管理人将对外追收债款的诉讼业务交给其所在律师事务所办理，并单独计收代理费的行为是合法的，不属于债权人申请更换管理人的理由。因此，D 项错误。

2. 根据《破产法》规定，关于破产管理人，下列哪些选项是错误的？[1]（2008 延 - 3 - 76）

A. 自然人不得担任破产管理人

B. 破产管理人可以由法院指定或者债务人聘请，也可以由债权人会议聘请

C. 破产管理人应当在法院的指导下开展工作

D. 破产管理人的报酬由管理人与债权人会议协商确定

【考点】管理人的组成

【解析】人民法院根据债务人的实际情况，可以在征询有关社会中介机构的意见后，指定该机构具备相关专业知识并取得执业资格的人员担任管理人，所以 A 错误；管理人由人民法院指定，B 错误；破产管理人依法独立工作，向法院报告工作，并接受债权人会议和债权人委员会的监督，C 错误；指定管理人和确定管理人报酬的办法，由最高人民法院规定，D 错误。

3. 祺航公司向法院申请破产，法院受理并指定甲为管理人。债权人会议决定设立债权人委员会。现昊泰公司提出要受让祺航公司的全部业务与资产。甲的下列哪一做法是正确的？[2]（16 - 3 - 31）

A. 代表祺航公司决定是否向昊泰公司转让业务与资产

B. 将该转让事宜交由法院决定

C. 提议召开债权人会议决议该转让事宜

D. 作出是否转让的决定并将该转让事宜报告债权人委员会

【考点】管理人重大处分行为的许可和报告程序

【解析】依据《破产法》第 26 条、第 69 条第 1 款第（三）项的规定，关于全部库存或者营业的转让的事项，管理人应当报告债权人委员会，因此管理人对此没有直接决定权，所以 A 错误。在第一次债权人会议召开之前，管理人的重大处分行为，应当经人民法院许可。

依据《破产法》第 69 条第 2 款的规定，未设立债权人委员会的，管理人实施上述重大处分的行为应当及时报告人民法院。该题题干已经说明，已经成立了债权人委员会，因此不需要由法院决定，所以 B 错误。

依据《破产法》第 69 条的规定，管理人的重大处分行为，不需要提议召开债权人会议

---

[1]【答案】ABCD

[2]【答案】D

决议，所以 C 错误。

依据《破产法》第 69 条的规定，管理人的重大处分行为，如果已经设立债权人委员会的，应当向债权人委员会报告，所以 D 正确。

▽ **关联法条**

《破产法》

第 22 条　管理人由人民法院指定。

债权人会议认为管理人不能依法、公正执行职务或者有其他不能胜任职务情形的，可以申请人民法院予以更换。

指定管理人和确定管理人报酬的办法，由最高人民法院规定。

第 23 条　管理人依照本法规定执行职务，向人民法院报告工作，并接受债权人会议和债权人委员会的监督。

管理人应当列席债权人会议，向债权人会议报告职务执行情况，并回答询问。

第 24 条　管理人可以由有关部门、机构的人员组成的清算组或者依法设立的律师事务所、会计师事务所、破产清算事务所等社会中介机构担任。

人民法院根据债务人的实际情况，可以在征询有关社会中介机构的意见后，指定该机构具备相关专业知识并取得执业资格的人员担任管理人。

有下列情形之一的，不得担任管理人：

（一）因故意犯罪受过刑事处罚；

（二）曾被吊销相关专业执业证书；

（三）与本案有利害关系；

（四）人民法院认为不宜担任管理人的其他情形。

个人担任管理人的，应当参加执业责任保险。

第 28 条　管理人经人民法院许可，可以聘用必要的工作人员。

管理人的报酬由人民法院确定。债权人会议对管理人的报酬有异议的，有权向人民法院提出。

第 29 条　管理人没有正当理由不得辞去职务。管理人辞去职务应当经人民法院许可。

考点 4　债务人财产 ★★★★★

（一）债务人财产的范围

（1）股东认缴的出资是债务人财产

法院受理破产申请后，债务人的**出资人尚未完全履行出资义务**的，管理人应要求该出资人缴纳所认缴的出资，且**不受出资期限的限制**。（加速到期）

（2）承担出资责任的财产归入债务人财产

公司的发起人和负有监督股东出资义务的董、高，或协助抽逃出资的其他股东、董、高、实际控制人等，对股东违反出资义务或抽逃出资承担相应责任的，应将**该承担责任的财产**归入债务人财产。

1. 属于债务人财产的范围

（1）属于债务人所有的有形、无形、现在、将来的财产及财产权利。

除债务人所有的货币、实物外，债务人依法享有的可以用货币估价并可以依法转让的债权、股权、知识产权、用益物权等财产和财产权益，均为债务人财产。

（2）设定担保财产。

债务人已依法设定担保物权的特定财产，应当认定为债务人财产。

（3）共有财产的处理。

债务人对按份享有所有权的共有财产的相关份额，或者共同享有所有权的共有财产的相应财产权利，以及依法分割共有财产所得部分，均应认定为债务人财产。

人民法院宣告债务人破产清算，属于共有财产分割的法定事由。人民法院裁定债务人重整或者和解的，共有财产的分割应当依据民法典物权编的规定进行；基于重整或者和解的需要必须分割共有财产的，管理人有权请求分割。

因分割共有财产导致其他共有人损害产生的债务，其他共有人请求作为共益债务清偿。

★特别提示　债务人财产范围的划定标准是所有权的归属。

★特别提示　债务人财产的范围

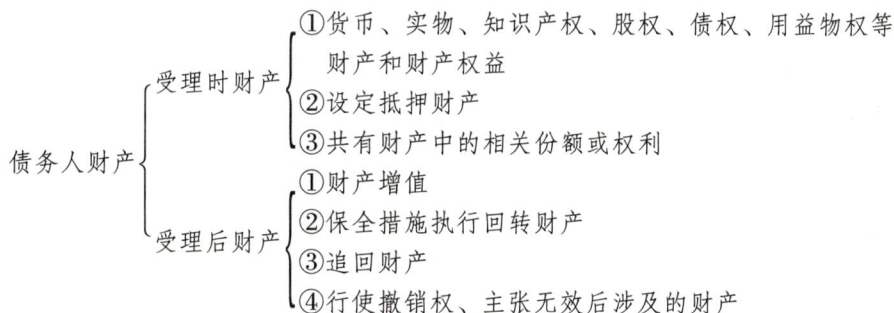

债务人财产
├─ 受理时财产
│　　①货币、实物、知识产权、股权、债权、用益物权等财产和财产权益
│　　②设定抵押财产
│　　③共有财产中的相关份额或权利
└─ 受理后财产
　　　①财产增值
　　　②保全措施执行回转财产
　　　③追回财产
　　　④行使撤销权、主张无效后涉及的财产

2. 不属于债务人财产的范围

（1）债务人基于仓储、保管、承揽、代销、借用、寄存、租赁等合同或者其他法律关系占有、使用的他人财产。

（2）债务人在所有权保留买卖中尚未取得所有权的财产。

（3）所有权专属于国家且不得转让的财产。

（4）其他依照法律、行政法规不属于债务人的财产。

★特别提示　以上不属于债务人财产的范围，均为债务人不享有所有权的财产。

【经典真题】

甲公司严重资不抵债，因不能清偿到期债务向法院申请破产。下列哪一财产属于债务人财产？[1]（2009 - 3 - 29）

A. 甲公司购买的一批在途货物，但尚未支付货款

B. 甲公司从乙公司租用的一台设备

C. 属于甲公司但已抵押给银行的一处厂房

D. 甲公司根据代管协议合法占有的委托人丙公司的两处房产

【考点】债务人财产范围

【解析】根据《破产法司法解释二》第 2 条的规定："下列财产不应认定为债务人财

────────────

[1]【答案】C

产：（一）债务人基于仓储、保管、承揽、代销、借用、寄存、租赁等合同或者其他法律关系占有、使用的他人财产；（二）债务人在所有权保留买卖中尚未取得所有权的财产；（三）所有权专属于国家且不得转让的财产；（四）其他依照法律、行政法规不属于债务人的财产。"

所以 A 项的运输在途，债务人没有付清全部货款的财产；B 项的租用财产；D 项的保管财产均不是债务人财产。

《破产法司法解释二》第 3 条第 1 款规定："债务人已依法设定担保物权的特定财产，人民法院应当认定为债务人财产。"所以 C 项属于债务人财产。

（二）撤销权及追回权

1. 撤销权

（1）受理破产申请前 1 年内可以撤销的行为：

① 无偿转让财产的。

② 以明显不合理的价格进行交易的（因撤销而对于债务人应返还受让人已支付价款所产生的债务，作为共益债务清偿）。

③ 对没有财产担保的债务提供财产担保的。

④ 对未到期的债务提前清偿的；破产申请受理前 1 年内债务人提前清偿的未到期债务，在破产申请受理前已经到期，管理人请求撤销该清偿行为的，人民法院不予支持。但是，该清偿行为发生在破产申请受理前 6 个月内且债务人有破产原因情形的除外。

⑤ 放弃债权的。

（2）可撤销的个别清偿行为：

① 适用情形

《破产法》第 32 条规定，人民法院受理破产申请前 6 个月内，债务人具备破产原因的情形，仍对个别债权人进行清偿的，管理人有权请求人民法院予以撤销。但是，个别清偿使债务人财产受益的除外。

★特别提示 时间在申请前 6 个月内，前提是债务人具备破产原因，两个条件同时具备才可撤销。

② 例外情形

第一，债务人对以自有财产设定担保物权的债权进行的个别清偿，不可撤销，但是，债务清偿时担保财产的价值低于债权额的除外。如担保债权额是 10 万，而担保物价值只有 2 万，对该担保债权的清偿可以撤销。

第二，债务人经诉讼、仲裁、执行程序对债权人进行的个别清偿，不可撤销，但是，债务人与债权人恶意串通损害其他债权人利益的除外。

第三，债务人对债权人进行的以下个别清偿不可撤销：

A. 债务人为维系基本生产需要而支付水费、电费等的；

B. 债务人支付劳动报酬、人身损害赔偿金的；

C. 使债务人财产受益的其他个别清偿。

```
两个条件：①时间在6个月内
         ②具备破产原因
四个例外：①担保
         ②强制力介入
         ③维持生计的支出
            劳动报酬
         ④人身损害赔偿债务
```

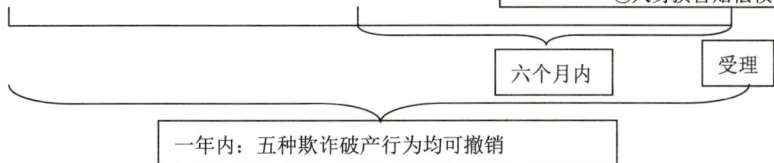

```
六个月内    受理

一年内：五种欺诈破产行为均可撤销
```

【经典真题】

1. 甲公司因不能清偿到期债务且明显缺乏清偿能力，遂于2014年3月申请破产，且法院已受理。经查，在此前半年内，甲公司针对若干债务进行了个别清偿。关于管理人的撤销权，下列哪些表述是正确的？[1]（2014－3－74）

A. 甲公司清偿对乙银行所负的且以自有房产设定抵押担保的贷款债务的，管理人可以主张撤销

B. 甲公司清偿对丙公司所负的且经法院判决所确定的货款债务的，管理人可以主张撤销

C. 甲公司清偿对丁公司所负的为维系基本生产所需的水电费债务的，管理人不得主张撤销

D. 甲公司清偿对戊所负的劳动报酬债务的，管理人不得主张撤销

【考点】撤销权

【解析】《破产法司法解释二》第14条规定："债务人对以自有财产设定担保物权的债权进行的个别清偿，管理人依据企业破产法第三十二条的规定请求撤销的，人民法院不予支持。但是，债务清偿时担保财产的价值低于债权额的除外。"

《破产法司法解释二》第15条规定："债务人经诉讼、仲裁、执行程序对债权人进行的个别清偿，管理人依据企业破产法第三十二条的规定请求撤销的，人民法院不予支持。但是，债务人与债权人恶意串通损害其他债权人利益的除外。"

《破产法司法解释二》第16条规定："债务人对债权人进行的以下个别清偿，管理人依据企业破产法第三十二条的规定请求撤销的，人民法院不予支持：

（一）债务人为维系基本生产需要而支付水费、电费等的；

（二）债务人支付劳动报酬、人身损害赔偿金的；

（三）使债务人财产受益的其他个别清偿。"

所谓撤销权行使的三例外：（1）自有财产设定的担保债权不撤销；（2）强制执行不撤销；（3）基本生产生活资料的支付不撤销，所以AB项错误，CD项正确。

2. 2010年8月1日，某公司申请破产。8月10日，法院受理并指定了管理人。该公司出现的下列哪一行为属于《破产法》中的欺诈破产行为，管理人有权请求法院予以撤

---

[1]【答案】CD

销?[1]（2011 – 3 – 31）

　A. 2009 年 7 月 5 日，将市场价格 100 万元的仓库以 30 万元出售给母公司

　B. 2009 年 10 月 15 日，将公司一辆价值 30 万元的汽车赠与甲

　C. 2010 年 5 月 5 日，向乙银行偿还欠款 50 万元及利息 4 万元

　D. 2010 年 6 月 10 日，以协议方式与债务人丙相互抵销 20 万元债务

【考点】撤销权

【解析】根据《破产法》第 31 条的规定，人民法院受理破产申请前一年内，涉及债务人财产的下列行为，管理人有权请求人民法院予以撤销：

（一）无偿转让财产的；

（二）以明显不合理的价格进行交易的；

（三）对没有财产担保的债务提供财产担保的；

（四）对未到期的债务提前清偿的；

（五）放弃债权的。

所以 B 项属于发生在破产申请受理前一年内发生的无偿转让财产行为，可撤销；A 项发生在受理破产申请一年前，不可撤销；

《破产法》第 32 条规定，人民法院受理破产申请前六个月内，债务人有本法第二条第一款规定的情形，仍对个别债权人进行清偿的，管理人有权请求人民法院予以撤销。但是，个别清偿使债务人财产受益的除外。此种情况下的撤销权需要在公司具备破产原因的前提下做了个别清偿，CD 两项并没有表明立足于此前提，所以不选。

2. 无效的欺诈破产行为

《破产法》第 33 条规定，涉及债务人财产的下列行为无效：

（1）为逃避债务而隐匿、转移财产的；

（2）虚构债务或者承认不真实的债务的。

这些行为的特点是，在任何情况下均为法律所禁止。因此，作为无效行为，无论其何时发生均为无效，且任何人在任何时候均得主张其无效。

3. 对企业管理层的特别追回权

《破产法》第 36 条规定，债务人的董事、监事和高级管理人员利用职权从企业获取的非正常收入和侵占的企业财产，管理人应当追回。

《破产法司法解释二》第 24 条规定，债务人有企业破产法第 2 条第 1 款规定的情形时，债务人的董事、监事和高级管理人员利用职权获取的以下收入，人民法院应当认定为企业破产法第 36 条规定的非正常收入：

（1）绩效奖金；

（2）普遍拖欠职工工资情况下获取的工资性收入；

（3）其他非正常收入。

债务人的董事、监事和高级管理人员拒不向管理人返还上述债务人财产，管理人主张上述人员予以返还的，人民法院应予支持。

债务人的董事、监事和高级管理人员因返还第 1 款第 1 项、第 3 项非正常收入形成的债权，可以作为普通破产债权清偿。因返还第 1 款第 2 项非正常收入形成的债权，依据企

---

[1]【答案】B

业破产法第113条第3款的规定，按照该企业职工平均工资计算的部分作为拖欠职工工资清偿；高出该企业职工平均工资计算的部分，可以作为普通破产债权清偿。

（三）取回权

1. 一般取回权

受理破产申请后，债务人占有的不属于债务人的财产，该财产的权利人（物权、债权、占有）可以通过管理人取回。

（1）第三人善意取得

A. 第三人善意取得

债务人占有的他人财产，第三人善意取得的：

①受理前的，原权利人通过普通破产债权清偿；

②受理后的，作为共益债务（权）清偿。

B. 第三人未善意取得

债务人占有的他人财产，第三人已支付价款而未善意取得的：

①受理前的，第三人的债权作为普通破产债权清偿；

②受理后的，第三人的债权作为共益债务（权）清偿。

（2）代位金代位物取回

A. 代位物取回

权利人可就变价款、保险金、赔偿金、代偿物行使取回权。

B. 无法区分的，通过债权救济

但保险金、赔偿金已经交付给债务人，或代偿物与债务人财产无法区分的：

①受理前的，权利人通过普通破产债权清偿；

②受理后的，作为共益债务（权）清偿。

2. 出卖人取回权——基于物权的法定取回权

（1）条件

受理破产申请时，债务人**未付清全部价款**的**在运途中**的标的物。

（2）限制

管理人可支付全部价款，请求出卖人交付标的物。

（3）行使的时间

A. 标的物到达前主张。

B. 出卖人**在标的物到达前依法主张了取回权的，在该物到达管理人后，依然可主张取回。**

　　📋★**特别提示**　该取回权系以物权为基础，与债权合同并无关系。只要出卖人依法撤销物权合意，就可回复取得出卖标的物的所有权。在出卖人行使取回权之后，标的物依然被送达债务人的，其物权不发生变动，因为物权合意已经被撤销。但是，债权合同依然有效。管理人可支付全部价款，请求出卖人继续履行合同。

基于法律行为发生的物权变动的四个要件如下：

1. 特定物

2. 物权合意（物权意思表示）

3. 公示（交付、登记）

4. 处分权

【经典真题】

2014 年 6 月经法院受理，甲公司进入破产程序。现查明，甲公司所占有的一台精密仪器，实为乙公司委托甲公司承运而交付给甲公司的。关于乙公司的取回权，下列哪一表述是错误的？[1]（2014 - 3 - 31）

A. 取回权的行使，应在破产财产变价方案或和解协议、重整计划草案提交债权人会议表决之前

B. 乙公司未在规定期限内行使取回权，则其取回权即归于消灭

C. 管理人否认乙公司的取回权时，乙公司可以诉讼方式主张其权利

D. 乙公司未支付相关运输、保管等费用时，保管人可拒绝其取回该仪器

【考点】 取回权

【解析】《破产法司法解释二》第 26 条规定："权利人依据企业破产法第三十八条的规定行使取回权，应当在破产财产变价方案或者和解协议、重整计划草案提交债权人会议表决前向管理人提出。权利人在上述期限后主张取回相关财产的，应当承担延迟行使取回权增加的相关费用。"所以 A 正确，B 错误；

《破产法司法解释二》第 27 条第 1 款规定："权利人依据企业破产法第三十八条的规定向管理人主张取回相关财产，管理人不予认可，权利人以债务人为被告向人民法院提起诉讼请求行使取回权的，人民法院应予受理。"所以 C 正确；

《破产法司法解释二》第 28 条规定："权利人行使取回权时未依法向管理人支付相关的加工费、保管费、托运费、委托费、代销费等费用，管理人拒绝其取回相关财产的，人民法院应予支持。"所以 D 正确。

（四）抵销权

1. 破产抵销权的行使和民法抵销权的区别

债权人在破产申请受理前对债务人负有债务的，可以向管理人主张抵销。管理人不得主动抵销债务人与债权人的互负债务，但抵销使债务人财产受益的除外。抵销自管理人收到通知之日起生效。

不同点	破产抵销权	民法上的抵销权
享有权利的主体不同	须为债权人提起，债务人不准提	债务人、债权人都可主张
可抵销债务的时间要求不同	须是在破产申请受理前对破产债务人所负的债务	对可抵销债务的形成时间并无限制
债的种类不同	不受债的种类限制	必须是同一种债
债的履行期限要求不同	不受债的履行期限限制	可抵销的债权债务必须均已到期

破产抵销权的行使让抵销权人的债权获得完全受偿，会减少破产财产，会损害其他债权人利益。如甲破产企业的债务人乙对破产企业负担 10 万债务，同时享有 10 万债权。如果不允许抵销，乙需要向甲清偿 10 万，只能通过破产程序按比例受偿 10 万债权，破产程

---

[1] 【答案】B

序的清偿率一般只有10%左右，则乙只能获得1万的受偿。破产财产可以增加9万。但是如果允许抵销，则乙无需向甲清偿10万，通过抵销，乙对甲的10万债权获得了完全清偿，这导致破产财团减少了9万，这直接损害了其他债权人利益。

破产抵销权属于优先受偿的一种形式，我国破产法予以支持，但是对于恶意抵销明确禁止，即禁止恶意创设债权抵销，或恶意创设债务抵销。

2. 禁止抵销的情形——恶意抵销禁止

（1）债务人的债务人在破产申请受理后取得他人对债务人的债权的。

破产企业的债务人在破产受理后收购他人对破产企业的债权抵销，属于恶意低价收购债权抵销债务，属于禁止抵销之情形。

（2）债权人已知债务人有不能清偿到期债务或者破产申请的事实，对债务人负担债务或取得债权的；但是，因为法律规定或者有破产申请1年前所发生的原因而负担债务或取得债权的除外。

另外，担保债权人恶意抵销除外。即符合该禁止抵销情形的债权人，可主张以其对债务人特定财产享有优先受偿权的债权，与债务人对其不享有优先受偿权的债权抵销，但用以抵销的债权大于债权人享有优先受偿权财产价值的除外。

▶ ★特别提示 担保债权可以优先受偿，因此即使担保债权人恶意创设债务抵销，也不会减少破产财团，也不会损害其他债权人利益。

（3）债务人的债务人已知债务人有不能清偿到期债务或者破产申请的事实，对债务人取得债权的；但是，债务人的债务人因为法律规定或有破产申请1年前所发生的原因而取得债权的除外。如：债务人的债务人因无因管理而取得债权。

（4）债务人的股东不能以下列债务与债务人对其负有的债务抵销：

A. 债务人股东因欠缴债务人的出资或抽逃出资对债务人所负的债务；

▶ ★特别提示 股东对公司的出资债务，直接构成公司的注册资本。其既是约定债务，也是法定债务；既是对公司的债务，也是对公司债权人的债务。为保护注册资本的安全，为保护债权人利益，股东不能将其对债权人的出资债务抵销对公司的债权。

B. 债务人股东滥用股东权利或关联关系损害公司利益对债务人所负的债务。

▶ ★特别提示 这属于破产企业股东利用控制关系恶意创设债务抵销的情形，应当禁止。

3. 恶意抵销被诉无效

破产申请受理前6个月内，债务人已经符合破产原因的，债务人与个别债权人以抵销方式对个别债权人清偿，其抵销属于恶意创设债权债务抵销的，管理人可在破产申请受理之日起3个月内诉该抵销无效。

▶ ★特别提示

在破产受理前第三人与破产企业互负债权债务关系的，不考虑债的种类和期限，在破产受理后，可依法主张抵销。但是禁止恶意创设债权债务抵销；禁止在破产受理后恶意收购他人对破产企业的债权来抵销其对破产企业的债务。

【经典真题】

法院受理了利捷公司的破产申请。管理人甲发现，利捷公司与翰扬公司之间的债权债

务关系较为复杂。下列哪些说法是正确的?[1] (2016 - 3 - 73)

　　A. 翰扬公司的某一项债权有房产抵押，可在破产受理后行使抵押权

　　B. 翰扬公司与利捷公司有一合同未履行完毕，甲可解除该合同

　　C. 翰扬公司曾租给利捷公司的一套设备被损毁，侵权人之前向利捷公司支付了赔偿金，翰扬公司不能主张取回该笔赔偿金

　　D. 茹洁公司对利捷公司负有债务，在破产受理后茹洁公司受让了翰扬公司的一项债权，因此茹洁公司无需再向利捷公司履行等额的债务

　　【考点】别除权、待履行合同的处理、代偿取回权、抵销权

　　【解析】依据《破产法》第109条的规定，在破产清算程序中，别除权的行使在破产宣告之后，因此抵押权的行使在破产宣告后，而不是破产受理后，因此 A 错误。重整程序，别除权暂停；和解程序，别除权可自由行使。该选项表述不准确，因此错误。

　　依据《破产法》第18条的规定，破产受理后对债务人与债权人双方均未履行完毕的双务合同，管理人享有选择权，管理人可选择继续履行，也可以选择解除，因此 B 正确。

　　依据《破产法司法解释二》第32条的规定，债务人占有的他人财产毁损、灭失，因此获得的保险金、赔偿金、代偿物尚未交付给债务人，或代偿物虽已交付给债务人但能与债务人财产予以区分的，权利人可主张取回就此获得的保险金、赔偿金、代偿物。

　　但保险金、赔偿金已经交付给债务人，或者代偿物已经交付给债务人且不能与债务人财产予以区分的，权利人无法取回，只能通过债权获得救济。受理前发生的，是普通破产债权；受理后发生的，是共益债权。所以 C 正确。

　　依据《破产法》第40条的规定，破产企业的债务人在破产受理后获得对破产企业的债权的，不得主张抵销，该行为属于恶意创设债权抵销债务的行为，非法。因此 D 错误。

考点5　破产费用和共益债务

1. 破产费用：财团费用

指破产受理后，为破产程序的进行及全体债权人的共同利益而由债务人财产负担的费用。

相关当事人以申请人未预先交纳诉讼费用为由，对破产申请提出异议的，法院不予支持。

法院受理破产申请后发生的下列费用，为破产费用：

(1) 诉讼费

破产案件的诉讼费用；

(2) 管理费

管理、变价和分配债务人财产的费用，如：保管费、清理费、运输费、鉴定费、评估费、拍卖费、公告费、通知费；

(3) 人工费

管理人执行职务的费用、报酬和聘用工作人员的费用。

该工作人员指非本专业之工作人员，如会计师事务所聘请律师处理破产事务的费用。

---

〔1〕【答案】BC

2. 共益债务（权）：财团债务

指破产受理后，为全体债权人的共同利益而由债务人财产负担的债务。

法院受理破产申请后发生的下列债务，为共益债务：

（1）破产财团继续营业之债

①继续履行合同之债

因管理人或债务人请求对方当事人履行双方均未履行完毕的合同所产生的债务。

②继续经营之债

为债务人继续营业而应支付的劳动报酬和社会保险费用以及由此产生的其他债务。

（2）破产财团无因管理之债

债务人财产受无因管理所产生的债务。

（3）破产财团侵权之债

①破产财团致人损害之债

债务人财产致人损害所产生的债务。

②管理人管理破产财团致人损害之债

管理人或者相关人员执行职务致人损害所产生的债务；

外部：管理人或相关人员在执行职务造成损害的，债务人财产不足赔偿的，权利人可向管理人或相关人员主张承担补充赔偿责任；

内部：债权人以管理人或相关人员执行职务不当导致债务人财产减少给其造成损失为由提起诉讼，可主张管理人或相关人员承担相应赔偿责任。

（4）破产财团不当得利之债

因债务人不当得利所产生的债务。

3. 破产费用和共益债务清偿

（1）债务人财产足以清偿所有破产费用和共益债务的，破产费用和共益债务由债务人财产随时清偿。

（2）债务人财产不足以清偿所有破产费用和共益债务的，先行清偿破产费用。

（3）债务人财产不足以清偿所有破产费用或共益债务的，按照比例清偿。

（4）债务人财产不足以清偿破产费用的，管理人应当提请法院终结破产程序。

【经典真题】

舜泰公司因资产不足以清偿全部到期债务，法院裁定其重整。管理人为维持公司运行，向齐某借款 20 万元支付水电费和保安费，约定如 1 年内还清就不计利息。1 年后舜泰公司未还款，还因不能执行重整计划被法院宣告破产。关于齐某的债权，下列哪些选项是正确的？[1]（17-3-73）

A. 与舜泰公司的其他债权同等受偿

B. 应从舜泰公司的财产中随时清偿

C. 齐某只能主张返还借款本金 20 万元

D. 齐某可主张返还本金 20 万元和逾期还款的利息

【解析】依据《破产法》第 42 条的规定，管理人为维持公司运行，向齐某借款 20 万

---

[1]【答案】BC

元支付水电费和保安费，属于管理破产财团而产生为全体债权人利益的共益债权，应当随时受偿，而不是与其他债权同等受偿，A 选项错误。

依据《破产法》第 43 条的规定，共益债务由债务人财产随时清偿。B 选项正确。

依据《破产法》第 46 条的规定，附利息的债权自破产申请受理时起停止计息。债权人只能主张债权本金，而不能主张利息，该规则类推适用于共益债权的逾期利息，C 选项正确。

依据《破产法》第 46 条的规定，债权人不能主张逾期利息，如果主张该利息，会增加破产财团的负担，损害全体债权人的利益，D 选项错误。

《破产法》

第 46 条 未到期的债权，在破产申请受理时视为到期。

附利息的债权自破产申请受理时起停止计息。

考点 6　债权申报 ★★★

（一）一般规定

（1）须为以财产给付为内容的请求权。如：劳务之债不能申报。

（2）须为以债务人财产为受偿基础的请求权。如：信托财产不是债务人财产。

（3）须为法院受领破产申请前成立的债权。破产受理后成立的债权符合条件的，可以依法作为共益债权。

（4）须为平等主体之间的请求权。如：行政罚款不能申报。

（5）须为合法有效的债权。如：诉讼时效已经届满的债权不能申报。

（二）可申报的债权

1. 待定债权

包括附条件、附期限的债权和诉讼、仲裁未决的债权。这类债权可以申报，但并不意味着债权人在破产程序中必然可以行使债权人权利。

《破产法》第 59 条第 2 款规定："债权尚未确定的债权人，除人民法院能够为其行使表决权而临时确定债权额的外，不得行使表决权。"在破产财产分配时，对于诉讼或者仲裁未决的债权，管理人应当将其分配额提存。在破产程序终结之日起满 2 年仍不能受领分配的，人民法院应当将其提存额分配给其他债权人。

2. 保证人或连带债务人申报债权

（1）担保人（保证人）申报

A 保证人或连带债务人已代债务人偿债的，以求偿权申报；

B 保证人或连带债务人未代债务人偿债的，以将来求偿权申报，但债权人已申报全部债权除外。

▷ ★**特别提示** 防止在破产企业破产清算终结后，保证人无法向破产企业追偿，特设计了保证人的将来求偿权。

（2）担保人（保证人）受偿

担保人在清偿全部债权后，可代替债权人受偿；债权人的债权受偿前，不得代替债权人受偿，但是在其承担担保责任范围内可请求债权人返还超额受偿的部分。

（3）担保人（保证人）追偿

担保人担责后，不能向和解协议或重整计划执行完毕后的债务人追偿。

▷ ★**特别提示** 和解协议或重整计划的目的在于挽救债务人，减轻债务人的清偿责任。

如果允许保证人向债务人求偿，则债务人依然要负担全额的债务清偿责任，这导致和解协议或重整计划的目的落空。因此，为鼓励和解或重整，拯救债务人，保证人不能向和解协议或重整计划执行完毕后的债务人追偿。

（4）担保人（保证人）免责

债权人明知或应知债务人破产，不申报债权也不通知担保人，导致担保人不能预先追偿的，担保人在可能受偿的范围内免责，担保人自身过错未行使追偿权的除外。

乙公司向甲借款 100 万，丙提供保证，后乙进入破产程序，下列表述正确的是？[1]

A. 甲的债权受偿前，丙可以代替甲受偿

B. 如乙的重整程序终结，随后的重整计划执行也执行完毕，承担了保证责任的丙可向乙追偿

C. 如甲明知乙破产，不申报债权也不通知丙，导致丙无法预先追偿，丙依然需要承担全部的担保责任

D. 如甲在乙的重整程序中免除了乙的部分债务，甲向丙主张保证责任时，丙不可基于该事由向甲主张抗辩

【解析】破产程序（重整程序、和解程序）不惠及保证人。

▶ ★特别提示 保证人破产时，债权申报的特殊规则

A. 保证人破产——债权人可申报债权，主债务未到期，保证债权视为到期——分配额提存、确定后分配

保证人担责后——向债务人追偿

保证人被裁定进入破产程序的，债权人有权申报其对保证人的保证债权。

主债务未到期的，保证债权在保证人破产申请受理时视为到期。一般保证的保证人主张行使先诉抗辩权的，法院不予支持，但债权人在一般保证人破产程序中的分配额应予提存，待一般保证人应承担的保证责任确定后再按照破产清偿比例予以分配。

保证人被确定应承担保证责任的，保证人的管理人可以就保证人实际承担的清偿额向主债务人或其他债务人行使求偿权。

▶ ★特别提示 保证人破产的，未防止保证人破产程序终结后，债权人无法向保证人主张权利，特设计了债权人的预先债权申报制度。债权人的债权分配额可先提存，在保证人破产程序的最后分配公告日，如果债权确定，则分配给债权人；如果债权不能确定，分配给其他债权人。

B. 保证人、债务人都破产——债权人分别全部申报；从一方部分受偿后，依然全额向另一方申报，但受偿不超过债权总额

保证人担责后——对债务人无求偿权

债务人、保证人均被裁定进入破产程序的，债权人有权向债务人、保证人分别申报债权。

债权人向债务人、保证人均申报全部债权的，从一方破产程序中获得清偿后，其对另一方的债权额不作调整，但债权人的受偿额不得超出其债权总额。

保证人履行保证责任后不再享有求偿权。

---

〔1〕【答案】D

★**特别提示** 保证人对债务人之求偿权的行使不能损害债权人利益，由于债务人进入了破产程序，如果允许保证人向债务人求偿，会影响债权人的分配数额，因此不允许保证人向债务人求偿。

【经典真题】

甲公司向乙银行贷款100万元，丙公司对此提供一般保证，依据《破产法解释三》，下列表述错误的是？[1]

A. 如丙公司进入破产程序，在乙银行对甲公司的债权未到期时，乙不得在丙公司破产程序中申报债权

B. 如丙公司进入破产程序，乙银行申报债权，丙公司的管理人可主张先诉抗辩权

C. 如丙公司、甲公司都进入破产程序，乙银行可就100万债权分别在甲丙破产程序中申报；如乙在丙公司破产程序中受偿20万，则只能在甲公司破产程序申报80万

D. 如丙公司、甲公司都进入破产程序，丙公司在承担保证责任后，可继续向甲公司求偿

【解析】保证人破产的，即使主债务未届期，保证债权视为到期，债权人可申报债权，分配额提存；在最后分配公告日，债权确定的，分配；保证人可向债务人求偿；

保证人和债务人都破产的，债权人可以全部债权分别在二者的破产程序中申报，为保护债权人利益，在一方破产程序中已经受偿之部分，不扣减，依然可全额在另一方破产程序中申报。保证人担责后对债务人无求偿权，否则，会损害债权人利益。

▽ **关联法条**

《破产法解释三》第4、5条。
附利息债权自破产受理时停止计息。

3. 利息债权

未到期债权，视为到期

未到期的债权，在破产申请受理时视为到期。

4. 连带债务的债权人的债权申报

连带债务人数人被宣告破产的，其债权人有权就全部债权分别在各破产案件中申报债权。其所申报的债权数额可以是其享有的债权的总额。

★**特别提示** 连带债务是指对于同一个给付义务，债务人有数人，且债务人之间存在连带关系。因此债权人可基于连带债务关系向一债务人或数债务人、同时或先后、部分或全部地主张权利。

5. 待履行合同相对人的赔偿请求权

破产案件受理前已经成立而债务人和对方当事人均未履行完毕的合同，管理人有权决定解除或者继续履行。对方当事人可以因合同解除所产生的损害赔偿请求权申报债权。

6. 善意受托人的请求权

债务人是委托合同的委托人，因被宣告破产而导致委托合同终止，受托人不知该事实，继续处理委托事务的，受托人可以由此产生的请求权申报债权。

---

[1] 【答案】ABD

7. 票据付款人请求权

债务人是票据的出票人，被宣告破产后，该票据的付款人继续付款或者承兑的，付款人可以由此产生的请求权申报债权。

8. 连带债权

连带债权人可以由其中一人代表全体连带债权人申报债权，也可以共同申报债权。

★特别提示 连带债权是指对于同一个给付，债权人有数人，且债权人之间存在连带关系。因为给付只有一个，为防止重复申报债权，连带债权要么一人代表申报，要么连带债权人共同申报。

【经典真题】

A 公司因经营不善，资产已不足以清偿全部债务，经申请进入破产还债程序。关于破产债权的申报，下列哪些表述是正确的？[1]（2015-3-73）

A. 甲对 A 公司的债权虽未到期，仍可以申报

B. 乙对 A 公司的债权因附有条件，故不能申报

C. 丙对 A 公司的债权虽然诉讼未决，但丙仍可以申报

D. 职工丁对 A 公司的伤残补助请求权，应予以申报

【考点】债权申报

【解析】依据《破产法》第46条的规定，在破产债权申报中，未到期的债权，视为到期，可以申报，A 正确。

依据《破产法》第47条的规定，附条件、附期限的债权，可以申报，B 错误。

依据《破产法》第47条的规定，诉讼仲裁未决债权，可以申报，C 正确。

依据《破产法》第48条的规定，职工债权不必申报，职工丁的伤残补助债权不申报，D 错误。

关联法条

《破产法》

第46条 未到期的债权，在破产申请受理时视为到期。

附利息的债权自破产申请受理时起停止计息。

第47条 附条件、附期限的债权和诉讼、仲裁未决的债权，债权人可以申报。

第48条 债权人应当在人民法院确定的债权申报期限内向管理人申报债权。

债务人所欠职工的工资和医疗、伤残补助、抚恤费用，所欠的应当划入职工个人账户的基本养老保险、基本医疗保险费用，以及法律、行政法规规定应当支付给职工的补偿金，不必申报，由管理人调查后列出清单并予以公示。职工对清单记载有异议的，可以要求管理人更正；管理人不予更正的，职工可以向人民法院提起诉讼。

（三）不作为债权申报的内容

1. 无需申报的债权——职工债权

债务人所欠职工的工资和医疗、伤残补助、抚恤费用，所欠的应当划入职工个人账户的基本养老保险、基本医疗保险费用，以及法律、行政法规规定应当支付给职工的补偿金，

---

[1] AC

不必申报。由管理人调查后列出清单并予以公示。职工对清单记载有异议的，可以要求管理人更正；管理人不予更正的，职工可以向人民法院提起诉讼。

★特别提示 职工债权也是破产债权的一种，只是无需申报，由管理人调查后列出清单。

2. 不作为破产债权认定

（1）公法上的罚款、罚金；

（2）债权人参加债权人会议的费用。

（四）逾期申报的处理

在人民法院确定的债权申报期限内，债权人未申报债权的，可以在破产财产最后分配前补充申报。但是，此前已进行的分配，不再对其补充分配。为审查和确认补充申报债权的费用，由补充申报人承担。

【经典真题】

2011 年 9 月 1 日，某法院受理了湘江服装公司的破产申请并指定了管理人，管理人开始受理债权申报。下列哪些请求权属于可以申报的债权？[1]（2011 – 3 – 73）

A. 甲公司的设备余款给付请求权，但根据约定该余款的支付时间为 2011 年 10 月 30 日

B. 乙公司请求湘江公司加工一批服装的合同履行请求权

C. 丙银行的借款偿还请求权，但该借款已经设定财产抵押担保

D. 当地税务机关对湘江公司作出的 8 万元行政处罚决定

【考点】债权申报

【解析】根据《破产法》第 46 条第 1 款的规定："未到期的债权，在破产申请受理时视为到期。"所以 A 正确；B 项为双方未履行完毕的合同，管理人具有决定权，乙公司不能以此申报债权；C 项设定担保的债权作为债权申报没有问题，只是因为此债权享有优先受让权，不参与破产财产的分配；D 项作为罚款，不是债的关系，不可申报债权。

考点 7 债权人会议

（一）债权人会议的法律地位

债权人会议是全体债权人参加破产程序并集体行使权利的决议机构（意思机关）。

（二）债权人会议的程序规则

1. 债权人会议的组成

项目	内容
组成	依法申报债权的债权人为债权人会议的成员。职工不是债权人会议的成员，但是债权人会议中应当有债务人的职工和工会的代表参加，对有关事项发表意见。

---

[1]【答案】AC

项目		内容
分类	有表决权的债权人	是指有权出席债权人会议和发表意见，并有权对会议事项投票表达个人意志的债权人。
	有限表决权的债权人	是指有权出席债权人会议和发表意见，并有权对会议部分事项投票表达个人意志的债权人，主要是对债权人特定财产享有担保权并且未放弃优先受偿权利的债权人。有限表决权的债权人对通过和解协议和通过破产财产的分配方案无表决权。
	无表决权的债权人	是指有权出席债权人会议和发表意见，无权对会议事项投票表达个人意志的债权人。主要是： ①债权尚未确定，人民法院未能为其行使表决权而临时确定债权额的债权人。 ②债权附有停止条件，其条件尚未成就，或者附有解除条件，其条件已经成就的债权人。 ③尚未代替债务人清偿债务的保证人或连带债务人以将来求偿权申报的债权。
主席		由人民法院在有表决权的债权人中指定。

2. 债权人会议的职权

（1）核查权——债权人、债权人委员会

核查债权；

选任和更换债权人委员会成员。

（2）监督权——管理人

监督管理人；申请法院更换管理人，审查管理人的费用和报酬。

（3）通过权——债务人

重整计划；和解协议。

（4）通过权——破产财团

决定继续或停止债务人的营业；债务人财产的管理方案；破产财产的变价方案和分配方案。

（5）其他职权

法院认为应当由债权人会议行使的其他职权。

3. 债权人会议的召开

（1）债权人会议的主持：债权人会议主席主持债权人会议。

（2）债权人可以委托代理人出席债权人会议。

（3）第一次债权人会议的召开：第一次债权人会议为法定会议，由人民法院召集，应当在债权申报期限届满后15日内召开。

（4）以后各次债权人会议的召开：以后的债权人会议在人民法院、管理人、债权人委员会、占债权总额四分之一以上的债权人向债权人会议主席提议时召开。召开债权人会议，管理人应当提前15日通知已知的债权人。

4. 债权人会议的表决程序和复议程序

（1）表决程序

① 一般事项表决（人头数要件＋债权额要件）

债权人会议的决议，由出席会议的有表决权的债权人的过半数通过，并且其所代表的债权额必须占无财产担保债权总额的二分之一以上。

★特别提示 为了防止大额债权人损害小额债权人利益，所以需要考虑债权人的人数要件；同时为了防止多数债权人损害少数债权人利益，因此需要考虑债权人的债权额要件。所以债权人会议决议采用双重要件决：人头数＋债权额。

② 特殊事项表决

第一，通过和解协议的决议，由出席会议的有表决权的债权人过半数同意，并且其所代表的债权额占无财产担保债权总额的三分之二以上。

第二，重整计划草案的分类分组表决。《破产法》第84条第2款规定："出席会议的同一表决组的债权人过半数同意重整计划草案，并且其所代表的债权额占该组债权总额的三分之二以上的，即为该组通过重整计划草案。"

③ 对债权人会议决议的异议程序

债权人会议的决议，对全体债权人均有约束力。债权人认为决议违反法律规定，侵害其权益的，可自决议作出之日起15日内请求人民法院裁定撤销该决议，责令债权人会议依法重新作出决议。

（2）复议程序

债务人财产的管理方案和破产财产的变价方案，经债权人会议表决未通过的，由人民法院依法裁定。债权人对该裁定不服的，自裁定宣布之日或收到通知之日起15日内向该人民法院申请复议。

破产财产分配方案，经债权人会议两次讨论仍未通过的，由人民法院依法裁定。债权额占无财产担保债权总额1/2以上的债权人，自裁定宣布之日或收到通知之日起15日内向该人民法院申请复议。

复议期间不停止裁决的执行。

（三）债权人委员会

1. 债权人委员会的设立和成员

债权人会议可以决定设立债权人委员会。

债权人委员会成员由债权人会议选出的债权人代表和一名债务人的职工代表或者工会代表组成。委员会的成员不得超过9人，成员应当经人民法院书面决定认可。

2. 债权人委员会的职权——监督破产财团，提议开会权

（1）监督债务人财产的管理和处分；

（2）监督破产财产分配；

（3）提议召开债权人会议；

（4）债权人会议委托的其他职权。

3. 债权人委员会的一般监督权

债权人委员会执行职务时，有权要求管理人、债务人的有关人员对其职权范围内的事务作出说明或者提供有关文件。

债权人委员会有权就管理人、债务人的有关人员违反规定拒绝接受监督事项请求人民法院作出决定；人民法院应当在5日内作出决定。

4. 债权人委员会的特别监督权

根据《企业破产法》第69条，管理人实施的下列行为，属于对债权人利益关系重大的处分行为，应当及时报告债权人委员会：

（1）涉及土地、房屋等不动产权益的转让；

（2）探矿权、采矿权、知识产权等财产权的转让；

（3）全部库存或者营业的转让；

（4）借款；

（5）设定财产担保；

（6）债权和有价证券的转让；

（7）履行债务人和对方当事人均未履行完毕的合同；

（8）放弃权利；

（9）担保物的取回；

（10）对债权人利益有重大影响的其他财产处分行为。

未设立债权人委员会的，管理人实施以上行为应当及时报告人民法院。

在重整程序中，债务人自行管理企业事务的，其行为视为管理人的行为，其实施上述行为时也应当履行对债权人委员会的报告义务。

二、重整程序

考点1　重整原因及程序启动

（一）重整原因

重整，是指对可能或已经发生破产原因但又有挽救希望的法人企业，通过各方利害关系人的积极努力，借助法律强制进行营业重组与债务清理，以避免企业破产的法律制度。

重整程序是指为拯救债务人，债务人与债权人团体，经分组表决，达成重整计划，该计划经法院批准后生效的法律程序。

以下三种情况下可以启动重整程序：

1. 债务人不能清偿到期债务并且资产不足以清偿全部债务；

2. 债务人不能清偿到期债务并且明显缺乏清偿能力；

3. 有明显丧失清偿能力可能的。

★特别提示　此条是专门适用于重整的原因。

重整程序是重整计划的生效程序，重整计划经法院批准后生效，重整程序即告终结。重整计划执行不属于重整程序。

（二）重整程序的启动

初始申请	债务人或者债权人可以直接向人民法院申请对债务人进行重整。
后续申请	1. 必须是债权人申请对债务人进行破产清算。 2. 时间上必须是在人民法院受理破产申请后破产宣告前。 3. 申请人： ①债务人。 ②出资额占债务人注册资本 1/10 以上的出资人。

✎ **关联法条**

《破产法》

第 70 条　债务人或者债权人可以依照本法规定，直接向人民法院申请对债务人进行重整。（直接申请）

债权人申请对债务人进行破产清算的，在人民法院受理破产申请后、宣告债务人破产前，债务人或者出资额占债务人注册资本十分之一以上的出资人，可以向人民法院申请重整。（间接申请）

考点 2　重整期间对债务人营业保护的规定

重整程序开始对于担保物权的效力	1. 担保物权暂停行使。 在重整期间，对债务人的特定财产享有的担保权暂停行使。但是，担保物有损坏或者价值明显减少的可能，足以危害担保权人权利的，担保权人可以向人民法院请求恢复行使担保权。 2. 在重整期间，债务人或者管理人为继续营业而借款的，可以为该借款设定担保。此担保无论重整是否成功均有效。
对债务人投资人、取回权人的效力	在重整期间，债务人的出资人不得请求投资收益分配。 取回权人行使所有权受限，须符合事先约定的条件。
对于董事、监事、高级管理人效力	在重整期间，债务人的董事、监事、高级管理人员不得向第三人转让其持有的债务人的股权。但是，经人民法院同意的除外。

【经典真题】

关于破产重整的申请与重整期间，下列哪一表述是正确的？[1]（2015－3－31）

A. 只有在破产清算申请受理后，债务人才能向法院提出重整申请

B. 重整期间为法院裁定债务人重整之日起至重整计划执行完毕时

C. 在重整期间，经债务人申请并经法院批准，债务人可在管理人监督下自行管理财产和营业事务

D. 在重整期间，就债务人所承租的房屋，即使租期已届至，出租人也不得请求返还

【考点】 重整申请、重整期间、重整管理、重整期间的取回权行使

【解析】 依据《破产法》第 70 条的规定，债务人可直接向法院申请重整，重整是拯救

---

[1]【答案】C

程序，破产法的目的是再建和对债权人的平等保护，A 错误。

依据《破产法》第 72 条的规定，重整期间是法院裁定债务人重整之日起至重整程序终止之日，重整计划执行不属于重整期间，B 错误。

依据《破产法》第 73 条的规定，经债务人申请并经法院批准，债务人可在管理人监督下自行管理财产和营业事务。在重整期间的管理，包括管理人管理和自行管理两种方式，C 正确。

依据《破产法》第 76 条的规定，在重整期间，取回权人可按照合同约定取回标的物，因此出租人可按照合同约定取回租期届满的租赁物，D 错误。

考点3 重整计划的制定、批准★★★

（一）重整计划的制定

1. 制作人：谁管理谁制作

债务人自行管理财产和营业事务的，由债务人制作重整计划草案。管理人负责管理财产和营业事务的，由管理人制作重整计划草案。

2. 重整计划的通过：分组表决

出席会议的同一表决组的债权人过半数同意重整计划草案，并且其所代表的债权额占该组债权总额的 2/3 以上的，即为该组通过重整计划草案。各表决组均通过重整计划草案时，重整计划即为通过。

具体分组包括：

A. 担保债权组 B. 职工债权组 C. 税收债权组 D. 普通债权组 E. 小额债权组 F. 出资人组

▷ ★特别提示 债权人分组表决能更好地考虑各种类型的债权人利益，尤其是能考虑小额债权人的利益，因为每组都有一票否决权。分组表决使得债权人会议的决议更公平更合理。

3. 重整计划的批准及生效

债权人会议分组表决通过后，经过人民法院的批准，重整计划生效，重整程序终结。

重整计划未经债权人会议分组表决通过时，法院可强行批准。

【经典真题】

思瑞公司不能清偿到期债务，债权人向法院申请破产清算。法院受理并指定了管理人。在宣告破产前，持股 20% 的股东甲认为如引进战略投资者乙公司，思瑞公司仍有生机，于是向法院申请重整。关于重整，下列哪一选项是正确的？[1]（17-3-31）

A. 如甲申请重整，必须附有乙公司的投资承诺

B. 如债权人反对，则思瑞公司不能开始重整

C. 如思瑞公司开始重整，则管理人应辞去职务

D. 只要思瑞公司的重整计划草案获得法院批准，重整程序就终止

【解析】依据《破产法》第 70 条的规定，债务人的出资人申请破产重整的，不需要第三人的投资承诺，A 选项错误。

依据《破产法》第 71 条的规定，人民法院经审查认为重整申请符合本法规定的，应当

---

〔1〕【答案】D

裁定债务人重整，并予以公告，债权人反对，不影响重整程序的启动，B选项错误。

依据《破产法》第73、74条的规定，重整程序开始，管理人不需要辞去职务，而是要履行职责，C选项错误。

依据《破产法》第86条第2款的规定，法院批准重整计划的，重整程序终结，D选项错误。

▽ **关联法条**

《破产法》第70、71、72、73、74、86条。

考点4   重整计划的执行——不属于重整程序

1. 由债务人负责执行，管理人起到监督的作用

▶ ★**特别提示** 只能由债务人执行，重整计划执行不属于重整程序。

重整程序不惠及保证人及连带债务人：债权人对债务人的保证人和其他连带债务人所享有的权利，不受重整计划的影响。

2. 执行终止

债务人不能执行或者不执行重整计划的，人民法院经管理人或者利害关系人请求，应当裁定终止重整计划的执行，并宣告债务人破产。

人民法院裁定终止重整计划执行的，产生如下后果：

（1）债权人在重整计划中作出的债权调整的承诺失去效力，但为重整计划的执行提供的担保继续有效；

（2）债权人因执行重整计划所受的清偿仍然有效；

（3）债权未受清偿的部分作为破产债权；

（4）前款规定的债权人，只有在其他同顺位债权人同自己所受的清偿达到同一比例时，才能继续接受分配。

【经典真题】

尚友有限公司因经营管理不善，决定依照《破产法》进行重整。关于重整计划草案，下列哪些选项是正确的？[1]（2013 - 3 - 74）

A. 在尚友公司自行管理财产与营业事务时，由其自己制作重整计划草案

B. 债权人参加讨论重整计划草案的债权人会议时，应按法定的债权分类，分组对该草案进行表决

C. 出席会议的同一表决组的债权人过半数同意重整计划草案，即为该组通过重整计划草案

D. 三分之二以上表决组通过重整计划草案，重整计划即为通过

【考点】重整计划制定及表决

【解析】《破产法》第80条规定："债务人自行管理财产和营业事务的，由债务人制作重整计划草案。管理人负责管理财产和营业事务的，由管理人制作重整计划草案。"A正确；

《破产法》第82条第1款规定："下列各类债权的债权人参加讨论重整计划草案的债权人会议，依照下列债权分类，分组对重整计划草案进行表决。"重整计划实行分组表决，B正确；

---

[1]【答案】AB

《破产法》第84条规定："人民法院应当自收到重整计划草案之日起三十日内召开债权人会议，对重整计划草案进行表决。出席会议的同一表决组的债权人过半数同意重整计划草案，并且其所代表的债权额占该组债权总额的三分之二以上的，即为该组通过重整计划草案。债务人或者管理人应当向债权人会议重整计划草案作出说明，并回答询问。"所以重整计划要求人数1/2以上，同时代表的债权额达到2/3以上的债权人同意方为通过，C错；

《破产法》第86条第1款规定："各表决组均通过重整计划草案时，重整计划即为通过。"D错。

三、和解程序

（一）和解的申请及执行

和解程序是债务人提出与债权人达成了结债务的协议，并经法院认可后生效的程序。

和解程序是和解协议的生效程序，和解协议经法院认可后生效，和解程序即告终结，和解协议的执行不属于和解程序。

申请人	只有债务人可以申请和解。
申请的类型	1. 直接申请。 2. 人民法院受理破产申请后破产宣告前申请。
受理的法律后果	对债务人的特定财产享有担保权的权利人，自人民法院裁定和解之日起可以行使权利。
和解协议的通过	1. 债权人会议以特别多数通过。 债权人会议通过和解协议的决议，由出席会议的有表决权的债权人过半数同意，并且其所代表的债权额占无财产担保债权总额的2/3以上。 2. 人民法院认可。 债权人会议通过和解协议的，由人民法院裁定认可，终止和解程序，并予以公告。管理人应当向债务人移交财产和营业事务，并向人民法院提交执行职务的报告。
和解协议的效力	1. 对和解债权人的效力 和解债权人是指人民法院受理破产申请时对债务人享有无财产担保债权的人。 （1）经人民法院裁定认可的和解协议，对全体和解债权人均有约束力。 （2）和解债权人未依照破产法规定申报债权的，在和解协议执行期间不得行使权利；在和解协议执行完毕后，可以按照和解协议规定的清偿条件行使权利。 2. 对债务人的效力 债务人应当按照和解协议规定的条件清偿债务。 3. 对于保证人的效力 和解债权人对债务人的保证人和其他连带债务人所享有的权利，不受和解协议的影响。

（二）庭外和解

破产法规定，人民法院受理破产申请后，债务人与全体债权人就债权债务的处理自行达成协议的，可以请求人民法院裁定认可，并终结破产程序。

▶ ★**特别提示** 和解计划执行不能的规则与重整计划执行不能的规则一致。

和解计划执行不属于破产程序。

⬆ **关联法条**

《破产法》

第 95 条　债务人可以依照本法规定，直接向人民法院申请和解；也可以在人民法院受理破产申请后、宣告债务人破产前，向人民法院申请和解。

债务人申请和解，应当提出和解协议草案。（只有债务人可以申请和解）

第 97 条　债权人会议通过和解协议的决议，由出席会议的有表决权的债权人过半数同意，并且其所代表的债权额占无财产担保债权总额的三分之二以上。（人数 1/2 以上 & 债权额 2/3 以上）

第 100 条　经人民法院裁定认可的和解协议，对债务人和全体和解债权人均有约束力。

和解债权人是指人民法院受理破产申请时对债务人享有无财产担保债权的人。

和解债权人未依照本法规定申报债权的，在和解协议执行期间不得行使权利；在和解协议执行完毕后，可以按照和解协议规定的清偿条件行使权利。

第 101 条　和解债权人对债务人的保证人和其他连带债务人所享有的权利，不受和解协议的影响。

四、破产清算

考点 1　别除权

（一）别除权的概念

对破产人的特定财产享有担保权的权利人，对该特定财产享有优先受偿的权利。不能完全受偿的部分，或放弃优先受偿的部分，作为普通债权受偿。

（二）别除权的特征

1. 别除权以担保物权为基础权利。在我国依据《民法典》成立的抵押权、质权和留置权是别除权的基础权利。

2. 别除权以实现债权为目的。

3. 别除权以破产人的特定财产为标的物。

4. 别除权人不参加集体清偿程序。别除权人可对标的物实施处分并由此获得清偿，而不受破产清算程序进展情况的影响。

5. 别除权人有权就别除权标的物优先受偿，对债务人的特定财产在担保物权消灭或者实现担保物权后的剩余部分，在破产程序中可用以清偿破产费用、共益债务和其他破产债务。

（三）别除权的行使

1. 重整程序：暂停。

2. 和解程序：一般可自由行使。

3. 清算程序：一般在破产宣告后行使。

4. 别除权 > 共益债权 > 破产债权

考点 2　破产财产的变价、清偿和分配

（一）破产财产的变价

变价方案：由管理人拟定交债权人会议讨论。变价方案经讨论通过，或虽未通过但经人民法院裁定的，管理人应依照变价方案适时变价出售破产财产。

（二）破产财产的清偿

破产财产优先清偿破产费用和共益债务后应按以下顺序清偿：

1. 破产人所欠职工的工资和医疗、伤残补助、抚恤费用，所欠的应当划入职工个人账户的基本养老保险、基本医疗保险费用，以及法律、行政法规规定应当支付给职工的补偿金；

2. 破产人欠缴的除前项规定以外的社会保险费用和破产人所欠税款；

3. 普通破产债权。

破产财产不足以清偿同一顺序的清偿要求的，按照比例分配。

（三）追加分配

破产程序因破产人无财产可供分配或破产财产分配完毕而终结的，自终结之日起2年内，债权人可以请求人民法院按照破产财产分配方案进行追加分配的情形：

1. 发现应当追回的涉及债务人财产的可撤销、无效的行为取得的财产（参见《破产法》第31、32、33条）；

2. 发现应当追回的债务人的董事、监事和高级管理人员利用职权从企业获取的非正常收入和侵占的企业财产（参见《破产法》第36条）；

3. 发现破产人有应当供分配的其他财产的。

如果发现的财产数量不足以支付分配费用的，不再进行追加分配，由人民法院将其上缴国库。

考点3　破产程序的终结

破产程序终结是指破产程序不可逆转地归于结束。破产程序终结可能意味着破产企业法人地位的丧失，也可能是其他结果。

（一）终结事由

1. 重整、和解和清算程序共通的事由

（1）免于破产宣告：破产宣告前，裁定终结破产程序的法定事由——第三人为债务人提供足额担保或者为债务人清偿全部到期债务的；债务人已清偿全部到期债务的。

（2）债务人财产不足以清偿破产费用的。

2. 清算程序

破产人无财产可供分配的；

破产财产分配完毕，管理人提出终结破产程序的申请。

3. 和解程序

破产申请受理后，债务人与全体债权人自行达成和解协议，法院认可的。

4. 重整计划执行阶段

重整计划执行完毕；

人民法院应当自收到管理人终结破产程序的请求之日起15日内作出是否终结破产程序的裁定。裁定终结的，应当予以公告。

管理人应当自破产程序终结之日起10日内，持人民法院终结破产程序的裁定，向破产人的原登记机关办理注销登记。

管理人于办理注销登记完毕的次日终止执行职务。但是，存在诉讼或者仲裁未决情况的除外。

▶ ★**特别提示** 破产人的保证人和其他连带债务人，在破产程序终结后，对债权人依照破产清算程序未受清偿的债权，依法继续承担清偿责任。

（二）破产程序终结的情形有

1. 重整成功：重整计划执行完毕。
2. 和解成功：和解协议经法院认可生效。
3. 清算终结：破产财产分配完毕。
4. 程序终结：破产费用不足支付破产费用、无财产可分配。
5. 免于破产宣告。

【本章小结】

　　本章以总则部分最为重要，其中破产申请、受理的法律后果、债务人财产（包括债务人财产范围、撤销权、抵销权、别除权、取回权）、债权申报是法律职业资格考试的高频考点，需要结合《破产法》及《破产法司法解释二》的相关规定深入理解。分则部分，以重整程序最为重要，重整计划的制定、生效、执行涉考性更强。

票据法

　　本章在商行为法中占据很重要的一席之地。票据法考查2题，一个单选，一个多选，分值3分。整体内容包括汇票、本票、支票三种票据类型，但法律职业资格考试中绝大多数年份会围绕汇票来设计考题，所以考生要对汇票的内容深刻理解。15年考查了票据保证、支票的基本概念与基本规则等票据法的重点内容。16年考查了票据权利的原始取得、继受取得、票据的伪造、票据的无因性以及票据的抗辩等常规考点。17年考查了空白支票、公示催告程序。票据法的分值一般在3~5分左右。主观卷会涉及到票据法的考点，学习票据法需要把握票据权利变动的逻辑线索，即票据权利的取得——抗辩——变动——消灭（付款和追索）和救济。深刻理解票据行为的独立性和无因性，即在票据法上做出的意思表示独立地、无因地发生票据法上的法律效果。

★【本部分常考考点包括】

　　票据无因性、票据的基本概念和基本规则（汇票、本票、支票）、票据行为（出票、背书、承兑、保证）、票据权利的丧失和补救、票据权利的抗辩。

票据法框架体系

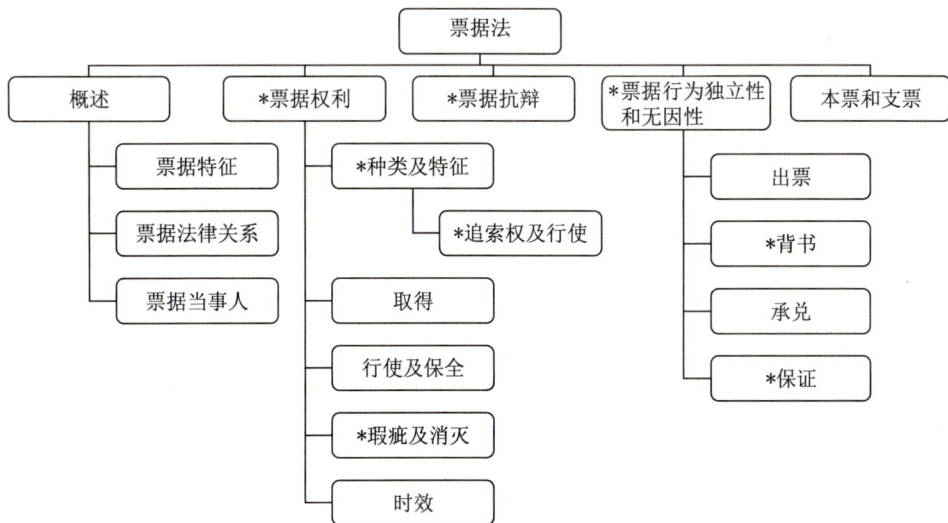

一、票据法概述

考点1　票据的特征★★★

1. 有价证券的概念。

有价证券是指具有财产价值得为交易客体之证券。即表明具有财产价值的私权，权利的变动依据证券才能进行。票据属于有价证券、债权证券，其表彰金钱债权，票据权利的变动依据票据进行（背书）。

2. 票据概念。

票据是指由出票人签发、约定由自己或委托他人于见票时或确定日期，向持票人或收款人无条件支付一定金额的有价证券。我国《票据法》上的票据是指汇票、本票和支票。

3. 票据具有以下特征：

特征	内容
无因性	票据上的法律关系是一种单纯的金钱支付关系。权利人享有票据权利只以持有符合《票据法》规定的有效票据为必要。所以，票据权利人在行使票据权利时，无须证明给付原因，票据债务人也不得以原因关系对抗善意第三人。 ★特别提示　票据行为的独立性和无因性：在票据上作出的意思表示独立地、无因地发生票据法上的法律效果，其效力与票据意思表示作出的原因无关。票据行为是单方负担票据债务的负担行为。
要式性	票据法律法规严格地规定了票据的制作格式和记载事项。 ★特别提示　票据出票时应当明确票据债权人、票据债务人、票据债权的内容。票据金额、日期、收款人名称不得更改，否则票据无效。
文义性	票据上所载权利义务的内容必须严格按照票据上所载文义确定。即使票据的书面记载内容与票据的事实相悖，也必须以该记载事项为准。文义记载有对抗第三人的效力。 ★特别提示　出票人在票据上记载"不得转让"，可以对抗第三人，后手再背书转让的，背书行为无效。 背书人在票据上记载"不得转让"，可以对抗第三人，后手再背书转让的，背书人对其后手的后手免责。
设权性	票据权利是随着票据的做成同时发生的。没有票据，就没有票据权利。
流通性	★特别提示　保护票据流通性是《票据法》的根本立法目的。票据权利绝对适用善意取得，善意地支付了合理对价的第三人的票据权利不受影响，盗赃的票据、遗失的票据可以适用善意取得。
独立性	同一票据所为的若干票据行为互不牵连，都分别依各行为人在票据上的记载内容，独立发生效力。在先票据行为无效不影响后续票据行为的效力；某一票据行为无效，不影响其他票据行为的效力。 ★特别提示　无、限制行为能力人签章，只是自己的签章无效，不影响其他真实签章的效力。出票、背书、承兑、保证等票据行为完全相互独立，其效力相互不受任何影响。

【经典真题】

依票据法原理，票据具有无因性、设权性、流通性、文义性、要式性等特征。关于票据特征的表述，下列哪一选项是错误的？[1]（2014 - 3 - 32）

A. 没有票据，就没有票据权利

B. 任何类型的票据都必须能够进行转让

C. 票据的效力不受票据赖以发生的原因行为的影响

D. 票据行为的方式若存在瑕疵，不影响票据的效力

【考点】 票据特证

【解析】 票据是设权性证券，所以票据与票据权利是相伴而生的，A 项正确。

票据具有无因性，原因关系并不影响票据的权利及流转，所以 C 项正确。

票据行为是以行为人在票据上进行必备事项的记载、完成签名并予以交付为要件，以发生或转移票据上的权利、负担票据上的义务为目的的要式法律行为。所以票据行为方式存在瑕疵，比如出票行为不能将绝对必要记载事项记录完整，金额出现更改等均会导致票据的无效，D 项错误。

《票据法》第27条第2款规定："出票人在汇票上记载'不得转让'字样的，汇票不得转让。"所以并非所有的票据都能够转让，个人认为 B 项值得商榷。

考点2　票据法律关系

1. 票据关系。

票据关系是当事人之间基于出票、背书、保证、承兑等票据行为而发生的债权债务关系，即持有票据的债权人和在票据上签名的债务人之间的债务关系。

2. 票据法上的非票据关系。

票据法上的非票据关系指由《票据法》直接规定的、不是基于票据行为而发生的法律关系。

（1）原因关系。指票据当事人之间授受票据的理由。如出票人与收款人之间签发和接受票据的理由，背书人和被背书人之间转让票据的理由等。

（2）票据预约关系。指票据当事人在授受票据之前，就票据的种类、金额、到期日、付款地等事项达成协议而产生的法律关系。即当事人之间授受票据的合同所产生的法律关系。

（3）资金关系。指汇票出票人和付款人、支票出票人与付款银行或其他资金义务人所发生的法律关系。即出票人之所以委托付款人进行付款的原因关系。一般来说，资金关系的存在或有效与否，均不影响票据的效力。

【经典真题】

关于支票的表述，下列哪些选项是正确的？[2]（2015 - 3 - 74）

A. 现金支票在其正面注明后，可用于转账

---

[1]【答案】D

[2]【答案】BC

B. 支票出票人所签发的支票金额不得超过其付款时在付款人处实有的存款金额

C. 支票上不得另行记载付款日期，否则该记载无效

D. 支票上未记载收款人名称的，该支票无效

【考点】支票的概念和特证

【解析】依据《票据法》第83条第2款的规定，现金支票只能用于支取现金，不能转账，A错误。

依据《票据法》第87条的规定，支票的出票人所签发的支票金额不得超过其付款时在付款人处实有的存款金额，否则即为空头支票，银行无法支付票面的金额，B正确。

依据《票据法》第90条的规定，支票属于见票即付的票据，另行记载付款日期的，该记载无效。本票也属于见票即付。只有远期汇票需要承兑，C正确。

依据《票据法》第86条第1款的规定，支票属于典型支付票据，相当于付款凭证，具有更强的流通功能和支付功能，经出票人授权，收款人可以补记，D错误。

关联法条

《票据法》

第83条　支票可以支取现金，也可以转账，用于转账时，应当在支票正面注明。

支票中专门用于支取现金的，可以另行制作现金支票，现金支票只能用于支取现金。

支票中专门用于转账的，可以另行制作转账支票，转账支票只能用于转账，不得支取现金。

第86条第1款　支票上未记载收款人名称的，经出票人授权，可以补记。

第87条　支票的出票人所签发的支票金额不得超过其付款时在付款人处实有的存款金额。

出票人签发的支票金额超过其付款时在付款人处实有的存款金额的，为空头支票。禁止签发空头支票。

第90条　支票限于见票即付，不得另行记载付款日期。另行记载付款日期的，该记载无效。

考点3　票据法律关系当事人

1. 票据关系的基本当事人。指票据一经成立即存在的当事人，包括出票人、收款人和付款人，为票据法律关系之必要主体，不可或缺。

2. 非基本当事人。指票据成立之后通过各种票据行为加入票据关系而成为票据当事人的主体，如背书人、保证人、参加付款人、预备付款人等。

【经典真题】

甲公司向乙公司签发了一张付款人为丙银行的承兑汇票。丁向乙公司出具了一份担保函，承诺甲公司不履行债务时其承担连带保证责任。乙公司持票向丙银行请求付款，银行以出票人甲公司严重丧失商业信誉为由拒绝付款。对此，下列哪一表述是正确的？[1]（2010－3－29）

[1]【答案】B

A. 乙公司只能要求丁承担保证责任

B. 丙银行拒绝付款不符合法律规定

C. 乙公司应先向甲公司行使追索权，不能得到清偿时方能向丁追偿

D. 丁属于票据法律关系的非基本当事人

【考点】票据权利实现、票据抗辩

【解析】乙公司作为持票人，被拒绝付款后，可以向出票人、背书人等票据其他义务人主张追索权，所以乙公司可以找甲公司追索，并非只能找丁公司承担保证责任，A错误。

丙银行作为付款人，独立承担票据责任，"出票人甲公司严重丧失商业信誉"并非其合法的抗辩理由，所以B正确。

题干中所述丁通过担保函向乙公司承担保证责任，没有在票据上签字，所以并非票据保证人，即并非票据当事人，更无所谓非基本当事人，只是民事法律关系中的连带责任保证人，所以D错误；丁的担保函中，承诺其承担连带责任保证，所以C错误。

关联法条

《票据法》

第2条 在中华人民共和国境内的票据活动，适用本法。

本法所称票据，是指汇票、本票和支票。

第6条 无民事行为能力人或者限制民事行为能力人在票据上签章的，其签章无效，但是不影响其他签章的效力。（独立性）

第7条 票据上的签章，为签名、盖章或者签名加盖章。

法人和其他使用票据的单位在票据上的签章，为该法人或者该单位的盖章加其法定代表人或者其授权的代理人的签章。

在票据上的签名，应当为该当事人的本名。（不可以签艺名、笔名等其他非本名的名称）

二、票据权利

考点1 票据权利的概念、种类和特征

（一）概念

票据权利为持票人向票据债务人请求支付票据金额的权利（金钱债权），包括付款请求权和追索权。

（二）种类

1. 付款请求权。

这是指持票人对主债务人所享有的、依票据而请求支付票据所载金额的权利。

付款请求权为第一次权利，具有主票据权利的性质。

2. 追索权。★

（1）追索权的概念。

这是指在付款请求权未能实现时或无法实现时发生的，持票人对背书人等从债务人所享有的，请求偿还票据所载金额及其他有关金额的权利。追索权的行使以持票人第一次请求权未能实现为前提，相对于付款请求权来说，是次生性的权利。

（2）追索权行使的原因。

原因	适用情形
期前追索权的行使原因。 对于定日付款的汇票、出票后定期付款的汇票以及见票后定期付款的汇票，发生以下法定原因时，在票据到期前，持票人即可行使追索权，而无须待票据到期。	① 汇票被拒绝承兑的； ② 承兑人或者付款人死亡、逃匿的； ③ 承兑人或者付款人被依法宣告破产的或者因违法被责令终止业务活动的。
期后追索权的行使原因。 汇票到期后，付款请求权得不到实现的情形下，票据权利人得以行使追索权。	① 付款人、承兑人或者代理付款人拒绝支付； ② 付款场所不存在、付款人不存在或下落不明，无法进行提示，因而无法获得付款。

（3）追索权的义务人。

符合法定原因时，持票人可以对背书人、出票人以及汇票的其他债务人行使追索权，即后手追前手。

⬛ ★特别提示 票据上的前手都是负有付款义务的债务人，而且都在票据上作出了负担票据债务的票据行为，应当对其后手负担票据债务。

（4）追索权行使的原则。

条件：持票人在提示承兑或提示付款，未获承兑或付款时。

票据到期被拒绝付款的，持票人可以对背书人、出票人以及汇票的其他债务人行使追索权。

①汇票的出票人、背书人、承兑人和保证人对持票人承担连带责任。

②持票人可以不按照汇票债务人的先后顺序，对其中任何一人、数人或者全体行使追索权。

⬛ ★特别提示 票据债务人形成不完全连带债务关系，但是票据债务人之间不存在按份之债，依然按照后手追前手的票据追索规则处理。

③持票人对汇票债务人中的一人或者数人已经进行追索的，对其他汇票债务人仍可以向前手行使追索权。

④被追索人清偿债务后，与持票人享有同一权利。

（5）追索权行使的限制——回头背书。

回头背书的概念：以已在票据上签名的票据债务人为被背书人。

持票人为出票人的，对其前手无追索权。持票人为背书人的，对其后手无追索权。

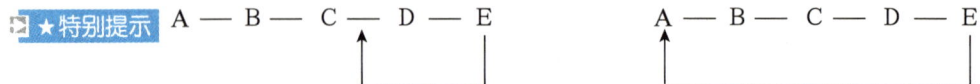

⬛ ★特别提示 A — B — C — D — E　　　　A — B — C — D — E

C：既是背书人，又是持票人。当其为背书人时，D、E是后手，是C的权利人；当C为持票人时，D、E是前手，是义务人，出现了权利义务的循环；避免循环追索，设定此限制。

A：既是出票人，又是持票人。当A为出票人时，B、C、D、E均为后手，是权利人；当其作为持票人时，B、C、D、E均是前手，是义务人；避免循环追索，设定此限制。

（6）再追索。

被追索人清偿债务后，与持票人享有同一追索权利，可以再向其他汇票债务人行使追索权，直至汇票上的债权债务关系因履行或其他法定原因而消灭为止。

（三）票据权利的特征

1. 票据权利是一种金钱债权。它是要求票据债务人为一定行为的请求权，其权利的内容为请求支付一定数量的货币。

2. 票据权利是证券性权利。要行使票据权利，必须实际持有票据，只有持票人才有资格成为票据权利人。

3. 票据权利是一种二次性权利。付款请求权与追索权有顺序之分。票据权利人首先向票据主债务人或其他付款义务人行使付款请求权，如果付款请求权得到实现，则追索权随之消灭；在付款请求权未能实现时（被拒绝付款、拒绝承兑或其他法定事由），才可以向付款人以外的其他票据债务人行使追索权。

考点2　票据权利的取得

（一）票据取得方式

取得方式	内容
原始取得 是指持票人不经其他任何前手权利人，而最初取得票据。	1. 发行取得。权利人依出票人的出票行为而取得票据，为主要的原始取得方式。 2. 善意取得。是票据受让人依《票据法》规定的转让方式，善意地从无处分权人手中取得票据，从而享有票据权利。
继受取得	是指受让人从有处分权的前手权利人处取得票据，从而取得票据权利。一般通过背书转让方式取得票据权利，通过继承、赠与、公司合并或分立等方式取得票据权利，不能主张《票据法》上的善意取得等。

（二）票据权利取得的条件

1. 对价原则。持票人取得票据必须给付相应的对价。捡到票据的，不享有票据权利。例外情形是税收、继承和赠与，可以不给付对价而取得票据权利，但取得的权利不得优于前手。票据债务人对前手的抗辩可向无偿受让的后手主张。

★**特别提示** 甲因购买乙的货物而将汇票背书转让给乙，乙将该票据赠与丙。乙交付的货物有质量瑕疵，甲可向乙主张《票据法》上"人"的抗辩。由于丙系无偿取得票据，丙的权利不会优于乙，因此甲对乙的抗辩，也可以对丙主张。

2. 取得手段必须是合法的。欺诈、偷盗或者胁迫等手段取得票据的，不享有票据权利。

3. 取得票据时主观应当善意。明知有欺诈、偷盗或者胁迫情形，出于恶意取得票据的，不得享有票据权利。持票人因重大过失（应当知道）取得不符合票据法规定（捡到、欺诈、偷盗、胁迫）的票据的，也不得享有票据权利。

▽ 关联法条

《票据法》

第10条　票据的签发、取得和转让，应当遵循诚实信用的原则，具有真实的交易关系和债权债务关系。

票据的取得，必须给付对价，即应当给付票据双方当事人认可的相对应的代价。（真实交易原则及对价原则）

第11条 因税收、继承、赠与可以依法无偿取得票据的，不受给付对价的限制。但是，所享有的票据权利不得优于其前手的权利。（对价原则的例外）

前手是指在票据签章人或者持票人之前签章的其他票据债务人。

第12条 以欺诈、偷盗或者胁迫等手段取得票据的，或者明知有前列情形，出于恶意取得票据的，不得享有票据权利。

持票人因重大过失取得不符合本法规定的票据的，也不得享有票据权利。（持票人票据权利的例外）

考点3　票据权利的行使和保全

票据权利行使

1. 提示承兑。

远期汇票的持票人应自出票日起1个月内向付款人提示承兑。提示处所通常在汇票上载明，未载明的，以营业场所为准。即期汇票、本票、支票无须提示承兑。

2. 提示付款。

见票即付的汇票，自出票日起1个月内向付款人提示付款；定日付款、出票后定期付款或见票后定期付款的汇票，自到期日起10日内向承兑人提示付款；本票自出票日起2个月内向付款人提示付款；支票自出票日起10日内向付款人提示付款。

考点4　票据权利的消灭

除票据物质形态消灭，民法上一般债权的消灭事由如抵销、混同、提存、免除等可使票据权利消灭之外，付款请求权和追索权还可因下列事由而消灭：

1. 付款；
2. 追索义务人清偿票据债务及追索费用；
3. 票据时效期间届满；
4. 票据记载事项欠缺；
5. 保全手续欠缺。

考点5　票据权利瑕疵 ★★★

1. 票据伪造。

票据伪造是指无权限的当事人假冒他人名义进行的票据行为，针对票据主体（签章）的伪造。

（1）被伪造的签章无效。票据伪造可类推无权代理，票据行为系单方行为，单方行为的无权代理一般无效。

（2）票据伪造不影响票据上其他真实签章的效力。票据责任由票据上的真实签章人承担。

（3）伪造人和被伪造人均不承担票据责任。但伪造人应根据刑法和民法的规定负伪造有价证券责任（民事、行政、刑事责任）。

【经典真题】

甲公司为清偿对乙公司的欠款，开出一张收款人是乙公司财务部长李某的汇票。李某不慎将汇票丢失，王某拾得后在汇票上伪造了李某的签章，并将汇票背书转让给外地的丙公司，用来支付购买丙公司电缆的货款，王某收到电缆后转卖得款，之后不知所踪。关于本案，下列哪些说法是正确的？[1]（2016－3－74）

A. 甲公司应当承担票据责任
B. 李某不承担票据责任
C. 王某应当承担票据责任
D. 丙公司应当享有票据权利

【考点】 票据无因性、票据的伪造

【解析】 依据票据无因性的基本原理和《票据法》第4条第1款的规定，票据出票人制作票据，应当按照法定条件在票据上签章，并按照所记载的事项承担票据责任，所以A正确。

依据《票据法》第14条第2款的规定，票据上有伪造、变造的签章的，不影响票据上其他真实签章的效力。依据最高院《关于审理票据纠纷案件若干问题的规定》第66条，被伪造的签章在票据上无效，因此被伪造签章的李某不承担票据责任，所以B正确。

依据《票据法》第14条第1款第2句的规定，伪造、变造票据上的签章和其他记载事项的，应当承担法律责任（民事责任、行政责任、刑事责任），而不是票据责任，所以C错误。

依据票据无因性的基本原理和《票据法》第4条的规定，为保护票据交易安全，保护支付合理对价的善意第三人，对王某非法伪造票据，背书转让的行为，丙系善意而且支付了合理对价，可参照适用善意取得规则，丙依法享有票据权利，因此D正确。

★特别提示 票据上的责任人，为自己的真实签章承担票据责任。

关联法条 《票据法》第4、14条

2. 票据变造。

票据变造是指无票据记载事项变更权的人，以实施票据行为为目的，对票据上除签章以外的记载事项（内容）进行变更，从而使票据权利义务关系内容发生改变的行为。

★特别提示 无权限人无痕迹的变造，针对的对象是除签章之外的事项，即无法识别存在变造。

（1）被变造后的票据依然有效；

（2）变造票据义务人的责任范围。

在变造之前的签章人，对原记载事项负责；变造之后的签章人，对变造之后的记载事项负责，不能辨别是在票据被变造之前或者之后签章的，视同在变造之前签章。

3. 票据更改。

票据的更改是指原记载人依照《票据法》的规定，改写票据上的记载事项的行为。

★特别提示 有权限人，一般指的是出票人。更改一般指的是有痕迹的修改，例如对付款地的修改。

（1）票据金额、日期、收款人名称不得更改，否则票据无效。

（2）票据文义有更改时，更改前的签章人，依原有文义负责；更改后的签章人，依更

---

[1] **【答案】** ABD

改后的文义负责。

4. 票据涂销。

票据的涂销，是指涂抹销除票据上的签名或其他记载事项的行为。

（1）有涂销权者的故意涂销行为的效力：

①被涂销之背书签章视同不存在，被涂销签章的票据债务人免责（债务免除）。

②持票人故意涂销的，对于被涂销之背书人及其后在涂销前签名之背书人，无追索权。

例如：甲—乙—丙—丁，如丁涂销乙的签章、乙免责、丙对丁也免责。

（2）非故意涂销的，不能改变票据上原有的权利义务。

（3）无涂销权者所为涂销行为，属于变造行为，按变造规则处理。

【经典真题】

1. 甲未经乙同意而以乙的名义签发一张商业汇票，汇票上记载的付款人为丙银行。丁取得该汇票后将其背书转让给戊。下列哪一说法是正确的？[1]（2013–3–31）

A. 乙可以无权代理为由拒绝承担该汇票上的责任

B. 丙银行可以该汇票是无权代理为由而拒绝付款

C. 丁对甲的无权代理行为不知情时，丁对戊不承担责任

D. 甲未在该汇票上签章，故甲不承担责任

【考点】票据伪造

【解析】最高院《关于审理票据纠纷案件若干问题的规定》第66条："依照票据法第十四条、第一百零二条、第一百零三条的规定，伪造、变造票据者除应当依法承担刑事、行政责任外，给他人造成损失的，还应当承担民事赔偿责任。被伪造签章者不承担票据责任。"题目中乙作为被伪造者不承担票据责任，而甲作为伪造者没有在票据上签章不承担票据责任，但需要承担相应的民事、行政乃至刑事责任，所以A正确；D错误。

《票据法》第14条第2款："票据上有伪造、变造的签章的，不影响票据上其他真实签章的效力。"所以真实签章的丙和丁都应当承担票据责任，BC错误。

2. 甲公司签发一张汇票给乙，票面记载金额为10万元，乙取得汇票后背书转让给丙，丙取得该汇票后又背书转让给丁，但将汇票的记载金额由10万元变造为20万元。之后，丁又将汇票最终背书转让给戊。其中，乙的背书签章已不能辨别是在记载金额变造之前，还是在变更之后。下列哪些选项是正确的？[2]（2012–3–74）

A. 甲应对戊承担10万元的票据责任   B. 乙应对戊承担20万元的票据责任

C. 丙应对戊承担20万元的票据责任   D. 丁应对戊承担10万元的票据责任

【考点】票据变造

【解析】根据《票据法》第26条，出票人签发汇票后，即承担保证该汇票承兑和付款的责任。甲是汇票的出票人，签发的票面金额为10万元，应对戊承担10万元的票据责任。所以A选项正确。

《票据法》第37条规定，背书人以背书转让汇票后，即承担保证其后手所持汇票承兑

---

〔1〕【答案】A

〔2〕【答案】AC

和付款的责任。背书人在汇票得不到承兑或者付款时，应向持票人清偿本法第70条、第71条规定的金额和费用。

《票据法》第14条第3款规定，票据上其他记载事项被变造的，在变造之前签章的人，对原记载事项负责；在变造之后签章的人，对变造之后的记载事项负责；不能辨别是在票据被变造之前或者之后签章的，视同在变造之前签章。

根据上述法条，本题中乙、丙、丁都是票据背书人，应对最后持票人承担责任。但乙的背书签章已不能辨别是在记载金额变造之前，还是在变造之后，视同在变造之前签章，应对原记载事项负责，即乙对戊承担10万元票据责任。所以B项错误。丙变造票据金额，丁在变造之后转让，应对变造后的记载事项负责，即丙和丁应对戊承担20万元票据责任。所以C项正确，D项错误。

考点6　票据时效

经过一定的法定期间，权利人不行使权利，票据权利或票据上的诉讼权利即消灭的法律制度。根据我国《票据法》的有关规定，票据权利在下列期限内不行使而消灭：

1. 持票人对票据的出票人和承兑人的权利，自票据到期日起2年；见票即付的汇票、本票，自出票日起2年；

2. 持票人对支票出票人的权利，自出票日起6个月；

3. 持票人对前手的追索权，自被拒绝承兑或者被拒绝付款之日起6个月；

4. 持票人对前手的再追索权，自清偿日或者被提起诉讼之日起3个月。

票据的出票日、到期日由票据当事人依法确定。

考点7　利益返还请求权

《票据法》第18条规定，持票人因超过票据权利时效或者因票据记载事项欠缺而丧失票据权利的，仍享有民事权利，可以请求出票人或者承兑人返还其与未支付的票据金额相当的利益。

1. 性质上看，利益返还请求权不是票据权利，而是一种民事权利。

2. 如果持票人怠于行使票据权利，导致超过票据权利时效或者因票据记载事项欠缺而丧失票据权利，持票人不得再向付款人请求付款。此时会出现当事人的民事权利不平等，利益返还请求权就是为了扭转这种不平等，实现实质上的公平而设立的。

考点8　票据的丧失与补救★★★

票据丧失简称失票，是指出票人非出于本意而丧失对票据的占有。我国对票据丧失有挂失止付、申请公示催告和提起诉讼三种补救方式。

（一）挂失止付

提起主体	失票人
相对人	付款人，或代理付款人。 📌★**特别提示** 并非所有的票据都能挂失止付，挂失止付只针对票据的相对灭失，而不针对绝对灭失，其主要目的是防止票据被他人冒领。 失票人应在通知挂失止付后 3 日内，也可以在票据丧失后，依法向法院申请公示催告或起诉。
效力	使收到止付通知的付款人承担暂停票据付款的义务。所以，付款人在接到止付通知后，应停止对票据的付款，否则应该承担赔偿责任。

（二）公示催告

1. 条件。

（1）确有票据丧失的事实；

（2）确有票据权利存在；

（3）不存在利害关系人之间的权利争执。

2. 程序。

（1）失票人应在向付款人发出止付通知后 3 日内申请公告，未发出止付通知的，随时可以申请。

（2）法院认为不符合受理条件的，应在 7 日内裁定驳回申请。

（3）法院受理申请后应立即向票据付款人及代理付款人发出止付通知，并于 3 日内发出公告，催促利害关系人申报权利。

（4）国内票据公示催告期间为自公告发布之日起 60 日，涉外票据催告期间可据具体情况适当延长，但最长不得超过 90 日。

（5）公示催告期间，转让票据权利的行为无效。

3. 公示催告的终结，有两种情况：

一是经法院裁定终结公示催告程序；

二是经法院判决终结公示催告程序。

（1）裁定终结公示催告程序。

在公示催告期间，有人提出权利申报或提出相关的票据主张权利时，法院就应该立即裁定终止公示催告，并通知申请人和票据付款人。在公示催告期间届满后、除权判决作出前，又有利害关系人申报权利的，也应该裁定终结公示催告。此后，申请人和权利申报人应通过普通民事诉讼程序，提起有关确认权利归属的诉讼，解决其纠纷。

（2）判决终结公示催告程序。

催告期满，无人进行权利申报或主张票据权利，经当事人申请，法院作出除权判决。法院作出的除权判决，是公示催告的最终结果，是对公示催告申请人票据权利恢复的确认。申请人依据该判决，自判决公告之日起，行使付款请求权和追索权。

而已作出除权判决的票据，则丧失其效力，持有人不能再依此票据行使任何票据权利，即使票据的善意取得人，也丧失其票据权利。

📌★**特别提示** 经由公示催告程序获得的除权判决仅仅是形式资格的确认，而非实质权利的确认，针对除权判决，票据债务人依然可主张人的抗辩和物的抗辩。

（三）普通诉讼程序

失票人失票后，在票据权利时效届满之前，可提供相应担保，请求出票人补发票据或请求债务人付款。

失票人请求被拒时，可以与其有债权债务关系的出票人、拒绝付款的付款人或承兑人为被告，向被告住所地或票据支付地法院起诉。

【经典真题】

1. 甲向乙购买原材料，为支付货款，甲向乙出具金额为 50 万元的商业汇票一张，丙银行对该汇票进行了承兑。后乙不慎将该汇票丢失，被丁拾到。乙立即向付款人丙银行办理了挂失止付手续。下列哪些选项是正确的？[1]（2014－3－75）

A. 乙因丢失票据而确定性地丧失了票据权利

B. 乙在遗失汇票后，可直接提起诉讼要求丙银行付款

C. 如果丙银行向丁支付了票据上的款项，则丙应向乙承担赔偿责任

D. 乙在通知挂失止付后十五日内，应向法院申请公示催告

【考点】票据权利补救

【解析】《票据法》第 15 条："票据丧失，失票人可以及时通知票据的付款人挂失止付，但是，未记载付款人或者无法确定付款人及其代理付款人的票据除外。收到挂失止付通知的付款人，应当暂停支付。失票人应当在通知挂失止付后三日内，也可以在票据丧失后，依法向人民法院申请公示催告，或者向人民法院提起诉讼。"

A 项错误，持票人遗失票据还有相应的补救措施，并非当然失去票据权利。

D 项错误，申请公示催告的时间应当是挂失止付后 3 日内或票据丧失后。

C 项正确，丙银行接到挂失止付的通知后不应当再行支付，如果依旧向丁支付了票据款项，即行为本身有过错，应当向权利人乙赔偿。

《关于审理票据纠纷案件若干问题的规定》第 35 条："失票人因请求出票人补发票据或者请求债务人付款遭到拒绝而向人民法院提起诉讼的，被告为与失票人具有票据债权债务关系的出票人、拒绝付款的票据付款人或者承兑人。"所以 B 项正确。

2. 亿凡公司与五悦公司签订了一份买卖合同，由亿凡公司向五悦公司供货；五悦公司经连续背书，交付给亿凡公司一张已由银行承兑的汇票。亿凡公司持该汇票请求银行付款时，得知该汇票已被五悦公司申请公示催告，但法院尚未作出除权判决。关于本案，下列哪一选项是正确的？[2]（17－3－32）

A. 银行对该汇票不再承担付款责任　　　B. 五悦公司因公示催告可行使票据权利

C. 亿凡公司仍享有该汇票的票据权利　　D. 法院应作出判决宣告票据无效

【解析】依据《票据法》第 15 条、《民事诉讼法》第 229 条的规定，汇票被申请公示催告，并不意味着付款人不再承担付款责任，只是暂停支付而已。即使法院作出除权判决，权利人依然可以基于除权判决主张权利，付款人依然需要承担付款责任，A 选项错误。

依据《票据法》第 15 条、《民事诉讼法》第 228 的规定，公示催告程序是权利人主张

---

[1]【答案】BC

[2]【答案】C

权利的程序，程序的启动并不意味着该程序的申请人直接享有票据权利，B 选项错误。

依据《票据法》第 15 条的规定，在除权判决作出之前，持票人依然享有票据权利，当然该权利受到一定的限制，C 选项正确。

依据《民事诉讼法》第 228 条的规定，该案中存在利害关系人，法院是否作出除权判决，要取决于利害关系人是否申报权利，D 选项错误。

关联法条

《票据法》

第十五条　票据丧失，失票人可以及时通知票据的付款人挂失止付，但是，未记载付款人或者无法确定付款人及其代理付款人的票据除外。

收到挂失止付通知的付款人，应当暂停支付。

失票人应当在通知挂失止付后三日内，也可以在票据丧失后，依法向人民法院申请公示催告，或者向人民法院提起诉讼。

《民事诉讼法》

第二百二十六条　人民法院决定受理申请，应当同时通知支付人停止支付，并在三日内发出公告，催促利害关系人申报权利。公示催告的期间，由人民法院根据情况决定，但不得少于六十日。

第二百二十七条　支付人收到人民法院停止支付的通知，应当停止支付，至公示催告程序终结。

公示催告期间，转让票据权利的行为无效。

第二百二十八条　利害关系人应当在公示催告期间向人民法院申报。

人民法院收到利害关系人的申报后，应当裁定终结公示催告程序，并通知申请人和支付人。

申请人或者申报人可以向人民法院起诉。

第二百二十九条　没有人申报的，人民法院应当根据申请人的申请，作出判决，宣告票据无效。判决应当公告，并通知支付人。自判决公告之日起，申请人有权向支付人请求支付。

三、票据抗辩

（一）票据抗辩权

★**特别提示**　在票据上作出的票据行为（负担行为）具有独立性和无因性，一旦作出，就独立地、无因地发生票据法上的法律效果，即负担票据债务，但是可以依法主张票据法上的抗辩。

民法上的抗辩与抗辩权规则完全可以适用。

	所有债务人对所有债权人： 1. 票据权利未产生：票据无效 2. 票据权利已消灭：除权判决生效
物的抗辩—对所有债务人	特定债务人对所有债权人： 1. 票据变造、伪造、票据行为的无权代理 2. 无限人签章

续表

人的抗辩—对特定债务人	所有债务人对特定债权人：持票人没有票据权利：如持票人捡到的票据、持票人偷盗的票据； 特定债务人对特定债权人： 1. 直接前后手 2. 非直接前后手：存在直接的债之关系 3. **无偿抗辩**：无对价（赠与、继承、税收、合并）取得票据者，承继前手的抗辩和瑕疵。 甲可向乙主张民事合同之抗辩，乙将票据赠与丙，甲可向丙主张其对乙的抗辩。 4. **恶意抗辩**：明知其前手权利存在瑕疵而取得票据者，承继前手的抗辩和瑕疵。 甲可向乙主张民事合同之抗辩，乙将票据背书转让给知情的丙，甲可向丙主张其对乙的抗辩。

考点1 对物的抗辩 ★

又称绝对抗辩、客观抗辩，指基于票据这个"物"本身所作的，与票据当事人之间的关系无关，票据债务人可对任何票据债权人所作的抗辩，系客观的抗辩、绝对的抗辩。

主要有以下情形：

1. 一切票据债务人都可主张：所有债务人对所有债权人。

（1）票据债务不成立的抗辩：票据无效。

①票据无效：

票据欠缺法定必要记载事项，或者有法定禁止记载事项，金额大小写不一致，金额、日期、收款人名称被变更等问题因而导致票据无效时，票据债务人可以提出抗辩。

A. 票据欠缺法定记载事项：无出票日期、无出票人签章、出票人签章不清晰；

B. 票据上有法定禁止记载事项：出票附条件；

C. 票据断裂；

D. 票据金额数码和大写不一致；

E. 更改金额、日期、收款人名称。

②票据权利未生效：

票据未到期，票据债务人可以主张抗辩。但这种抗辩只是延缓权利主张的抗辩，并非否定权利主张的抗辩。

（2）票据债务消灭的抗辩。

①票据遗失后作出除权判决：票据遗失后，法院依票据权利人的公示催告请求，作出除权判决后，票据和权利将发生分离，权利转而附着在除权判决书上，相应的权利人，可以依据除权判决书向义务人主张付款。被除去权利的票据就丧失了效力，任何人如果依此失效的票据主张权利，票据债务人可以提出抗辩。

②票据权利因时效完成而消灭。

③票据上记载票据债权消灭：票据权利因付款人付款而消灭、因提存而消灭。

2. 特定票据债务人可主张：特定债务人对所有债权人。

（1）在变造前签章的票据债务人，可以对变造后的票据记载事项主张抗辩；而在变造后签章的票据债务人，可以对变造前的票据记载事项主张抗辩。

记载"不得转让"的背书人对其后手的被背书人的抗辩；记载"不得转让"的出票人的抗辩。

（2）票据伪造，被伪造的签章人可以抗辩。

（3）无权代理（无权代为签章），本人主张抗辩。

①无权代理而以被代理人名义在票据上签章的，应由签章的代理人承担票据责任；

②代理人未经授权以本人名义签发票据，构成票据伪造。

（4）"无限人"签章，其监护人可抗辩。此时，无民事行为能力或限制民事行为能力人的监护人，可以主张无民事行为能力人或限制民事行为能力人所为的票据行为无效，据此提出抗辩。

（5）票据权利行使和保全手续欠缺（《票据法》第65条）。

持票人不能出示拒绝证明、退票理由书或未按期提供其他合法证明的，丧失对其前手的追索权。但承兑人或付款人仍应对持票人承担责任。

考点2　对人的抗辩★★★

又称主观抗辩或相对抗辩，指基于票据义务人与特定票据权利人之间的一定关系发生的抗辩，系主观的、相对的抗辩。抗辩只能对特定票据权利人主张。

主要有以下情形：

1. 任何票据债务人对特定持票人的抗辩：所有票据债务人对特定债权人。

（1）持票人欠缺受领能力。

持票人被破产受理，票据债权被法院扣押。

（2）持票人欠缺形式的受领资格。

背书不连续，持票人不能证明其合法身份；持票人不能从形式上证明自己的合法持票人身份，票据债务人可以提出抗辩。

（3）持票人欠缺实质的受领资格。

持票人恶意或重大过失取得票据；持票人基于欺诈、胁迫、偷盗取得票据；持票人捡到的票据；持票人受让他人捡到的票据。

2. 特定票据债务人对特定票据债权人的抗辩：特定债务人对特定债权人。

（1）直接抗辩（直接前后手）。

原因关系的抗辩；当事人特别约定之抗辩。

例如：甲、乙之前签订货物买卖合同，乙向甲供货，甲向乙签发100万的票据。后乙的供货有问题，甲乙之间的货物买卖合同解除了。如果乙自己直接持票向甲要求付款，甲可否因甲乙之间合同解除为由提出抗辩？答案为：可以。因为甲乙之间存在两个债务关系，一是票据债务关系，此关系中，乙是权利人，甲是义务人；二是货物买卖合同债务关系，此关系中，乙是义务人，甲是权利人。所以甲可以抗辩乙的票据权利主张。

票据债务

甲 ←————————————→ 乙

买卖合同债务

（2）间接抗辩（非直接前后手）。

虽然不是直接前后手，但票据义务人与票据权利人，存在另一直接法律关系，在该法律关系中，票据义务人已经履行了自己的义务，而对方（票据权利人）并未履行约定义务，票据债务人可以提出抗辩。如：本票持票人 E 向银行提示付款，银行审核发现 E 有欠银行的贷款没还，E 和银行之间存在两个债务关系，一是票据债务关系，E 是权利人，银行是义务人；另一是贷款债务关系，E 是义务人，银行是权利人。所以银行可以 E 的贷款未还为由拒付 E 的票据主张。

▶ **★特别提示** 票据是一种债务关系，民事合同也是一种债务关系，如果当事人互负债务，可以依法主张抵销抗辩。票据依然是有效的，票据债务也是有效的，但是不影响当事人主张债务抵销之抗辩。

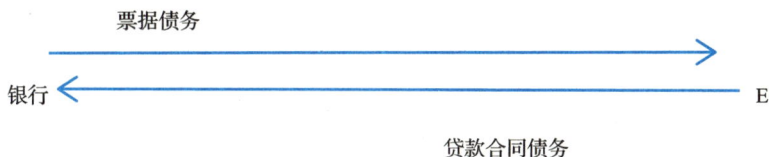

（二）票据抗辩的限制

1. 票据抗辩切断制度的适用。

票据抗辩限制又称为"票据抗辩的切断制度"，主要指对人抗辩的限制。

票据债务人不得以自己与出票人或持票人前手（任何前手）之间的抗辩事由对抗持票人。

▶ **★特别提示** 抗辩理由不能随着票据的流转而流转。人之抗辩具有相对性。

例如：

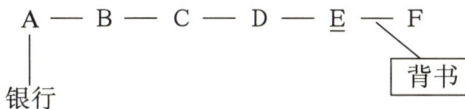

F 向银行提示付款，银行审核发现，其前手 E 有欠银行的贷款未还，以此理由拒付 F 的票据权利主张是否合法？答案是否定的。只要 F 和银行间没有其他的债权债务纠纷，银行就需要履行自己的付款义务。

2. 切断制度的例外情形：无偿抗辩、恶意抗辩。

如果持票人是通过税收、继承、赠与等不给付相应对价而取得的票据权利，其票据权利不能优于前手，即义务人对其前手的抗辩理由，可以对抗持票人。

▶ **★特别提示**

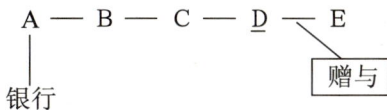

A 出票给 B，付款人为银行，后续票据顺序背书给 C、D，D 尚欠银行贷款未还，D 将此票赠与给 E，银行可否以对 D 的抗辩理由抗辩 E？答案为可以。

【经典真题】

1. 潇湘公司为支付货款向楚天公司开具一张金额为 20 万元的银行承兑汇票，付款银行为甲银行。潇湘公司收到楚天公司货物后发现有质量问题，立即通知甲银行停止付款。另外，楚天公司尚欠甲银行贷款 30 万元未清偿。下列哪些说法是错误的？[1]（2011 - 3 - 74）

A. 该汇票须经甲银行承兑后才发生付款效力

B. 根据票据的无因性原理，甲银行不得以楚天公司尚欠其贷款未还为由拒绝付款

C. 如甲银行在接到潇湘公司通知后仍向楚天公司付款，由此造成的损失甲银行应承担责任

D. 潇湘公司有权以货物质量瑕疵为由请求甲银行停止付款

【考点】 票据抗辩

【解析】 银行承兑汇票：是由在承兑银行开立存款账户的存款人出票，向开户银行申请并经银行审查同意承兑的，保证在指定日期无条件支付确定的金额给收款人或持票人的票据。所以银行承兑汇票经承兑后才能产生付款的效力，A 正确。

根据票据无因性原理，银行作为票据债务人，不得以原因关系瑕疵来对抗持票人，所以 C、D 不合法。根据《票据法》第 13 条第 2 款：票据债务人可以对不履行约定义务的与自己有直接债权债务关系的持票人，进行抗辩。所以 B 项说法不合法。

2. 甲公司为履行与乙公司的箱包买卖合同，签发一张以乙公司为收款人、某银行为付款人的汇票，银行也予以了承兑。后乙公司将该汇票背书赠与给丙。此时，甲公司发现乙公司的箱包为假冒伪劣产品。关于本案，下列哪一选项是正确的？[2]（2016 - 3 - 32）

A. 该票据无效　　　　　　　　　B. 甲公司不能拒绝乙公司的票据权利请求

C. 丙应享有票据权利　　　　　　D. 银行应承担票据责任

【考点】 票据无因性、票据抗辩

【解析】 依据票据法上票据无因性的基本原理和《票据法》第 4 条的规定，票据债务人在票据上签章的，按照票据所记载的事项承担票据责任。票据法上的意思表示独立有效，票据原因关系的瑕疵不影响票据法上意思表示的效力，不影响票据法上的法律效果，因此甲公司与乙公司的合同纠纷不影响票据的效力，票据有效，所以 A 错误。

依据《票据法》第 13 条第 2 款的规定，票据债务人可以对不履行约定义务的与自己有直接债权债务关系的持票人，进行抗辩。甲公司可以基于其与乙公司的合同关系而主张票据法上"人"的抗辩，所以 B 错误。

依据《票据法》第 11 条第 1 款的规定，因税收、继承、赠与可以依法无偿取得票据的，不受给付对价的限制。但是，所享有的票据权利不得优于其前手的权利。因丙系无偿取得票据，其权利不能优于前手乙公司，因此甲公司可以对乙公司抗辩的事由，也可以对抗丙，因此丙应当享有票据权利的表述不准确，所以 C 错误。

依据《票据法》第 4 条的规定，票据债务人在票据上签章的，按照票据所记载的事项承担票据责任。银行已经在票据上承兑，该承兑的意思表示独立有效，银行应当承担票据法上的责任。而且，题干中也未说明银行与甲、乙、丙存在抗辩事由，因此，银行应当承

---

〔1〕**【答案】** BCD

〔2〕**【答案】** D

担票据责任。所以 D 正确。

▽ 关联法条

《票据法》

第十三条　票据债务人不得以自己与出票人或者与持票人的前手之间的抗辩事由，对抗持票人。但是，持票人明知存在抗辩事由而取得票据的除外。（票据抗辩切断制度）

票据债务人可以对不履行约定义务的与自己有直接债权债务关系的持票人，进行抗辩。

本法所称抗辩，是指票据债务人根据本法规定对票据债权人拒绝履行义务的行为。

《最高人民法院关于审理票据纠纷案件若干问题的规定》

第九条　票据债务人依照票据法第十三条的规定，对与其有直接债权债务关系的持票人提出抗辩，人民法院合并审理票据关系和基础关系的，持票人应当提供相应的证据证明已经履行了约定义务。

四、票据行为

考点1　票据概述

(一) 汇票

汇票是出票人签发的、委托付款人在见票时或者在指定的日期无条件支付确定的金额给收款人或者持票人的票据。汇票的特征如下：

特征	内容
汇票关系中有三个基本当事人	出票人、付款人和收款人。
是委托证券，而非自付证券	汇票是委托他人进行支付的票据。
承兑汇票，经承兑才有付款效力	承兑汇票通常都需要由付款人进行承兑，以确认其愿意承担绝对的付款义务。在付款人未承兑时，汇票上所载的付款人无付款义务。 **★特别提示** 只有在票据上做出负担行为（出票、承兑、背书、保证），才会负担票据债务。
到期无条件付款	汇票是在见票时或者指定的到期日无条件支付给持票人一定金额的票据。
对于当事人没有特别的限制	汇票对于当事人特别是出票人和付款人，没有特别的限制，既可以是银行，也可以是公司、企业或<u>个人</u>。

汇票可以根据不同的标准进行分类：

1. 银行汇票和商业汇票。根据汇票当事人身份的不同，分为银行汇票和商业汇票。

2. 即期汇票和远期汇票。根据汇票付款期限的不同，分为即期汇票和远期汇票。在实际的票据使用过程中，银行汇票均为即期汇票，商业汇票多为远期汇票。

银行汇票

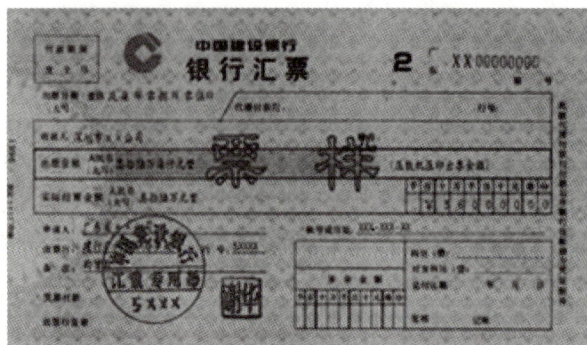

银行承兑汇票

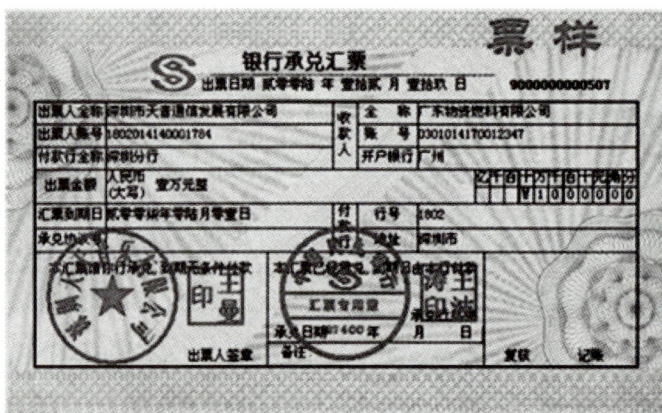

商业承兑汇票

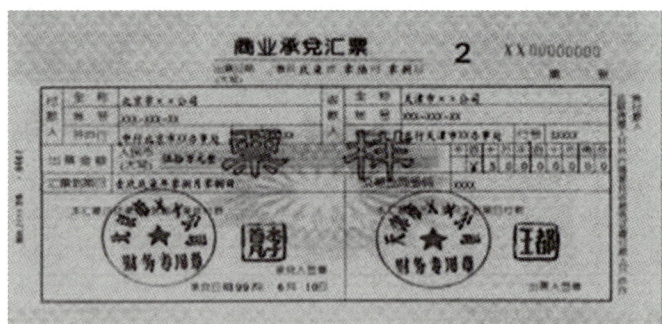

（二）本票

本票是指出票人签发的，承诺自己在见票时无条件支付确定的金额给收款人或者持票人的票据。我国只有银行本票。

基本当事人只有出票人和收款人

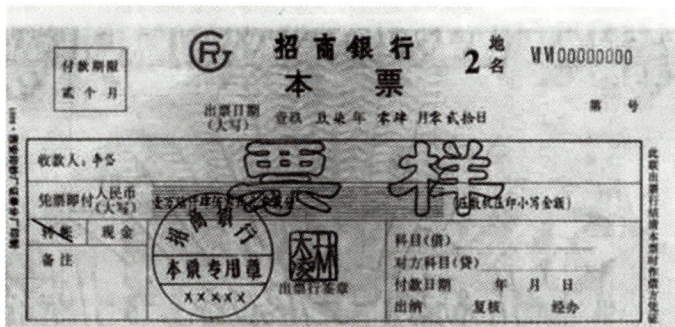

（三）支票

出票人签发的，委托办理支票存款业务的银行或者其他金融机构在见票时无条件支付确定的金额给收款人或者持票人的票据。

包括现金支票和转账支票（不能支取现金，只能转账）。

现金支票

转账支票

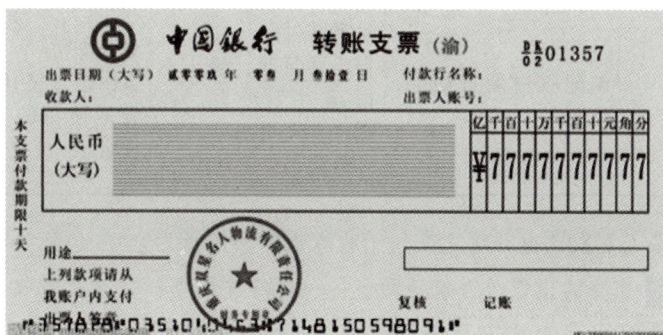

考点2　出票★★

（一）出票的概念

必须记载事项	汇票	本票	支票
表明字样*	表明"汇票"的字样	表明"本票"的字样	表明"支票"的字样
无条件支付的委托*	无条件支付的委托	无条件支付的承诺	无条件支付的委托
出票日期*	出票日期	出票日期	出票日期
出票人签章*	出票人签章	出票人签章	出票人签章
确定金额	确定金额	确定金额	X 支票上的金额可以由出票人授权补记，未补记前的支票，不得使用
付款人名称	付款人名称	X	付款人名称
收款人名称	收款人名称	收款人名称	X 支票上未记载收款人名称的，经出票人授权，可以补记
非必须记载事项	汇票	本票	支票
付款地	付款人的营业场所、住所或者经常居住地为付款地	出票人的营业场所为付款地	付款人的营业场所为付款地
出票地	出票人的营业场所、住所或者经常居住地为出票地	出票人的营业场所为出票地	出票人的营业场所、住所或者经常居住地为出票地
付款期限	未记载付款日期的，见票即付	见票即付： 自出票起，最长不得超过2个月，否则，丧失对出票人以外的前手的追索权	见票即付： 自出票日起10日内提示付款；异地使用的支票，央行另行规定

出票，是出票人签发票据并将之交付给收款人的票据行为。

▶ ★特别提示 完整的出票行为包括两步：一是签发票据；二是交付收款人。出票包括负担票据债务（负担行为）、移转票据权利（处分行为）两个环节。

（二）记载事项

1. 汇票绝对必要记载事项。

（1）表明"汇票"的字样；

（2）无条件支付的委托；

▶ ★特别提示 如果票据在付款上附有条件的话，就会导致票据无效。

（3）确定金额；

▶ ★特别提示 在汇票金额记载欠缺或更改时，汇票无效。汇票上的中文和数码两种记载必须一致，否则票据无效。

空白支票：支票上的金额可以空白，出票后由出票人授权补记。

（4）付款人名称；本票无需记载付款人名称，本票的出票人就是付款人。

（5）收款人名称；

▶★特别提示 收款人名称的记载必须用全称，不得使用简称或企业的代号。

无记名支票：支票上的收款人名称可以空白，出票后由出票人授权补记。

（6）出票日期；

▶★特别提示 为了确定出票人的行为能力或法人资格、付款日期，必须记载出票日期，否则票据无效。

（7）出票人签章。

▶★特别提示 出票人未签章，票据无效。

2. 汇票上未记载事项的认定。

（1）付款日期，汇票上未记载付款日期的，视为见票即付；

（2）付款地，汇票上未记载付款地的，付款人的营业场所、住所或者经常居住地为付款地；

（3）出票地，汇票上未记载出票地的，出票人的营业场所、住所或者经常居住地为出票地。

▶★特别提示 付款日期、付款地、出票地没有记载的，有法律的推定，对票据效力无影响。

3. "不得转让"出票的效力。

```
不得转让                    | 后面都是民事关系
甲（出票人）———— 乙（背书人）| ………………丙
```

背书行为无效

若出票人票据上载有"不得转让"字样，票据不能再依《票据法》规定的背书方式转让，出票人后手亦不得以此票据进行贴现、质押。后手的所有转让行为均不产生票据法的效力，仅仅发生民法上的债权让与效力。

▶★特别提示 出票人为了防止持票人转让票据而出现善意第三人，以此文义记载，对抗第三人，禁止票据流通。持票人无效的票据转让行为可转换为债权让与。

【经典真题】

关于汇票的表述，下列哪些选项是正确的？[1]（2013－3－75）

A. 汇票可以质押，当持票人将汇票交付给债权人时质押生效

B. 如汇票上记载的付款人在承兑之前即已破产，出票人仍须承担付款责任

C. 汇票的出票人既可以是银行、公司，也可以是自然人

D. 如汇票上未记载出票日期，该汇票无效

【考点】汇票特证及汇票行为

【解析】《票据法》第35条第2款："汇票可以设定质押；质押时应当以背书记载'质

_____

〔1〕【答案】BCD

押'字样。被背书人依法实现其质权时，可以行使汇票权利。"所以汇票质押的成立应当是背书记载"质押"字样并交付债权人时成立，A错。

票据行为具有独立性，出票人合法签章后即应承担责任，B正确。

《票据法》第22条："汇票必须记载下列事项：（一）表明'汇票'的字样；（二）无条件支付的委托；（三）确定的金额；（四）付款人名称；（五）收款人名称；（六）出票日期；（七）出票人签章。汇票上未记载前款规定事项之一的，汇票无效。"D正确；司法部教材中，补充确认了汇票的出票人可以是银行、公司，也可以是自然人，C正确。

▽ 关联法条

《票据法》

第九条　票据上的记载事项必须符合本法的规定。

票据金额、日期、收款人名称不得更改，更改的票据无效。

对票据上的其他记载事项，原记载人可以更改，更改时应当由原记载人签章证明。

第二十二条　汇票必须记载下列事项：

（一）表明"汇票"的字样；

（二）无条件支付的委托；

（三）确定的金额；

（四）付款人名称；

（五）收款人名称；

（六）出票日期；

（七）出票人签章。

汇票上未记载前款规定事项之一的，汇票无效。（绝对必要记载事项）

第二十三条　汇票上记载付款日期、付款地、出票地等事项的，应当清楚、明确。

汇票上未记载付款日期的，为见票即付。

汇票上未记载付款地的，付款人的营业场所、住所或者经常居住地为付款地。

汇票上未记载出票地的，出票人的营业场所、住所或者经常居住地为出票地。（付款日期、付款地、出票地的推定）

第二十六条　出票人签发汇票后，即承担保证该汇票承兑和付款的责任。出票人在汇票得不到承兑或者付款时，应当向持票人清偿本法第七十条、第七十一条规定的金额和费用。

第二十七条　持票人可以将汇票权利转让给他人或者将一定的汇票权利授予他人行使。

出票人在汇票上记载"不得转让"字样的，汇票不得转让。（出票记载不得转让的，产生阻断票据流转的法律效力，后手如果背书的话，不生效）

持票人行使第一款规定的权利时，应当背书并交付汇票。

背书是指在票据背面或者粘单上记载有关事项并签章的票据行为。

【经典真题】

A公司让B买C公司农用车，A签发支票时写见票一个月内支付。但B看C公司电动车好，改买了电动车。后 A 公司知悉后，表示异议。下列表述正确的是？[1]

A. B 无权填写金额和收款人，否则，票据无效

B. 支票记载见票一个月支付的，该记载无效

C. 支票未记载金额的，票据无效

D. 支票没有记载收款人的，票据无效

【解析】依据《票据法》第 85、86 条的规定，支票上的金额和收款人可以经出票人授权补记，B 未经出票人的授权，擅自在票据上补记金额和收款人，属于无权传达行为，为保护善意第三人的信赖利益，参照《民法典》第 172 条的规定，善意第三人 C 公司可主张该票据有效，A 错误。

依据《票据法》第 90 条第 2 句的规定，支票为见票即付票据，记载付款日期的，该记载无效，B 正确。

依据《票据法》第 85 条的规定，支票的金额可以补记，空白支票有效，支票具有现金支付功能，C 错误。

依据《票据法》第 86 条第 1 款的规定，支票上的收款人可以补记，无记名支票有效，D 错误。

▽ **关联法条**

《票据法》第 85、86、90 条

▽ **关联法条**

第八十三条 支票可以支取现金，也可以转账，用于转账时，应当在支票正面注明。

支票中专门用于支取现金的，可以另行制作现金支票，现金支票只能用于支取现金。

支票中专门用于转账的，可以另行制作转账支票，转账支票只能用于转账，不得支取现金。

第八十四条 支票必须记载下列事项：

（一）表明"支票"的字样；

（二）无条件支付的委托；

（三）确定的金额；

（四）付款人名称；

（五）出票日期；

（六）出票人签章。

支票上未记载前款规定事项之一的，支票无效。

第八十五条 支票上的金额可以由出票人授权补记，未补记前的支票，不得使用。

第八十六条 支票上未记载收款人名称的，经出票人授权，可以补记。

支票上未记载付款地的，付款人的营业场所为付款地。

支票上未记载出票地的，出票人的营业场所、住所或者经常居住地为出票地。

出票人可以在支票上记载自己为收款人。

第八十七条 支票的出票人所签发的支票金额不得超过其付款时在付款人处实有的存

---

[1]【答案】B

款金额。

出票人签发的支票金额超过其付款时在付款人处实有的存款金额的，为空头支票。禁止签发空头支票。

第九十条 支票限于见票即付，不得另行记载付款日期。另行记载付款日期的，该记载无效。

第九十一条 支票的持票人应当自出票日起十日内提示付款；异地使用的支票，其提示付款的期限由中国人民银行另行规定。

超过提示付款期限的，付款人可以不予付款；付款人不予付款的，出票人仍应当对持票人承担票据责任。

第九十二条 付款人依法支付支票金额的，对出票人不再承担受委托付款的责任，对持票人不再承担付款的责任。但是，付款人以恶意或者有重大过失付款的除外。

考点3 背书★★★★

（一）概念和法律后果

1. 概念：背书是指持票人在票据的背面或者粘单上记载有关事项，完成签章，并将其交付相对人，从而将票据权利转让给他人或者将一定的票据权利授予他人行使的票据行为。

▶ ★**特别提示** 票据转让背书属于负担行为＋处分行为。票据转让背书的，背书人需要在票据上签章（负担行为，背书人负担票据债务），然后将该票据交付给被背书人（处分行为，转让票据权利）。

2. 由于票据是一种表现为有价证券的特殊金钱债权，所以背书转让具有与一般债权转让不同的法律效力：

（1）背书转让无须通知票据债务人；

（2）背书转让的转让人不退出票据关系。

3. 背书的特征：

（1）**不可分性**。

部分背书或分别背书，无效。

（2）**单纯性**。

背书不得附条件，否则，所附条件无效，背书有效。

（3）**背书连续性**。

在票据转让中，转让票据的背书人与受让票据的被背书人在票据上的签章依次前后衔接。

（4）转让背书包括两个环节：签章（负担行为）、交付票据而移转票据权利（处分行为）。

（二）背书转让限制

1. 背书必须连续。

汇票背书 A——B——C——D——E——F

被背书人：C	被背书人：D	被背书人：E	被背书人：F
背书人：收款人	背书人：C	背书人：D	背书人：E

2. 背书不得附有条件。

背书附有条件的，所附条件不具有票据上的效力。

3. 分别背书或部分背书的无效。

将票据金额部分转让或分别转让给不同的被背书人，背书无效，票据权利不发生转移。票据债权的标的依据其性质具有不可分性，无法部分付款或部分请求。

▶ ★特别提示　只是背书行为无效，票据依然有效。

4. "不得转让"背书的效力：其后手再背书转让的，原背书人对后手的被背书人不承担保证责任。即其后手的被背书人不得向该背书人追索。

▶ ★特别提示　与出票记载"不得转让"的区别：

出票人记载"不得转让"，后手再转让的——无效；

背书人记载"不得转让"，后手再转让的——免责；

	出票记载不得转让	背书记载不得转让
后续背书行为效力	出票人在汇票上记载"不得转让"字样的，汇票不得转让。后续背书行为无效。	后续背书行为有效。
记载不得转让的后果	阻断票据流转，票据仅有唯一的权利人即收款人。	后手的被背书人不得向"不得转让"背书人主张票据权利。仅仅是背书人以此文义记载来对抗第三人，防止第三人向自己追索而已，其他关系不受影响。

5. 期后背书。

（1）概念。

汇票被拒绝承兑、被拒绝付款或者超过付款提示期限的背书。

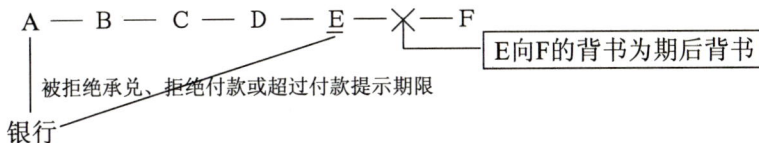

A —— B —— C —— D —— E ——✗—— F

E向F的背书为期后背书

被拒绝承兑、拒绝付款或超过付款提示期限

银行

（2）结果。

期后背书不能产生票据法的效力。即在票据法的层面上，期后背书是不生效的，被背书人（F）不是票据权利人，票据上的其他签章主体（A、B、C、D、银行）不对其承担责任。法律行为以不能的事项为标的的无效，因此，以不能实现的票据权利为内容的票据权利让与，在票据法上是无效的。失去流通性的事实已经明确，法律没有必要保护这种票据的流通性。

（3）期后被背书人的特殊保护。

期后背书虽然在票据法上是无效的，但是为了保护期后被背书人的利益，同时为了惩戒期后背书人，应当由期后背书人（E）对被背书人（F）承担汇票责任。

6. 委托收款背书及其效力。

委托收款背书是指以委托他人代替自己行使票据权利、收取票据金额而进行的背书。即授予收款的权利。

背书人是委托人，被背书人是受托人。被背书人行使票据权利后，应将所得金额归于背书人。委托收款背书的背书人在进行背书时，必须记载"委托收款"字样。

【经典真题】

甲公司开具一张金额50万元的汇票，收款人为乙公司，付款人为丙银行。乙公司收到后将该汇票背书转让给丁公司。下列哪一说法是正确的？[1]（2011－3－32）

A. 乙公司将票据背书转让给丁公司后即退出票据关系

B. 丁公司的票据债务人包括乙公司和丙银行，但不包括甲公司

C. 乙公司背书转让时不得附加任何条件

D. 如甲公司在出票时于汇票上记载有"不得转让"字样，则乙公司的背书转让行为依然有效，但持票人不得向甲行使追索权

【考点】背书

【解析】根据《票据法》第37条："背书人以背书转让汇票后，即承担保证其后手所持汇票承兑和付款的责任。背书人在汇票得不到承兑或者付款时，应当向持票人清偿本法第七十条、第七十一条规定的金额和费用。"

背书人在票据上真实签章后即需要对其后手承担责任，除非整个票据权利终结，否则不会退出票据关系。所以 A 错误。

根据《票据法》第68条第1款："汇票的出票人、背书人、承兑人和保证人对持票人承担连带责任。"票据关系中，签章在前的人是义务人，签章在后的人为权利人，持票人作为最终的权利人，乙公司、丙银行和甲公司都是其前手，都为他的义务人，所以 B 错误。

根据《票据法》第33条第1款："背书不得附有条件。背书时附有条件的，所附条件不具有汇票上的效力。"所以 C 正确；第27条第2款："出票人在汇票上记载'不得转让'字样的，汇票不得转让。"所以 D 错误。

（三）票据质押

1. 票据质押的概念及方式。

票据质押是指以设定质权、提供债务担保为目的而进行的背书。

---

[1] 【答案】C

背书人在设定质押背书时，必须在背书中载明"质押"字样，并签名盖章，这体现了票据的文义性。

2. 票据质押的法律效果。

质押背书是一种特殊的质权设定方式，与普通质权相比，效力不同。

（1）质押背书的被背书人在实现债权时，不限定在设质的质权范围内，而是可以依票据请求全部票据金额的完全给付，这基于票据债权的不可分性。当然，这时可能发生被背书人向背书人请求返还超过金额的问题。

（2）根据最高人民法院《关于审理票据纠纷案件若干问题的规定》，质押背书的被背书人以质押票据再行背书或者背书转让票据的，背书行为无效。

（3）出票人在票据上记载"不得转让"字样，其后手以此票据进行质押的，质押行为无效。

（4）贷款人恶意或者有重大过失从事票据质押贷款的，质押行为无效。

（5）背书人在票据上记载"不得转让"字样，其后手对此票据进行质押的，原背书人对后手的被背书人不承担票据责任。

★特别提示 背书人在票据上记载"不得转让""委托收款""质押"字样，其后手再背书转让、委托收款或者质押的，原背书人对后手的被背书人不承担票据责任，但不影响出票人、承兑人以及原背书人之前手的票据责任。

考点4 汇票的承兑

承兑是指远期汇票的付款人承诺到期支付票据金额的票据行为。

★特别提示 承兑是负担行为。只有汇票才有承兑制度，本票和支票都是见票即付，无需承兑。

（一）承兑是远期汇票特有的规则。

（二）自由承兑。付款人可自由决定是否承兑。

（三）单纯承兑。付款人承兑汇票，不得附有条件。承兑附条件的，视为拒绝承兑。

（四）完全承兑。付款人必须足额承兑。

关联法条

《票据法》

第三十八条 承兑是指汇票付款人承诺在汇票到期日支付汇票金额的票据行为。

第四十条 见票后定期付款的汇票，持票人应当自出票日起一个月内向付款人提示承兑。

汇票未按照规定期限提示承兑的，持票人丧失对其前手的追索权。

见票即付的汇票无需提示承兑。

第四十三条 付款人承兑汇票，不得附有条件；承兑附有条件的，视为拒绝承兑。（附条件承兑，视为不承兑）

考点5 票据保证★★★

（一）概念

票据保证是票据债务人之外的第三人以担保特定汇票债务人履行票据债务为目的，在票据上签章并记载必要事项的票据行为。

★特别提示 票据行为（出票、背书、承兑、保证）具有独立性和无因性，一旦在票据上签章，即独立地、无因地负担票据债务。保证是负担行为。

特征：

1. 要式：保证人必须在票据上签章。

2. 无因：票据保证的意思表示不受原因关系的影响。

3. 独立：票据保证的意思表示不受其他票据行为效力的影响。

4. 连带：票据保证系连带保证，2人以上提供票据保证的，为连带共同保证。

5. 整体：为整个票据提供保证——被保证人和保证日期推定。

6. 追偿：承担保证责任后，可向前手追索。

7. 时效：时效比民事保证更短。

（二）汇票保证的成立

1. 保证成立的条件（要式性）。

（1）"保证"字样。

（2）保证人的名称和住所。

（3）保证人签章。

2. 没有记载事项的推定。

（1）没有写明被保证人的，已承兑的汇票，承兑人为被保证人；未承兑的汇票，出票人为被保证人。

（2）没有写明保证日期的，出票日期为保证日期。

3. 保证不得附条件，附条件的，条件不生效，保证行为生效。

4. 票据保证独立性。

保证责任有效成立后即生效，票据主债务人签章无效，票据保证依然有效。

5. 票据保证的无因性。

票据保证一旦作出即生效，票据保证原因关系的瑕疵不影响票据保证的效力。

★特别提示 票据保证有效，但是如果保证人与特定票据债权人之间存在民事合同关系，保证人可以向该票据债权人主张合同之抗辩（人之抗辩）。

6. 连带责任。

（1）保证人之间以及保证人和被保证人，都对持票人承担连带责任；

（2）如果保证人为多人的，保证人之间为连带责任，内部份额约定不得对抗持票人，每一保证人都有义务全额清偿。

7. 保证人的代位权。

保证人清偿票据债务后，可行使持票人对被保证人及其前手的追索权。

8. 票据保证行为无效。

（1）票据形式欠缺：如票据无效。

（2）票据保证方式欠缺：如保证人没有签章。

【经典真题】

1. 甲从乙处购置一批家具，给乙签发一张金额为40万元的汇票。乙将该汇票背书转让给丙。丙请丁在该汇票上为"保证"记载并签章，随后又将其背书转让给戊。戊请求银行

承兑时，被银行拒绝。对此，下列哪一选项是正确的？[1]（2015－3－32）

A. 丁可以采取附条件保证方式

B. 若丁在其保证中未记载保证日期，则以出票日期为保证日期

C. 戊只有在向丙行使追索权遭拒绝后，才能向丁请求付款

D. 在丁对戊付款后，丁只能向丙行使追索权

【考点】票据保证

【解析】依据《票据法》第48条的规定，票据保证不得附条件；附有条件的，条件无效，保证有效，A错误。

依据《票据法》第47条第2款的规定，票据保证未记载保证日期的，出票日期为保证日期，B正确。

依据《票据法》第50条的规定，票据保证为连带保证，基于票据法原理，所有在票据上签章的前手都是票据债务人，都需要承担连带责任，戊可以直接向保证人丁追索，C错误。

依据《票据法》第52条的规定，票据保证人清偿票据债务后，可向其所有前手追索，D错误。

关联法条

《票据法》

第四十七条 保证人在汇票或者粘单上未记载前条第（三）项的，已承兑的汇票，承兑人为被保证人；未承兑的汇票，出票人为被保证人。

保证人在汇票或者粘单上未记载前条第（四）项的，出票日期为保证日期。

第四十八条 保证不得附有条件；附有条件的，不影响对汇票的保证责任。

第五十条 被保证的汇票，保证人应当与被保证人对持票人承担连带责任。汇票到期后得不到付款的，持票人有权向保证人请求付款，保证人应当足额付款。

第五十二条 保证人清偿汇票债务后，可以行使持票人对被保证人及其前手的追索权。

2. 张某为支付货款向李某开具了一张票面金额为10万的支票。李某担心张某的信用，于是张某让其朋友陈某在该支票上写上了"保证"字样，并签上了陈某的名字。李某接收该支票后，背书转让给了安某。下列哪些选项是正确的？[2]（2008延－3－77）

A. 如果张某的出票行为无效，则陈某的保证行为亦无效

B. 如果张某的出票行为无效，并不必然导致保证行为无效

C. 如果安某到银行要求付款被拒绝，其可以向李某、陈某、张某行使追索权

D. 如果陈某在签署保证时附加了承担保证责任的条件，则当该条件未成就时陈某不承担责任

【考点】保证

【解析】根据《票据法》第48条的规定："保证不得附有条件；附有条件的，不影响对汇票的保证责任。"D错误。

根据《票据法》第50条的规定："被保证的汇票，保证人应当与被保证人对持票人承担连带责任。汇票到期后得不到付款的，持票人有权向保证人请求付款，保证人应当足额

---

[1]【答案】B

[2]【答案】BC

付款。"C正确。

根据票据行为独立性原理，A错误、B正确。

3. 东霖公司向忠谊公司购买一个元器件，应付价款960元。东霖公司为付款开出一张支票，因金额较小，财务人员不小心将票据金额仅填写了数码的"￥960元"，没有记载票据金额的中文大写。忠谊公司业务员也没细看，拿到支票后就放入文件袋。关于该支票，下列哪些选项是正确的？[1]（17-3-74）

A. 该支票出票行为无效

B. 忠谊公司不享有票据权利

C. 东霖公司应承担票据责任

D. 该支票在使用前应补记票据金额的中文大写

【解析】

依据《票据法》第85条的规定，支票上的金额可以由出票人授权补记，即支票上虽然未写明票据金额的大写，类推适用空白支票规则，其并不影响支票出票行为的效力，票据行为在票据法上具有独立性和无因性，A选项错误。

依据《票据法》第85条的规定和票据法的基本原理，出票人东霖公司的出票行为有效，持票人忠谊公司依法享有票据权利，B选项错误。

依据《票据法》第85条的规定和票据法的基本原理，持票人依法享有票据权利，C选项正确。

依据《票据法》第85条的规定，支票上的金额可以由出票人授权补记，未补记前的支票，不得使用。该支票使用前应当补记票据金额的中文大写，D选项正确。

【本章小结】

本章的重点考点集中在基础理论部分的票据特征：无因性、独立性、设权性、流通性、文义性等；另外主要常考考点集中在票据权利一节，以及以汇票为核心的出票、背书、承兑、保证等票据行为。尤其是背书和保证行为的涉考性要更强一些，需要重点关注。

汇票、本票、支票的区别

项目	汇票	本票	支票
信用功能	基于出票人和付款人信用，除见票即付，还可另行指定到期日，为信用证券	《票据法》上本票限于见票即付，为支付证券	见票即付，属支付证券，没有信用功能
无因性	具有无因性	具有无因性	无因性受限制，支票的出票人签发支票不得超过其付款时在付款人处实有的存款金额，禁止签发空头支票
基本当事人	出票人、付款人和收款人	出票人（付款人和出票人为同一个人）和收款人	出票人、付款人和收款人付款人只能是银行或其他金融机构，不能是其他法人或自然人

---

[1] 【答案】CD

续表

项目	汇票	本票	支票
对出票人资格要求	具有完全民事行为能力即可	由中国人民银行审定	必须使用本名、提交合法身份证件开立支票存款账户，存入足够支付的款项，并预留本人的签名样式和印章样式
对付款人资格要求	银行汇票付款人为参加"全国联行往来"的银行；商业汇票付款人为商品交易活动中接受货物的当事人或与出票人签订承诺委托协议的银行	经中国人民银行审定的银行	有从事支票业务资格的银行或其他金融机构
绝对必要记载事项	"汇票"字样、无条件支付的委托、确定的金额、出票日期、出票人签章、付款人、收款人名称	"本票"字样、无条件支付的承诺、确定的金额、出票日期、出票人签章、收款人名称	"支票"字样、无条件支付的委托、确定的金额（可授权补记）、出票日期、出票人签章（必须与在银行预留印鉴的印章和签名式样一致）、付款人名称
提示承兑期限	见票即付者，无需承兑；见票后定期付款者，为出票日起1个月；定日付款或出票后定期付款者，为汇票到期日	见票即付，无需承兑	见票即付，无需承兑
付款期限	见票即付者，自出票日起1个月内；定日付款、出票后定期付款、见票后定期付款者，自到期日起10日内	出票日起2个月内	同城支票为出票日起10日内；异地使用的支票，付款提示期限由中国人民银行另行规定
权利消灭时效	见票即付者，自出票日起2年内有效；远期汇票自到期日起2年内有效	自出票日起2年内有效	自出票日起6个月内有效

导学

　　本章在商行为法中的地位不是很重要，尤其近年来时而轮空不考。涉考年份一般占据一年一题的份额，分值1~3分。本章按照证券发行的过程及承办主体的顺序搭建体系。由总则介绍基本概念，分则介绍证券的一级发行市场和二级交易市场及承办这些行为的证券类机构从而搭建证券法体系。把握证券发行——证券交易——证券监管的逻辑线索。

　　基金法部分主要就公开募集基金的法律规制、非公开募集基金的法律规制、中介机构、基金行业协会等大纲要求考点进行展开。

★【本部分常考考点包括】

　　证券类机构、一级市场证券的发行及承销、二级市场交易限制、基金当事人信息披露、内幕交易、上市公司收购、私募基金等。

证券法框架体系

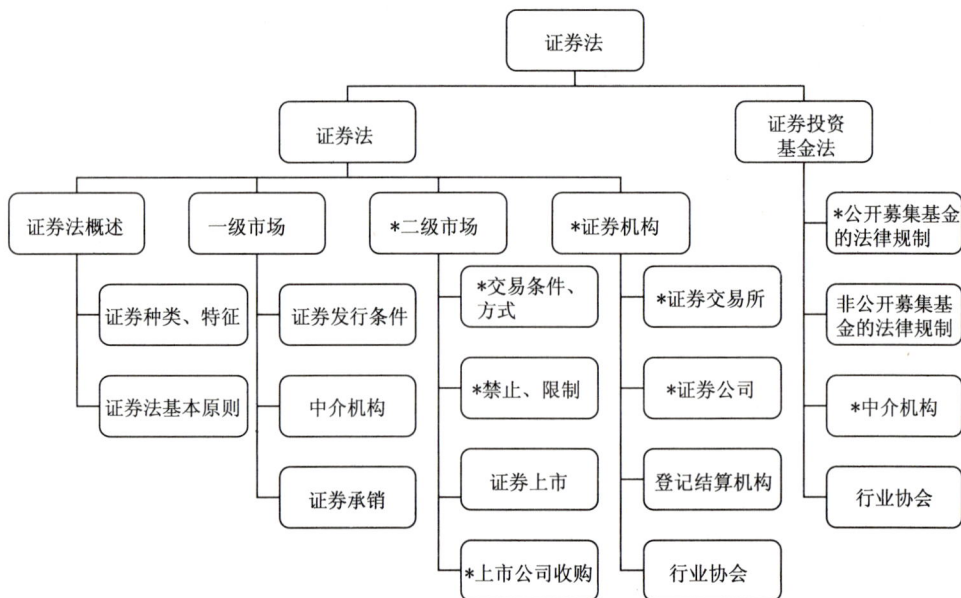

一、证券法概述

（一）证券的概念、种类与特征

1. 证券（有价证券）是表示一定财产权利的书面凭证，包括资本证券（股票、债券）、货币证券（票据）、货物证券（提单）等。

我国证券法所规范的证券仅为资本证券。

我国证券市场上发行和流通的证券主要包括：股票、债券、存托凭证、国务院认定的其他证券。

【经典真题】

股票和债券是我国《证券法》规定的主要证券类型。关于股票与债券的比较，下列哪一表述是正确的？[1]（2011 - 3 - 33）

A. 有限责任公司和股份有限公司都可以成为股票和债券的发行主体

B. 股票和债券具有相同的风险性

C. 债券的流通性强于股票的流通性

D. 股票代表股权，债券代表债权

解析 有限责任公司和股份有限公司都可发行债券，只有股份有限公司可发行股票；股票代表股权，债券代表债权，都具有流通性，但股票的风险大于债券。债券可主张还本付息，而股票只能分红或转让。

（二）证券市场

1. 证券发行市场（发行人——投资人）

一级市场，是指通过发行证券进行募资活动的市场。投资者的闲散资金转化为生产资本。

发行市场由证券发行人、认购人和中介人组成。

（1）发行人：政府、金融机构、公司和公共机构（基金会）；

（2）认购人（投资者）：机构和个人；

（3）中介人：综合类证券公司和为发行提供服务的注册会计师事务所、律师事务所、资产评估机构。

2. 证券流通市场（投资人——投资人）

二级市场，是指对已经发行的证券进行买卖、转让和流通的市场。

（1）证券交易所

（2）场外交易市场

二、证券发行

（一）证券发行的基本条件（F9）

1. 公开发行

公开发行证券，必须符合法律、行政法规规定的条件，并依法报经国务院证券监督管理机构或者国务院授权的部门注册。

---

[1] 【答案】D

未经依法注册，任何单位和个人不得公开发行证券。证券发行注册制的具体范围、实施步骤，由国务院规定。

有下列情形之一的，为公开发行：

（1）向不特定对象发行证券；

（2）向特定对象发行证券累计超过二百人，但依法实施员工持股计划的员工人数不计算在内；

（3）法律、行政法规规定的其他发行行为。

2. 非公开发行

非公开发行证券，不得采用广告、公开劝诱和变相公开方式。

3. 间接发行

发行人申请公开发行股票、可转换为股票的公司债券，依法采取承销方式的，或公开发行法律、行政法规规定实行保荐制度的其他证券的，应聘请具有保荐资格的机构担任保荐人。

【经典真题】

为扩大生产规模，筹集公司发展所需资金，鄂神股份有限公司拟发行总值为1亿元的股票。下列哪一说法符合《证券法》的规定？[1]（2012－3－34）

A. 根据需要可向特定对象公开发行股票

B. 董事会决定后即可径自发行

C. 可采取溢价发行方式

D. 不必将股票发行情况上报证券监管机构备案

【解析】未经依法核准，任何单位和个人不得公开发行证券，超过200人以上特定对象，也是公开发行，A错误。发行新股需要股东大会决议，B错误。股票不得折价发行，可以平价或溢价，C正确。公开发行证券，必须符合法律、行政法规规定的条件，并依法报经国务院证券监督管理机构或者国务院授权的部门核准，D错误。

（二）股票发行的基本条件

1. 发行方式

（1）设立发行

（2）增资发行

2. 公司首次公开发行新股，应当符合下列条件（F13）：

（1）公司营业执照；

（2）公司章程；

（3）股东大会决议；

（4）招股说明书或者其他公开发行募集文件；

（5）财务会计报告；

（6）代收股款银行的名称及地址。

上市公司发行新股，应当符合证监会规定的条件。

公开发行存托凭证的，应当符合首次公开发行新股的条件以及证监会规定的其他条件。

---

［1］【答案】C

【经典真题】

某上市公司自 2003 年以来年年盈利，财务状况良好。2004 年，该公司曾出现过财务会计文件虚假记载的情况，此后再无其他重大违法行为。2008 年 10 月该公司拟发行新股。对此，下列哪些选项是错误的？[1] (2008 - 四川 3 - 67)

A. 该公司曾有虚假财务记载，所以不能发行新股

B. 该公司具备发行新股的条件，但仅限于向原股东配售股份

C. 该公司具备发行新股的条件，但仅限于向特定对象募集股份

D. 该公司虽曾有虚假财务记载，但目前不影响发行新股

【解析】 上市公司发行新股，符合条件之一是最近 3 年财务会计无虚假记录。上市发行新股可以公开募集，不限于原股东和特定对象。

3. 注册制（F21）

（1）证监会依法负责发行申请的注册

证监会或国务院授权的部门依法负责证券发行申请的注册。证券公开发行注册的具体办法由国务院规定。

（2）证交所按规审核发行申请

证券交易所等按照国务院的规定可以审核公开发行证券申请，判断发行人是否符合发行条件、信息披露要求，督促发行人完善信息披露内容。

（3）参与申请注册人员禁止——上述参与证券发行申请注册的人员

A 不得与发行申请人有利害关系，

B 不得直接或者间接接受发行申请人的馈赠，

C 不得持有所注册的发行申请的证券，

D 不得私下与发行申请人进行接触。

4. 撤销注册（F24）

证监会或国务院授权的部门对已作出的注册决定，发现违法的，

（1）尚未发行证券的，应当予以撤销，停止发行。

（2）已经发行尚未上市的，撤销发行注册决定：

A 发行人返还本息

发行人应当按照发行价并加算银行同期存款利息返还证券持有人；

B 发行人控股股东、实际控制人、保荐人过错推定的连带责任

发行人的控股股东、实际控制人以及保荐人，应当与发行人承担连带责任，但是能够证明自己没有过错的除外。

（3）发行人虚假陈述的，回购证券或控股股东、实际控制人买回证券

股票的发行人在招股说明书等证券发行文件中隐瞒重要事实或者编造重大虚假内容，已经发行并上市的，证监会可以责令发行人回购证券，或者责令负有责任的控股股东、实际控制人买回证券。

---

[1]【答案】ABC

（三）证券承销（F28 - 36）

1. 证券公司承销

发行人向不特定对象发行的证券，法律、行政法规规定应当由证券公司承销的，发行人应当同证券公司签订承销协议。

证券承销业务采取代销或包销方式。

（1）证券代销是指证券公司代发行人发售证券，在承销期结束时，将未售出的证券全部退还给发行人的承销方式。

（2）证券包销是指证券公司将发行人的证券按照协议全部购入或者在承销期结束时将售后剩余证券全部自行购入的承销方式。

（3）证券公司在代销、包销期内，对所代销、包销的证券应保证先行出售给认购人，不得为本公司预留所代销的证券和预先购入并留存所包销的证券。

2. 承销团

向不特定对象发行的证券票面总值超过人民币5千万元的，应当由承销团承销。承销团应当由主承销和参与承销的证券公司组成。

3. 承销期限

证券的代销、包销期限最长不得超过90日。

4. 承销价格

股票发行采取溢价发行的，其发行价格由发行人与承销的证券公司协商确定。

5. 发行失败

股票发行采用代销方式，代销期限届满，向投资者出售的股票数量未达到拟公开发行股票数量70%的，为发行失败。

发行人应当按照发行价并加算银行同期存款利息返还股票认购人。

6. 证券公司核查义务（F29）

证券公司承销证券，应当对公开发行募集文件的真实性、准确性、完整性进行核查。

发现有虚假记载、误导性陈述或者重大遗漏的，不得进行销售活动；已经销售的，必须立即停止销售活动，并采取纠正措施。

7. 证券公司行为禁止（F29）

证券公司承销证券，不得有下列行为：

（1）进行虚假的或者误导投资者的广告宣传或者其他宣传推介活动；

（2）以不正当竞争手段招揽承销业务；

（3）其他违反证券承销业务规定的行为。

证券公司有前款所列行为，给其他证券承销机构或者投资者造成损失的，应当依法承担赔偿责任。

【经典真题】

依据我国《证券法》的相关规定，关于证券发行的表述，下列哪一选项是正确的?[1]（2013 - 3 - 32）

A. 所有证券必须公开发行，而不得采用非公开发行的方式

---

[1] 【答案】D

B. 发行人可通过证券承销方式发行，也可由发行人直接向投资者发行

C. 只有依法正式成立的股份公司才可发行股票

D. 国有独资公司均可申请发行公司债券

【解析】证券可以公开发行，也可以依法非公开发行，A 错误。

发行人不能直接向投资者发行证券，必须依法通过证券承销方式或者聘请保荐人的间接发行方式，B 错误。

募集设立股份公司，也可以发行股票，在公司成立之后向投资者交付股票，C 错误。

国有独资公司是有限公司，可以依法发行债券，D 正确。

三、证券交易

（一）限制和禁止的证券交易行为

1. 持股限制（F36）

上市公司持有 5% 以上股份的股东、实际控制人、董事、监事、高级管理人员，以及其他持有发行人首次公开发行前发行的股份或者上市公司向特定对象发行的股份的股东，转让其持有的本公司股份的，不得违反法律、行政法规和国务院证券监督管理机构关于持有期限、卖出时间、卖出数量、卖出方式、信息披露等规定，并应当遵守证券交易所的业务规则。

2. 持股禁止（F40）："4 证"

（1）证交所、证券公司和证券登记结算机构的从业人员、证监会的工作人员以及法律、行政法规规定禁止参与股票交易的其他人员在任期或法定限期内，不得直接或以化名、借他人名义持有、买卖股票，也不得收受他人赠送的股票。

（2）任何人在成为前款所列人员时，其原已持有的股票或者其他具有股权性质的证券，必须依法转让。

（3）实施股权激励计划或者员工持股计划的证券公司的从业人员，可以按照国务院证券监督管理机构的规定持有、卖出本公司股票或者其他具有股权性质的证券。

3. 保密义务（F41）

（1）证券交易场所、证券公司、证券登记结算机构、证券服务机构及其工作人员应当依法为投资者的信息保密，不得非法买卖、提供或者公开投资者的信息。

（2）证券交易场所、证券公司、证券登记结算机构、证券服务机构及其工作人员不得泄露所知悉的商业秘密。

4. 证券服务人员转股限制（F42）：

（1）为证券发行出具审计报告或者法律意见书等文件的证券服务机构和人员，在该证券承销期内和期满后 6 个月内，不得买卖该证券；

（2）为发行人及其控股股东、实际控制人，或者收购人、重大资产交易方出具审计报告或者法律意见书等文件的证券服务机构和人员，自接受委托之日起至上述文件公开后 5 日内，不得买卖该证券。实际开展上述有关工作之日早于接受委托之日的，自实际开展上述有关工作之日起至上述文件公开后 5 日内，不得买卖该证券。

5. 短线交易收入归入（F44）

（1）上市公司、股票在国务院批准的其他全国性证券交易场所交易的公司持有 5% 以上股份的股东、董事、监事、高级管理人员，将其持有的该公司的股票或者其他具有股权性质的证券在买入后 6 个月内卖出，或者在卖出后 6 个月内又买入，由此所得收益归该公

司所有，公司董事会应当收回其所得收益。

（2）董事会不按照前款规定执行的，股东有权要求董事会在 30 日内执行。公司董事会未在上述期限内执行的，股东有权为了公司的利益以自己的名义直接向人民法院提起诉讼。

（3）董事会不按照第一款的规定执行的，负有责任的董事依法承担连带责任。

（4）但是，证券公司因购入包销售后剩余股票而持有 5% 以上股份的，卖出该股票不受 6 个月时间限制。

（5）前款所称董事、监事、高级管理人员、自然人股东持有的股票或者其他具有股权性质的证券，包括其配偶、父母、子女持有的及利用他人账户持有的股票或者其他具有股权性质的证券。

【经典真题】

某上市公司董事吴某，持有该公司 6% 的股份。吴某将其持有的该公司股票在买入后的第 5 个月卖出，获利 600 万元。关于此收益，下列哪些选项是正确的？[1]（2008 - 3 - 68）

A. 该收益应当全部归公司所有

B. 该收益应由公司董事会负责收回

C. 董事会不收回该收益的，股东有权要求董事会限期收回

D. 董事会未在规定期限内执行股东关于收回吴某收益的要求的，股东有权代替董事会以公司名义直接向法院提起收回该收益的诉讼

【解析】 公司董事会不主张收回的，股东有权为了公司的利益以自己的名义直接向人民法院提起诉讼。

四、证券上市和信息披露

（一）发行人董监高的书面确认意见——针对发行文件和定期报告

1. 董监高的保证义务

发行人的董事、监事和高级管理人员应当保证发行人及时、公平地披露信息，所披露的信息真实、准确、完整。

2. 董高——书面确认意见；

发行人的董事、高级管理人员应当对证券发行文件和定期报告签署书面确认意见。

3. 监事会——书面审核意见；监事——书面确认意见

发行人的监事会应当对董事会编制的证券发行文件和定期报告进行审核并提出书面审核意见。监事应当签署书面确认意见。

4. 董监高有异议的，发表意见并陈述理由，应当披露；发行人不披露的，直接申请披露；

董事、监事和高级管理人员无法保证证券发行文件和定期报告内容的真实性、准确性、完整性或者有异议的，应当在书面确认意见中发表意见并陈述理由，发行人应当披露。发行人不予披露的，董事、监事和高级管理人员可以直接申请披露。

（二）同时披露——向所有投资者

1. 信息披露义务人披露的信息应当同时向所有投资者披露，不得提前向任何单位和个人泄露。但是，法律、行政法规另有规定的除外。

---

〔1〕**【答案】** ABC

2. 任何单位和个人不得非法要求信息披露义务人提供依法需要披露但尚未披露的信息。任何单位和个人提前获知的前述信息，在依法披露前应当保密。

（三）法律责任（F85）

1. 信息披露义务人违规披露信息的赔偿责任

信息披露义务人未按照规定披露信息，或者公告的证券发行文件、定期报告、临时报告及其他信息披露资料存在虚假记载、误导性陈述或者重大遗漏，致使投资者在证券交易中遭受损失的，信息披露义务人应当承担赔偿责任；

2. 发行人的控股股东、实际控制人、董监高、其他直接责任人和保荐人、承销商以及其直接责任人的过错推定的连带责任

发行人的控股股东、实际控制人、董事、监事、高级管理人员和其他直接责任人员以及保荐人、承销的证券公司及其直接责任人员，应当与发行人承担连带赔偿责任，但是能够证明自己没有过错的除外。

【经典真题】

某上市公司因披露虚假年度财务报告，导致投资者在证券交易中蒙受重大损失。关于对此承担民事赔偿责任的主体，下列哪一选项是错误的？[1]（2010 - 3 - 30）

A. 该上市公司的监事
B. 该上市公司的实际控制人
C. 该上市公司财务报告的刊登媒体
D. 该上市公司的证券承销商

【解析】 媒体没有过错，不需要承担赔偿责任。

五、上市公司收购（F62 - 77）

（一）概述

1. 收购方式

投资者可以采取要约收购、协议收购及其他合法方式（间接收购、裁决转让、行政划拨、继承、赠与）收购上市公司。

2. 报告、通知、公告、禁止买卖——"慢走"规则（F63）

（1）5%，3 日内报告通知公告，期限内禁止买卖

通过证券交易所的证券交易，投资者持有或者通过协议、其他安排与他人共同持有一个上市公司已发行的有表决权股份达到5%时，应当在该事实发生之日起3日内，向国务院证券监督管理机构、证券交易所作出书面报告，通知该上市公司，并予公告，在上述期限内不得再行买卖该上市公司的股票，但国务院证券监督管理机构规定的情形除外。

（2）达到5%后，每增减5%，报告公告，事实发生至公告3日内，禁止买卖

投资者持有或者通过协议、其他安排与他人共同持有一个上市公司已发行的有表决权股份达到5%后，其所持该上市公司已发行的有表决权股份比例每增加或者减少5%，应当依照前款规定进行报告和公告，在该事实发生之日起至公告后3日内，不得再行买卖该上市公司的股票，但国务院证券监督管理机构规定的情形除外。

（3）达到5%后，表决权股每增减1%，通知公告

投资者持有或者通过协议、其他安排与他人共同持有一个上市公司已发行的有表决权

---

[1]【答案】C

股份达到5%后，其所持该上市公司已发行的有表决权股份比例每增加或者减少1%，应当在该事实发生的次日通知该上市公司，并予公告。

（4）违法买入有表决权股的，36个月内，对该违法超过比例部分的股份没有表决权

违反第一款、第二款规定买入上市公司有表决权的股份的，在买入后的36个月内，对该超过规定比例部分的股份不得行使表决权。

（二）要约收购

1. 要约收购

通过证交所的证券交易，投资者持有或通过协议、其他安排与他人共同持有一个上市公司已发行的有表决权股份达到30%时，继续进行收购的，应依法向该上市公司所有股东发出收购上市公司全部或部分股份的要约。

（1）全部股份要约

（2）部分股份要约

收购上市公司部分股份的收购要约应约定，被收购公司股东承诺出售的股份数额超过预定收购的股份数额的，收购人按比例进行收购。

由于收购人只能收购承诺的部分股份，会损害其他股东的平等出售权。因此是不得先售先买，而是按股东承诺出售股份的比例向每位承诺出售的股东收购，维护被收购公司股东的股权平等。

2. 公告收购报告书

发出收购要约，收购人必须公告上市公司收购报告书，并载明下列事项：

（1）收购人的名称、住所；

（2）收购人关于收购的决定；

（3）被收购的上市公司名称；

（4）收购目的；

（5）收购股份的详细名称和预定收购的股份数额；

（6）收购期限、收购价格；

（7）收购所需资金额及资金保证；

（8）公告上市公司收购报告书时持有被收购公司股份数占该公司已发行的股份总数的比例。

3. 收购期限和条件

收购要约约定的收购期限不得少于30日，并不得超过60日。

收购要约提出的各项收购条件，适用于被收购公司的所有股东。

【经典真题】

甲公司拟收购某乙上市公司的股份，下列错误的是？[1]

A. 甲公司持有乙公司已发行股份达到5%时，应当立即通知该上市公司

B. 甲公司持有乙公司已发行股份达到30%时，继续收购的，应依法向该上市公司所有股东发出收购上市公司全部股份的要约

C. 发出上述收购要约，收购人必须公告上市公司收购报告书，并经证监会批准

---

[1]【答案】ABCD

D. 上述收购要约的收购期限不得少于 60 日

【解析】持股5%以上的，3日内报告证监会、通知上市公司、公告，此期间收购人买卖该公司股票禁止；此后每增减5%，在报告期限内和作出报告、公告后3日内，该公司股票收购人买卖禁止。继续收购，可以全部要约收购；也可以部分要约收购，股东承诺超出要约内容的，应当按比例收购；收购要约公告即可，经证监会批准的规定已经删除；收购期限：不少于30日，不超过60日。

（三）收购行为完成

1. 收购完成

（1）收购期限届满，被收购公司股权分布不符合上市条件的，该上市公司的股票应依法终止上市交易；

其余仍持有被收购公司股票的股东，有权向收购人以收购要约的同等条件出售其股票，收购人应收购。

（2）收购行为完成后，被收购公司不具备股份有限公司条件的，依法变更企业形式。

2. 收购人转股限制

在上市公司收购中，收购人持有的被收购的上市公司的股票，在收购行为完成后的18个月内不得转让。

六、投资者权益保护

（一）表决权征集（F90）

1. 提案权、表决权征集

上市公司董事会、独立董事、持有1%以上有表决权股份的股东或者依照法律、行政法规或者国务院证券监督管理机构的规定设立的投资者保护机构（以下简称投资者保护机构），可以作为征集人，自行或者委托证券公司、证券服务机构，公开请求上市公司股东委托其代为出席股东大会，并代为行使提案权、表决权等股东权利。

2. 征集人披露义务，禁止有偿征集

征集股东权利的，征集人应当披露征集文件，上市公司应当予以配合。禁止以有偿或者变相有偿的方式公开征集股东权利。

3. 征集违法的赔偿责任

公开征集股东权利违反法律、行政法规或者国务院证券监督管理机构有关规定，导致上市公司或者其股东遭受损失的，应当依法承担赔偿责任。

（二）先行赔付（F93）

发行人欺诈虚假陈述对投资者造成损失的，发行人的控股股东等可委托投资者保护机构先赔偿，后追偿

发行人因欺诈发行、虚假陈述或者其他重大违法行为给投资者造成损失的，发行人的控股股东、实际控制人、相关的证券公司可以委托投资者保护机构，就赔偿事宜与受到损失的投资者达成协议，予以先行赔付。先行赔付后，可以依法向发行人以及其他连带责任人追偿。

【经典真题】

依据《证券法》的规定，下列表述错误的是?[1]

A. 甲上市公司董事会、独立董事张某、持有1%表决权股份的股东、经理可以作为征集人，公开请求上市公司股东委托其出席股东大会，并代为行使提案权

B. 乙上市公司董事会应披露征集文件，可以有偿方式公开征集股东权利

C. 丙上公司股东李某公开征集股东权利违反法律，导致其他股东受到损失的，丙上市公司应当承担连带责任

D. 丁上市公司（发行人）其欺诈发行给投资者造成损失，丙公司的控股股东王某可委托投资者保护机构先行赔付

【解析】 经理不能作为征集人。禁止有偿征集。违法征集，损害赔偿，上市公司没有法定的连带责任。

▽ **关联法条**

《证券法》第90、93条。

（三）纠纷解决（F94）

1. 调解

投资者与发行人、证券公司等发生纠纷的，双方可以向投资者保护机构申请调解。

普通投资者与证券公司发生证券业务纠纷，普通投资者提出调解请求的，证券公司不得拒绝。

2. 诉讼

投资者保护机构对损害投资者利益的行为，可以依法支持投资者向人民法院提起诉讼。

3. 投资者保护机构可提起代表诉，不受持股比例和期限的限制

发行人的董事、监事、高级管理人员执行公司职务时违反法律、行政法规或者公司章程的规定给公司造成损失，发行人的控股股东、实际控制人等侵犯公司合法权益给公司造成损失，投资者保护机构持有该公司股份的，可以为公司的利益以自己的名义向人民法院提起诉讼，持股比例和持股期限不受《公司法》规定的限制。

（四）代表人诉讼

1. 诉讼标的同一种类、一方人数众多的，可推选代表人进行诉讼

投资者提起虚假陈述等证券民事赔偿诉讼时，诉讼标的是同一种类，且当事人一方人数众多的，可以依法推选代表人进行诉讼。

2. 法院公告通知投资者登记

对上述提起的诉讼，可能存在有相同诉讼请求的其他众多投资者的，人民法院可以发出公告，说明该诉讼请求的案件情况，通知投资者在一定期间向人民法院登记。

人民法院作出的判决、裁定，对参加登记的投资者发生效力。

3. 投资者保护机构受50名以上投资者委托，可作为代表人参加诉讼

投资者保护机构受50名以上投资者委托，可以作为代表人参加诉讼，并为经证券登记结算机构确认的权利人依法向人民法院登记，但投资者明确表示不愿意参加该诉讼的除外。

4. 代表人的条件（《最高人民法院关于证券纠纷代表人诉讼若干问题的规定》第12条）

---

[1]【答案】ABC

代表人应当符合以下条件：

（1）自愿担任代表人；

（2）拥有相当比例的利益诉求份额；

（3）本人或者其委托诉讼代理人具备一定的诉讼能力和专业经验；

（4）能忠实、勤勉地履行维护全体原告利益的职责。

依照法律、行政法规或者国务院证券监督管理机构的规定设立的投资者保护机构作为原告参与诉讼，或者接受投资者的委托指派工作人员或委派诉讼代理人参与案件审理活动的，人民法院可以指定该机构为代表人，或者在被代理的当事人中指定代表人。

申请担任代表人的原告存在与被告有关联关系等可能影响其履行职责情形的，人民法院对其申请不予准许。

【经典真题】

依据《证券法》，下列表述正确的是？[1]

A. 投资者与发行人、甲证券公司等发生纠纷的，双方可以向投资者保护机构申请调解。普通投资者与甲证券公司发生证券业务纠纷，普通投资者提出调解请求的，甲证券公司可以拒绝

B. 投资者保护机构持有乙公司股份的，依据《公司法》的规定，提起股东代表诉讼

C. 投资者对丙公司提起虚假陈述证券民事赔偿诉讼时，诉讼标的是同一种类，且当事人一方人数众多的，可以依法推选代表人进行诉讼

D. 投资者保护机构受 10 名以上投资者委托，可以作为代表人参加诉讼

【解析】 普通投资者与证券公司发生纠纷，投资者提出调解的，证券公司不得拒绝；投资者保护机构提起代表诉讼，不受持股比例和时间的限制；投资者保护机构受 50 名以上投资者委托，可以作为代表人参加诉讼。

▽ **关联法条**　《证券法》第 94、95 条。

七、证券投资基金法律制度

考点 1　证券投资基金概述

证券投资基金是指通过公开发售基金份额募集证券投资基金（以下简称基金），由基金管理人管理，基金托管人托管，为基金份额持有人的利益，以资产组合的方式进行证券投资活动而获取一定收益的投资工具。

---

[1]【答案】C

考点 2　证券投资基金关系中的当事人 ★

基金份额持有人	基金份额持有人是指购买基金份额的投资者。在记名的情况下，在登记册上登记为持有基金的人，或者在不记名的情况下直接持有基金份额的人。
基金管理人	1. 概念。 基金管理人，是指凭借专门的知识与经验，运用所管理基金的资产，根据法律、法规及基金章程或基金契约的规定，按照科学的投资组合原理进行投资决策，谋求所管理的基金资产不断增值，并使基金持有人获取尽可能多收益的机构。 2. 组织形式。 基金管理人由依法设立的公司或者合伙企业担任。 公开募集基金（以下简称公募基金）的基金管理人，由基金管理公司或者经国务院证券监督管理机构按照规定核准的其他机构担任。 3. 行为禁忌。 公开募集基金的基金管理人及其董事、监事、高级管理人员和其他从业人员不得有下列行为： （1）将其固有财产或者他人财产混同于基金财产从事证券投资； （2）不公平地对待其管理的不同基金财产； （3）利用基金财产或者职务之便为基金份额持有人以外的人牟取利益； （4）向基金份额持有人违规承诺收益或者承担损失； （5）侵占、挪用基金财产； （6）泄露因职务便利获取的未公开信息、利用该信息从事或者明示、暗示他人从事相关的交易活动； （7）玩忽职守，不按照规定履行职责； （8）法律、行政法规和国务院证券监督管理机构规定禁止的其他行为。
基金托管人	1. 基金托管人的概念。 基金托管人，是保管各项基金财产，并对基金管理人运用基金财产从事证券投资进行管理的主体。由依法设立的商业银行或者其他金融机构担任。 商业银行担任基金托管人的，由国务院证券监督管理机构会同国务院银行业监督管理机构核准；其他金融机构担任基金托管人的，由国务院证券监督管理机构核准。 （1）基金托管人只能是商业银行或其他金融机构； （2）基金托管人与基金管理人不得为同一人； （3）基金托管人与基金管理人不得相互出资或者持有股份。 2. 基金托管人的职责。 （1）安全保管基金财产； （2）按照规定开设基金财产的资金账户和证券账户； （3）对所托管的不同基金财产分别设置账户，确保基金财产的完整与独立； （4）保存基金托管业务活动的记录、账册、报表和其他相关资料； （5）按照基金合同的约定，根据基金管理人的投资指令，及时办理清算、交割事宜； （6）办理与基金托管业务活动有关的信息披露事项； （7）对基金财务会计报告、中期和年度基金报告出具意见； （8）复核、审查基金管理人计算的基金资产净值和基金份额申购、赎回价格； （9）按照规定召集基金份额持有人大会； （10）按照规定监督基金管理人的投资运作； （11）国务院证券监督管理机构规定的其他职责。

【经典真题】

华新基金管理公司是信泰证券投资基金（信泰基金）的基金管理人。华新公司的下列哪些行为是不符合法律规定的?[1]（2012-3-73）

A. 从事证券投资时，将信泰基金的财产独立于自己固有的财产

B. 以信泰基金的财产为公司大股东鑫鑫公司提供担保

C. 就其管理的信泰基金与其他基金的财产，规定不同的基金收益条款

D. 向信泰基金份额持有人承诺年收益率不低于12%

【考点】 基金管理人的行为禁忌

【解析】 根据《证券投资基金法》第20条："公开募集基金的基金管理人及其董事、监事、高级管理人员和其他从业人员不得有下列行为：（一）将其固有财产或者他人财产混同于基金财产从事证券投资（A项不违反规定）；（二）不公平地对待其管理的不同基金财产（C项违反该规定）；（三）利用基金财产或者职务之便为基金份额持有人以外的人牟取利益（B项违反该规定）；（四）向基金份额持有人违规承诺收益或者承担损失（D项违反该规定）；（五）侵占、挪用基金财产；（六）泄露因职务便利获取的未公开信息、利用该信息从事或者明示、暗示他人从事相关的交易活动；（七）玩忽职守，不按照规定履行职责；（八）法律、行政法规和国务院证券监督管理机构规定禁止的其他行为。"

因此，本题B、C、D所述行为均不符合法律规定，A符合法律规定。应选BCD。

> **【本章小结】**
>
> 本章的重点考查内容集中来说有两个部分，一是证券法部分中的证券交易（尤其是交易规则限制、信息披露、上市公司收购），证券机构（主要是证券交易所和证券公司两类）；二是基金法部分中的基金当事人（主要是基金管理人、托管人的相关内容），公开募集基金的法律规制系列内容。

---

[1] **【答案】** BCD

第八章

保险法

保险法是商行为法中比较重要的一个部门法，尤其是随着《保险法司法解释二》、《保险法司法解释三》的出台，对于新的司法解释内容的考查是重点涉考部分。保险法整体上从保险法的基本原则、保险合同总论、保险合同分论（人身保险合同、财产保险合同）、保险业的监督管理几个部分来搭建体系，其中保险业的监督管理鲜有考查，其余几个部分的考查频度都相对较高。

保险法的学习应当把握保险合同订立——保险合同履行——保险合同变更——保险合同解除的逻辑线索。3～6分左右。

★【本部分常考考点包括】

保险合同原则、保险合同的成立、保险合同解除、死亡险、受益人、年龄误报、代位求偿、责任险、保险合同的中止与复效等。

保险法框架体系

一、保险法概述

考点1 保险的概念

本法所称保险，是指投保人根据合同约定，向保险人支付保险费，保险人对于合同约定的可能发生的事故因其发生所造成的财产损失承担赔偿保险金责任，或者当被保险人死亡、伤残、疾病或者达到合同约定的年龄、期限等条件时承担给付保险金责任的商业保险行为。

考点2 保险法的基本原则 ★★★★

（一）公序良俗原则

（二）自愿原则

这是指保险法律关系的当事人即投保人、保险人以及被保险人、受益人有权根据自己的意愿设立、变更或终止保险法律关系，不受他人干预；除法律、行政法规规定必须保险的外，保险合同自愿订立。

▷ **★特别提示** 自愿原则不是绝对的，比如交强险作为强制保险，不能以当事人的意志为准。

（三）最大诚信原则

1. 对投保人来讲，诚信原则主要表现为：

（1）保险合同订立时，投保人明知的与保险标的或者被保险人有关的情况，属于投保人"应当如实告知"的内容。

（2）投保人的告知义务限于保险人询问的范围和内容。当事人对询问范围及内容有争议的，保险人负举证责任。

保险人以投保人违反了对投保单询问表中所列概括性条款的如实告知义务为由请求解除合同的，人民法院不予支持。但该概括性条款有具体内容的除外。投保人履行保险合同中的信守保险义务，如危险增加的通知义务。

（3）体检不免告知义务。

合同订立时，被保险人根据保险人的要求在指定医疗服务机构进行体检，当事人不能依此主张投保人如实告知义务免除。

（4）保险人知道体检结果视为已告知。

保险人知道被保险人的体检结果，不能仍以投保人未就相关情况履行如实告知义务为由要求解除合同。

2. 对于保险人，诚信原则表现为以下两项义务。

义务	内容
在订立合同时将保险条款**告知**投保人的义务，特别是保险人的免责条款	1. **需要告知的内容**。 ① 保险人提供的格式合同文本中的<u>责任免除条款、免赔额、免赔率、比例赔付或者给付等</u>免除或者减轻保险人责任的条款； ② 保险人将<u>法律、行政法规中的禁止性规定</u>情形作为保险合同免责条款的免责事由，保险人对该条款作出提示后，即视为履行明确说明义务。 2. **履行如实告知的方式**：通过如下方式履行告知义务即视为履行了如实告知的义务。

续表

义务	内容
	① 保险合同订立时，保险人在投保单或者保险单等其他保险凭证上，对保险合同中免除保险人责任的条款，以足以引起投保人注意的文字、字体、符号或者其他明显标志作出提示的； ② 保险人对保险合同中有关免除保险人责任条款的概念、内容及其法律后果以书面或者口头形式向投保人作出常人能够理解的解释说明的； ③ 通过网络、电话等方式订立的保险合同，保险人以网页、音频、视频等形式对免除保险人责任条款予以提示和明确说明的，即视为履行明确说明义务。 **3. 投保人确认反证保险人对其履行了明确说明义务。** 投保人对保险人履行了"对保险合同中有关免除保险人责任条款的概念、内容及其法律后果以书面或者口头形式向投保人作出常人能够理解的解释说明"义务，并在相关文书上签字、盖章或者以其他形式予以确认的，应当认定保险人履行了该项义务。但另有证据证明保险人未履行明确说明义务的除外。
及时与全面支付保险金的义务	当发生保险事故时，保险人应及时全面地支付保险赔偿金。 ▶ ★特别提示 此项义务是保险人最大诚信原则的次要要求内容。

（四）保险利益原则

1. 保险利益的成立要件。

（1）必须是法律上承认的利益，即合法的利益；

（2）必须是经济上的利益，即可以用金钱估计的利益；

（3）必须是可以确定的利益。

▶ ★特别提示 保险利益具有合法性、经济性、确定性。

2. 保险利益的确定。

（1）财产保险的投保人对因下列事由产生的经济利益具有保险利益：物权、合同、依法应当承担的民事赔偿责任等。

▶ ★特别提示 财产保险中的保险利益是指：财产保险所保的财产的损益与被保险人密切相关，所投保财产的损害，就是被保险人的利益损害。反之，若投保财产的损害与被保险人毫无关系，则不存在保险利益。

（2）人身保险的投保人对下列人员具有保险利益：

① 亲缘关系：本人；配偶、子女、父母；前项以外与投保人有抚养、赡养或者扶养关系的家庭成员、近亲属。

② 劳动关系：与投保人有劳动关系的劳动者。

③ 被保险人同意：被保险人同意投保人为其订立合同的，视为投保人对被保险人具有保险利益。

▶ ★特别提示 人身保险合同订立后，保险利益丧失，保险合同依然有效的理由主要包括：

1. 便利保单自由流通、保护交易安全，符合国际惯例。人身保险具有储蓄性、长期性和投资性，以合同订立为准判断保险利益，便利保单的自由交易，符合人身保单的投资证券属性。

2. 保护被保险人利益。保险合同订立后，如果因保险利益丧失而直接使得合同无效，会使得被保险人失去保障，损害被保险人利益。

3. 存在保险利益丧失的补救机制。受益人由被保险人决定。在死亡保险中，被保险人享有任意撤销权（可随时撤销同意投保的意思表示）。死亡保单的处分（转让或出质），必须经过被保险人的书面同意。

> ★特别提示 如果投保人在合同订立时对被保险人无保险利益的，保险合同无效。

3. 保险利益的时间点。

（1）人身保险的投保人在保险合同订立时，对被保险人应当具有保险利益。人身保险合同订立后，因投保人丧失对被保险人的保险利益，当事人不得主张保险合同无效。

（2）财产保险的被保险人在保险事故发生时，对保险标的具有保险利益。

> ★特别提示 被保险人在保险事故发生时对保险标的具有保险利益的理由主要包括：

A. 财产保险具有补偿性。只有实际受害人才能得到补偿。所以需要在保险事故发生时，具体判断被保险人是否因为保险事故受到损害，否则，不能对被保险人进行赔付。

B. 财产保险的保险标的具有流动性。随着保险标的的流转，被保险人可能会丧失对保险标的的保险利益，也可能会获得对保险标的的保险利益。以保险事故发生时判断，更符合保险标的具有流通性的特点。

4. 人身保险中，因不具有保险利益导致合同无效的处理。

因投保人对被保险人不具有保险利益导致保险合同无效，投保人有权主张保险人退还扣减相应手续费后的保险费。

（五）近因原则

近因原则是指保险人按照约定的保险责任范围承担责任时，其所承保危险的发生与保险标的的损害之间必须存在因果关系。近因是在造成保险标的损害的原因中，起主要的、决定性作用的原因。

> ★特别提示 保险人只对其承保的保险事故作为近因造成的损害承担保险责任。

难以确定被保险人的损失系由承保事故或非承保事故、免责事由造成，当事人可按照相应比例请求保险人给付保险金。

【经典真题】

1. 关于投保人在订立保险合同时的告知义务，下列哪些表述是正确的？[1]（2014 - 3 - 76）

    A. 投保人的告知义务，限于保险人询问的范围和内容

    B. 当事人对询问范围及内容有争议的，投保人负举证责任

    C. 投保人未如实告知投保单询问表中概括性条款时，则保险人可以此为由解除合同

    D. 在保险合同成立后，保险人获悉投保人未履行如实告知义务，但仍然收取保险费，

---

[1] 【答案】AD

则保险人不得解除合同

【考点】投保人的告知义务

【解析】根据《保险法司法解释二》第6条："投保人的告知义务限于保险人询问的范围和内容。当事人对询问范围及内容有争议的，保险人负举证责任。保险人以投保人违反了对投保单询问表中所列概括性条款的如实告知义务为由请求解除合同的，人民法院不予支持。但该概括性条款有具体内容的除外。"所以 A 项正确；应由保险人承担举证责任，B 项错误。

根据《保险法司法解释二》第7条："保险人在保险合同成立后知道或者应当知道投保人未履行如实告知义务，仍然收取保险费，又依照保险法第十六条第二款的规定主张解除合同的，人民法院不予支持。"所以 C 项错误，D 项正确。

2. 根据《保险法》规定，人身保险投保人对下列哪一类人员具有保险利益?[1]（2010 - 3 - 31）

A. 与投保人关系密切的邻居

B. 与投保人已经离婚但仍一起生活的前妻

C. 与投保人有劳动关系的劳动者

D. 与投保人合伙经营的合伙人

【考点】保险利益

【解析】根据《保险法》第31条："投保人对下列人员具有保险利益：（一）本人；（二）配偶、子女、父母；（三）前项以外与投保人有抚养、赡养或者扶养关系的家庭其他成员、近亲属；（四）与投保人有劳动关系的劳动者。除前款规定外，被保险人同意投保人为其订立合同的，视为投保人对被保险人具有保险利益。订立合同时，投保人对被保险人不具有保险利益的，合同无效。"所以只有 C 项正确。

二、保险合同总论

考点1　保险合同的概念和特征

保险合同是投保人与保险人约定保险权利义务关系的协议。保险合同是为第三人利益的合同，是为被保险人利益而订立的合同。

保险合同具有如下特征：

1. 保险合同是射幸合同，这是由保险的射幸性决定的。

2. 保险合同是最大诚信合同。

3. 保险合同往往采取格式合同，保险合同的条款是由保险人单方面预先制订而成立的标准化合同。

4. 保险合同是双务、有偿合同。

5. 保险合同是非要式合同。

6. 保险合同是诺成性合同。

▶ ★特别提示　双方协商一致，保险合同成立。投保人缴纳保费是在履行保险合同。

---

〔1〕【答案】C

考点 2　保险合同的当事人、关系人

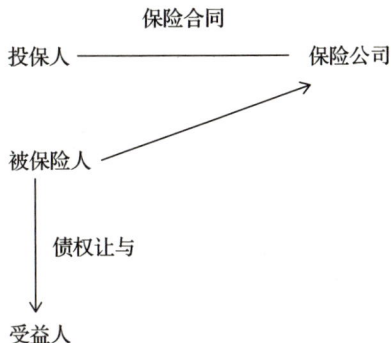

保险合同

投保人 ——————————→ 保险公司

被保险人

债权让与

受益人

当事人	1. 保险人。又称承保人，是指保险公司。 2. 投保人。又称要保人，是指与保险人订立保险合同，并按照保险合同负有支付保险费义务的人。
关系人	1. 被保险人。是指其财产或者人身受保险合同保障，保险事故发生时受到损害的主体。财产险中享有保险金请求权的人。 2. 受益人。又称保险金受领人，是指在人身保险合同中由被保险人决定的，于保险事故发生时，享有赔偿请求权的人。 ▣ ★特别提示 受益人只可能存在于人身保险合同中，但并非所有的人身保险合同都有受益人。被保险人将其对保险公司的请求权以债权让与方式让与受益人，因此产生受益人，受益人的产生变更由被保险人决定。被保险人是无民事行为能力或者限制民事行为能力人的，由被保险人的监护人指定受益人。

考点 3　保险合同的订立 ★★★★

(一) 保险合同的成立

1. 保险合同成立。

订立保险合同，由投保人提出保险要求，经保险人同意承保，并就保险合同的条款达成协议，保险合同成立。

▣ ★特别提示 保险合同是诺成合同。

2. 投保人对保险合同的追认。

投保人或者投保人的代理人订立保险合同时没有亲自签字或者盖章，而由保险人或者保险人的代理人代为签字或者盖章的，对投保人不生效。但投保人已经交纳保险费的，视为其对代签字或者盖章行为的追认。

保险人或者保险人的代理人代为填写保险单证后经投保人签字或者盖章确认的，代为填写的内容视为投保人的真实意思表示。但有证据证明保险人或者保险人的代理人存在保险法对保险人及代理人的禁止行为规定情形的除外。

▣ ★特别提示 投保人确认或履行，视为其对保险合同的追认。

3. 保险人未承保时，保险合同成立与否的推定。

保险人接受了投保人提交的投保单并收取了保险费，尚未作出是否承保的意思表示，发生保险事故，被保险人或者受益人请求保险人按照保险合同承担赔偿或者给付保险金责任，符合承保条件的，人民法院应予支持；不符合承保条件的，保险人不承担保险责任，但应当退还已经收取的保险费。

保险人主张不符合承保条件的，应承担举证责任。

保险公司收取保费的，视为承保，保险公司证明不符合承保条件的除外。

（二）保险合同的形式及冲突内容解释规则

1. 合同形式。

保险合同是非要式合同，采用书面形式时，保险合同一般有以下几种表现形式：

（1）投保单。

（2）保险单。

（3）保险凭证。又称小保单，是简化了的保险单，效力与保险单相同。

（4）暂保单。是一种临时保单，是正式保险单交付前的一种临时性合同，在正式保单交付后失效。

2. 合同冲突内容解释规则。

保险合同中记载的内容不一致的，按照下列规则认定：

（1）投保单与保险单或者其他保险凭证不一致的，以投保单为准。但不一致的情形系经保险人说明并经投保人同意的，以投保人签收的保险单或者其他保险凭证载明的内容为准；

（2）非格式条款与格式条款不一致的，以非格式条款为准；

（3）保险凭证记载的时间不同的，以形成时间在后的为准；

（4）保险凭证存在手写和打印两种方式的，以双方签字、盖章的手写部分的内容为准。

（三）订立保险合同时不履行如实告知义务的后果

保险合同是最大诚信合同，当事人在订立保险合同中，须履行相应的说明和告知义务。这实际上是保险合同当事人的一种先合同义务。

1. 投保人不履行如实告知义务的后果。

在订立保险合同时，投保人应当将与保险标的有关的事项告知保险人。如果投保人违反告知义务，根据其主观意识不同，将产生以下不同的法律后果：

（1）保险人有权解除合同。

投保人故意隐瞒事实，不履行如实告知义务的，或者因过失未履行如实告知义务，足以影响保险人决定是否同意承保或者提高保险费率的，保险人有权解除保险合同。

（2）故意而为之，解除合同，之前保费不退，保险事故不赔。（不赔不退）

投保人故意不履行如实告知义务的，保险人对于保险合同解除前发生的保险事故，不承担赔偿或者给付保险金的责任，并不退还保险费。

（3）过失而为之，解除合同，之前保费要退，保险事故不赔。（不赔要退）

投保人因重大过失未履行如实告知义务对保险事故的发生有严重影响的，保险人对于保险合同解除前发生的保险事故，不承担赔偿或者给付保险金的责任，但应当退还保险费。

2. 保险人履行如实告知义务。

订立保险合同，保险人应当向投保人说明保险合同的条款内容；保险合同中规定关于保险人责任免除条款的，保险人在订立保险合同时应当向投保人明确说明，未明确说明的，该条款不产生效力。

★特别提示

（1）询问争议：保险公司负举证责任

投保人的告知义务限于保险人询问的范围和内容。对询问范围及内容有争议的，保险人负举证责任。

（2）询问应当明确具体

保险人以投保人违反了对投保单询问表中所列概括性条款的如实告知义务为由请求解除合同的，法院不予支持。但该概括性条款有具体内容的除外。

【经典真题】

1. 甲公司代理人谢某代投保人何某签字，签订了保险合同，何某也依约交纳了保险费。在保险期间内发生保险事故，何某要求甲公司承担保险责任。下列哪一表述是正确的？[1]（2014－3－34）

A. 谢某代签字，应由谢某承担保险责任

B. 甲公司承保错误，无须承担保险责任

C. 何某已经交纳了保险费，应由甲公司承担保险责任

D. 何某默认谢某代签字有过错，应由何某和甲公司按过错比例承担责任

【考点】 保险合同效力追认

【解析】《保险法司法解释二》第3条第1款规定："投保人或者投保人的代理人订立保险合同时没有亲自签字或者盖章，而由保险人或者保险人的代理人代为签字或者盖章的，对投保人不生效。但投保人已经交纳保险费的，视为其对代签字或者盖章行为的追认。" 所以何某的交费意味了何某对谢某签字的追认，保险合同有效，发生保险事故，保险公司应当赔付，C项正确。

2. 甲公司将其财产向乙保险公司投保。因甲公司要向银行申请贷款，乙公司依甲公司指示将保险单直接交给银行。下列哪一表述是正确的？[2]（2013－3－34）

A. 因保险单未送达甲公司，保险合同不成立

B. 如保险单与投保单内容不一致，则应以投保单为准

C. 乙公司同意承保时，保险合同成立

D. 如甲公司未缴纳保险费，则保险合同不成立

【考点】 保险合同成立

【解析】《保险法》第13条规定："投保人提出保险要求，经保险人同意承保，保险合同成立。保险人应当及时向投保人签发保险单或者其他保险凭证。保险单或者其他保险凭证应当载明当事人双方约定的合同内容。当事人也可以约定采用其他书面形式载明合同内容。依法成立的保险合同，自成立时生效。投保人和保险人可以对合同的效力约定附条件或者附期限。"保险合同是诺成合同，送达和缴纳保费都不是保险合同成立的要件，A、D项错误；C项正确。

---

[1]【答案】C
[2]【答案】C

根据《保险法司法解释二》第14条第（一）项："保险合同中记载的内容不一致的，按照下列规则认定：（一）投保单与保险单或者其他保险凭证不一致的，以投保单为准。但不一致的情形系经保险人说明并经投保人同意的，以投保人签收的保险单或者其他保险凭证载明的内容为准。"保险单和投保单内容不一致的时候，并不必然以投保单为准，B项错误。

考点4　保险合同的解除

保险合同的解除是指在保险合同成立后，基于法定的或约定的事由，保险合同当事人行使解除权，从而使保险合同发生自始无效的后果的单方法律行为。

（一）投保人的解除权

除《保险法》另有规定或者保险合同另有约定外，保险合同成立后，投保人可以解除保险合同，这是投保人的任意解除权，也就是退保。

《保险法》另有规定是指在货物运输保险合同以及运输工具航程保险合同中，在保险责任开始后，投保人不得随意解除合同。该立法目的在于防范投保人欺诈，即防范投保人在货物送达目的地后却谎称货物未送达而主张解除合同。

> ★**特别提示**　投保人解除合同原则上是自由的，只要不违反法律的禁止性规定即可。

（二）保险人的解除权

除《保险法》另有规定或者保险合同另有约定外，保险合同成立后，保险人不得解除保险合同。《保险法》赋予保险人解除权的规定有：

1. 投保人未履行如实告知义务。

投保人故意或者因重大过失未履行如实告知义务，足以影响保险人决定是否同意承保或者提高保险费率的，保险人有权解除合同。

【经典真题】

甲以自己为被保险人向某保险公司投保健康险，指定其子乙为受益人，保险公司承保并出具保单。两个月后，甲突发心脏病死亡。保险公司经调查发现，甲两年前曾做过心脏搭桥手术，但在填写投保单以及回答保险公司相关询问时，甲均未如实告知。对此，下列哪一表述是正确的？[1]（2015－3－34）

A. 因甲违反如实告知义务，故保险公司对甲可主张违约责任

B. 保险公司有权解除保险合同

C. 保险公司即使不解除保险合同，仍有权拒绝乙的保险金请求

D. 保险公司虽可不必支付保险金，但须退还保险费

【考点】投保人故意违反如实告知义务的法律后果

【解析】依据《保险法》第16条第2、4款的规定，投保人在投保时故意违反如实告知义务，足以影响到保险合同订立和保险费率的，保险公司有权解除保险合同，并且不退保费，A错误。

依据《保险法》第16条第2款的规定，投保人故意违反如实告知义务的，保险公司有

---

[1] 【答案】B

权解除保险合同。在保险合同订立 2 个月后，保险公司发现了投保人故意违反如实告知义务的事实，保险公司可以解除保险合同，B 正确。

依据《保险法司法解释二》第 8 条的规定，保险公司只有解除保险合同，才能拒绝被保险人的保险金请求权，C 错误。

依据《保险法》第 16 条第 4 款的规定，投保人故意违反如实告知义务的，保险公司有权解除合同，保费也可不退，D 错误。

▶ ★特别提示 如果没有行使解除权，在其发生保险事故后，不得直接主张免赔。

但是此解除权受到如下三方面限制：

（1）除斥期间：30 日。 保险人享有的上述解除权，自保险人知道有解除事由之日起，超过 30 日不行使而消灭。

（2）不可抗辩期间：2 年。 自保险合同成立之日起超过 2 年的，则保险人不得再解除合同。

（3）弃权规则：保险人恶意。 保险人在合同订立时已经知道投保人未如实告知的情况的，保险人不得解除合同；若这种情况下发生保险事故，保险人应当承担赔偿或者给付保险金的责任。

2. 虚报或夸大损失。

（1）被保险人或者受益人在未发生保险事故的情况下，谎称发生了保险事故，向保险人提出赔偿或者给付保险金的请求的，保险人有权解除合同，并不退还保险费。

被保险人或者受益人谎称发生了保险事故，致使保险人支付保险金或者支出费用的，应当退回或者赔偿。

（2）保险事故发生后，投保人、被保险人或者受益人以伪造、变造的有关证明、资料或者其他证据，编造虚假的事故原因或者夸大损失程度的，

▶ ★特别提示 保险人对其虚报的部分不承担赔偿或者给付保险金的责任。

（3）投保人、被保险人或者受益人有谎称、虚报、故意制造保险事故行为之一，致使保险人支付保险金或者支出费用的，应当退回或赔偿。

【经典真题】

甲公司投保了财产损失险的厂房被烧毁，甲公司伪造证明，夸大此次火灾的损失，向保险公司索赔 100 万元，保险公司为查清此事，花费 5 万元。关于保险公司的权责，下列哪些选项是正确的？[1]（2016 - 3 - 76）

A. 应当向甲公司给付约定的保险金

B. 有权向甲公司主张 5 万元花费损失

C. 有权拒绝向甲公司给付保险金

D. 有权解除与甲公司的保险合同

【考点】 虚报损失

【解析】 依据《保险法》第 27 条第 3 款的规定，保险事故发生后，投保人、被保险人或者受益人以伪造、变造的有关证明、资料或者其他证据，编造虚假的事故原因或者夸大损失程度的，保险人对其虚报的部分不承担赔偿或者给付保险金的责任。因此，对实际发

---

[1] **【答案】** AB

生的保险事故造成的损害，应当按照约定赔偿，所以 A 正确。

依据《保险法》第 27 条第 4 款的规定，被保险人有虚报行为，致使保险人支付保险金或者支出费用的，应当退回或者赔偿，所以 B 正确。

依据《保险法》第 27 条第 3 款的规定，被保险人虚报损失，对虚报的部分，保险公司不承担赔偿责任，但保险公司无权拒绝给付未虚报部分的保金，所以 C 错误。

依据《保险法》第 27 条的规定，被保险人虚报损失的，保险公司不享有法定的解除权，不得解除合同，所以 D 错误。

▽　**关联法条**

《保险法》第 27 条。

3. 投保人、被保险人故意制造保险事故。

此时，保险人有权解除合同，且不承担赔偿或给付保险赔偿金的责任，不退还保险费。但若投保人已经交足 2 年以上保险费的，保险人应当按照合同约定向其他权利人退还保险单的现金价值。

▷　★**特别提示**　返还现金价值的情况一般用于人身险合同中的人寿险中。

4. 在合同有效期内，保险标的危险程度增加——解除或加费

（1）保险标的转让

①保险人提示说明一次

保险人已向投保人履行了保险法规定的提示和明确说明义务，保险标的受让人以保险标的转让后保险人未向其提示或者明确说明为由，主张免除保险人责任的条款不成为合同内容的，人民法院不予支持。

②因保险标的转让导致危险程度显著增加的，保险人自收到前款规定的通知之日起 30 日内，可以按照合同约定增加保险费或者解除合同。

保险人解除合同的，应当将已收取的保险费，按照合同约定扣除自保险责任开始之日起至合同解除之日止应收的部分后，退还投保人。

③被保险人、受让人未履行通知义务的，因转让导致保险标的危险程度显著增加而发生的保险事故，保险人不承担赔偿保险金的责任。

（2）未履行安全义务

投保人、被保险人未按照约定履行其对保险标的的安全应尽责任的，保险人有权要求增加保险费或者解除合同。

（3）危险显著增加——危险是重要的、持续的、合同订立时不可预见的

①保险标的的危险程度显著增加的，被保险人应按约及时通知保险人，保险人可按约增加保险费或解除合同。

②保险人解除合同的，应当将已收取的保险费，按照合同约定扣除自保险责任开始之日起至合同解除之日止应收的部分后，退还投保人。

③被保险人未履行前款规定的通知义务的，因保险标的的危险程度显著增加而发生的保险事故，保险人不承担赔偿保险金的责任。

【经典真题】

姜某的私家车投保商业车险，年保险费为 3000 元。姜某发现当网约车司机收入不错，

便用手机软件接单载客,后辞职专门跑网约车。某晚,姜某载客途中与他人相撞,造成车损10万元。姜某向保险公司索赔,保险公司调查后拒赔。关于本案,下列哪一选项是正确的?[1](2017-3-34)

  A. 保险合同无效
  B. 姜某有权主张约定的保险金
  C. 保险公司不承担赔偿保险金的责任
  D. 保险公司有权解除保险合同并不退还保险费

【解析】依据《保险法》第13条第3款的规定,保险合同成立时生效,A选项错误。

依据《保险法》第52条的规定,在合同有效期内,保险标的的危险程度显著增加的,被保险人应当按照合同约定及时通知保险人,保险人可以按照合同约定增加保险费或者解除合同。被保险人未履行前款规定的通知义务的,因保险标的的危险程度显著增加而发生的保险事故,保险人不承担赔偿保险金的责任,B选项错误。

依据《保险法》第52条的规定,保险标的危险增加,被保险人未履行通知义务的,保险公司不承担保险责任,C选项正确。

依据《保险法》第52条的规定,因为危险增加,保险人解除合同的,应当将已收取的保险费,按照合同约定扣除自保险责任开始之日起至合同解除之日止应收的部分后,退还投保人。保险人需要退还剩余保费,而不是完全不退保费,D选项错误。

5. 谎报年龄投保。

详见下文人身保险合同中的相应内容。

三、人身保险合同

考点1　人身保险合同的特征★★

人身保险合同是以人的寿命和身体为保险标的的保险合同。人身保险合同可分为人寿保险合同、伤害保险合同和健康保险合同。具有以下几个特征:

1. 保险标的的人格化。

2. 保险金定额支付;保险标的的人格化,使得人身保险的保险标的不能用具体的金钱价值予以确定,从而不存在确定保险金额的实际价值标准,不会发生类似财产保险中的超额保险的问题。除非保险人限定或者法律规定人身保险合同的最高保险金额,投保人可以投保任何金额的人身保险。

3. 不得强制请求支付人寿险保险费,即保险人不得以诉讼的方式要求人寿险的投保人支付保险费;原因是人寿保险带有投资性和储蓄性,不能强制投保人储蓄。

4. 人身保险不适用代位求偿权。人身保险的被保险人因第三者的行为而发生死亡、伤残或者疾病等保险事故的,保险人向被保险人或者受益人给付保险金后,不得享有向第三人追偿的权利。此种情况下被保险人或者受益人仍有权向第三者请求赔偿。人身保险中的被保险人的请求权具有人身专属性,不能由保险公司代位行使。

✦★特别提示 保险单的现金价值:指带有储蓄性质的人身保险单所具有的价值。

在人寿险当中,由于交费期一般比较长,随着被保险人的年龄增加,其死亡的可能性

---

[1] 【答案】C

将越来越高,保险费率也必然逐渐上升直到接近100%,这样的费率,不仅投保人难以承受,而且保险也已经失去意义了。为此,保险公司在实际操作中往往采用"均衡保费"的办法,通过数学计算将投保人需要交纳的全部保费在整个交费期内均摊,使投保人每期交纳的保费都相同。

被保险人年轻时,死亡概率低,投保人交纳的保费比实际需要的多,多交的保费将由保险公司逐年积累。被保险人年老时,死亡概率高,投保人当期交纳的保费不足以支付当期赔款,不足部分将正好由被保险人年轻时多交的保费予以弥补。这部分多交的保费连同其产生的利息,每年滚存累积起来,就是保单的现金价值,相当于投保人在保险公司的一种储蓄。

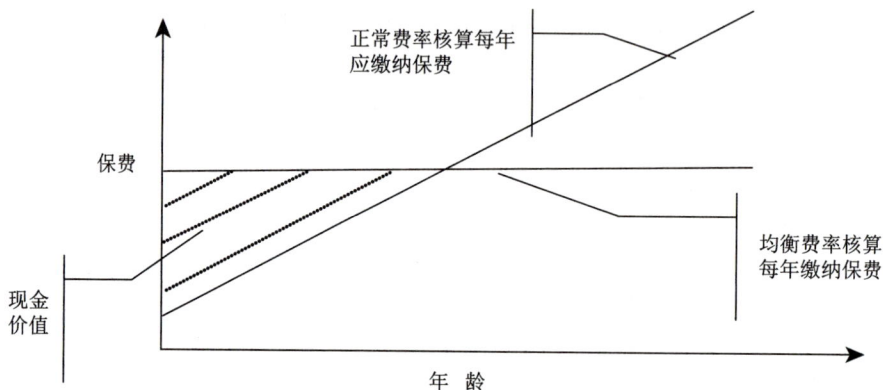

【经典真题】

丁某于2005年5月为其九周岁的儿子丁海购买一份人身保险。至2008年9月,丁某已支付了三年多的保险费。当年10月,丁海患病住院,因医院误诊误治致残。关于本案,下列哪一表述是正确的?[1](2009-3-32)

A. 丁某可以在向保险公司索赔的同时要求医院承担赔偿责任

B. 应当先由保险公司支付保险金,再由保险公司向医院追偿

C. 丁某应先向医院索赔,若医院拒绝赔偿或无法足额赔偿,再要求保险公司支付保险金

D. 丁某不能用诉讼方式要求保险公司支付保险金

【考点】人身险中代位求偿不适用

【解析】根据《保险法》第46条:"被保险人因第三者的行为而发生死亡、伤残或者疾病等保险事故的,保险人向被保险人或者受益人给付保险金后,不享有向第三者追偿的权利,但被保险人或者受益人仍有权向第三者请求赔偿。"第三者责任造成人身保险合同被保险人的损失的,其可以要求保险人也可以要求侵权人赔偿损失,没有顺序的要求,并且保险公司赔偿后不得代位求偿,所以BC项错误,A项正确。

根据《保险法》第38条:"保险人对人寿保险的保险费,不得用诉讼方式要求投保人支付。"但不限制投保人以诉讼的方式要求保险公司支付保险金,所以D项错误。

---

〔1〕【答案】A

考点2 人身保险合同的受益人制度 ★★★

(一)受益人的性质和范围

受益人，是指人身保险合同中由被保险人或者投保人指定（须经被保险人同意）的享有保险金请求权的人。人身保险合同中，受益人的范围不作限制。但是投保人为与其有劳动关系的劳动者投保人身保险，受益人只能是劳动者及其近亲属。

(二)受益人的指定

1.被保险人同意。

(1)被保险人决定；投保人指定受益人未经被保险人同意的，指定行为无效。

(2)被保险人为无民事行为能力人或限制民事行为能力人的，可由其监护人指定受益人。

★特别提示 人身保险的受益人由被保险人或者投保人指定（须经被保险人同意），变更受益人时须经被保险人同意。被保险人可以单独指定和变更受益人。受益人的选择，一定程度上可以理解为被保险人对自身权益的私权处分（理论上解释为"债权让与"），所以被保险人拥有独立的选择或变更的权利，投保人实质上是没有权利的。

2.受益人争议。

当事人对保险合同约定的受益人存在争议，除投保人、被保险人在保险合同之外另有约定外，按照以下情形分别处理：

(1)法定继承：受益人约定为"法定"或"法定继承人"的，以《民法典》规定的法定继承人为受益人；

(2)受益人仅约定为身份关系，投保人与被保险人：

①不同主体，合同订立时：投保人与被保险人为不同主体的，根据保险合同成立时与被保险人的身份关系确定受益人；

★特别提示 保护投保人在合同订立时的信赖利益（毕竟投保人支付保费，办理投保手续），以合同订立时的身份关系为准确定受益人。

②同一主体，事故发生时：投保人与被保险人为同一主体的，根据保险事故发生时与被保险人的身份关系确定受益人；

★特别提示 因为投保人同时也是被保险人，此时不必保护投保人在合同订立时的信赖利益，为了更好地保护被保险人利益，以保险事故发生时的身份关系为准确定受益人。

(3)受益人姓名和身份关系确定：

受益人的约定包括姓名和身份关系，保险事故发生时身份关系发生变化的，认定为未指定受益人。

★特别提示 受益人包括双重要件，即姓名+身份关系。身份关系发生变化的，不符合受益人的条件，视为未指定受益人。

甲为乙投保意外伤害险，约定的受益人是乙的配偶，未明确配偶的具体姓名，以合同订立时乙的配偶为受益人。

甲为自己投意外伤害险，约定的受益人是甲的配偶，以保险事故发生时甲的配偶为受益人。

甲为丙投意外伤害险，约定的受益人是丁，丙的配偶。保险事故发生时，丁与丙离婚，此时认定未指定受益人。

（三）受益人变更

1. 变更意思表示发出时生效。

投保人或被保险人变更受益人，当事人可主张变更行为自变更意思表示发出时生效。投保人变更受益人未经被保险人同意的，变更行为无效。

▶★特别提示 变更受益人系无受领人（相对人）的单方行为，发出生效。其类似抛弃行为。

2. 通知对抗。

投保人或被保险人变更受益人未通知保险人，保险人可主张变更对其不发生效力。

3. 事故发生后，不得变更受益人。

投保人或被保险人在保险事故发生后变更受益人，变更后的受益人请求保险人给付保险金的，法院不予支持。

▶★特别提示 保险事故发生后，受益人获得了保金请求权，该权利属于既得权，投保人或被保险人不能随意剥夺。类似于赠与财产权利移转后的赠与合同，无法任意撤销。

4. 事故发生后，受益人可转让其权利。

保险事故发生后，受益人可将与本次保险事故相对应的全部或部分保险金请求权转让给第三人，但根据合同性质、当事人约定或法律规定不得转让的除外。

（四）受益人、受益顺序及份额

被保险人或者投保人可以指定一人或者数人为受益人。受益人为数人的，被保险人或者投保人可以确定受益顺序和受益份额；未确定受益份额的，受益人按照相等份额享有受益权。

1. 受益人的权利与丧失："法定受益人"（《保险法》第42条）——保险金的继承。

（1）没有指定受益人；受益人无法确定；受益人死亡，没有其他受益人；受益人丧失受益权或放弃受益权，没有其他受益人。

（2）受益人故意造成被保险人死亡、伤残、疾病的，或故意杀害被保险人未遂的，该受益人丧失受益权。

2. 部分受益人死亡失权弃权：约定——法定。

投保人或被保险人指定数人为受益人，部分受益人在保险事故发生前死亡、放弃受益权或依法丧失受益权的，该受益人应得的受益份额按照保险合同的约定处理；

保险合同没有约定或约定不明的，针对该受益人应得的受益份额，其他受益人：

（1）未约定份额和顺序，均享：

未约定受益顺序和受益份额的，由其他受益人平均享有；

（2）未约定份额、约定顺序，同顺序均享：

约定受益顺序但未约定受益份额的，由同顺序的其他受益人平均享有；同一顺序没有其他受益人的，由后一顺序的受益人平均享有；

（3）约定份额、未约定顺序，按比例：

未约定受益顺序但约定受益份额的，由其他受益人按照相应比例享有；

（4）约定份额和顺序，同顺序按比例：

约定受益顺序和受益份额的，由同顺序的其他受益人按照相应比例享有；同一顺序没有其他受益人的，由后一顺序的受益人按照相应比例享有。

甲为自己投航空意外险，指定受益人是乙、丙、丁、戊，并约定4名受益人的受益份额分别为40%∶30%∶20%∶10%，未约定受益顺序。后乙在保险事故前死亡，对乙应得的受益份额，保险合同没有约定的，由其他受益人按受益份额的相应比例享有，即按照3∶2∶1的比例分得乙的受益份额。

如果约定乙丙丁为第一受益顺序，戊为第二受益顺序，未约定受益份额，对于乙应得的受益份额，保险合同没有约定的，乙的应得的受益份额由丙丁平均享有。

（五）受益人丧失受益权及保险金的继承

1. 保险金的继承。适用情形：

（1）没有指定受益人的；

（2）受益人故意造成被保险人的死亡、伤残，依法丧失受益权，没有其他受益人；

（3）受益人放弃受益权，没有其他受益人；

（4）受益人先于被保险人死亡，没有其他受益人的。

2. 遗产处理，向持保单的继承人给付有效。

保险金依法作为被保险人的遗产，被保险人的继承人要求保险人给付保险金，保险人可以其已向持有保险单的被保险人的其他继承人给付保险金为由抗辩。

　▸ ★特别提示 持有保单的继承人是保险债权之准占有人，保险公司基于该准占有之信赖而做的清偿有效。

3. 推定受益人先死。

受益人与被保险人存在继承关系，在同一事件中死亡且不能确定死亡先后顺序的，法院应依法推定受益人死亡在先。

受益人与被保险人在同一事件中死亡，且不能确定死亡先后顺序的，推定受益人死亡在先。

　▸ ★特别提示 如果不推定受益人先死，由于受益人死亡，保金要给受益人的继承人，这会违背被保险人意愿，损害被保险人利益。因此，推定受益人先死，保金给被保险人的继承人，有利于更好地保护被保险人利益。

　▸ ★特别提示 张某为自己办理死亡保险，指定其配偶李某为受益人，同时李某为自己办理死亡保险，以其配偶张某为受益人。后二人在车祸中死亡，无法确定死亡先后顺序。

1. 先适用《保险法》，解决保金是否属于遗产。

第一份保单，推定李某先死，保金作为张某的遗产；

第二份保单，推定张某先死，保金作为李某的遗产；

2. 再适用《民法典（继承编）》解决遗产继承问题。

【经典真题】

1. 甲向某保险公司投保人寿保险，指定其秘书乙为受益人。保险期间内，甲、乙因交通事故意外身亡，且不能确定死亡时间的先后。该起交通事故由事故责任人丙承担全部责任。现甲的继承人和乙的继承人均要求保险公司支付保险金。下列哪一选项是正确的？[1]（2012－3－33）

――――――――――

〔1〕【答案】A

A. 保险金应全部交给甲的继承人

B. 保险金应全部交给乙的继承人

C. 保险金应由甲和乙的继承人平均分配

D. 某保险公司承担保险责任后有权向丙追偿

【考点】受益人

【解析】《保险法》第42条规定："被保险人死亡后，有下列情形之一的，保险金作为被保险人的遗产，由保险人依照《民法典（继承编）》的规定履行给付保险金的义务：（一）没有指定受益人，或者受益人指定不明无法确定的；（二）受益人先于被保险人死亡，没有其他受益人的；（三）受益人依法丧失受益权或者放弃受益权，没有其他受益人的。受益人与被保险人在同一事件中死亡，且不能确定死亡先后顺序的，推定受益人死亡在先。"所以题目中的受益人秘书被推定为先死；甲死亡后，其保险金作为甲的遗产由甲的继承人继承，A项正确，B、C项错误。

《保险法》第46条规定："被保险人因第三者的行为而发生死亡、伤残或者疾病等保险事故的，保险人向被保险人或者受益人给付保险金后，不享有向第三者追偿的权利，但被保险人或者受益人仍有权向第三者请求赔偿。"据此，保险公司无权向第三人丙追偿，D项错误。

请注意：保险代位求偿权只存在于财产保险合同中，人身保险合同中，保险人不享有代位求偿权。

2. 甲为其妻乙投保意外伤害保险，指定其子丙为受益人。对此，下列哪些选项是正确的？[1]（2010 - 3 - 78）

A. 甲指定受益人时须经乙同意

B. 如因第三人导致乙死亡，保险公司承担保险金赔付责任后有权向该第三人代位求偿

C. 如乙变更受益人无须甲同意

D. 如丙先于乙死亡，则出现保险事故时保险金作为乙的遗产由甲继承

【考点】受益人

【解析】根据《保险法》第39条："人身保险的受益人由被保险人或者投保人指定。投保人指定受益人时须经被保险人同意。投保人为与其有劳动关系的劳动者投保人身保险，不得指定被保险人及其近亲属以外的人为受益人。被保险人为无民事行为能力人或者限制民事行为能力人的，可以由其监护人指定受益人。"所以A正确。

根据《保险法》第41条："被保险人或者投保人可以变更受益人并书面通知保险人。保险人收到变更受益人的书面通知后，应当在保险单或者其他保险凭证上批注或者附贴批单。投保人变更受益人时须经被保险人同意。"所以C正确。

《保险法》第42条规定："被保险人死亡后，有下列情形之一的，保险金作为被保险人的遗产，由保险人依照《民法典（继承编）》的规定履行给付保险金的义务：（一）没有指定受益人，或者受益人指定不明无法确定的；（二）受益人先于被保险人死亡，没有其他受益人的；（三）受益人依法丧失受益权或者放弃受益权，没有其他受益人的。受益人与被保险人在同一事件中死亡，且不能确定死亡先后顺序的，推定受益人死亡在先。"所以D

─────────────

[1] 【答案】ACD

正确。

人身保险合同没有代位求偿制度，B项错误。

3. 杨某为其妻王某购买了某款人身保险，该保险除可获得分红外，还约定若王某意外死亡，则保险公司应当支付保险金20万元。关于该保险合同，下列哪一说法是正确的？[1]（2016-3-34）

A. 若合同成立2年后王某自杀，则保险公司不支付保险金

B. 王某可让杨某代其在被保险人同意处签字

C. 经王某口头同意，杨某即可将该保险单质押

D. 若王某现为无民事行为能力人，则无需经其同意该保险合同即有效

【考点】被保险人自杀、代签、死亡保险的保单出质、为"无人"投死亡保险

【解析】依据《保险法》第44条的规定，以被保险人死亡为给付保险金条件的合同，自合同成立或者合同效力恢复之日起2年内，被保险人自杀的，保险人不承担给付保险金的责任，2年后自杀的，保险公司承担赔偿责任，所以A错误。

依据《保险法司法解释三》第1条的规定，被保险人明知他人代其签名同意而未表示异议的，视为被保险人同意订立保险合同并认可保险金额，因此王某可让杨某代其在被保险人同意处签字，所以B正确。

依据《保险法》第34条第2款的规定，按照以死亡为给付保险金条件的合同所签发的保险单，未经被保险人书面同意，不得转让或者质押。只经过被保险人口头同意的，投保人将死亡保险保单出质的，非法，所以C错误。

依据《保险法》第33条的规定，投保人不得为无民事行为能力人投保以死亡为给付保险金条件的人身保险，保险人也不得承保。父母为其未成年子女投保的人身保险的，除外。王某属于成年的无民事行为能力人，不能为其办理死亡保险，所以D错误。

▽ **关联法条**

《保险法》第33、34、44条，《保险法司法解释三》第1条。

考点3　年龄误报 ★

年龄误报，简要言之，就是投保人申报的被保险人年龄不真实。

1. 首先将被保险人的年龄还原为真实情况。

2. 真实的年龄与保险合同约定的年龄限制，会产生如下两个结果：

（1）被保险人真实年龄符合保险合同约定的年龄限制——多退、少补或按比例赔。

保险人不可以解除合同，保费多退、少补（或按比例赔），但对于保费按照真实年龄重新核算。如果少付保费的，只能更正或者补交保费，或者在给付保险金时按照实付保险费与应付保险费的比例支付；多付保费的，退还多余的保费。

例如：保险合同约定的适用年龄区间为55～60岁，被保险人的真实年龄是56岁，但谎称58岁进行投保。

（2）被保险人真实年龄不符合保险合同约定的年龄限制。

保险人有权解除合同。但如下三种情形下解除权会丧失：

---

[1]【答案】B

① 解除权应当在知道解除事由之日起 30 日内行使，超过 30 日不行使，解除权消灭；（知情 30 天）

② 自合同成立之日起超过 2 年的，解除权消灭，即使此刻知道解除事由不超过 30 日，也不得解除合同，发生保险事故的，保险人应当承担赔偿或者给付保险金的责任；（履行两年）

③ 保险人在合同订立时已经知道投保人未如实告知的情况的，保险人不得解除合同；发生保险事故的，保险人应当承担赔偿或者给付保险金的责任。（主观恶意）

例如：保险合同约定的适用年龄区间为 55 ~ 60 岁，被保险人的真实年龄是 70 岁，但谎称 58 岁进行投保。

【经典真题】

2007 年 7 月，陈某为其母投保人身保险时，为不超过保险公司规定的承保年龄，在申报被保险人年龄时故意少报了二岁。2009 年 9 月保险公司发现了此情形。对此，下列哪些选项是正确的？[1]（2010 - 3 - 77）

A. 保险公司有权解除保险合同，但需退还投保人已交的保险费

B. 保险公司无权解除保险合同

C. 如此时发生保险事故，保险公司不承担给付保险金的责任

D. 保险人有权要求投保人补交少交的保险费，但不能免除其保险责任

【考点】年龄误保

【解析】根据《保险法》第 32 条规定，投保人申报的被保险人年龄不真实，并且其真实年龄不符合合同约定的年龄限制的，保险人可以解除合同，并按照合同约定退还保险单的现金价值。保险人行使合同解除权，适用本法第 16 条第 3 款、第 6 款的规定。投保人申报的被保险人年龄不真实，致使投保人支付的保险费少于应付保险费的，保险人有权更正并要求投保人补交保险费，或者在给付保险金时按照实付保险费与应付保险费的比例支付。投保人申报的被保险人年龄不真实，致使投保人支付的保险费多于应付保险费的，保险人应当将多收的保险费退还投保人。

《保险法》第 16 条第 3 款规定，前款规定的合同解除权，自保险人知道有解除事由之日起，超过 30 日不行使而消灭。自合同成立之日起超过 2 年的，保险人不得解除合同；发生保险事故的，保险人应当承担赔偿或者给付保险金的责任。

所以在年龄误报的情况下，真实年龄不符合保险合同限制的，保险人有解除权，但受行使期间的限制，本题中合同履行已经超过 2 年，所以解除权丧失，保险公司应该承担保险责任，但可以对保险费要求多退少补。BD 项为正确选项。

考点 4 死亡险 ★

（一）被保险人的限制

1. 原则：无行为能力人不入死亡险。

投保人不得为无民事行为能力人投保以死亡为给付保险金条件的人身保险，保险人也不得承保。

---

[1]【答案】BD

2. 例外：

父母可以为其未成年子女投保以死亡为给付保险金条件的人身保险，但是死亡给付保险金额总和不得超过保险监督管理机构规定的限额。

★特别提示 成年精神病人不入死亡险。未成年人父母之外的其他履行监护职责的人为未成年人订立的死亡险合同无效，但经未成年人父母同意的除外。

（二）被保险人同意

以死亡为给付保险金条件的合同，未经被保险人同意并认可保险金额的，合同无效。父母为其未成年子女投保的人身保险，不受限制。

1. 死亡险需经被保险人同意并认可保险金额的形式：死亡险合同，被保险人同意并认可保险金额可采取书面、口头或其他形式；可在合同订立时作出，也可在合同订立后追认。

2. 死亡险需经被保险人同意并认可保险金额的其他形式：

有下列情形之一的，应认定为被保险人同意并认可保险金额：

（1）明知无异议：被保险人明知他人代其签名同意而未表示异议的；

（2）同意：被保险人同意投保人指定的受益人的；或有证据足以认定被保险人同意投保人为其投保的其他情形。

3. 书面撤销视为合同解除：被保险人书面通知保险人和投保人撤销其同意的意思表示的，可认定为保险合同解除。

4. 法院审查义务：法院审理人身保险合同纠纷时应主动审查投保人订立保险合同时是否有保险利益，以及死亡险合同是否经被保险人同意并认可保险金额。

5. 依照以死亡为给付保险金条件的合同所签发的保险单，未经被保险人书面同意，不得转让或者质押。

（三）宣告死亡

1. 宣告死亡，赔：

死亡保险，被保险人被宣告死亡后，当事人可要求保险人给付保险金。

2. 下落不明之日在保险责任期内，赔：

被保险人被宣告死亡之日在保险责任期间之外，但有证据证明下落不明之日在保险责任期间之内，当事人可要求保险人给付保险金。

【经典真题】

李某于2000年为自己投保，约定如其意外身故则由妻子王某获得保险金20万元，保险期间为10年。2009年9月1日起李某下落不明，2014年4月法院宣告李某死亡。王某起诉保险公司主张该保险金。关于本案，下列哪些选项是正确的？[1]（2017-3-76）

A. 保险合同应无效

B. 王某有权主张保险金

C. 李某死亡日期已超保险期间，故保险公司不承担保险责任

D. 如李某确系2009年9月1日下落不明，则保险公司应承担保险责任

【解析】依据《保险法》第13条第3款的规定，保险合同成立时生效，该案中，保险

---

[1] **【答案】** BD

合同无任何无效的理由，A 选项错误。

依据《保险法司法解释三》第 24 条第 1 款的规定，投保人为被保险人订立以死亡为给付保险金条件的保险合同，被保险人被宣告死亡后，当事人要求保险人按照保险合同约定给付保险金的，人民法院应予支持。B 选项正确。

依据《保险法司法解释三》第 24 条第 2 款的规定，被保险人被宣告死亡之日在保险责任期间之外，但有证据证明下落不明之日在保险责任期间之内，当事人要求保险人按照保险合同约定给付保险金的，人民法院应予支持。C 选项错误。

依据《保险法司法解释三》第 24 条第 2 款的规定，被宣告死亡的，但有证据证明下落不明之日在保险责任期间之内，保险公司应当承担保险责任，D 选项正确。

考点 5　保险合同的中止及复效

（一）中止

1. 中止的适用情形。

分期缴纳保费，投保人支付首期保险费后，除合同另有约定外，投保人自保险人催告之日起超过 30 日未支付当期保险费，或者超过约定的期限 60 日未支付当期保险费的，合同效力中止，或者由保险人按照合同约定的条件减少保险金额。

2. 逾期未缴费的催告期内或宽限期内的保险事故处理。

投保人自保险人催告之日起超过 30 日未支付当期保险费，或者超过约定的期限 60 日未支付当期保险费的期限内发生保险事故的，保险人应当按照合同约定给付保险金，但可以扣减欠交的保险费。

　★特别提示　缓冲期内虽然未缴纳保费，但此时保险合同是生效状态，发生保险事故的，保险人需要按照保险合同赔付，但对于投保人欠缴的保费可以扣除。

3. 中止后的保险事故处理：中止后，保险合同处于暂时失效的状态，发生保险事故，保险公司不赔。

（二）复效

保险合同中止后两年内，经保险人与投保人协商并达成协议，在投保人补交保险费后，合同效力恢复。

1. 人身保险合同效力中止的，投保人提出复效申请并同意补交保费的，除被保险人的危险程度在中止期间显著增加外，保险人应复效。

2. 保险人收到复效申请后，30 日内未明确拒绝的，应认定同意。

3. 保险合同自投保人补交保费之日复效。保险人可要求投保人补交相应利息。

（三）解除

1. 自合同效力中止之日起满 2 年双方未达成协议的，保险人有权解除合同。

2. 解除的后果：保险人应当按照合同约定退还保险单的现金价值。

　★特别提示　人身保险中，投保人迟延缴纳保费，催告期 30 天或宽限期 60 天，还有 2 年的复效期，之后保险公司才可以解除合同。

考点 6　保险人的除外责任

（一）谎称发生保险事故

被保险人或者受益人在未发生保险事故的情况下，谎称发生了保险事故，向保险人提出赔偿或者给付保险金的请求的，保险人有权解除合同，并不退还保险费。

（二）投保人故意制造保险事故

投保人故意造成被保险人死亡、伤残或者疾病的，保险人不承担给付保险金的责任。投保人已交足2年以上保险费的，保险人应当按照合同约定向受益人退还保险单的现金价值。

投保人故意造成被保险人死亡、伤残或疾病，保险人依法退还保单现金价值的，按照被保险人、被保险人继承人的顺序确定。

投保人制造保险事故的，保单价值不能退给投保人，而是应当退给被保险人，被保险人死亡的，退给被保险人的继承人。

（三）被保险人责任

1. 被保险人故意犯罪或抗拒刑事强制措施。

因被保险人故意犯罪或者抗拒依法采取的刑事强制措施导致其伤残或者死亡的，保险人不承担给付保险金的责任。投保人已交足2年以上保险费的，保险人应当按照合同约定退还保险单的现金价值。

（1）"被保险人故意犯罪"的认定，应以刑事侦查机关、检察机关和审判机关的生效法律文书或其他结论性意见为依据。

（2）保险公司拒赔的，应对因果关系负举证责任：因被保险人故意犯罪或抗拒依法采取的刑事强制措施导致其伤残或死亡的，保险人拒赔的，应证明被保险人的死亡、伤残结果与其实施的故意犯罪或抗拒依法采取的刑事强制措施的行为之间存在因果关系。

（3）被保险人在羁押、服刑期间因意外或疾病造成伤残或死亡，保险人应赔付。

▶ ★特别提示 被保险人故意犯罪而导致自身伤亡残的，应当赔偿。除非刑诉中的生效法律文书或结论性意见证明被保险人的行为系故意犯罪，并且故意犯罪与被保险人伤亡残存在因果关系。理由包括：

①惩罚犯罪是刑法的任务，而非保险法。

②保护被保险人以及受益人的利益。被保险人未通过故意犯罪来制造保险事故，应当予以赔偿，以保护被保险人以及受益人（被保险人扶养之遗属）的利益。

③缩小"犯罪不赔"的范围，系保险法立法发展之国际惯例和经验。

2. 被保险人自杀——2年内，解除合同，不赔、退保单现金价值；2年后，正常赔付。

（1）以被保险人死亡为给付保险金条件的合同，自合同成立或者合同效力恢复之日起2年内，被保险人自杀的，保险人不承担给付保险金的责任，应当按照合同约定退还保险单的现金价值。但被保险人自杀时为无民事行为能力人的除外。

（2）满2年后被保险人自杀的，保险人应当按照合同约定承担保险金支付责任。

▶ ★特别提示 保险人以被保险人自杀为由拒赔的，由保险人承担举证责任。受益人或被保险人的继承人对被保险人自杀时系无民事行为能力负举证责任。

考点7 人身保险合同的履行和解除

（一）投保人履行交费义务

当事人可以被保险人、受益人或他人已经代为支付保险费为由主张投保人对应的交费义务已经履行。

（二）医疗费用

1. 公费医疗或医保扣除，保险公司负举证责任。

保险人给付费用补偿型的医疗费用保险金时，主张扣减被保险人从公费医疗或社会医疗保险取得的赔偿金额的，保险人应证明该保险产品在厘定医疗费用保险费率时已经将公费医疗或社会医疗保险部分相应扣除，并按照扣减后的标准收取保险费。

2. 合理支出，赔。

保险合同约定按照基本医疗保险的标准核定医疗费用，保险人不得以被保险人的医疗支出超出基本医疗保险范围为由拒赔。

保险人有证据证明被保险人支出的费用超过基本医疗保险同类医疗费用标准，对超出部分可拒赔。

3. 指定医疗机构就诊。

保险人可以被保险人未在保险合同约定的医疗服务机构接受治疗为由拒赔，但被保险人因情况紧急必须立即就医的除外。

（三）损失原因不明

损失原因不明，按比例赔。

被保险人的损失系由承保事故或非承保事故、免责事由造成难以确定，当事人可按照相应比例请求保险人给付保险金。

如：意外伤害险的被保险人甲的受害原因无法查明是由于意外伤害，还是由于甲的自身健康原因，甲可按照相应比例请求给付保金。

（四）保险合同解除

1. 合同解除，被保险人、受益人失权，约定除外。

保险合同解除时，投保人与被保险人、受益人为不同主体，被保险人或受益人不得要求退还保单现金价值，合同另有约定除外。

2. 投保人解除权的限制——被保险人、受益人享有介入权：被保险人、受益人向投保人支付保单现金价值并通知保险人，投保人解除无效。

投保人解除保险合同，当事人不得以其解除未经被保险人或受益人同意为由主张解除行为无效，但被保险人或受益人已向投保人支付相当于保单现金价值的款项并通知保险人的除外。

3. 投保人造成保险事故而退还保单现金价值：被保险人——被保险人的继承人。

投保人故意造成被保险人死亡、伤残或疾病，保险人依法退还保单现金价值的，其他权利人按照被保险人、被保险人继承人的顺序确定。

四、财产保险合同

考点1　财产保险合同的概念和特征

（一）财产保险合同的概念和特征

财产保险合同是指以财产及其有关利益为保险标的的保险合同。

财产保险合同具有如下特征：

1. 财产保险合同中的标的表现为特定的财产以及与财产有关的利益。

2. 财产保险合同是一种填补损失的合同。

3. 财产保险合同实行保险责任限定制度。在财产保险合同中，保险人的保险责任以保险合同约定的保险金额为限，超过合同约定的保险金额的损失，保险人不负保险责任。

4. 财产保险实行代位求偿制度。

（二）超额保险及不足额保险

保险标的的保险价值，可以由投保人和保险人约定并在合同中载明，也可以按照保险事故发生时保险标的的实际价值确定。保险金额不得超过保险价值，超过保险价值的，超过的部分无效。保险金额低于保险价值的，除合同另有约定的外，保险人按照保险金额与保险价值的比例承担赔偿责任。

考点 2　责任保险合同

责任保险是指以被保险人依法对第三者应负的赔偿责任为保险标的的保险，所以又称为第三者责任保险。投保人依照保险合同约定向保险人支付保险费，在被保险人应当向第三人承担赔偿责任时，保险人按照约定向被保险人给付保险金。责任保险不仅可以保障被保险人因为履行损害赔偿责任所受到的利益减损，而且可以保护被保险人的侵权行为的直接受害者，使受害者获得及时的赔偿。

★特别提示 责任险依然属于财产险，其所承保的是被保险人对第三者应负的侵权损害赔偿责任，该损害赔偿依然是以被保险人的财产为基础。该损害赔偿会导致被保险人财产利益的损失。

★特别提示 责任险的实质目的在于保护受损害之第三者的利益。

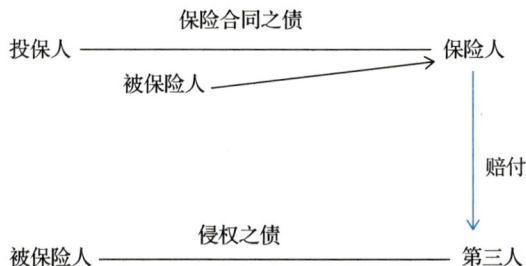

责任保险的特征表现为：

（一）保险人承担被保险人的赔偿责任

保险人对责任保险的被保险人对第三者造成的损害，可以依照法律的规定或者合同的约定，直接向该第三人赔偿保险金。

（二）责任保险的标的为一定范围内的侵权损害赔偿责任

（三）责任保险不能及于被保险人的人身或其财产

责任保险合同是为第三人的利益而订立的保险合同。

（四）保险最高限额给付

保险人给付保险金额均以合同约定的最高限额为限。

（五）诉讼、仲裁等费用由保险人另行承担

责任保险的被保险人因给第三人造成损害的保险事故而被提起仲裁或者诉讼的，除合同另有约定外，由被保险人支付的仲裁或者诉讼费用以及其他必要的、合理的费用由保险人承担。

（六）在责任保险的场合，当被保险人未向受损害的第三者赔偿的，保险人不得向被保险人赔偿保险金

保险人在被保险人对第三者赔偿前，向被保险人赔偿的，保险人依然负担对第三者的赔偿责任。

（七）被保险人怠于请求的，第三者向保险公司请求赔

责任保险的被保险人给第三者造成损害，被保险人对第三者应负的赔偿责任确定的，根据被保险人的请求，保险人应当直接向该第三者赔偿保险金。

被保险人怠于请求的，第三者有权就其应获赔偿部分直接向保险人请求赔偿保险金。

概念	责任保险是指以被保险人对第三者依法应负的赔偿责任为保险标的的保险。 1. **合同之债——**投保人、保险公司；被保险人作为合同第三人 2. **侵权之债——**被保险人、受害人；
保险公司 直接赔	**（1）保险公司直接对第三者赔** 保险人可以依照法律的规定或者合同的约定，直接向该第三者赔偿保险金。 **（2）被保险人请求保险公司对第三者直接赔** 被保险人对第三者应负赔偿责任确定的，根据被保险人的请求，保险人应当直接向该第三者赔偿保险金，包括下列情形： **A. 裁判确认** 被保险人对第三者所负的赔偿责任经法院生效裁判、仲裁裁决确认； **B. 协商一致** 被保险人对第三者所负的赔偿责任经被保险人与第三者协商一致； **C. 能够确定的其他情形** 被保险人对第三者应负的赔偿责任能够确定的其他情形。 在上述情况下，保险人可主张按照保险合同确定保险赔偿责任。 **（3）被保险人对保险人求偿的诉讼时效：自其对第三者应负的赔偿责任确定之日起算** 商业责任险的被保险人向保险人请求赔偿保险金的诉讼时效期间，自被保险人对第三者应负的赔偿责任确定之日起计算。
被保险人 怠于请求	**被保险人怠于请求的，第三者向保险公司请求赔** （1）被保险人怠于请求的，第三者有权就其应获赔偿部分直接向保险人请求赔偿保险金。 **（2）被保险人怠于请求之情形——责任确定后，被保险人不赔偿，且在第三者起诉时尚未向保险人提出直接向第三者赔偿的请求** 被保险人对第三者应负的赔偿责任确定后，被保险人不履行赔偿责任，且第三者以保险人为被告或以保险人与被保险人为共同被告提起诉讼时，被保险人尚未向保险人提出直接向第三者赔偿保险金的请求的，可以认定为属于"被保险人怠于请求"的情形。
和解协议	**保险人可依据和解协议担责** **（1）和解协议经保险人认可的，保险人据此承担责任** 责任保险的被保险人与第三者就被保险人的赔偿责任达成和解协议且经保险人认可，被保险人可主张保险人在保险合同范围内依据和解协议担责。 **（2）未认可的，重新核定** 被保险人与第三者就被保险人的赔偿责任达成和解协议，未经保险人认可，保险人可主张对保险责任范围以及赔偿数额重新予以核定。

续表

保护第三者	**1. 第三者对被保险人的判决执行未果的，第三者可继续向保险人求偿** 责任保险的被保险人对第三者所负的赔偿责任已经生效判决确认并已进入执行程序，但未获得清偿或未获得全部清偿，第三者依法请求保险人赔偿保险金，保险人不能以前述生效判决已进入执行程序为由抗辩。
	2. 保护第三者★ **（1）被保险人赔偿前，不得向被保险人赔** 责任保险的被保险人给第三者造成损害，被保险人未向该第三者赔偿的，保险人不得向被保险人赔偿保险金。 **（2）保险人在被保险人向第三者赔偿前，向被保险人赔偿，不免除其对第三者的责任** 责任保险的保险人在被保险人向第三者赔偿之前向被保险人赔偿保险金，第三者依法向保险人行使保险金请求权时，保险人不能以其已向被保险人赔偿为由拒绝赔偿保险金。保险人向第三者赔偿后，可请求被保险人返还相应保险金。
保险公司负担费用	**被保险人支付的诉讼仲裁及必要合理费用，保险公司负担** 责任保险的被保险人因给第三者造成损害的保险事故而被提起仲裁或者诉讼的，被保险人支付的仲裁或者诉讼费用以及其他必要的、合理的费用，除合同另有约定外，由保险人承担。
共同侵权	**被保险人因共同侵权应承担连带责任：外部赔偿，内部追偿** **（1）外部赔偿** 责任保险的被保险人因共同侵权依法承担连带责任，保险人不能以该连带责任超出被保险人应承担的责任份额为由，拒赔。 **（2）内部追偿** 保险人承担保险责任后，可就超出被保险人责任份额的部分向其他连带责任人追偿。

▼ 关联法条

《保险法》

第65条 保险人对责任保险的被保险人给第三者造成的损害，可以依照法律的规定或者合同的约定，直接向该第三者赔偿保险金。

责任保险的被保险人给第三者造成损害，被保险人对第三者应负的赔偿责任确定的，根据被保险人的请求，保险人应当直接向该第三者赔偿保险金。被保险人怠于请求的，第三者有权就其应获赔偿部分直接向保险人请求赔偿保险金。

责任保险的被保险人给第三者造成损害，被保险人未向该第三者赔偿的，保险人不得向被保险人赔偿保险金。

责任保险是指以被保险人对第三者依法应负的赔偿责任为保险标的的保险。

第66条 责任保险的被保险人因给第三者造成损害的保险事故而被提起仲裁或者诉讼的，被保险人支付的仲裁或者诉讼费用以及其他必要的、合理的费用，除合同另有约定外，由保险人承担。

考点3　重复保险制度

（一）重复保险的概念

重复保险，是指投保人对同一保险标的、同一保险利益、同一保险事故分别向两个以上保险人订立保险合同，且保险金额总和超过保险价值的保险。

（二）重复保险的赔付原则

分摊原则，各保险人按照比例清偿，各保险人赔付的总额不超过保险价值。

📋 **★特别提示**　财产保险中，不同投保人就同一保险标的分别投保，不是重复保险。保险事故发生后，被保险人在其保险利益范围内依据保险合同主张保险赔偿的，人民法院应予支持。

考点4　代位求偿制度★★★★

（一）代位求偿权的概念

代位求偿权也称代位追偿权，是指财产保险中保险人赔偿被保险人的损失后，可以取得在其赔付保险金的限度内，要求被保险人转让其对造成损失的第三人享有追偿的权利。

📋 **★特别提示**　保险公司的代位权包括对物的代位权和对人的代位权。

1. 对物的代位权：保险公司支付了全部保险金额后，保险金额等于保险价值的，保险公司可以取得受损保险标的之全部权利（法定物权变动）。

2. 对人的代位权：保险公司支付保险金额后，可以在赔偿的保金范围内取得被保险人对造成保险标的损失的第三者的请求权（法定债权让与）。

（二）三方主体的法律关系

保险人与被保险人之间是合同关系；被保险人与第三人之间是侵权关系（或合同关系），因为第三人对被保险人的侵权行为（或违约行为），造成损害，引发了被保险人与保险人的保险合同中约定的保险事故。

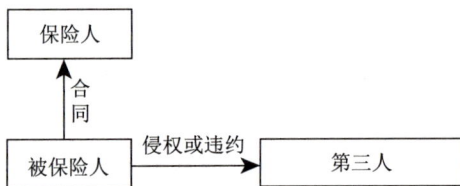

```
                    ┌─────────┐
                    │  保险人  │
                    └─────────┘
                         ↑
                      合
                      同
        ┌─────────┐  侵权或违约  ┌─────────┐
        │ 被保险人 │────────────│  第三人  │
        └─────────┘            └─────────┘
```

保险人和第三人对被保险人承担不真正连带责任。被保险人对保险人的请求权和对第三人的请求权构成请求权竞合。

📋 **★特别提示**　代位求偿权的诉讼时效期间自保险公司取得代位求偿权之日起开始计算。

（三）代位求偿权的条件

1. 保险事故是由第三人的行为引起的。第三人的行为可以是违约、侵权、不当得利等可以产生债权请求权的行为，亦可以是犯罪行为、违法行政行为。

2. 保险人已向被保险人支付保险赔偿。保险赔偿可以是全部的，也可以是部分的，保险人在未向被保险人支付赔偿前不得行使代位求偿权。

3. 保险人行使代位求偿权的数额以给付的保险金额为限，对于超过保险人已支付的保险金额以外的部分，保险人无权要求第三人赔偿，求偿权仍由被保险人所享有。

（四）代位求偿权的保护规则

1. 被保险人具有选择权，可以找第三人索赔，也可以找保险公司索赔。

尊重财产险的损失填平基本原则，无论保险公司还是第三人，赔付的金额总额不可以超过被保险人的损失额。另外基于民事"过错者担责"的基本原则，第三人造成的损害，最终的责任应该由第三人承担，同时为了保护保险公司利益，允许保险公司代位求偿，有利于降低保险公司成本，最终有利于降低所有投保人的保费，所以产生了代位求偿的理论基础。被保险人如果找保险公司索赔，保险公司在赔付的范围内取得向第三人索赔的权利；被保险人如果向第三人索赔，则第三人赔付的部分不得再向保险公司索赔。

　　★特别提示　被保险人与保险人、侵权人之间构成不真正连带之债，被保险人既可以向保险人主张权利，也可以向侵权人主张权利。

2. 被保险人弃权的处理规则——保险公司代位权的保护：

（1）在保险合同订立前，被保险人放弃对第三者求偿权的，法院认定该弃权行为合法有效的，保险公司无代位权。

　　★特别提示　在保险合同订立前，被保险人弃权的，尚不涉及保险公司利益，该弃权行为合法有效。

（2）在保险合同订立后

①保险公司赔付之后，赔付的金额范围内向第三者追偿的权利已经法定让渡给保险公司，被保险人无权放弃，所以弃权行为无效；

②保险公司赔付之前，如果弃权，此时属于被保险人的私权处分，弃权行为能够产生同时豁免第三人和保险人的赔付义务，弃权行为也损害了保险人的代位权，因此保险人不承担赔偿责任。

3. 如果被保险人故意或者因重大过失而致使保险人不能行使代位求偿权的，若保险人尚未支付保险赔偿金，保险人可以相应地扣减部分保险金；若保险人已经支付保险赔偿金的，保险人可以要求被保险人返还相应的保险金。

　　★特别提示　例如：被保险人故意或重大过失遗失证据。

4. 保险事故发生后，被保险人已经从第三者处取得损害赔偿的，保险人赔偿保险金时，可以相应扣减被保险人从第三者已取得的赔偿金额。

（五）代位求偿权的例外

第三人如果是被保险人的家庭成员或其组成人员，非故意造成的保险事故，保险公司赔付后不得代位求偿，因为此种情形，认定第三人与被保险人为一体（同一主体）。

（六）对受损保险标的的代位权（《保险法》第59条）（物上代位）

保险事故发生后，保险人支付了全部保险金额：

（1）保险金额等于保险价值的，受损保险标的的全部权利归于保险人；

（2）保险金额低于保险价值的，保险人按照保险金额与保险价值的比例取得受损保险标的的部分权利。

【经典真题】

甲将自己的汽车向某保险公司投保财产损失险，附加盗抢险，保险金额按车辆价值确定为 20 万元。后该汽车被盗，在保险公司支付了全部保险金额之后，该车辆被公安机关追回。关于保险金和车辆的处置方法，下列哪一选项是正确的？[1]（2008 - 3 - 27）

A. 甲无需退还受领的保险金，但车辆归保险公司所有

B. 车辆归甲所有，但甲应退还受领的保险金

C. 甲无需退还保险金，车辆应归甲所有

D. 应由甲和保险公司协商处理保险金与车辆的归属

【解析】保险公司支付了全部保险金额后，保险金额等于保险价值的，保险公司可以取得受损保险标的之全部权利（法定物权变动）。因此车辆所有权归属保险公司。

【经典真题】

潘某请好友刘某观赏自己收藏的一件古玩，不料刘某一时大意致其落地摔毁。后得知，潘某已在甲保险公司就该古玩投保了不足额财产险。关于本案，下列哪些表述是正确的？[2]（2015 - 3 - 76）

A. 潘某可请求甲公司赔偿全部损失

B. 若刘某已对潘某进行全部赔偿，则甲公司可拒绝向潘某支付保险赔偿金

C. 甲公司对潘某赔偿保险金后，在向刘某行使保险代位求偿权时，既可以自己的名义，也可以潘某的名义

D. 若甲公司支付的保险金不足以弥补潘某的全部损失，则就未取得赔偿的部分，潘某对刘某仍有赔偿请求权

【考点】代位求偿

【解析】依据《保险法》第 55 条第 4 款的规定，不足额保险，保险金额低于保险价值的，除合同另有约定外，保险公司按照保险价值和保险金额的比例赔偿，而不赔偿全部损失，A 错误。

依据《保险法》第 60 条第 2 款的规定，因第三者侵权而发生保险事故的，受害人可基于侵权向第三者主张权利，也可以基于保险合同向保险公司主张权利，构成请求权竞合。受害人基于侵权实现请求权目的的，其对保险公司的请求权消灭，如刘某已经对潘某足额赔偿，潘某的目的已经实现，保险可拒付保险赔偿金，B 正确。

依据《保险法》第 60 条第 1 款的规定，保险公司的代位权是法定自动的代位权，应以自己的名义起诉，C 错误。

依据《保险法》第 60 条第 3 款的规定，在请求权竞合中，请求权目的未完全实现的，权利人可继续主张其他请求权，因此，保险公司支付的保险金不足以弥补潘某的损失，潘某可就该不足部分，向刘某主张权利，D 正确。

---

[1]【答案】A

[2]【答案】BD

考点5　财产保险中保险公司的代位权

对物代位权	法定物权变动 保险事故发生后，保险人支付了全部保险金额： (1) 保险金额等于保险价值的，受损保险标的的全部权利归于保险人； (2) 保险金额低于保险价值的，保险人按照保险金额与保险价值的比例取得受损保险标的的部分权利。
对人代位权	法定债权让与
条件	(1) **履行义务**：保险人已履行了赔偿义务； (2) **以自己名义**：以赔偿的金额为限以自己的名义向第三人求偿； (3) **投保人与被保险人为不同主体，可向投保人代位**；法律另有规定或保险合同约定的除外。
取得	(1) **自动**：赔偿后依法自动取得。 (2) **诉讼时效自其取得开始计算**：该求偿权的诉讼时效期间应自其取得代位求偿权之日起算。
保护	**1. 被保险人弃权** **(1) 保险合同订立前，弃权★** **A 保险合同订立前，被保险人弃权，第三人免责，保险人无代位权** 在保险人以第三者为被告提起的代位求偿权之诉中，第三者以被保险人在保险合同订立前已放弃对其请求赔偿的权利为由进行抗辩，法院认定上述放弃行为合法有效，保险人不能就相应部分主张行使代位求偿权。 **B 投保人未如实告知弃权事实，导致保险人不能代位的，返还相应保金** 保险合同订立时，保险人就是否存在上述放弃情形提出询问，投保人未如实告知，导致保险人不能代位行使请求赔偿的权利，保险人请求返还相应保险金的，法院应予支持，但保险人知道或应知道上述情形仍同意承保的除外。 **(2) 保险合同订立后，弃权** **A 赔偿前放弃，保险人免责** 保险事故发生后，保险人赔偿保险金之（前），被保险人放弃对第三者的请求赔偿的权利的，保险人不承担赔偿保险金的责任。 **B 赔偿后放弃，无效** 保险人向被保险人赔偿保险金之（后），被保险人未经保险人同意放弃对第三者请求赔偿的权利的，该行为无效。 **2. 被保险人过错损害代位权——扣减或返还保金** 由于被保险人的过错致使保险人不能行使代位请求赔偿的权利的，保险人可以相应扣减或要求返还相应的保险赔偿金； 被保险人因故意或重大过失未履行向保险人提供必要的文件和所知道的有关情况的义务，致使保险人未能行使或未能全部行使代位请求赔偿的权利，保险人主张在其损失范围内扣减或返还相应保险金的，法院应予支持。

续表

	3. 被保险人双重获赔 **（1）被保险人已从第三者受偿，相应扣减** 被保险人已经从第三者取得损害赔偿的，保险人赔偿保险金时，可以相应扣减被保险人从第三者已取得的赔偿金额。 **（2）债权让与——通知对抗第三人** **A 第三者未受通知，在被保险人从保险人处获赔后，又向被保险人赔偿——保险人不得向第三者行使代位权，可以请求保险人返还保金★** 因第三者对保险标的的损害而造成保险事故，保险人获得代位请求赔偿的权利的情况未通知第三者或通知到达第三者前，第三者在被保险人已经从保险人处获赔的范围内又向被保险人作出赔偿，保险人主张代位行使被保险人对第三者请求赔偿的权利的，法院不予支持。保险人可就相应保险金请求被保险人返还。 **B 第三者受通知后，依然向被保险人赔偿——保险人可向其主张代位权** 保险人获得代位请求赔偿的权利的情况已经通知到第三者，第三者又向被保险人作出赔偿，保险人主张代位行使请求赔偿的权利，第三者以其已经向被保险人赔偿为由抗辩的，法院不予支持。
限制	**1. 代位权的排除** 被保险人的家庭成员或其组成人员非故意造成保险事故的，保险人不得对被保险人的家庭成员或者其单位组成人员行使代位请求赔偿的权利。 **2. 被保险人的保护——不真正连带之债** **（1）不影响被保险人对第三者的求偿权** 保险人行使代位请求赔偿的权利，不影响被保险人就未取得赔偿的部分向第三者请求赔偿的权利。被保险人或者受益人起诉保险人，保险人不得以被保险人或者受益人未要求第三者承担责任为由抗辩不承担保险责任。 **（2）被保险人之目的未实现，可继续主张权利** 被保险人就其所受损失从第三者取得赔偿后的不足部分提起诉讼，可请求保险人赔偿。
管辖	**以被保险人与第三者的法律关系确定** 保险人以造成保险事故的第三者为被告提起代位求偿权之诉的，以被保险人与第三者之间的法律关系确定管辖法院。
诉讼	**（1）被保险人对第三者之诉与代位权之诉可以合并审理** 保险人提起代位求偿权之诉时，被保险人已经向第三者提起诉讼的，法院可以依法合并审理。 **（2）被保险人已经向第三者起诉，保险人行使代位权时，可以申请变更当事人——被保险人同意：应准许；被保险人不同意：做共同原告** 保险人行使代位求偿权时，被保险人已经向第三者提起诉讼，保险人向受理该案的法院申请变更当事人，代位行使被保险人对第三者请求赔偿的权利，被保险人同意的，法院应予准许；被保险人不同意的，保险人可以作为共同原告参加诉讼。

【经典真题】

甲将其汽车向乙保险公司投保了机动车商业责任险。一日，甲开车不慎将丙撞伤，依据《保险法》及其解释，下列表述错误的是?[1]

A. 如果甲对丙所负的赔偿责任经法院生效裁判确认的，甲可请求乙直接向丙赔偿

B. 如果甲对丙应负的赔偿责任确定后，甲不履行赔偿责任，且丙以保险人乙为被告提起诉讼时，甲尚未向乙提出直接向第三者赔偿保险金请求的，可以认定为属于"被保险人怠于请求"的情形

C. 如甲和丁因共同侵权依法承担连带责任，乙可以以该连带责任超出甲应承担的责任份额为由，拒绝赔付保险金

D. 甲向乙请求赔偿保险金的诉讼时效期间，自保险事故发生之日起计算

【解析】 被保险人涉及共同侵权而需要承担连带责任的，保险公司应当依据连带之债的要求承担全部责任，然后向其他连带债务人追偿。商业责任保险中，被保险人向保险人请求赔偿保险金的诉讼时效期间自被保险人对第三者应负的赔偿责任确定之日开始计算。

▽ **关联法条** 《保险法司法解释四》第14~20条。

张某为某公司维修设备，张某与某公司达成协议，若因为张某过失导致设备（设备价值10万元）损坏，张某承担10%的责任。后某公司为该批设备投保，保险公司没有问该公司是否对他人有放弃求偿的行为便承保。后张某因过失导致设备毁损，保险公司给予了赔偿。下列表述正确的是?[2]

A. 保险公司可向张某主张代位求偿权

B. 如保险公司在保险合同订立时对该公司询问是否弃权事宜，该公司未如实回答，则保险公司可以不予赔偿

C. 如保险公司向张某主张代位求偿权，张某需要承担10万元的赔偿责任

D. 如保险公司向张某主张代位求偿权，张某需要承担1万元的赔偿责任

【解析】 依据《保险法》第60条第1款的规定，保险公司可以向张某主张代位权。A正确。

依据《保险法司法解释四》第9条第2款的规定，如保险公司在保险合同订立时询问被保险人是否存在弃权行为时，被保险人未如实回答，损害保险公司代位权的，保险公司可返还相应的保金，而不是予以赔偿，B错误。

依据《保险法司法解释四》第9条第1款的规定，在保险合同订立前，被保险人与第三人订立的免责条款有效，保险公司的代位权可类推债权让与规则，保险公司受到该免责条款的约束，即保险公司只能向张某主张1万元的赔偿责任，C错误，D正确。

▽ **关联法条**

《保险法》第60条，《保险法司法解释四》第9条

【经典真题】

1. 张三向保险公司投保了汽车损失险。某日，张三的汽车被李四撞坏，花去修理费

---

[1]【答案】CD
[2]【答案】AD

5000 元。张三向李四索赔，双方达成如下书面协议：张三免除李四修理费 1000 元，李四将为张三提供 3 次免费咨询服务，剩余的 4000 元由张三向保险公司索赔。后张三请求保险公司按保险合同支付保险金 5000 元。下列哪一说法是正确的？[1]（2011 - 3 - 34）

　　A. 保险公司应当按保险合同全额支付保险金 5000 元，且不得向李四求偿

　　B. 保险公司仅应当承担 4000 元保险金的赔付责任，且有权向李四求偿

　　C. 因张三免除了李四 1000 元的债务，保险公司不再承担保险金给付责任

　　D. 保险公司应当全额支付 5000 元保险金，再向李四求偿

【考点】代位求偿

【解析】根据《保险法》第 60 条："因第三者对保险标的的损害而造成保险事故的，保险人自向被保险人赔偿保险金之日起，在赔偿金额范围内代位行使被保险人对第三者请求赔偿的权利。前款规定的保险事故发生后，被保险人已经从第三者取得损害赔偿的，保险人赔偿保险金时，可以相应扣减被保险人从第三者已取得的赔偿金额。保险人依照本条第一款规定行使代位请求赔偿的权利，不影响被保险人就未取得赔偿的部分向第三者请求赔偿的权利。"

　　《保险法》第 61 条第 1、2 款："保险事故发生后，保险人未赔偿保险金之前，被保险人放弃对第三者请求赔偿的权利的，保险人不承担赔偿保险金的责任。保险人向被保险人赔偿保险金后，被保险人未经保险人同意放弃对第三者请求赔偿的权利的，该行为无效。"

　　所以张三对李四免除的 1000 元的赔付义务，保险公司也不再承担此 1000 元的赔偿责任，余款 4000 元，保险公司应该赔付且有代位求偿的权利，因此 ACD 错误，B 项正确。

2. 潘某向保险公司投保了一年期的家庭财产保险。保险期间内，潘某一家外出，嘱托保姆看家。某日，保姆外出忘记锁门，窃贼乘虚而入，潘某家被盗财物价值近 5000 元。下列哪一表述是正确的？[2]（2009 - 3 - 33）

　　A. 应由保险公司赔偿，保险公司赔偿后无权向保姆追偿

　　B. 损失系因保姆过错所致，保险公司不承担赔偿责任

　　C. 潘某应当向保险公司索赔，不能要求保姆承担赔偿责任

　　D. 潘某只能要求保姆赔偿，不能向保险公司索赔

【考点】代位求偿

【解析】根据《保险法》第 60 条第 1 款："因第三者对保险标的的损害而造成保险事故的，保险人自向被保险人赔偿保险金之日起，在赔偿金额范围内代位行使被保险人对第三者请求赔偿的权利。"注意本题目中解题的关键在于造成保险事故的第三人是盗贼，如果潘某追究保险公司的责任，保险公司赔付后应当向盗贼追偿，不能向保姆追偿，所以 A 项正确，B 项错；保姆和潘某家有劳务关系，因为保姆的过失造成潘某的损失，潘某可以追究保姆的责任，C 项错；潘某作为权利人，可以向保险公司追偿也可以向盗贼追偿。D 项错。

考点 6　保险标的转让、减损费用

（一）保险标的转让（《保险法司法解释四》第 1～6 条）

1. 保险标的的交付后移转风险的，受让人继受被保险人权利

---

[1]【答案】B

[2]【答案】A

保险标的已交付受让人，但尚未依法办理所有权变更登记，承担保险标的毁损灭失风险的受让人，可依法主张行使被保险人权利。

2. 保险标的转让后，受让人继受保险之债，保险人无需再履行提示或说明义务

保险人已向投保人履行了保险法规定的提示和明确说明义务，保险标的受让人不能以保险标的转让后保险人未向其提示或明确说明为由，主张免除保险人责任的条款不成为合同内容。

3. 保险标的继承后，受让人继承保险之债

被保险人死亡，继承保险标的的当事人可主张承继被保险人的权利和义务。

4. 通知保险人后，保险人答复前，发生保险事故——赔

被保险人、受让人依法及时向保险人发出保险标的的转让通知后，保险人作出答复前，发生保险事故，被保险人或受让人可主张保险人按照保险合同承担赔偿保险金的责任。

▶ ★特别提示 保险标的转让后，通知保险公司，保险公司未回复，在该空档期内，发生保险事故，保险公司赔偿。其立法目的在于保护受让人利益，保险公司负担空档期内发生保险事故的风险。

【经典真题】

甲将其所有的房屋向乙保险公司投保后，将该房屋转让给丙。甲将该房屋交付给了丙，但未办理房屋产权过户登记，同时约定甲依然负担该房屋毁损灭失的风险。依据《保险法》及其解释，下列表述错误的是？[1]

A. 此时，甲依然可以向乙主张被保险人的权利

B. 虽然乙已经向甲履行了保险法规定的提示说明义务，其仍然需要对受让人丙再次履行该义务，否则免责条款不发生效力

C. 如在受让人丙向乙发出保险标的的转让通知后，保险公司尚未回复，此时发生保险事故，保险公司不承担赔偿责任

D. 如果保险事故发生后，丙为抢救和保护被保险的房屋支出必要费用 2000 元，但该抢救并未发生实际效果，保险公司可以以此为由抗辩拒绝支付该费用

【解析】保险标的的交付并且约定负担风险的，受让人才能行使被保险人的权利。保险标的转让的，债之关系概括移转，保险公司无需再做提示。通知保险人后，保险人答复前，发生保险事故，保险公司需要赔偿。防止或减少损失的必要合理费用由保险人承担，不考虑实际效果。

◆ 关联法条 《保险法司法解释四》第 1~6 条。

（二）危险显著增加（《保险法司法解释四》第 4 条、第 6 条）

1. 法院认定保险标的的是否构成"危险程度显著增加"时，应综合考虑以下因素：

（1）用途改变

保险标的的用途的改变

（2）使用范围改变

保险标的的使用范围的改变

───────────────

〔1〕【答案】BCD

（3）环境改变

保险标的所处环境的变化

（4）改装变化

保险标的因改装等原因引起的变化

（5）**使用人或管理人改变**

保险标的使用人或管理人的改变

（6）**持续的时间**

危险程度增加持续的时间

（7）**其他因素**

其他可能导致危险程度显著增加的因素

2. 合同订立时保险人可预见的属于承保范围的危险，除外

保险标的危险程度虽然增加，但增加的危险属于保险合同订立时保险人预见或应预见的保险合同承保范围的，不构成危险程度显著增加。

（三）减损费用（《保险法司法解释四》第 6 条）

防止或减少损失的必要合理费用由保险人承担，不考虑实际效果（《保险法司法解释四》第 6 条）

保险事故发生后，被保险人依法请求保险人承担为防止或减少保险标的的损失所支付的必要、合理费用，保险人不能以被保险人采取的措施未产生实际效果为由抗辩。

【经典真题】

甲为乙的汽车向丙保险公司投保了财产险。后该汽车被丁损坏，该损坏属于保险公司理赔的范围。依据《保险法》及其解释，下列表述错误的是？[1]

A. 如果该汽车系甲损坏，则丙保险公司可以依法向甲主张代位权

B. 如果在丙保险公司向乙赔偿后，丁在不知情的情况下，又向乙赔偿，则丙依然可以向丁主张代位权

C. 乙因轻微过失未向丙保险公司提供必要的文件，致使保险公司未能全部行使代位权，保险人可主张返还保险金

D. 如丙保险公司依法向丁行使代位权，乙已经向丁起诉，则无论乙是否同意，丙均可申请变更当事人，代位乙行使对丁的求偿权

【解析】 在被保险人从保险人处获赔后，善意第三者又做赔偿的，保险公司对第三者无代位权。在被保险人因故意或重大过失未履行对保险公司的提供义务时，保险公司有权扣减保金。保险人在诉讼中申请变更当事人，需要经被保险人同意，否则，可以做共同原告。

▽ **关联法条** 《保险法司法解释四》第 7～13 条。

---

[1] **【答案】** BCD

五、保险业的监督管理

考点 保险代理人和保险经纪人

（一）保险代理人

保险代理人是指根据保险人的委托，向被保险人收取代理手续费，并在保险人授权的范围内代为办理保险业务的单位或者个人。保险代理是一种特殊的代理制度，表现在：

1. 表见代理的适用：保险代理人没有代理权、超越代理权或者代理权终止后以保险人名义订立合同，使投保人有理由相信其有代理权的，该代理行为有效。如果是投保人与保险代理人恶意串通实施的行为，则对保险人没有约束力。

2. 投保人将有关订立保险合同的重要事项告知了保险代理人，视为已经告知了保险人，即便保险代理人没有转告保险人，也视为保险人已经知悉该事项与信息。

3. 保险人对保险代理人权利的限制，不得对抗善意第三人。

4. 个人保险代理人在代为办理人寿险业务时，不得同时接受两个以上保险人的委托。

（二）保险经纪人

保险经纪人是指基于投保人的利益，为投保人与保险人订立保险合同提供中介服务，并依法收取佣金的单位。因保险经纪人的过错给投保人、保险人造成损失的，由保险经纪人承担赔偿责任。保险经纪人不能代理保险人订立保险合同。

◇ 关联法条

《保险法》

第 117 条 保险代理人是根据保险人的委托，向保险人收取佣金，并在保险人授权的范围内代为办理保险业务的机构或者个人。

保险代理机构包括专门从事保险代理业务的保险专业代理机构和兼营保险代理业务的保险兼业代理机构。

第 118 条 保险经纪人是基于投保人的利益，为投保人与保险人订立保险合同提供中介服务，并依法收取佣金的机构。

第 119 条 保险代理机构、保险经纪人应当具备国务院保险监督管理机构规定的条件，取得保险监督管理机构颁发的经营保险代理业务许可证、保险经纪业务许可证。

第 125 条 个人保险代理人在代为办理人寿保险业务时，不得同时接受两个以上保险人的委托。

第 126 条 保险人委托保险代理人代为办理保险业务，应当与保险代理人签订委托代理协议，依法约定双方的权利和义务。

第 127 条 保险代理人根据保险人的授权代为办理保险业务的行为，由保险人承担责任。

保险代理人没有代理权、超越代理权或者代理权终止后以保险人名义订立合同，使投保人有理由相信其有代理权的，该代理行为有效。保险人可以依法追究越权的保险代理人的责任。

第 128 条 保险经纪人因过错给投保人、被保险人造成损失的，依法承担赔偿责任。

第 129 条 保险活动当事人可以委托保险公估机构等依法设立的独立评估机构或者具有相关专业知识的人员，对保险事故进行评估和鉴定。

接受委托对保险事故进行评估和鉴定的机构和人员，应当依法、独立、客观、公正地进行评估和鉴定，任何单位和个人不得干涉。

前款规定的机构和人员，因故意或者过失给保险人或者被保险人造成损失的，依法承担赔偿责任。

【本章小结】

近几年本章的考查重点在以《保险法司法解释二》《保险法司法解释三》《保险法司法解释四》为核心的保险原则、保险合同总论的相关内容。尤其是保险原则中的保险利益、最大诚信原则的内容更多，涉考性更强。

另外，保险合同分论中两类保险合同的相关内容需要在理解的基础上掌握。尤其是人身保险合同中的受益人制度、死亡险制度、年龄误报；财产险中的代位求偿制度。

第九章
海商法

导学 　　本章是商法中比较特殊的部分，无法准确划入商主体法或是商行为法，有自己的特点。在法律职业资格考试中的涉考比例基本是每年一题，甚至不做考查，分值0～1分。该部门法可作基本了解，甚至可以放弃。

★ 【本部分常考考点包括】

船舶抵押权、船舶优先权、船舶留置权、船舶碰撞、海难救助、共同海损等。

考点1　海商法的适用范围

适用于海上或与海相通的可航水域的货物及旅客运输以及船舶碰撞和海难救助等海上事故。但《海商法》第4章海上货物运输合同的规定不适用于我国港口之间的海上货物运输。我国港口之间的旅客运输不受此限，依然适用海商法的相关规定。

▽ **关联法条**

《海商法》

第2条　本法所称海上运输，是指海上货物运输和海上旅客运输，包括海江之间、江海之间的直达运输。

本法第四章海上货物运输合同的规定，不适用于中华人民共和国港口之间的海上货物运输。

考点2　船舶与船员

（一）船舶

1. 我国《海商法》所称的船舶指海船和其他海上移动式装置，用于军事、政府公务的船舶和20总吨以下的小型船舶除外。

2. 我国实行严格的船舶登记制度。船舶经过登记，才能取得一国国籍，从而取得悬挂一国国旗的权利。

（二）船舶所有权

船舶所有权可为自然人所有，也可为法人所有。船舶所有权可以由两个以上的法人或者个人所有。如果是国家所有的船舶，由国家授予具有法人地位的全民所有制企业经营管理的，《海商法》有关船舶所有人的规定适用于该法人。船舶共有的，应当向船舶登记机关办理登记，未经登记的，不得对抗第三人。

船舶所有权的转让应当签订书面合同。船舶所有权的取得、转让、消灭，应当向船舶登记机关登记；未经登记的，不得对抗第三人。

> ★**特别提示**　登记对抗主义。

（三）船舶担保物权 ★★★★★

1. 船舶抵押权。

（1）船舶抵押权的标的。

船舶抵押权的标的是船舶，包括旧船和正在建造中的船舶。

> ★**特别提示**　建造中的船舶办理抵押权登记，还应当向船舶登记机关提交船舶建造合同。

（2）船舶抵押权的设定。

有权设定船舶抵押权的是船舶所有人、船舶所有人授权的人或船舶共有人。船舶共有人就共有船舶设定抵押权，应当取得持有 2/3 以上份额的共有人的同意，共有人之间另有约定的除外。

当事人设定船舶抵押，应当签订书面合同。由抵押权人和抵押人共同向船舶登记机关办理船舶抵押登记；未经登记的，不得对抗第三人。

> ★**特别提示**　《海商法》中船舶抵押权设定，采用的是登记对抗主义。

（3）船舶抵押权的效力。

船舶抵押权赋予其担保的债权以优先受偿权。被抵押船舶灭失，抵押权随之消灭。由于船舶灭失得到的保险赔偿，抵押权人有权优先于其他债权人受偿。

船舶抵押权设定后，未经抵押权人同意，抵押人不得将抵押船舶转让给他人。

船舶抵押权设定后，抵押权人将被抵押船舶担保的债权全部或者部分转让给他人的，抵押权随之转移。

2. 船舶优先权。

船舶优先权，是指请求人依照《海商法》规定，向船舶所有人、光船承租人、船舶经营人提出海事请求，对产生该海事请求的船舶具有优先受偿的权利。船舶优先权是《海商法》上一项特有的权利，是一种法定的担保物权。

（1）船舶优先权的种类和受偿顺序。

我国《海商法》第 22 条规定，以下海事请求有优先权：

① 船长、船员和在船上工作的其他在编人员根据劳动法律、行政法规或者劳动合同所产生的工资、其他劳动报酬、船员遣返费用和社会保险费用的给付请求；

② 船舶营运中发生的人身伤亡的赔偿请求；

③ 船舶吨税、引航费、港务费和其他港口规费的缴付请求；

④ 海难救助的救助款项的给付请求；

⑤ 船舶在营运中因侵权行为产生的财产赔偿请求。

但载运 2000 吨以上的散装货油的船舶，持有有效的证书，证明已进行油污损害民事责任保险或具有相应的财务保证的，对其油污损害的赔偿请求例外。

以上海事请求权优先于其他请求受偿。同属船舶优先权的，按以上顺序受偿。但是，第四项海事请求，后于第一项至第三项发生的，应当先于第一项至第三项受偿。同一项中有两个以上海事请求的，不分先后，同时受偿；不足受偿的，按照比例受偿。第四项中有两个以上海事请求的，后发生的先受偿。

> ★特别提示 海难救助的费用按发生时间看，在其发生于前三项之后的情况下，要先于前三项请求权而受偿。

因行使船舶优先权产生的诉讼费用，保存、拍卖船舶和分配船舶价款产生的费用，以及为海事请求人的共同利益而支付的其他费用，应当从船舶拍卖所得价款中先行拨付。

> ★特别提示 为债权的债权，自然应当优先受偿。没有后者，就没有前者。

（2）船舶优先权的消灭。

我国《海商法》第29条规定，船舶优先权，因下列原因而消灭：

①具有船舶优先权的海事请求，自优先权产生之日起满1年不行使而消灭。一年期限，不得中止或者中断；

②船舶经法院强制出售；

③船舶灭失。

另外，《海商法》第26条规定，船舶优先权不因船舶所有权的转让而消灭。但是，船舶转让时，船舶优先权自法院应受让人申请予以公告之日起满60日不行使的除外。

3. 船舶留置权。

（1）权利人：特指船舶建造人、修船人。

（2）适用情形：

船舶建造人、修船人在合同另一方未履行合同时，可以留置所占有的船舶，以保证造船费用或者修船费用得以偿还的权利。船舶留置权是一种法定物权，其主体只限于造船人和修船人。船舶留置权也是一种法定的担保物权。其他人因为其他原因占有船舶不能行使船舶留置权。

4. 船舶担保物权之间的关系。

船舶抵押权、船舶优先权和船舶留置权都是以船舶为标的物的担保物权，都能保证其担保的债权比没有担保的普通债权优先受偿。但船舶抵押权是约定担保物权，而船舶优先权和船舶留置权是法定担保物权；船舶抵押权非经登记不得对抗第三人，而船舶优先权和船舶留置权无须登记。在其担保的债权的受偿顺序上，从先到后依次是：船舶优先权、船舶留置权、船舶抵押权。

船舶优先权的受偿位序靠前，但并非总能最先受偿。因行使船舶优先权产生的诉讼费用，保存、拍卖船舶和分配船舶价款产生的费用，以及为海事请求人的共同利益而支付的其他费用，应当从船舶拍卖所得价款中先行拨付。

> ★特别提示 先行拨付的费用（即司法费用）——船舶优先权——船舶留置权——船舶抵押权——一般债权。

【经典真题】

1. 依据我国《海商法》和《民法典（物权编）》的相关规定，关于船舶所有权，下列哪一表述是正确的？[1]（2014-3-33）

A. 船舶买卖时，船舶所有权自船舶交付给买受人时移转

---

[1] 【答案】A

B. 船舶建造完成后，须办理船舶所有权的登记才能确定其所有权的归属

C. 船舶不能成为共同共有的客体

D. 船舶所有权不能由自然人继承

【考点】船舶物权

【解析】《海商法》第9条规定："船舶所有权的取得、转让和消灭，应当向船舶登记机关登记；未经登记的，不得对抗第三人。船舶所有权的转让，应当签订书面合同。"船舶作为动产，交付转移所有权，A项正确；登记起到对抗第三人的效力，B项错误。

《海商法》第10条规定："船舶由两个以上的法人或者个人共有的，应当向船舶登记机关登记；未经登记的，不得对抗第三人。"船舶作为共有的客体没有问题，C项错误。

船舶所有权的继承，并不能限制自然人，D项明显没有法律依据，故错误。

2. 依据我国《海商法》和《民法典（物权编）》的相关规定，关于船舶物权的表述，下列哪一选项是正确的？[1]（2013－3－33）

A. 甲的船舶撞坏乙的船舶，则乙就其损害赔偿对甲的船舶享有留置权

B. 甲以其船舶为乙设定抵押担保，则一经签订抵押合同，乙即享有抵押权

C. 以建造中的船舶设定抵押权的，抵押权仅在办理登记后才能产生效力

D. 同一船舶上设立数个抵押权时，其顺序以抵押合同签订的先后为准

【考点】船舶担保权

【解析】根据《海商法》第25条第2款："前款所称船舶留置权，是指造船人、修船人在合同另一方未履行合同时，可以留置所占有的船舶，以保证造船费用或者修船费用得以偿还的权利。船舶留置权在造船人、修船人不再占有所造或者所修的船舶时消灭。"留置权适用于合法占有船舶的修船人、造船人，乙并没有合法占有船舶，无法享有留置权。A项错误。

根据《海商法》第12条："船舶所有人或者船舶所有人授权的人可以设定船舶抵押权。船舶抵押权的设定，应当签订书面合同。"第13条第1款："设定船舶抵押权，由抵押权人和抵押人共同向船舶登记机关办理抵押权登记；未经登记的，不得对抗第三人。"船舶抵押权的设立采用登记对抗主义，因此抵押合同生效时，船舶抵押权已设立；B项正确，C项错误。

根据《海商法》第19条："同一船舶可以设定两个以上抵押权，其顺序以登记的先后为准。同一船舶设定两个以上抵押权的，抵押权人按照抵押权登记的先后顺序，从船舶拍卖所得价款中依次受偿。同日登记的抵押权，按照同一顺序受偿。"D项错误。

3. 关于船舶担保物权及针对船舶的请求权的表述，下列哪些选项是正确的？[2]（2012－3－76）

A. 海难救助的救助款项给付请求，先于在船舶营运中发生的人身伤亡赔偿请求而受偿

B. 船舶在营运中因侵权行为产生的财产赔偿请求，先于船舶吨税、引航费等的缴付请求而受偿

C. 因保存、拍卖船舶和分配船舶价款产生的费用，应从船舶拍卖所得价款中先行拨付

---

〔1〕【答案】B

〔2〕【答案】ACD

D. 船舶优先权先于船舶留置权与船舶抵押权受偿

【考点】船舶优先权

【解析】根据《海商法》第22条第1款："下列各项海事请求具有船舶优先权：

（一）船长、船员和在船上工作的其他在编人员根据劳动法律、行政法规或者劳动合同所产生的工资、其他劳动报酬、船员遣返费用和社会保险费用的给付请求；

（二）在船舶营运中发生的人身伤亡的赔偿请求；

（三）船舶吨税、引航费、港务费和其他港口规费的缴付请求；

（四）海难救助的救助款项的给付请求；

（五）船舶在营运中因侵权行为产生的财产赔偿请求。"

《海商法》第23条第1款："本法第二十一条第一款所列各项海事请求，依照顺序受偿。但是，第（四）项海事请求，后于第（一）项至第（三）项发生的，应当先于第（一）项至第（三）项受偿。"据此，第（四）项海难救助先于前三项优先受偿，A项正确。其他依照顺序受偿，所以（五）船舶在营运中因侵权行为产生的财产赔偿请求，应"后于"（三）船舶吨税、引航费等的缴付请求而受偿。B项错误。

《海商法》第24条规定："因行使船舶优先权产生的诉讼费用，保存、拍卖船舶和分配船舶价款产生的费用，以及为海事请求人的共同利益而支付的其他费用，应当从船舶拍卖所得价款中先行拨付。"C选项正确。

《海商法》第25条第1款："船舶优先权先于船舶留置权受偿，船舶抵押权后于船舶留置权受偿。"简单归纳三者受偿顺序为：船舶优先权＞船舶留置权＞船舶抵押权。D选项正确。

因此，本题正确选项为ACD。

【本章小结】

本章主要的考点都是集中在船舶及船舶担保性权利的环节。所以针对船舶物权、船舶抵押权、优先权、留置权的细节内容要重点掌握。

下编　经济法

经济法知识体系结构图

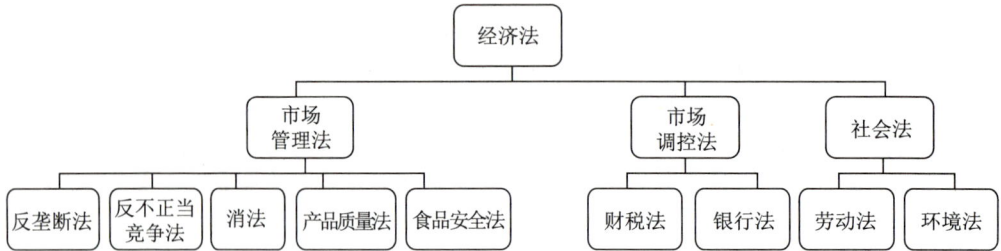

```
                         经济法
        ┌──────────────────┼──────────────────┐
      市场              市场            社会法
     管理法             调控法
  ┌──┬──┬──┬──┬──┐      ┌────┬────┐      ┌────┬────┐
反垄断法 反不正当 消法 产品质量法 食品安全法  财税法 银行法   劳动法 环境法
       竞争法
```

第一章

竞争法

> **导学**　本章包含两个部门法：反垄断法及反不正当竞争法。在经济法体系中占据相对重要的地位，历年司法考试（现称法考）真题中的涉题量平均在 2~3 道题左右，分值平均在 3~5 分左右。反垄断法主体体系由经济垄断行为、行政垄断行为及反垄断机构和垄断调查程序组成；反不正当竞争法的主体体系由不正当竞争行为组成。该部门法属于经济法中相对比较容易的部门法，应当力争拿到满分。

★ 【本部分常考考点包括】

垄断协议、滥用市场支配地位、经营者集中、行政垄断、反垄断调查、各种不正当竞争行为等。

竞争法框架体系

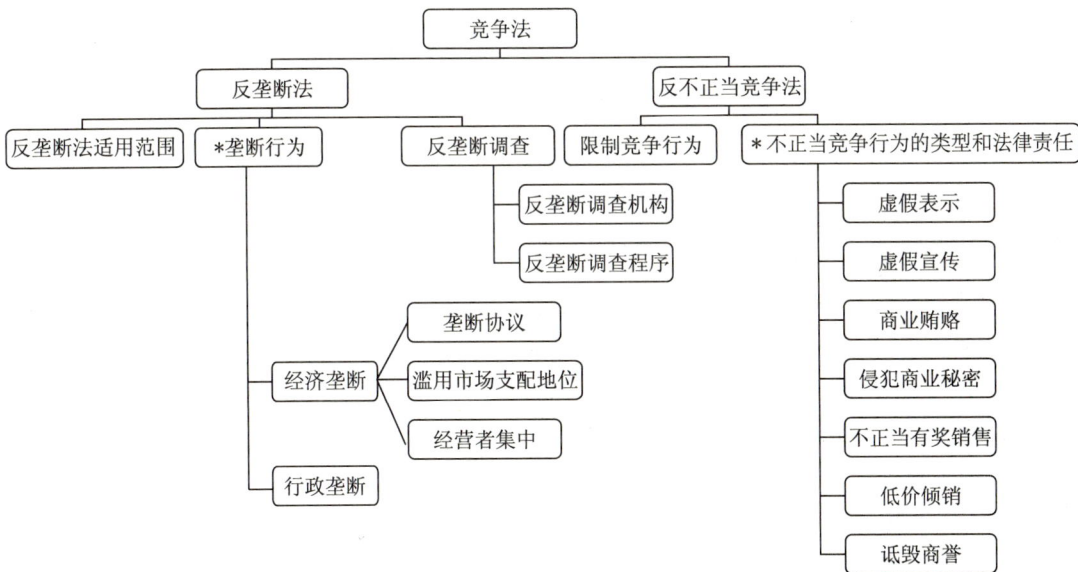

```
                        竞争法
              ┌───────────┴───────────┐
          反垄断法                反不正当竞争法
   ┌────────┼────────┐        ┌────────┴────────┐
反垄断法   *垄断行为  反垄断调查  限制竞争行为  *不正当竞争行为的类型和法律责任
适用范围                │                         │
                ┌──反垄断调查机构              ├─虚假表示
                └──反垄断调查程序              ├─虚假宣传
                                              ├─商业贿赂
          ┌──经济垄断──┬─垄断协议            ├─侵犯商业秘密
          │           ├─滥用市场支配地位      ├─不正当有奖销售
          │           └─经营者集中          ├─低价倾销
          └──行政垄断                       └─诋毁商誉
```

一、反垄断法

考点1 反垄断法的适用范围

适用及豁免范围	具体情形
适用范围：中国境内的垄断行为以及境外的对境内市场竞争产生排除、限制影响的垄断行为。	垄断行为，是指经营者达成垄断协议、经营者滥用市场支配地位以及具有或者可能具有排除、限制竞争效果的经营者集中。 经营者，是指从事商品生产、经营或者提供服务的自然人、法人和其他组织。 相关市场，是指经营者在一定时期内就特定商品或者服务（以下统称商品）进行竞争的商品范围、服务范围和地域范围。
知识产权豁免	经营者依照有关知识产权的法律、行政法规规定行使知识产权的行为，不适用本法；但是，经营者滥用知识产权，排除、限制竞争的行为，适用本法。
农产品豁免	农业生产者及农村经济组织在农产品生产、加工、销售、运输、储存等经营活动中实施的联合或者协同行为，不适用本法。

考点2 协议行为 ★★★★★

（一）行为表现

主体	种类	行为表现
具有竞争关系的同业竞争者 📖 ★特别提示 如两家汽车生产公司之间的联合	横向协议	①固定或者变更商品价格； ②限制商品的生产数量或者销售数量； ③分割销售市场或者原材料采购市场； ④限制购买新技术、新设备或者限制开发新技术、新产品； ⑤联合抵制交易； ⑥国务院反垄断执法机构认定的其他垄断协议。
交易关系的上下游经营者——具有买卖关系、合作关系 📖 ★特别提示 如汽车生产商与汽车销售商之间的联合	纵向协议	①固定向第三人转售商品的价格； ②限定向第三人转售商品的最低价格； ③国务院反垄断执法机构认定的其他垄断协议。 📖 ★特别提示 生产商和销售约定向消费者转售的最高价、指导价、建议价是合法的。
行业协会	横向、纵向协议	组织本行业的经营者从事横向或纵向的协议垄断行为。

（二）适用除外

经营者能够证明所达成的协议属于下列情形之一的，不属于垄断协议。

1. 技术进步。

为改进技术、研究开发新产品的。

2. 提高效率。

为提高产品质量、降低成本、增进效率，统一产品规格、标准或实行专业化分工的。

3. 竞争生态。

为提高中小经营者经营效率，增强中小经营者竞争力的。

4. 公共利益。

为实现节约能源、保护环境、救灾救助等社会公共利益的。

5. 缓解危机。

因经济不景气，为缓解销售量严重下降或生产明显过剩的。

属于 1～5 项情形的，经营者还应证明所达成的协议不会严重限制相关市场的竞争，并且能够使消费者分享由此产生的利益，否则不豁免。

6. 外贸利益。

为保障对外贸易和对外经济合作中的正当利益的。

7. 法律和国务院规定的其他情形。

▶ ★特别提示 为保障对外贸易和对外经济合作中的正当利益的垄断协议无需证明所达成的协议不会严重限制相关市场的竞争，并且能够使消费者分享由此产生的利益。

【经典真题】

某景区多家旅行社、饭店、商店和客运公司共同签订《关于加强服务协同 提高服务水平的决定》，约定了统一的收费方式、服务标准和收入分配方案。有人认为此举构成横向垄断协议。根据《反垄断法》，下列哪一说法是正确的?[1]（2017－1－28）

A. 只要在一个竞争性市场中的经营者达成协调市场行为的协议，就违反该法

B. 只要经营者之间的协议涉及商品或服务的价格、标准等问题，就违反该法

C. 如经营者之间的协议有利于提高行业服务质量和经济效益，就不违反该法

D. 如经营者之间的协议不具备排除、限制竞争的效果，就不违反该法

【解析】依据《反垄断法》第15条的规定，垄断协议利国利民（为了技术进步、提供产品质量和专业化分工、竞争生态、社会公益、缓解危机），不会限制竞争，并能使得消费者分享利益的，或者为了对外贸易的正当利益时，适用垄断豁免规则，A 选项错误。

依据《反垄断法》第14、15条的规定，违法的纵向垄断协议一般是指固定向第三人转售商品的价格或者限定向第三人转售商品的最低价格，并不是涉及商品或服务的价格或标准，因此 B 选项错误。

依据《反垄断法》第15条的规定，垄断协议有利于行业服务质量和经济效益，不适用法定的豁免规则。在为了技术进步、提供产品质量和专业化分工、竞争生态、社会公益、缓解危机时，经营者还应当证明所达成的协议不会严重限制相关市场的竞争，并且能够使消费者分享由此产生的利益，或者为了对外贸易的正当利益时，该垄断协议才具有正当性。C 选项错误。

依据《反垄断法》第13、14、15条的规定，横向垄断协议的主体限于具有竞争关系的经营者，旅行社、饭店和客运公司之间不存在竞争关系，不构成横向垄断。纵向垄断协议限于固定价格和固定最低价格，题目中约定的合同，不属于固定价格和最低价格，不构成纵向垄断协议，因此 D 选项正确。

◇ 关联法条

《反垄断法》第 13、14、15 条。

---

[1]【答案】D

（三）法律责任（恢复原状）

垄断协议行为的法律责任包括民事责任、行政责任。

（1）经营者违反《反垄断法》规定，达成并实施垄断协议的，由反垄断执法机构责令停止违法行为，没收违法所得，并处上一年度销售额百分之一以上百分之十以下的罚款。

（2）尚未实施所达成的垄断协议的，可以处五十万元以下的罚款。

（3）经营者主动向反垄断执法机构报告达成垄断协议的有关情况并提供重要证据的，反垄断执法机构可以酌情减轻或者免除对该经营者的处罚。

【经典真题】

1. 某市甲、乙、丙三大零售企业达成一致协议，拒绝接受产品供应商丁的供货。丙向反垄断执法机构举报并提供重要证据，经查，三企业构成垄断协议行为。关于三企业应承担的法律责任，下列哪些选项是正确的？[1]（2015－1－67）

A. 该执法机构应责令三企业停止违法行为，没收违法所得，并处以相应罚款

B. 丙企业举报有功，可酌情减轻或免除处罚

C. 如丁因垄断行为遭受损失的，三企业应依法承担民事责任

D. 如三企业行为后果极为严重，应追究其刑事责任

【解析】 依据《反垄断法》第46条第1款的规定，达成横向垄断协议的经营者，应当依法承担行政责任，反垄断执法机构可依法责令该三家企业停止违法行为、没收违法所得、并处以相应罚款。A正确。

依据《反垄断法》第46条第2款的规定，经营者主动向反垄断执法机构报告达成垄断协议的有关情况并提供重要证据的，反垄断执法机构可以酌情减轻或者免除对该经营者的处罚。丙企业向反垄断执法机构举报并提供重要证据，可依法酌情减轻或免除处罚。B正确。

依据《反垄断法》第50条的规定，经营者实施垄断行为，给他人造成损失的，依法承担民事责任。丁因该三企业的垄断协议而受害，可要求其承担民事责任。C正确。

垄断协议后果极为严重的，刑法并未明确规定该行为构成犯罪，依据罪刑法定原则，追究三家企业刑事责任的说法错误。D错误。

2. 某县会计师行业自律委员会成立之初，达成统筹分配当地全行业整体收入的协议，要求当年市场份额提高的会员应分出自己的部分收入，补贴给市场份额降低的会员。事后，有会员向省级工商行政管理部门书面投诉。关于此事，下列哪些说法是正确的？[2]（2016－1－67）

A. 该协议限制了当地会计师行业的竞争，具有违法性

B. 抑强扶弱有利于培育当地会计服务市场，法律不予禁止

C. 此事不能由省级工商行政管理部门受理，应由该委员会成员自行协商解决

D. 即使该协议尚未实施，如构成违法，也可予以查处

【考点】 垄断协议

【解析】 依据《反垄断法》第13条、第16条的规定，行业协会不得组织本行业的经

---

〔1〕【答案】ABC

〔2〕【答案】AD

营者从事禁止的垄断行为，而达成统筹分配当地全行业整体收入的协议，要求当年市场份额提高的会员应分出自己的部分收入，补贴给市场份额降低的会员属于排除、限制竞争的协议，具有违法性，所以 A 正确。

依据《反垄断法》第 13 条的规定，垄断协议，是指排除、限制竞争的协议、决定或者其他协同行为。该协议排除和限制了正常竞争，属于非法行为，所以 B 错误。

依据《反垄断法》第 38 条的规定，对涉嫌垄断行为，任何单位和个人有权向反垄断执法机构举报。反垄断执法机构应当为举报人保密。举报采用书面形式并提供相关事实和证据的，反垄断执法机构应当进行必要的调查。省级工商局应当依法调查，所以 C 错误。

依据《反垄断法》第 46 条第 1 款的规定，尚未实施所达成的垄断协议的，可以处五十万元以下的罚款。因此尚未实施垄断协议的，也需要承担法律责任，所以 D 正确。

考点 3　垄断协议的法律责任

◆ 关联法条

《反垄断法》

第 46 条　经营者违反本法规定，达成并实施垄断协议的，由反垄断执法机构责令停止违法行为，没收违法所得，并处上一年度销售额百分之一以上百分之十以下的罚款；尚未实施所达成的垄断协议的，可以处五十万元以下的罚款。

经营者主动向反垄断执法机构报告达成垄断协议的有关情况并提供重要证据的，反垄断执法机构可以酌情减轻或者免除对该经营者的处罚。

行业协会违反本法规定，组织本行业的经营者达成垄断协议的，反垄断执法机构可以处五十万元以下的罚款；情节严重的，社会团体登记管理机关可依法撤销登记。

第 50 条　经营者实施垄断行为，给他人造成损失的，依法承担民事责任。

【经典真题】

某品牌白酒市场份额较大且知名度较高，因销量急剧下滑，生产商召集经销商开会，令其不得低于限价进行销售，对违反者将扣除保证金、减少销售配额直至取消销售资格。关于该行为的性质，下列哪一判断是正确的?[1]（2013－1－27）

A. 维护品牌形象的正当行为　　　　　B. 滥用市场支配地位的行为
C. 价格同盟行为　　　　　　　　　　D. 纵向垄断协议行为

【考点】 协议行为

【解析】 根据《反垄断法》第 14 条："禁止经营者与交易相对人达成下列垄断协议：

（一）固定向第三人转售商品的价格；

（二）限定向第三人转售商品的最低价格；

（三）国务院反垄断执法机构认定的其他垄断协议。"

题目中生产商与相对人经销商限定向第三者转售商品的最低价格，属于纵向垄断协议因此 D 项正确，ABC 错误。

---

[1]　**【答案】** D

2. 根据《反垄断法》规定，下列哪些选项不构成垄断协议？[1]（2009 - 1 - 66）

A. 某行业协会组织本行业的企业就防止进口原料时的恶性竞争达成保护性协议

B. 三家大型房地产公司的代表聚会，就商品房价格达成共识，随后一致采取涨价行动

C. 某品牌的奶粉含有毒物质的事实被公布后，数家大型零售公司联合声明拒绝销售该产品

D. 数家大型煤炭企业就采用一种新型矿山安全生产技术达成一致意见

【考点】协议行为适用除外

【解析】根据《反垄断法》第15条的规定："经营者能够证明所达成的协议属于下列情形之一的，不适用本法第十三条、第十四条的规定：

（一）为改进技术、研究开发新产品的；

（二）为提高产品质量、降低成本、增进效率，统一产品规格、标准或者实行专业化分工的；

（三）为提高中小经营者经营效率，增强中小经营者竞争力的；

（四）为实现节约能源、保护环境、救灾救助等社会公共利益的；

（五）因经济不景气，为缓解销售量严重下降或者生产明显过剩的；

（六）为保障对外贸易和对外经济合作中的正当利益的；

（七）法律和国务院规定的其他情形。

属于前款第一项至第五项情形，不适用本法第十三条、第十四条规定的，经营者还应当证明所达成的协议不会严重限制相关市场的竞争，并且能够使消费者分享由此产生的利益。"所以 ACD 为可以豁免的协议，不受反垄断规制。

考点4　滥用市场支配地位 ★★★★★

（一）概述

市场支配地位，又称市场控制地位，指企业或企业联合组织在相关市场上所达到或具有的某种状态，该状态反映企业或企业联合组织在相关的产品市场、地域市场和时间市场上拥有决定产品产量、价格和销售等方面的控制能力。

▶★特别提示　认定滥用支配地位的逻辑线索：

界定相关市场——界定该经营者是否在该相关市场占支配地位——界定该经营者是否滥用该支配地位——结论

---

[1]【答案】ACD

（二）支配地位的确定

参考因素	①该经营者的情况。 该经营者在相关市场的**市场份额**以及相关市场的竞争状况； 该经营者控制**销售市场或者原材料采购市场**的能力； 该经营者的**财力和技术条件**。 ②**其他经营者的情况。** 其他经营者对该经营者在交易上的**依赖程度**； 其他经营者**进入相关市场的难易程度**。 ③**其他相关因素。** 与认定该经营者市场支配地位有关的其他因素。
推定制度	①一个经营者在相关市场的市场份额达到二分之一的； ②两个经营者在相关市场的市场份额合计达到三分之二的； ③三个经营者在相关市场的市场份额合计达到四分之三的。 有前款第二项、第三项规定的情形，其中有的经营者市场份额<u>不足十分之一</u>的，不应当**推定**该经营者具有市场支配地位。被推定具有市场支配地位的经营者，有证据证明不具有市场支配地位的，不应当认定其具有市场支配地位。 ▶★**特别提示** 不足十分之一不推定，自证清白者不认定。

（三）滥用市场支配地位的情形

1. 以不公平的高价销售商品或者以不公平的低价购买商品；（倾销）

2. 没有正当理由，以低于成本的价格销售商品；（高买低卖）

3. 没有正当理由，拒绝与交易相对人进行交易；（拒绝交易）

4. 没有正当理由，限定交易相对人只能与其进行交易或者只能与其指定的经营者进行交易；（限定交易）

5. 没有正当理由搭售商品，或者在交易时附加其他不合理的交易条件；（搭售）

6. 没有正当理由，对条件相同的交易相对人在交易价格等交易条件上实行差别待遇；（差别待遇）

7. 国务院反垄断执法机构认定的其他滥用市场支配地位的行为。

（四）法律责任

行政责任	经营者违反反垄断法规定，滥用市场支配地位的，由反垄断执法机构责令停止违法行为，没收违法所得，并处上一年度销售额百分之一以上百分之十以下的罚款。
民事责任	经营者实施垄断行为，给他人造成损失的，依法承担民事责任。

【经典真题】

1. 关于市场支配地位，下列哪些说法是正确的？[1]（2011 - 1 - 64）

A. 有市场支配地位而无滥用该地位的行为者，不为《反垄断法》所禁止

B. 市场支配地位的认定，只考虑经营者在相关市场的市场份额

---

[1]【答案】AD

C. 其他经营者进入相关市场的难易程度，不影响市场支配地位的认定

D. 一个经营者在相关市场的市场份额达到二分之一的，推定为有市场支配地位

【考点】滥用市场支配地位

【解析】根据《反垄断法》第18条："认定经营者具有市场支配地位，应当依据下列因素：

（一）该经营者在相关市场的市场份额，以及相关市场的竞争状况；

（二）该经营者控制销售市场或者原材料采购市场的能力；

（三）该经营者的财力和技术条件；

（四）其他经营者对该经营者在交易上的依赖程度；

（五）其他经营者进入相关市场的难易程度；

（六）与认定该经营者市场支配地位有关的其他因素。"

所以 BC 错误。

第19条："有下列情形之一的，可以推定经营者具有市场支配地位：

（一）一个经营者在相关市场的市场份额达到二分之一的；

（二）两个经营者在相关市场的市场份额合计达到三分之二的；

（三）三个经营者在相关市场的市场份额合计达到四分之三的。

有前款第二项、第三项规定的情形，其中有的经营者市场份额不足十分之一的，不应当推定该经营者具有市场支配地位。

被推定具有市场支配地位的经营者，有证据证明不具有市场支配地位的，不应当认定其具有市场支配地位。"所以 D 正确；反垄断法规制的是"滥用"市场支配地位的行为，所以 A 正确。

2. 某燃气公司在办理燃气入户前，要求用户缴纳一笔"预付气费款"，否则不予供气。待不再用气时，用户可申请返还该款项。经查，该款项在用户日常购气中不能冲抵燃气费。根据《反垄断法》的规定，下列哪一说法是正确的？[1]（2016 – 1 – 28）

A. 反垄断机构执法时应界定该公司所涉相关市场

B. 只要该公司在当地独家经营，就能认定其具有市场支配地位

C. 如该公司的上游气源企业向其收取预付款，该公司就可向客户收取"预付气费款"

D. 县政府规定了"一个地域只能有一家燃气供应企业"，故该公司行为不构成垄断

【考点】滥用支配地位

【解析】依据《反垄断法》第17条的规定，市场支配地位，是指经营者在相关市场内具有能够控制商品价格、数量或者其他交易条件，或者能够阻碍、影响其他经营者进入相关市场能力的市场地位。反垄断执法机构依法禁止滥用市场支配地位的行为，首先需要界定是否构成市场支配地位，而界定支配地位首先需要界定相关市场。所以 A 正确。

依据《反垄断法》第19条的规定，一个经营者在相关市场的市场份额达到二分之一的，可以推定经营者具有市场支配地位。但被推定具有市场支配地位的经营者，有证据证明不具有市场支配地位的，不应当认定其具有市场支配地位。该公司独家经营仅仅是市场

---

[1]【答案】A

支配地位推定，而非直接认定具有支配地位。所以 B 错误。

依据《反垄断法》第 17 条第 1 款第 5 项的规定，没有正当理由在交易时附加其他不合理的交易条件属于滥用市场支配地位的行为，燃气公司以其上游企业向其收取预收款不是向客户收取预付气费款的正当理由，该燃气公司向客户收取预付气费款的行为非法。所以 C 错误。

依据《反垄断法》第 36 条的规定，行政机关和法律、法规授权的具有管理公共事务职能的组织不得滥用行政权力，强制经营者从事本法规定的垄断行为。县政府的行为构成行政垄断，经营者的行为构成经济垄断。所以 D 错误。

考点 5　经营者集中 ★★★★★

（一）经营者集中的含义

经营者集中是一个宽泛模糊的概念，近似的概念有企业合并或收购、经济集中、企业并购或兼并等。它的核心是两个或两个以上的企业以一定的方式或手段所形成的企业间的资产、营业和人员的整合，最终的结果是实现控制权的转移。

经营者集中对市场经济的发展和有序竞争具有积极促进与消极妨碍双重作用。因此在进行法律规制时一方面必须尊重经济规律，承认规模经济的合理性，允许经济集中和企业的适度合并，同时又要预防经营者以不法手段实施集中，或者使经营者集中失控，导致一定市场或者行业内竞争的丧失。

（二）经营者集中的行为表现及审查

行为表现	①经营者合并； ②经营者通过取得股权或者资产的方式取得对其他经营者的控制权；（收购） ③经营者通过合同等方式取得对其他经营者的控制权或者能够对其他经营者施加决定性影响；（控制权转移） ④经营者通过合同以外的方式取得对其他经营者的控制权或者能够对其他经营者施加决定性影响（如董事、经理的兼任）。（控制权转移）
程序	**1. 事前申报制度** （1）事先申报的原则： 经营者集中达到国务院规定的申报标准的，经营者应当事先向国务院反垄断执法机构申报，未申报的不得实施集中。 ★特别提示　不允许事后补报。 （2）不须申报的情形——**没有发生经营控制权的转移**： ①参与集中的一个经营者拥有其他每个经营者百分之五十以上有表决权的股份或者资产的； ②参与集中的每个经营者百分之五十以上有表决权的股份或者资产被同一个未参与集中的经营者拥有的。

	2. 两阶段审查 （1）初步审查：30 天内，作出是否实施进一步审查的决定； （2）实质审查：90 天内，特殊情况下，可以延长，但延长的期限不得超过 60 天，国务院反垄断执法机构逾期未作出决定的，经营者可以实施集中。 📄 **★特别提示** 可以延长期限的适用情形为： 第一，经营者同意延长审查期限的； 第二，经营者提交的文件、资料不准确，需要进一步核实的； 第三，经营者申报后有关情况发生重大变化的。 国务院反垄断执法机构逾期未作出决定的，经营者可以实施集中。
审查的内容	国务院反垄断执法机构在审查经营者集中时，应当考虑下列因素： 1. 参与集中的经营者在相关市场的市场份额及其对市场的控制力； 2. 相关市场的市场集中度； 3. 经营者集中对市场进入、技术进步的影响； 4. 经营者集中对消费者和其他有关经营者的影响； 5. 经营者集中对国民经济发展的影响； 6. 国务院反垄断执法机构认为应当考虑的影响市场竞争的其他因素。
三种处理结果	三种结果：禁止集中；附条件允许集中；允许集中。 如果当事人对禁止集中，附条件允许集中的处理措施不服，可以先依法申请行政复议；对行政复议决定不服的，可以依法提起行政诉讼。（复议前置）

（三）法律责任（恢复原状）

经营者违法集中的，由国务院反垄断执法机构责令停止实施集中、限期处分股份或者资产、限期转让营业以及采取其他必要措施恢复到集中前的状态。

【经典真题】

根据《反垄断法》规定，关于经营者集中的说法，下列哪些选项是正确的?[1]（2010 - 1 - 66）

    A. 经营者集中就是指企业合并

    B. 经营者集中实行事前申报制，但允许在实施集中后补充申报

    C. 经营者集中被审查时，参与集中者的市场份额及其市场控制力是一个重要的考虑因素

    D. 经营者集中如被确定为可能具有限制竞争的效果，将会被禁止

【考点】 经营者集中

【解析】《反垄断法》第20条规定："经营者集中是指下列情形：（一）经营者合并；（二）经营者通过取得股权或者资产的方式取得对其他经营者的控制权；（三）经营者通过合同等方式取得对其他经营者的控制权或者能够对其他经营者施加决定性影响。"故A选项说法不全面，不当选。

第21条规定："经营者集中达到国务院规定的申报标准的，经营者应当事先向国务院反垄断执法机构申报，未申报的不得实施集中。"故B选项中"允许在实施集中后补充申

---
[1]【答案】CD

报"的说法错误，不当选。

第 27 条第（一）项规定："审查经营者集中，应当考虑下列因素：（一）参与集中的经营者在相关市场的市场份额及其对市场的控制力；"故 C 选项正确，当选。

第 28 条规定："经营者集中具有或者可能具有排除、限制竞争效果的，国务院反垄断执法机构应当作出禁止经营者集中的决定。但是，经营者能够证明该集中对竞争产生的有利影响明显大于不利影响，或者符合社会公共利益的，国务院反垄断执法机构可以作出对经营者集中不予禁止的决定。"故经营者集中如被确定为可能具有限制竞争的效果，则会被禁止，D 选项正确，当选。

考点 6　行政垄断 ★★★★★

（一）概述

滥用行政权力排除、限制竞争即行政垄断，指拥有行政权力的政府机关以及其他依法具有管理公共事务职能的组织滥用行政权力，排除、限制竞争的各种行为。

（二）行政垄断的行为表现及处理

主体	行政机关和法律、法规授权的具有管理公共事务职能的组织。	
行为表现 （内外有别）	1. 限定经营	行政机关和法律、法规授权的具有管理公共事务职能的组织不得滥用行政权力，限定或者变相限定单位或者个人经营、购买、使用其指定的经营者提供的商品。
	2. 地区封锁	**(1) 商品流通领域** ① 对外地商品设定歧视性收费项目、实行歧视性收费标准，或者规定歧视性价格； ② 对外地商品规定与本地同类商品不同的技术要求、检验标准，或者对外地商品采取重复检验、重复认证等歧视性技术措施，限制外地商品进入本地市场； ③ 采取专门针对外地商品的行政许可，限制外地商品进入本地市场； ④ 设置关卡或者采取其他手段，阻碍外地商品进入或者本地商品运出； ⑤ 妨碍商品在地区之间自由流通的其他行为。 🔲★特别提示 商品流通领域的行政垄断主要是针对外地经营者、外地商品、外地投资者的非法歧视和限制。 **(2) 招投标领域** 行政机关和法律、法规授权的具有管理公共事务职能的组织不得滥用行政权力，以设定歧视性资质要求、评审标准或者不依法发布信息等方式，排斥或者限制外地经营者参加本地的招标投标活动。 **(3) 排斥或限制外地投资或设立分支机构** 行政机关和法律、法规授权的具有管理公共事务职能的组织不得滥用行政权力，采取与本地经营者不平等待遇等方式，排斥或者限制外地经营者在本地投资或者设立分支机构。

续表

	3. 强制经营者从事垄断行为	行政机关和法律、法规授权的具有管理公共事务职能的组织不得滥用行政权力，强制经营者从事本法规定的垄断行为。
	4. 抽象行政性垄断行为	行政机关不得滥用行政权力，制定含有排除、限制竞争内容的规定。
处罚		由上级机关责令改正；对直接负责的主管人员和其他直接责任人员依法给予处分。反垄断执法机构可以向有关上级机关提出依法处理的建议。

【经典真题】

某县政府规定：施工现场不得搅拌混凝土，只能使用预拌的商品混凝土。2012 年，县建材协会组织协调县内 6 家生产企业达成协议，各自按划分的区域销售商品混凝土。因货少价高，一些施工单位要求县工商局处理这些企业的垄断行为。根据《反垄断法》，下列哪些选项是错误的？[1]（2013 - 1 - 64）

A. 县政府的规定属于行政垄断行为

B. 县建材协会的行为违反了《反垄断法》

C. 县工商局有权对 6 家企业涉嫌垄断的行为进行调查和处理

D. 被调查企业承诺在反垄断执法机构认可的期限内采取具体措施消除该行为后果的，该机构可决定终止调查

【考点】行政垄断

【解析】县政府的行为并没有涉及垄断的表现，所以 A 错；

县建材协会的行为属于划分市场的垄断行为，B 正确；

根据《反垄断法》第 38 条：反垄断执法机构依法对涉嫌垄断行为进行调查。工商部门没有权限调查垄断行为，C 错；

第 45 条：对反垄断执法机构调查的涉嫌垄断行为，被调查的经营者承诺在反垄断执法机构认可的期限内采取具体措施消除该行为后果的，反垄断执法机构可以决定中止调查。中止调查的决定应当载明被调查的经营者承诺的具体内容。所以 D 项情形应该是中止调查而非终止调查，D 错误。

考点 7　反垄断调查 ★★★★

（一）反垄断机构

1. 反垄断委员会。

国务院设立反垄断委员会，负责组织、协调、指导反垄断工作，国务院反垄断委员会的组成和工作规则由国务院规定，履行下列职责：

（1）研究拟订有关竞争政策；

（2）组织调查、评估市场总体竞争状况，发布评估报告；

（3）制定、发布反垄断指南；

---

[1]【答案】ACD

（4）协调反垄断行政执法工作；

（5）国务院规定的其他职责。

2. 反垄断执法机构。

国务院反垄断执法机构（商务部、国家工商总局、国家发改委）根据工作需要，可以授权省、自治区、直辖市人民政府相应的机构，依法律规定负责有关反垄断执法工作。

▶★特别提示 只有省级工商局、发改委、商务厅才能被授予反垄断执法权。

（二）反垄断调查程序

1. 调查中止。

调查中止是指在反垄断执法机构已经启动调查程序、尚未结束之前，被调查的经营者承诺在反垄断执法机构认可的期限内采取具体措施消除该行为后果的，反垄断执法机构可以决定暂时停止调查。

2. 终止调查。

反垄断执法机构决定中止调查的，应当对经营者履行承诺的情况进行监督。经营者履行承诺的，反垄断执法机构可以决定终止调查。

3. 恢复调查。

调查的恢复是指调查中止后，出现了法律规定的某些情形，反垄断执法机构重新恢复调查的一种程序。有下列情形之一的，反垄断执法机构应当恢复调查：

（1）经营者未履行承诺的；

（2）作出中止调查决定所依据的事实发生重大变化的；

（3）中止调查的决定是基于经营者提供的不完整或者不真实的信息作出的。

4. 调查措施。

反垄断执法机构调查涉嫌垄断行为，可以采取下列措施：

（1）进入被调查的经营者的营业场所或者其他有关场所进行检查；

（2）询问被调查的经营者、利害关系人或者其他有关单位或者个人，要求其说明有关情况；

（3）查阅、复制被调查的经营者、利害关系人或者其他有关单位或者个人的有关单证、协议、会计账簿、业务函电、电子数据等文件、资料；

（4）查封、扣押相关证据；

（5）查询经营者的银行账户。

采取前款规定的措施，应当向反垄断执法机构主要负责人书面报告，并经批准。

反垄断执法机构调查涉嫌垄断行为，执法人员不得少于2人，并应当出示执法证件。执法人员进行询问和调查，应当制作笔录，并由被询问人或者被调查人签字。

▶★特别提示 对涉嫌垄断行为，任何单位和个人有权向反垄断执法机构举报。反垄断执法机构应当为举报人保密。举报采用书面形式并提供相关事实和证据的，反垄断执法机构应当进行必要的调查。

反垄断执法机构对被调查经营者的账户依法有查询权，而没有冻结权。

5. 被调查者权利义务。

（1）被调查的经营者、利害关系人或者其他有关单位或个人应当配合反垄断执法机构依法履行职责，不得拒绝、阻碍反垄断执法机构的调查。

（2）被调查的经营者、利害关系人有权陈述意见。反垄断执法机构应当对被调查的经营者、利害关系人提出的事实、理由和证据进行核实。

【经典真题】

1. 某省 L 市旅游协会为防止零团费等恶性竞争，召集当地旅行社商定对游客统一报价，并根据各旅行社所占市场份额，统一分配景点返佣、古城维护费返佣等收入。此计划实施前，甲旅行社主动向反垄断执法机构报告了这一情况并提供了相关证据。关于本案，下列哪些判断是错误的?[1]（2014 - 1 - 64）

A. 旅游协会的行为属于正当的行业自律行为

B. 由于尚未实施，旅游协会的行为不构成垄断行为

C. 如构成垄断行为，L 市发改委可对其处以 50 万元以下的罚款

D. 如构成垄断行为，对甲旅行社可酌情减轻或免除处罚

【考点】 协议行为，反垄断审查机构

【解析】《反垄断法》第 16 条："行业协会不得组织本行业的经营者从事本章禁止的垄断行为。"所以旅游协会作为行业协会促成本行业内的旅行社达成价格、市场、利益分配等方面的协议，构成了垄断行为，A、B 错误；

反垄断执法机构应该为国务院的商务部、发改委、工商总局及在必要条件下三机构的省、自治区、直辖市的派出机构，L 市发改委没有相应的资格进行反垄断行为的处罚，C 错误；

第 46 条第 2 款："经营者主动向反垄断执法机构报告达成垄断协议的有关情况并提供重要证据的，反垄断执法机构可以酌情减轻或者免除对该经营者的处罚。"甲旅行社的行为符合可以减免的适用情形，所以 D 项正确。

2. 对于国务院反垄断委员会的机构定位和工作职责，下列哪一选项是正确的?[2]（2009 - 1 - 24）

A. 是承担反垄断执法职责的法定机构

B. 应当履行协调反垄断行政执法工作的职责

C. 可以授权国务院相关部门负责反垄断执法工作

D. 可以授权省、自治区、直辖市人民政府的相应机构负责反垄断执法工作

【考点】 反垄断机构

【解析】 根据《反垄断法》第 9 条的规定"国务院设立反垄断委员会，负责组织、协调、指导反垄断工作，履行下列职责：

（一）研究拟订有关竞争政策；

（二）组织调查、评估市场总体竞争状况，发布评估报告；

（三）制定、发布反垄断指南；

（四）协调反垄断行政执法工作；

（五）国务院规定的其他职责。

国务院反垄断委员会的组成和工作规则由国务院规定。"所以 B 正确；

---

[1]【答案】ABC

[2]【答案】B

第10条："国务院规定的承担反垄断执法职责的机构（以下统称国务院反垄断执法机构）依照本法规定，负责反垄断执法工作。

国务院反垄断执法机构根据工作需要，可以授权省、自治区、直辖市人民政府相应的机构，依照本法规定负责有关反垄断执法工作。"所以 ACD 都是反垄断执法机构的职责而非反垄断委员会的职责，所以 ACD 错误。

二、反不正当竞争法

完整意义上讲，《反不正当竞争法》包括了限制竞争行为和不正当竞争行为，需要注意的是《反垄断法》约束的限制竞争行为和《反不正当竞争法》的部分内容有重复交叉又不完全相同，对于本法的限制竞争行为，只需简单了解。

不正当竞争行为

1. 不正当竞争行为

经营者在生产经营活动中，违反《反不正当竞争法》，扰乱市场竞争秩序，损害其他经营者或消费者的合法权益的行为。

2. 经营者

从事商品生产、经营或提供服务（以下所称商品包括服务）的自然人、法人和非法人组织。

（一）混淆行为 F6——引人误以为存在特定联系

1. 经营者不得实施下列混淆行为，引人误认为是他人商品或与他人存在特定联系：

（1）擅自使用名称、包装、装潢、标识

擅自使用与他人有一定影响的商品名称、包装、装潢等相同或近似的标识；

（2）擅自使用企业名称、姓名

擅自使用他人有一定影响的企业名称（包括简称、字号等）、社会组织名称（包括简称等）、姓名（包括笔名、艺名、译名等）；

（3）擅自使用域名、网站、网页

擅自使用他人有一定影响的域名主体部分、网站名称、网页等；

（4）其他混淆行为

其他足以引人误认为是他人商品或与他人存在特定联系的混淆行为。

2. 法律责任 F18——罚、没、吊，替

（1）没收

经营者违法实施混淆行为的，由监督检查部门责令停止违法行为，没收违法商品。

（2）罚款

违法经营额五万元以上的，可并处违法经营额五倍以下的罚款；没有违法经营额或违法经营额不足五万元的，可并处二十五万元以下的罚款。

（3）吊销

情节严重的，吊销营业执照。

（4）社会信用代码代替名称

经营者登记的企业名称违法的，应及时办理名称变更登记；名称变更前，由原企业登记机关以统一社会信用代码代替其名称。

（二）商业贿赂 F7

1. 经营者不得采用财物或其他手段贿赂下列单位或个人，以谋取交易机会或竞争优势：

（1）交易相对方

交易相对方的工作人员；

受交易相对方委托办理相关事务的单位或个人；

（2）影响交易的单位或个人

利用职权或影响力影响交易的单位或个人。

2. 如实入账——授受双方

（1）经营者在交易活动中，可以明示方式向交易相对方支付折扣，或向中间人支付佣金。

（2）经营者向交易相对方支付折扣、向中间人支付佣金的，应如实入账。

（3）接受折扣、佣金的经营者也应如实入账。

3. 雇主责任

经营者的工作人员进行贿赂的，应认定为经营者的行为。但是，经营者有证据证明该工作人员的行为与为经营者谋取交易机会或竞争优势无关的除外。

4. 法律责任 F19——罚、没、吊

经营者违法贿赂他人的，由监督检查部门没收违法所得，处十万元以上三百万元以下的罚款。情节严重的，吊销营业执照。

（三）虚假宣传（虚假广告）F8

1. 虚假商业宣传

经营者不得对其商品的性能、功能、质量、销售状况、用户评价、曾获荣誉等作虚假或引人误解的商业宣传，欺骗、误导消费者。

2. 虚假交易宣传

经营者不得通过组织虚假交易等方式，帮助其他经营者进行虚假或引人误解的商业宣传。

3. 法律责任 F20——罚、没、吊

（1）经营者违法虚假宣传的，由监督检查部门责令停止违法行为，处二十万元以上一百万元以下的罚款；情节严重的，处一百万元以上二百万元以下的罚款，可吊销营业执照。

（2）经营者属于发布虚假广告的，依照《广告法》处罚。

（四）侵犯商业秘密

商业秘密，是指不为公众所知悉（秘密性）、具有商业价值（商业性）并经权利人采取相应保密措施（保密性）的技术信息、经营信息等商业信息。

▶ ★特别提示 1. 商业信息（《最高人民法院关于审理侵犯商业秘密民事案件适用法律若干问题的规定》第1条）

（1）与技术有关的结构、原料、组分、配方、材料、样品、样式、植物新品种繁殖材料、工艺、方法或其步骤、算法、数据、计算机程序及其有关文档等信息，人民法院可以认定构成反不正当竞争法第九条第四款所称的技术信息。

（2）与经营活动有关的创意、管理、销售、财务、计划、样本、招投标材料、客户信息、数据等信息，人民法院可以认定构成反不正当竞争法第九条第四款所称的经营信息。

客户信息，包括客户的名称、地址、联系方式以及交易习惯、意向、内容等信息。

1. 经营者不得实施下列侵犯商业秘密的行为：

（1）恶意获取

以盗窃、贿赂、欺诈、胁迫、电子侵入或者其他不正当手段获取权利人的商业秘密；

（2）恶意使用

披露、使用或者允许他人使用以前项手段获取的权利人的商业秘密；

（3）违约披露使用

违反保密义务或者违反权利人有关保守商业秘密的要求，披露、使用或者允许他人使用其所掌握的商业秘密；

（4）教唆引诱帮助侵犯商业秘密

教唆、引诱、帮助他人违反保密义务或者违反权利人有关保守商业秘密的要求，获取、披露、使用或者允许他人使用权利人的商业秘密；

（5）恶意获取披露使用

经营者以外的其他自然人、法人和非法人组织实施前款所列违法行为的，视为侵犯商业秘密。第三人明知或者应知商业秘密权利人的员工、前员工或者其他单位、个人实施侵犯商业秘密违法行为，仍获取、披露、使用或者允许他人使用该商业秘密的，视为侵犯商业秘密。

★特别提示

1. 侵犯商业秘密涉及公法（刑法、行政法）、私法（民法、公司法、知识产权法）和劳动法。

2. 侵犯商业秘密涉及民事责任、行政责任、甚至刑事责任。

3. 侵犯商业秘密涉及侵权与违约的竞合，涉及违约与违法的问题。

2. 举证责任：权利人提供初步证据、涉嫌侵权人负担举证责任

在侵犯商业秘密的民事审判程序中，商业秘密权利人提供初步证据，证明其已经对所主张的商业秘密采取保密措施，且合理表明商业秘密被侵犯，涉嫌侵权人应当证明权利人所主张的商业秘密不属于商业秘密。

权利人已经提供侵权人因侵权所获得的利益的初步证据，但与侵犯商业秘密行为相关的账簿、资料由侵权人掌握的，人民法院可以根据权利人的申请，责令侵权人提供该账簿、资料。侵权人无正当理由拒不提供或者不如实提供的，人民法院可以根据权利人的主张和提供的证据认定侵权人因侵权所获得的利益（《最高人民法院关于审理侵犯商业秘密民事案件适用法律若干问题的规定》第24条）。

3. 初步证据

商业秘密权利人提供初步证据合理表明商业秘密被侵犯，且提供以下证据之一的，涉嫌侵权人应当证明其不存在侵犯商业秘密的行为：

（1）恶意获取、信息相同

有证据表明涉嫌侵权人有渠道或者机会获取商业秘密，且其使用的信息与该商业秘密实质上相同；

（2）商业秘密被披露使用或存在该风险

有证据表明商业秘密已经被涉嫌侵权人披露、使用或者有被披露、使用的风险；

（3）侵犯商业秘密

有其他证据表明商业秘密被涉嫌侵权人侵犯。

4. 法律责任——停止违法行为、没收、罚款

经营者以及其他自然人、法人和非法人组织侵犯商业秘密的，由监督检查部门责令停止违法行为，没收违法所得，处十万元以上一百万元以下的罚款；情节严重的，处五十万元以上五百万元以下的罚款。

【经典真题】

下列行为构成侵犯商业秘密的是？[1]

A. 甲以电子侵入方式，进入 Q 公司信息系统，获得 Q 公司采取保密措施的技术信息

B. 乙教唆庚窃取 Q 公司的未采取保密措施的客户信息

C. 丙明知戊非法获取了 Q 公司是商业秘密信息，依然高价购买并使用该信息

D. 丁不知道某信息系 Q 公司前员工辛非法窃取所得，披露了该信息

【解析】侵犯商业秘密的三个要件：信息属于商业秘密；主观上恶意；披露使用之信息与商业秘密相同。未采取保密措施的信息，不属于商业秘密，不受商业秘密规则保护；善意获取商业秘密，不构成侵害商业秘密。

关联法条

《反不正当竞争法》第 9、21、32 条。

（五）非法有奖销售 F10

1. 经营者进行有奖销售不得存在下列情形：

（1）信息不明确，影响兑奖

所设奖的种类、兑奖条件、奖金金额或奖品等有奖销售信息不明确，影响兑奖；

（2）无奖或内定

采用谎称有奖或故意让内定人员中奖的欺骗方式进行有奖销售；

（3）最高奖的金额超 5 万

抽奖式的有奖销售，最高奖的金额超过五万元。

2. 法律责任 F22——罚款

经营者违法有奖销售的，由监督检查部门责令停止违法行为，处五万元以上五十万元以下的罚款。

违法有奖销售的，经营者和消费者订立的民事合同有效，经营者承担行政责任。

（六）诋毁商誉 F11

1. 经营者不得编造、传播虚假信息或误导性信息，损害竞争对手的商业信誉、商品声誉。

2. 法律责任 F23——罚款

经营者违法损害竞争对手商业信誉、商品声誉的，由监督检查部门责令停止违法行为、消除影响，处十万元以上五十万元以下的罚款；

情节严重的，处五十万元以上三百万元以下的罚款。

（七）利用网络的不正当竞争行为 F12——妨碍其他经营者提供的网络服务或产品

1. 经营者不得利用技术手段，通过影响用户选择或其他方式，实施下列妨碍、破坏其他经营者合法提供的网络产品或服务正常运行的行为：

---

〔1〕【答案】AC

（1）擅自插入链接

未经其他经营者同意，在其合法提供的网络产品或服务中，插入链接、强制进行目标跳转；

（2）非法使得用户修改、关闭、卸载网络产品或服务

误导、欺骗、强迫用户修改、关闭、卸载其他经营者合法提供的网络产品或服务；

（3）恶意不兼容

恶意对其他经营者合法提供的网络产品或服务实施不兼容；

（4）其他妨碍破坏行为

其他妨碍、破坏其他经营者合法提供的网络产品或服务正常运行的行为。

2. 法律责任 F24——罚款

经营者违反本法第十二条规定妨碍、破坏其他经营者合法提供的网络产品或服务正常运行的，由监督检查部门责令停止违法行为，处十万元以上五十万元以下的罚款；情节严重的，处五十万元以上三百万元以下的罚款。

【经典真题】

甲公司系一家互联网信息公司，未经搜房网运营方同意，劫持搜房网数据，在搜房网页面主页右上角设置弹窗，在用户访问搜房网时，甲公司所投放的广告将自动弹出。对于甲公司的行为，下列说法正确的是？[1]（2018－2－29）

A. 构成互联网不正当竞争

B. 构成网络避风港原则，不承担责任

C. 构成诋毁商誉

D. 甲公司应为其投放的虚假广告导致的消费者损失承担连带责任

【解析】 未经其他经营者同意，在其合法提供的网络产品或服务中，插入链接、强制进行目标跳转的行为属于不正当竞争行为。

对涉嫌不正当竞争行为的调查

检查措施 F13

1. 监督检查部门调查涉嫌不正当竞争行为，可采取下列措施：

（1）现场检查

进入涉嫌不正当竞争行为的经营场所进行检查；

（2）询问、要求提供资料

询问被调查的经营者、利害关系人及其他有关单位、个人，要求其说明有关情况或提供与被调查行为有关的其他资料；

（3）查询、复制

查询、复制与涉嫌不正当竞争行为有关的协议、账簿、单据、文件、记录、业务函电和其他资料；

（4）查封、扣押财物——向设区的市级以上政府监督检查部门主要负责人书面报告并经批准。

---

[1]【答案】A

查封、扣押与涉嫌不正当竞争行为有关的财物；

（5）查询账户——向设区的市级以上政府监督检查部门主要负责人书面报告并经批准。查询涉嫌不正当竞争行为的经营者的银行账户。

采取前款规定的措施，应向监督检查部门主要负责人书面报告，并经批准。

2. 依法行政、查处结果及时公开

监督检查部门调查涉嫌不正当竞争行为，应遵守《中华人民共和国行政强制法》和其他有关法律、行政法规的规定，并应将查处结果及时向社会公开。

法律责任

（一）法律责任 F17

1. 民事责任

（1）经营者违反本法规定，给他人造成损害的，应依法承担民事责任。

经营者的合法权益受到不正当竞争行为损害的，可向法院提起诉讼。

（2）赔偿数额

按照其因被侵权所受到的实际损失确定——按照侵权人因侵权所获得的利益确定。

赔偿数额还应包括经营者为制止侵权行为所支付的合理开支。

2. 经营者违法从事混淆行为和侵害商业秘密的损害计算——500万以下的赔偿

权利人因被侵权所受到的实际损失、侵权人因侵权所获得的利益难以确定的，由法院根据侵权行为的情节判决给予权利人五百万元以下的赔偿。

3. 信用记录 F26

经营者违反本法规定从事不正当竞争，受到行政处罚的，由监督检查部门记入信用记录，并依照有关法律、行政法规的规定予以公示。

（二）行政责任减免 F25

1. 主动消除或减轻危害后果——从轻、减轻；未造成危害的，不处罚

经营者违法从事不正当竞争，有主动消除或减轻违法行为危害后果等法定情形的，依法从轻或减轻行政处罚；违法行为轻微并及时纠正，没有造成危害后果的，不予行政处罚。

2. 民事责任优先 F27

经营者违反本法规定，应承担民事责任、行政责任和刑事责任，其财产不足以支付的，优先用于承担民事责任。

【经典真题】

1. 某蛋糕店开业之初，为扩大影响，增加销售，出钱雇人排队抢购。不久，该店门口便时常排起长队，销售盛况的照片也频频出现于网络等媒体，附近同类店家生意随之清淡。对此行为，下列哪一说法是正确的？[1]（2017 - 1 - 29）

A. 属于正当的营销行为　　　　B. 构成混淆行为

C. 构成虚假宣传行为　　　　D. 构成商业贿赂行为

【解析】依据《反不正当竞争法》第8条的规定，蛋糕店的行为构成虚假的商业宣传，故 A 错误。

———————————

〔1〕【答案】C

依据《反不正当竞争法》第6条的规定，混淆行为主要是指与知名商品的商业标识混淆，在商品上做虚假宣传，"傍名牌""傍名优"的行为，该蛋糕店的行为不构成混淆行为，B选项错误。

依据《反不正当竞争法》第8条的规定，经营者出钱雇人排队抢购的行为，而且该照片也频频出现在网络媒体上，该行为属于通过其他不正当方法，对商品的质量和销售情况作出引人误解的虚假宣传，C选项正确。

依据《反不正当竞争法》第7条的规定，商业贿赂行为是指暗中给予回扣、折扣、佣金的行为，经营者的行为显然不属于该行为，D选项错误。

▷ **关联法条**

《反不正当竞争法》第5、6、8、9条。

2. 甲公司拥有"飞鸿"注册商标，核定使用的商品为酱油等食用调料。乙公司成立在后，特意将"飞鸿"登记为企业字号，并在广告、企业厂牌、商品上突出使用。乙公司使用违法添加剂生产酱油被媒体曝光后，甲公司的市场声誉和产品销量受到严重影响。关于本案，下列哪些说法是正确的？[1]（2015－1－68）

A. 乙公司侵犯了甲公司的注册商标专用权

B. 乙公司将"飞鸿"登记为企业字号并突出使用的行为构成不正当竞争行为

C. 甲公司因调查乙公司不正当竞争行为所支付的合理费用应由乙公司赔偿

D. 甲公司应允许乙公司在不变更企业名称的情况下以其他商标生产销售合格的酱油

【解析】 依据《商标法》第58条的规定，将他人的注册商标作为企业字号使用，构成对他人注册商标权的侵害，乙公司将甲公司的注册商标作为字号使用，构成对甲公司注册商标权的侵害，A正确。

依据《反不正当竞争法》第6条的规定，将他人注册商标、未注册的驰名商标作为企业名称中的字号使用，误导公众，构成不正当竞争行为，乙公司的行为构成不正当竞争，B正确。

依据《反不正当竞争法》第17条的规定，不正当竞争的侵权人应当承担被侵害的经营者因调查该经营者侵害其合法权益的不正当竞争行为所支付的合理费用，甲公司调查乙公司侵害行为的合理费用应当由甲公司承担，C正确。

甲公司可依法向工商局申请撤销该字号，而没有义务允许乙公司继续使用该字号，D错误。

3. 甲县善福公司（简称甲公司）的前身为创始于清末的陈氏善福铺，享誉百年，陈某继承祖业后注册了该公司，并规范使用其商业标识。乙县善福公司（简称乙公司）系张某先于甲公司注册，且持有"善福100"商标权。乙公司在其网站登载善福铺的历史及荣誉，还在其产品包装标注"百年老牌""创始于清末"等字样，但均未证明其与善福铺存在历史联系。甲、乙公司存在竞争关系。关于此事，下列哪些说法是正确的？[2]（2016－1－68）

A. 陈某注册甲公司的行为符合诚实信用原则

B. 乙公司登载善福铺历史及标注字样的行为损害了甲公司的商誉

C. 甲公司使用"善福公司"的行为侵害了乙公司的商标权

---

[1]【答案】ABC
[2]【答案】AD

D. 乙公司登载善福铺历史及标注字样的行为构成虚假宣传行为

【考点】虚假宣传、诋毁商誉、商标侵权

【解析】甲公司的前身为创始于清末的陈氏善福铺，享誉百年，陈某继承祖业后注册了该公司，并规范使用其商业标识，该行为当然符合诚信原则，所以 A 正确。

依据《反不正当竞争法》第 11 条的规定，经营者不得编造、传播虚假信息或者误导性信息，损害竞争对手的商业信誉、商品声誉。乙公司并未捏造虚假事实，也没有损害了甲公司商业信誉，只是借用了甲公司的历史及荣誉，所以 B 错误。

依据《商标法》第 59 条第 3 款的规定，商标注册人申请商标注册前，他人已经在同一种商品或者类似商品上先于商标注册人使用与注册商标相同或者近似并有一定影响的商标的，注册商标专用权人无权禁止该使用人在原使用范围内继续使用该商标，但可以要求其附加适当区别标识。所以 C 错误。

依据《反不正当竞争法》第 8 条的规定，经营者不得对其商品的性能、功能、质量、销售状况、用户评价、曾获荣誉等作虚假或者引人误解的商业宣传，欺骗、误导消费者。乙公司在网页上做虚假宣传的行为构成虚假宣传，所以 D 正确。

▽ 关联法条

《反不正当竞争法》第 8、11 条，《商标法》第 59 条。

【本章小结】

本章主要的考点集中在垄断行为及不正当竞争行为中，需要详细掌握如下考点：协议行为（行为表现、适用除外），滥用市场支配地位（确定市场支配地位的因素及推定机制、滥用行为表现），经营者集中（集中行为表现、审查机制、处理措施），行政垄断（实施主体、行为表现、法律责任）。另外在反垄断调查中，这两年一直比较热门的考点是反垄断机构，对于反垄断委员会及反垄断执法机构的体系和职能要有所了解。

不正当竞争行为中，尤其是混淆行为、虚假宣传、诋毁商誉、侵犯商业秘密、不正当有奖销售是考查频度相对较高的考点，关于这些行为的实施主体及行为要点要理解透彻，同时要结合民事侵权进行复习，注意法律关系的竞合。如混淆行为构成不正当竞争行为，同时也可能构成侵权。

学员应当注意区分公法关系和私法关系，综合思考不正当竞争行为可能涉及的民事责任、行政责任和刑事责任。

《中华人民共和国反不正当竞争法》若干问题的解释

（2022年1月29日最高人民法院审判委员会第1862次会议通过，自2022年3月20日起施行）

为正确审理因不正当竞争行为引发的民事案件，根据《中华人民共和国民法典》《中华人民共和国反不正当竞争法》《中华人民共和国民事诉讼法》等有关法律规定，结合审判实践，制定本解释。

第一条 经营者扰乱市场竞争秩序，损害其他经营者或者消费者合法权益，且属于违反反不正当竞争法第二章及专利法、商标法、著作权法等规定之外情形的，人民法院可以适用反不正当竞争法第二条予以认定。

第二条 与经营者在生产经营活动中存在可能的争夺交易机会、损害竞争优势等关系的市场主体，人民法院可以认定为反不正当竞争法第二条规定的"其他经营者"。

第三条 特定商业领域普遍遵循和认可的行为规范，人民法院可以认定为反不正当竞争法第二条规定的"商业道德"。

人民法院应当结合案件具体情况，综合考虑行业规则或者商业惯例、经营者的主观状态、交易相对人的选择意愿、对消费者权益、市场竞争秩序、社会公共利益的影响等因素，依法判断经营者是否违反商业道德。

人民法院认定经营者是否违反商业道德时，可以参考行业主管部门、行业协会或者自律组织制定的从业规范、技术规范、自律公约等。

第四条 具有一定的市场知名度并具有区别商品来源的显著特征的标识，人民法院可以认定为反不正当竞争法第六条规定的"有一定影响的"标识。

人民法院认定反不正当竞争法第六条规定的标识是否具有一定的市场知名度，应当综合考虑中国境内相关公众的知悉程度，商品销售的时间、区域、数额和对象，宣传的持续时间、程度和地域范围，标识受保护的情况等因素。

第五条 反不正当竞争法第六条规定的标识有下列情形之一的，人民法院应当认定其不具有区别商品来源的显著特征：

（一）商品的通用名称、图形、型号；

（二）仅直接表示商品的质量、主要原料、功能、用途、重量、数量及其他特点的标识；

（三）仅由商品自身的性质产生的形状，为获得技术效果而需有的商品形状以及使商品具有实质性价值的形状；

（四）其他缺乏显著特征的标识。

前款第一项、第二项、第四项规定的标识经过使用取得显著特征，并具有一定的市场知名度，当事人请求依据反不正当竞争法第六条规定予以保护的，人民法院应予支持。

第六条 因客观描述、说明商品而正当使用下列标识，当事人主张属于反不正当竞争法第六条规定的情形的，人民法院不予支持：

（一）含有本商品的通用名称、图形、型号；

（二）直接表示商品的质量、主要原料、功能、用途、重量、数量以及其他特点；

（三）含有地名。

第七条 反不正当竞争法第六条规定的标识或者其显著识别部分属于商标法第十条第一款规定的不得作为商标使用的标志，当事人请求依据反不正当竞争法第六条规定予以保护的，人民法院不予支持。

第八条 由经营者营业场所的装饰、营业用具的式样、营业人员的服饰等构成的具有独特风格的整体营业形象，人民法院可以认定为反不正当竞争法第六条第一项规定的"装潢"。

第九条 市场主体登记管理部门依法登记的企业名称，以及在中国境内进行商业使用的境外企业名称，人民法院可以认定为反不正当竞争法第六条第二项规定的"企业名称"。

有一定影响的个体工商户、农民专业合作社（联合社）以及法律、行政法规规定的其他市场主体的名称（包括简称、字号等），人民法院可以依照反不正当竞争法第六条第二项予以认定。

第十条 在中国境内将有一定影响的标识用于商品、商品包装或者容器以及商品交易文书上，或者广告宣传、展览以及其他商业活动中，用于识别商品来源的行为，人民法院可以认定为反不正当竞争法第六条规定的"使用"。

第十一条 经营者擅自使用与他人有一定影响的企业名称（包括简称、字号等）、社会组织名称（包括简称等）、姓名（包括笔名、艺名、译名等）、域名主体部分、网站名称、网页等近似的标识，引人误认为是他人商品或者与他人存在特定联系，当事人主张属于反不正当竞争法第六条第二项、第三项规定的情形的，人民法院应予支持。

第十二条 人民法院认定与反不正当竞争法第六条规定的"有一定影响的"标识相同或者近似，可以参照商标相同或者近似的判断原则和方法。

反不正当竞争法第六条规定的"引人误认为是他人商品或者与他人存在特定联系"，包括误认为与他人具有商业联合、许可使用、商业冠名、广告代言等特定联系。

在相同商品上使用相同或者视觉上基本无差别的商品名称、包装、装潢等标识，应当视为足以造成与他人有一定影响的标识相混淆。

第十三条 经营者实施下列混淆行为之一，足以引人误认为是他人商品或者与他人存在特定联系的，人民法院可以依照反不正当竞争法第六条第四项予以认定：

（一）擅自使用反不正当竞争法第六条第一项、第二项、第三项规定以外"有一定影响的"标识；

（二）将他人注册商标、未注册的驰名商标作为企业名称中的字号使用，误导公众。

第十四条 经营者销售带有违反反不正当竞争法第六条规定的标识的商品，引人误认为是他人商品或者与他人存在特定联系，当事人主张构成反不正当竞争法第六条规定的情形的，人民法院应予支持。

销售不知道是前款规定的侵权商品，能证明该商品是自己合法取得并说明提供者，经营者主张不承担赔偿责任的，人民法院应予支持。

第十五条 故意为他人实施混淆行为提供仓储、运输、邮寄、印制、隐匿、经营场所等便利条件，当事人请求依据民法典第一千一百六十九条第一款予以认定的，人民法院应予支持。

第十六条　经营者在商业宣传过程中，提供不真实的商品相关信息，欺骗、误导相关公众的，人民法院应当认定为反不正当竞争法第八条第一款规定的虚假的商业宣传。

第十七条　经营者具有下列行为之一，欺骗、误导相关公众的，人民法院可以认定为反不正当竞争法第八条第一款规定的"引人误解的商业宣传"：

（一）对商品作片面的宣传或者对比；

（二）将科学上未定论的观点、现象等当作定论的事实用于商品宣传；

（三）使用歧义性语言进行商业宣传；

（四）其他足以引人误解的商业宣传行为。

人民法院应当根据日常生活经验、相关公众一般注意力、发生误解的事实和被宣传对象的实际情况等因素，对引人误解的商业宣传行为进行认定。

第十八条　当事人主张经营者违反反不正当竞争法第八条第一款的规定并请求赔偿损失的，应当举证证明其因虚假或者引人误解的商业宣传行为受到损失。

第十九条　当事人主张经营者实施了反不正当竞争法第十一条规定的商业诋毁行为的，应当举证证明其为该商业诋毁行为的特定损害对象。

第二十条　经营者传播他人编造的虚假信息或者误导性信息，损害竞争对手的商业信誉、商品声誉的，人民法院应当依照反不正当竞争法第十一条予以认定。

第二十一条　未经其他经营者和用户同意而直接发生的目标跳转，人民法院应当认定为反不正当竞争法第十二条第二款第一项规定的"强制进行目标跳转"。

仅插入链接，目标跳转由用户触发的，人民法院应当综合考虑插入链接的具体方式、是否具有合理理由以及对用户利益和其他经营者利益的影响等因素，认定该行为是否违反反不正当竞争法第十二条第二款第一项的规定。

第二十二条　经营者事前未明确提示并经用户同意，以误导、欺骗、强迫用户修改、关闭、卸载等方式，恶意干扰或者破坏其他经营者合法提供的网络产品或者服务，人民法院应当依照反不正当竞争法第十二条第二款第二项予以认定。

第二十三条　对于反不正当竞争法第二条、第八条、第十一条、第十二条规定的不正当竞争行为，权利人因被侵权所受到的实际损失、侵权人因侵权所获得的利益难以确定，当事人主张依据反不正当竞争法第十七条第四款确定赔偿数额的，人民法院应予支持。

第二十四条　对于同一侵权人针对同一主体在同一时间和地域范围实施的侵权行为，人民法院已经认定侵害著作权、专利权或者注册商标专用权等并判令承担民事责任，当事人又以该行为构成不正当竞争为由请求同一侵权人承担民事责任的，人民法院不予支持。

第二十五条　依据反不正当竞争法第六条的规定，当事人主张判令被告停止使用或者变更其企业名称的诉讼请求依法应予支持的，人民法院应当判令停止使用该企业名称。

第二十六条　因不正当竞争行为提起的民事诉讼，由侵权行为地或者被告住所地人民法院管辖。

当事人主张仅以网络购买者可以任意选择的收货地作为侵权行为地的，人民法院不予支持。

第二十七条　被诉不正当竞争行为发生在中华人民共和国领域外，但侵权结果发生在中华人民共和国领域内，当事人主张由该侵权结果发生地人民法院管辖的，人民法院应予支持。

第二十八条　反不正当竞争法修改决定施行以后人民法院受理的不正当竞争民事案件，

涉及该决定施行前发生的行为的，适用修改前的反不正当竞争法；涉及该决定施行前发生、持续到该决定施行以后的行为的，适用修改后的反不正当竞争法。

第二十九条　本解释自 2022 年 3 月 20 日起施行。《最高人民法院关于审理不正当竞争民事案件应用法律若干问题的解释》（法释〔2007〕2 号）同时废止。

本解释施行以后尚未终审的案件，适用本解释；施行以前已经终审的案件，不适用本解释再审。

第二章
消费者法

导学　　本章由《消费者权益保护法》《产品质量法》《食品安全法》三个部门法组成。整体的涉考份额在 3 道题左右，平均分值在 3~5 分。其中最重要的无疑是《消费者权益保护法》，尤其是 2014 年 3 月 15 日全新生效的新《消费者权益保护法》，顺应社会的发展引入了诸如网购等新型消费模式下消费者的保护、经营者义务的加强等新的理念和制度成为考查的热点。《产品质量法》所涉考点不多，针对产品责任做一般掌握。《食品安全法》相对比较重要，每年题目中至少会有一道题目涉及此内容。2015 年和 2016 年司考命题结合民法、劳动法进行了考查，这也是考试出题的方向。学员应当把握消费者权利——经营者义务——消费者权利受到的救济及经营者责任的逻辑线索。《消费者权益保护法》《产品质量法》相对比较简单，属于司法部慰问广大考生的部门法，该两法不应当丢分。《食品安全法》的有些考点生僻，属于司法部的保留分数，可遇而不可求。

★【本部分常考考点包括】

消费者权利、经营者义务、消费者权利的社会保护、消费者维权争议的解决；产品责任；食品安全监测及评估、食品安全控制、食品安全事故处理等。

消费者法框架体系

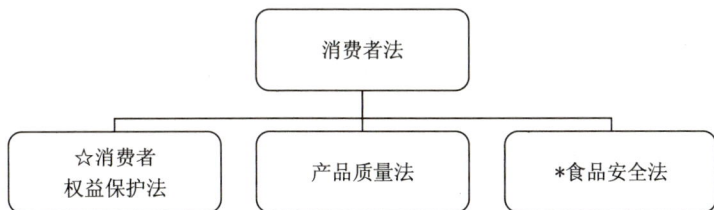

```
                    消费者法
        ┌──────────────┼──────────────┐
   ☆消费者          产品质量法        *食品安全法
   权益保护法
```

一、消费者权益保护法

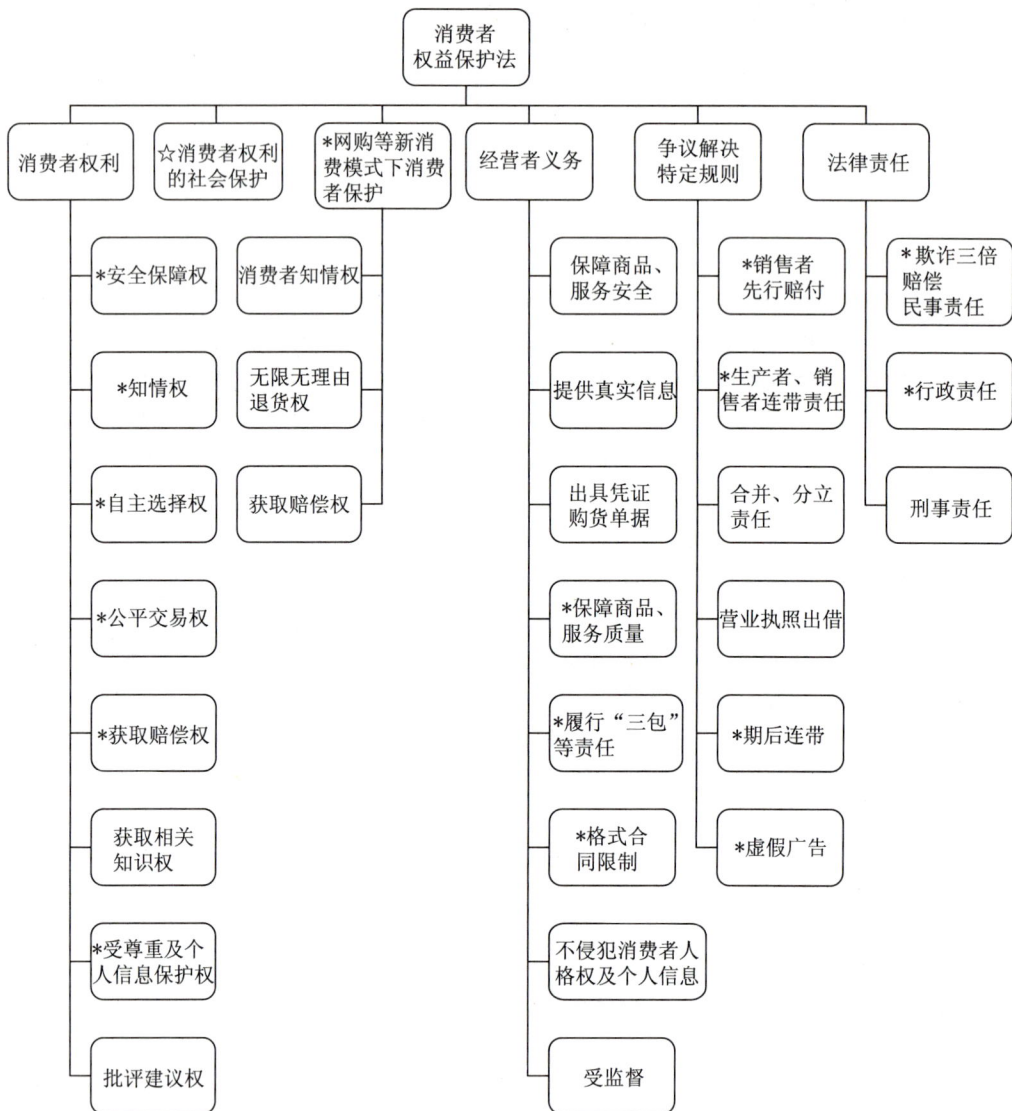

消费者权益保护法
- 消费者权利
  - *安全保障权
  - *知情权
  - *自主选择权
  - *公平交易权
  - *获取赔偿权
  - 获取相关知识权
  - *受尊重及个人信息保护权
  - 批评建议权
- ☆消费者权利的社会保护
  - 消费者知情权
  - 无限无理由退货权
  - 获取赔偿权
- *网购等新消费模式下消费者保护
- 经营者义务
  - 保障商品、服务安全
  - 提供真实信息
  - 出具凭证购货单据
  - *保障商品、服务质量
  - *履行"三包"等责任
  - *格式合同限制
  - 不侵犯消费者人格权及个人信息
  - 受监督
- 争议解决特定规则
  - *销售者先行赔付
  - *生产者、销售者连带责任
  - 合并、分立责任
  - 营业执照出借
  - *期后连带
  - *虚假广告
- 法律责任
  - *欺诈三倍赔偿民事责任
  - *行政责任
  - 刑事责任

考点1　消费者的概念及《消费者权益保护法》的适用范围

消费者，是指为生活消费需要而购买、使用商品或者接受服务的个人。本法的适用对象可以从以下三个方面理解：

1. 消费者为生活消费需要购买、使用商品或者接受服务的，适用《消费者权益保护法》；

2. 农民购买、使用直接用于农业生产的生产资料，参照《消费者权益保护法》执行；

3. 经营者为消费者提供其生产、销售的商品或者提供服务，适用《消费者权益保护法》。

考点2　消费者权利★★★

消费者权利	内容
安全保障权	消费者在购买、使用商品和接受服务时享有人身、财产安全不受损害的权利。
知悉真情权	消费者享有知悉其购买、使用的商品或者接受的服务的真实情况的权利。
自主选择权	1. 有权自主选择提供商品或者服务的经营者； 2. 有权自主选择商品品种或者服务方式； 3. 有权自主决定是否购买任何一种商品或是否接受任何一项服务； 4. 有权对商品或服务进行比较、鉴别和选择。经营者不得以任何方式干涉消费者行使自主选择权。 ★特别提示　自主选择权和公平交易权竞合，经营者的行为侵害自主选择权，一般也同时侵害了公平交易权。
公平交易权	1. 有权获得质量保障、价格合理、计量正确等公平交易条件； ★特别提示　货真价实。 2. 有权拒绝经营者的强制交易行为。 ★特别提示　拒绝强制交易。
获取赔偿权	消费者因购买、使用商品或者接受服务受到人身、财产损害的，享有依法获得赔偿的权利。
结社权	消费者享有依法成立维护自身合法权益的社会组织的权利。 ★特别提示　消协是最主要的一种消费者组织。
获得有关知识权	消费者享有获得有关消费和消费者权益保护方面的知识的权利。 消费者应当努力掌握所需商品或者服务的知识和使用技能，正确使用商品，提高自我保护意识。
受尊重权及个人信息保护权	消费者在购买、使用商品和接受服务时，享有人格尊严、民族风俗习惯得到尊重的权利，享有个人信息依法得到保护的权利。
监督批评权	消费者享有对商品和服务以及保护消费者权益工作进行监督的权利。

【经典真题】

彦某将一套住房分别委托甲、乙两家中介公司出售。钱某通过甲公司看中该房，但觉得房价太高。双方在看房前所签协议中约定了防"跳单"条款：钱某对甲公司的房源信息负保密义务，不得利用其信息撇开甲公司直接与房主签约，否则支付违约金。事后钱某又在乙公司发现同一房源，而房价比甲公司低得多。钱某通过乙公司买得该房，甲公司得知后提出异议。关于本案，下列哪些判断是错误的？[1]（2014-1-68）

A. 防"跳单"条款限制了消费者的自主选择权

B. 甲公司抬高房价侵害了消费者的公平交易权

C. 乙公司的行为属于不正当竞争行为

---

[1]【答案】ABCD

D. 钱某侵犯了甲公司的商业秘密

【考点】消费者权利保护

【解析】《消费者权益保护法》第9条："消费者享有自主选择商品或者服务的权利。

消费者有权自主选择提供商品或者服务的经营者，自主选择商品品种或者服务方式，自主决定购买或者不购买任何一种商品、接受或者不接受任何一项服务。

消费者在自主选择商品或者服务时，有权进行比较、鉴别和挑选。"

第10条："消费者享有公平交易的权利。

消费者在购买商品或者接受服务时，有权获得质量保障、价格合理、计量正确等公平交易条件，有权拒绝经营者的强制交易行为。"

本题目中，甲公司与钱某约定的"跳单"条款并无不妥，且钱某也并没有违反"跳单"条款。

且钱某并未对甲公司的房源信息进行泄露，乙公司的房源信息来源于业主的委托。

乙公司接受业主的委托，根据自己的经营策略定价，带客户看房也并无不妥。

所以ABCD的说法都不正确。

考点3 网络、电视、电话、邮购等新型交易模式中消费者的保护★★★★★

（一）保护消费者的知情权

采用网络、电视、电话、邮购等方式提供商品或者服务的经营者，以及从事证券、保险、银行业务的经营者，应当向消费者提供经营地址、联系方式、商品或者服务的数量和质量、价款或者费用、履行期限和方式、风险警示、售后服务、民事责任等真实、必要的信息。

▶ ★特别提示 经营者提供联系方式、经营地址及商品的相关信息。

（二）保护消费者的后悔权——任意解除权

1. 七日内后悔。

新消法赋予消费者在适当期间单方解除合同的权利，规定："经营者采用网络、电视、电话、邮购等方式销售商品，消费者有权自收到商品之日起七日内退货，且无需说明理由。"

2. 不得后悔的情形。

（1）消费者定作的；

（2）鲜活易腐的；

（3）在线下载或者消费者拆封的音像制品、计算机软件等数字化商品；

（4）交付的报纸、期刊。

除前款所列商品外，其他根据商品性质并经消费者在购买时确认不宜退货的商品，不适用无理由退货。

3. 消费者需保证商品完好，一般自付运费，两次的运费：运来＋运回。

消费者退货的商品应当完好。（消费者未拆封的商品，视为完好，可以退货）

经营者应当自收到退回商品之日起七日内返还消费者支付的商品价款。退回商品的运费由消费者承担；经营者和消费者另有约定的，按照约定。

（三）网络消费者权利保护

1. 网络平台提供者附条件赔偿。

消费者通过网络交易平台购买商品或者接受服务，其合法权益受到损害的，可以向销售者或者服务者要求赔偿。

网络交易平台提供者不能提供销售者或者服务者的真实名称、地址和有效联系方式的，消费者也可以向网络交易平台提供者要求赔偿；网络交易平台提供者赔偿后，有权向销售者或者服务者追偿。

网络交易平台提供者作出更有利于消费者的承诺的，应当履行承诺。

2. 网络交易平台提供者应知或明知的过错连带责任。

网络交易平台提供者明知或者应知销售者或者服务者利用其平台侵害消费者合法权益，未采取必要措施的，依法与该销售者或者服务者承担连带责任。

【经典真题】

张某从某网店购买一套汽车坐垫。货到拆封后，张某因不喜欢其花色款式，多次与网店交涉要求退货。网店的下列哪些回答是违法的？[1]（2014－1－66）

A. 客户下单时网店曾提示"一经拆封，概不退货"，故对已拆封商品不予退货

B. 该商品无质量问题，花色款式也是客户自选，故退货理由不成立，不予退货

C. 如网店同意退货，客户应承担退货的运费

D. 如网店同意退货，货款只能在一个月后退还

【考点】网购消费者的权利保护

【解析】《消费者权益保护法》第25条："经营者采用网络、电视、电话、邮购等方式销售商品，消费者有权自收到商品之日起七日内退货，且无需说明理由，但下列商品除外：

（一）消费者定作的；

（二）鲜活易腐的；

（三）在线下载或者消费者拆封的音像制品、计算机软件等数字化商品；

（四）交付的报纸、期刊。

除前款所列商品外，其他根据商品性质并经消费者在购买时确认不宜退货的商品，不适用无理由退货。

消费者退货的商品应当完好。经营者应当自收到退回商品之日起七日内返还消费者支付的商品价款。退回商品的运费由消费者承担；经营者和消费者另有约定的，按照约定。"

所以以上网店的回答中只有C项是合法的，其余均违法，答案为ABD。

_____

[1]【答案】ABD

考点4 经营者的义务 ★★★★

经营者义务	行为要求
安全保障义务	1. **宾馆、商场、餐馆、银行、机场、车站、港口、影剧院**等经营场所的经营者，应当对消费者尽到安全保障义务。 2. **明确缺陷商品召回义务。** 经营者发现其提供的商品或者服务存在缺陷，有危及人身、财产安全危险的，应当立即向有关行政部门报告和告知消费者，并采取停止销售、警示、召回、无害化处理、销毁、停止生产或者服务等措施。采取召回措施的，经营者应当承担消费者因商品被召回支出的必要费用。 ⏩★特别提示 这里的"经营者"应该是一个广义的概念，既包括生产者也包括销售者。经营者承担召回的必要费用，而不是全部费用。 3. **部分商品的举证责任倒置。** 经营者提供的<u>机动车</u>、<u>微型计算机</u>、<u>电视机</u>、<u>电冰箱</u>、<u>空调器</u>、<u>洗衣机</u>等耐用商品或者装饰装修等服务，自消费者接受商品或者服务之日起六个月内出现瑕疵，发生纠纷的，<u>由经营者承担相关举证责任</u>。 4. **对食品药品争议案件中，对赠品的质量负有安保义务。** 食品、药品生产者、销售者提供给消费者的食品或者药品的赠品发生质量安全问题，造成消费者损害，消费者主张权利，生产者、销售者以消费者未对赠品支付对价为由进行免责抗辩的，人民法院不予支持。
三包	1. 经营者提供商品或者服务不符合质量要求的，消费者可以依照<u>国家</u>规定和当事人<u>约定</u>退货，或者要求经营者履行更换、修理等义务； 2. 没有国家规定和当事人约定的，消费者可以自收到商品之日起<u>七日内</u>退货； 3. 七日后符合《民法典（合同编）》规定的<u>解除合同条件</u>的，消费者可以及时退货，不符合解除合同条件的，可以要求经营者履行更换、修理等义务。 依照前款规定对大件商品进行退货、更换、修理的，<u>经营者应当承担运输等必要费用</u>。
标明真实名称和标记的义务	租赁他人柜台或场地的经营者，应标明其真实名称和标记。
保护消费者个人信息	1. 经营者收集、使用消费者个人信息，应当遵循合法、正当、必要的原则，明示收集、使用信息的目的、方式和范围，<u>并经被收集者同意</u>。 2. 经营者应当采取技术措施和其他必要措施，<u>确保信息安全</u>，防止消费者个人信息泄露、丢失。在发生或者可能发生信息泄露、丢失的情况时，应当立即采取补救措施。 3. 经营者<u>未经消费者同意</u>或者请求，或者消费者明确表示拒绝的，<u>不得向其发送</u>商业性电子信息。 ⏩★特别提示 消费者的个人信息保护会与《民法典（人格权编）》相互结合进行考查。
出具凭证或单据的义务	经营者提供商品或者服务，应按照国家规定或商业惯例向消费者出具<u>发票</u>等购货凭证或者服务单据；消费者索要购货凭证或者单据的，经营者必须出具。

续表

经营者义务	行为要求
格式合同的限制	1. 经营者使用格式条款，应当以<u>显著方式</u>提请消费者注意商品或者服务的数量和质量、价格或者费用、履行期限和方式、安全注意事项和风险警示、售后服务、民事责任等与消费者有重大利害关系的内容，并按照消费者的要求予以说明。 2. 经营者不得以格式条款、通知、声明、店堂告示等方式，作出排除或者限制消费者权利、减轻或者免除经营者责任、加重消费者责任等对消费者不公平、不合理的规定，不得利用格式条款并借助技术手段强制交易。<u>格式合同等含有上述内容的，其内容无效。</u> 📑 ★特别提示 （1）商家用店堂告示等，比如"假一罚十"对商家有效； （2）格式合同的部分无效，并非是整个合同无效，只是限制或排除消费者权利的部分无效。
其他义务	1. 不得侵犯消费者人格权的义务。 2. 履行法定和约定的义务。 3. 受监督的义务。

🔻 关联法条

《最高人民法院关于审理食品药品纠纷案件适用法律若干问题的规定》

第四条 食品、药品生产者、销售者提供给消费者的食品或者药品的赠品发生质量安全问题，造成消费者损害，消费者主张权利，生产者、销售者以消费者未对赠品支付对价为由进行免责抗辩的，人民法院不予支持。（赠品的安保义务也要尽到）

考点5 争议解决 ★★★★★

（一）争议解决的途径

1. 与经营者协商和解。

2. 请求消费者协会或其他组织调解。

3. 向有关行政部门申诉。

4. 提请仲裁。消费者权益争议亦可通过仲裁途径予以解决。不过，仲裁必须具备的前提条件是双方订有书面仲裁协议（或书面仲裁条款）。

5. 向人民法院提起诉讼。

（二）争议解决的特殊规则

1. 销售者或服务者的先行赔付义务。

消费者购买产品或接受服务，合法权益受到侵害的，可以找销售者或服务提供者要求赔偿。销售者或服务者赔偿后，属于生产者的责任或者属于向销售者提供商品的其他销售者的责任的，销售者有权向生产者或者其他销售者追偿。

2. 生产者与销售者的不真正连带责任。

消费者或者其他受害人因商品缺陷造成人身、财产损害的，可以向销售者要求赔偿，也可以向生产者要求赔偿。属于生产者责任的，销售者赔偿后，有权向生产者追偿。属于销售者责任的，生产者赔偿后，有权向销售者追偿。

3. 展销会举办者、柜台出租者的特殊责任。

消费者在展销会、租赁柜台购买商品或者接受服务，其合法权益受到损害的，可以向销售者或者服务者要求赔偿。展销会结束或者柜台租赁期满后，也可以向展销会的举办者、柜台的出租者要求赔偿。展销会的举办者、柜台的出租者赔偿后，有权向销售者或者服务者追偿。

4. 虚假广告的广告主与广告经营者的责任。

消费者因经营者利用虚假广告或者其他虚假宣传方式提供商品或者服务，其合法权益受到损害的，可以向经营者要求赔偿。广告经营者、发布者发布虚假广告的，消费者可以请求行政主管部门予以惩处。广告经营者、发布者不能提供经营者的真实名称、地址和有效联系方式的，应当承担赔偿责任。

广告经营者、发布者设计、制作、发布关系消费者生命健康商品或者服务的虚假广告，造成消费者损害的，应当与提供该商品或者服务的经营者承担连带责任。

社会团体或者其他组织、个人在关系消费者生命健康商品或者服务的虚假广告或者其他虚假宣传中向消费者推荐商品或者服务，造成消费者损害的，应当与提供该商品或者服务的经营者承担连带责任。

> ★特别提示　新《消费者权益保护法》第 45 条强化了广告经营者、发布者的责任，针对关系消费者生命健康商品或者服务的广告，造成损失的，与经营者承担无过错连带责任。

5. 社会团体、社会中介机构的承诺、保证责任。

社会团体、社会中介机构对产品质量作出承诺和保证，而该产品又不符合其承诺、保证的质量要求，给消费者造成损失的，与生产者、销售者承担连带责任。

6. "知假买假"在食品、药品等关系消费者生命健康的商品中的特殊保护。

因食品、药品质量问题发生纠纷，购买者向生产者、销售者主张权利，生产者、销售者以购买者明知食品、药品存在质量问题而仍然购买为由进行抗辩的，人民法院不予支持。

7. 网络交易平台提供者的责任。（详见前文网购等新型消费模式下消费者权利保护的内容）

8. 因原企业分立、合并的，变更后的企业仍应承担赔偿责任。

9. 营业执照持有人与租借人的赔偿责任。

使用他人营业执照的违法经营者提供商品或者服务，损害消费者合法权益的，消费者可向其要求赔偿，也可以向营业执照的持有人要求赔偿。

【经典真题】

1. 甲在乙公司办理了手机通讯服务，业务单约定：如甲方（甲）预付费使用完毕而未及时补交款项，乙方（乙公司）有权暂停甲方的通讯服务，由此造成损失，乙方概不担责。甲预付了费用，1 年后发现所用手机被停机，经查询方得知公司有"话费有效期满暂停服务"的规定，此时账户尚有余额，遂诉之。关于此事，下列哪些说法是正确的？[1]（2016 - 1 - 69）

A. 乙公司侵犯了甲的知情权

B. 乙公司提供格式条款时应提醒甲注意暂停服务的情形

---

[1]【答案】AB

C. 甲有权要求乙公司退还全部预付费

D. 法院应支持甲要求乙公司承担惩罚性赔偿的请求

【考点】消费者权利、格式条款的告知义务、经营者欺诈的惩罚性赔偿

⬦ 关联法条

《消费者权益保护法》第8、26、55条。

【解析】依据《消费者权益保护法》第8条的规定，消费者享有知悉其购买、使用的商品或者接受的服务的真实情况的权利。消费者有权根据商品或者服务的不同情况，要求经营者提供服务的内容、规格、费用等有关情况。乙公司当时未告知"话费有效期满暂停服务"的规定，侵害了消费者的知情权。所以A正确。

依据《消费者权益保护法》第26条的规定，经营者在经营活动中使用格式条款的，应当以显著方式提请消费者注意商品或者服务的数量和质量、价款或者费用、履行期限和方式、安全注意事项和风险警示、售后服务、民事责任等与消费者有重大利害关系的内容，并按照消费者的要求予以说明。因此乙公司有义务明确告知甲暂停服务的情形，所以B正确。

甲要求乙公司退还全部预付费的主张没有法律依据，基于合同已经履行、甲已经使用话费的事实，甲已经使用的话费无法退还，所以C错误。

依据《消费者权益保护法》第55条的规定，经营者提供商品或者服务有欺诈行为的，应当依法承担惩罚性赔偿责任，但该题干中并未明确乙公司存在欺诈行为，因此甲不能向乙公司主张惩罚性赔偿，所以D错误。

2. 甲在A银行办理了一张可异地跨行存取款的银行卡，并曾用该银行卡在A银行一台自动取款机上取款。甲取款数日后，发现该卡内的全部存款被人在异地B银行的自动取款机上取走。后查明：甲在A银行取款前一天，某盗卡团伙已在该自动取款机上安装了摄像和读卡装置（一周后被发现）；甲对该卡和密码一直妥善保管，也从未委托他人使用。关于甲的存款损失，下列哪一说法是正确的？[1]（2015－1－27）

A. 自行承担部分损失

B. 有权要求A银行赔偿

C. 有权要求A银行和B银行赔偿

D. 只能要求复制盗刷银行卡的罪犯赔偿

【解析】依据《民法典（合同编）》第577条、《商业银行法》第6条、《消费者权益保护法》第7、11条的规定，基于甲与A银行的银行卡合同，银行应当按照合同约定，保证甲的存款安全，并确认甲对A银行的债权，而不是甲自行承担责任，A错误。

依据《民法典（合同编）》第577条的规定，基于甲与A银行的银行卡合同，甲有权要求A银行确认其对该银行的债权，B正确。

甲与B银行没有合同关系，甲要求B银行损害赔偿，没有请求权基础，C错误。

只能要求复制银行卡的犯罪嫌疑人赔偿的说法不准确。首先犯罪嫌疑人并未直接侵犯甲的权利，其盗刷的是银行的存款。其次，甲的债权并未受到影响，甲可请求A银行确认其对该银行的债权，D错误。

---

〔1〕【答案】B

考点6　银行卡纠纷

⬇ 关联法条

《民法典（合同编）》

第五百七十七条　当事人一方不履行合同义务或者履行合同义务不符合约定的，应当承担继续履行、采取补救措施或者赔偿损失等违约责任。

《消费者权益保护法》

第七条　消费者在购买、使用商品和接受服务时享有人身、财产安全不受损害的权利。

消费者有权要求经营者提供的商品和服务，符合保障人身、财产安全的要求。

第十一条　消费者因购买、使用商品或者接受服务受到人身、财产损害的，享有依法获得赔偿的权利。

《商业银行法》

第六条　商业银行应当保障存款人的合法权益不受任何单位和个人的侵犯。

【经典真题】

1. 孙某从某超市买回的跑步机在使用中出现故障并致其受伤。经查询得知，该型号跑步机数年前已被认定为不合格产品，超市从总经销商煌煌商贸公司依正规渠道进货。下列哪些选项是正确的？[1]（2013 – 1 – 66）

A. 孙某有权向该跑步机生产商索赔

B. 孙某有权向煌煌商贸公司、超市索赔

C. 超市向孙某赔偿后，有权向该跑步机生产商索赔

D. 超市向孙某赔偿后，有权向煌煌商贸公司索赔

【考点】争议解决

【解析】根据《消费者权益保护法》第40条："消费者在购买、使用商品时，其合法权益受到损害的，可以向销售者要求赔偿。销售者赔偿后，属于生产者的责任或者属于向销售者提供商品的其他销售者的责任的，销售者有权向生产者或者其他销售者追偿。

消费者或者其他受害人因商品缺陷造成人身、财产损害的，可以向销售者要求赔偿，也可以向生产者要求赔偿。属于生产者责任的，销售者赔偿后，有权向生产者追偿。属于销售者责任的，生产者赔偿后，有权向销售者追偿。

消费者在接受服务时，其合法权益受到损害的，可以向服务者要求赔偿。"

对于缺陷产品，A项跑步机的生产厂商有义务赔付；销售者超市、供货商煌煌公司都有义务对消费者赔付，B正确；销售者赔付后，有权向生产者和供货者追偿，CD正确。

2. 甲公司租赁乙公司大楼举办展销会，向众商户出租展台，消费者李某在其中丙公司的展台购买了一台丁公司生产的家用电暖器，使用中出现质量问题并造成伤害，李某索赔时遇上述公司互相推诿。上述公司的下列哪些主张是错误的？[2]（2010 – 1 – 68）

A. 丙公司认为属于产品质量问题，应找丁公司解决

---

[1]【答案】ABCD

[2]【答案】ACD

B. 乙公司称自己与产品质量问题无关，不应承担责任

C. 丁公司认为产品已交丙公司包销，自己不再负责

D. 甲公司称展销会结束后，丙公司已撤离，自己无法负责

【考点】争议解决、消费者权利保护

【解析】根据《消费者权益保护法》第40条的内容，对产品质量问题造成的损害，生产者、销售者对消费者承担连带责任，缺陷产品的生产者、销售者对消费者均有赔付的义务，所以 A、C 错误；

第43条："消费者在展销会、租赁柜台购买商品或者接受服务，其合法权益受到损害的，可以向销售者或者服务者要求赔偿。展销会结束或者柜台租赁期满后，也可以向展销会的举办者、柜台的出租者要求赔偿。展销会的举办者、柜台的出租者赔偿后，有权向销售者或者服务者追偿。"所以 D 错误；乙公司只是大楼的所有人，与产品质量没有任何关系，所以不承担相关责任，B 正确。

考点7　民事责任★★★

（一）欺诈的民事赔偿制度

欺诈行为是指经营者在提供的商品或服务中，以虚假陈述、隐瞒实情等不正当手段误导消费者使消费者权益受到损害的行为。消费者不仅可以要求填补损失性赔付，还可以要求惩罚性赔偿。

1. 实际损失的赔付。

这里所说的实际损失，包括消费者接受商品或服务已经支付的价款或费用，以及其他相关开支（如运费、交通费等）和人身、财产损失，均按照"完全填补"的原则予以赔付。

2. 惩罚性赔偿。

经营者提供商品或者服务有欺诈行为的，应当按照消费者的要求增加赔偿其受到的损失，增加赔偿的金额为消费者购买商品的价款或者接受服务费用的三倍；增加赔偿的金额不足五百元的，为五百元。法律另有规定的，依照其规定。

▶★特别提示　欺诈行为的认定有严格的构成要件，只有在经营者存在欺诈行为时，才能适用惩罚性赔偿规则。

▶★特别提示　欺诈赔偿：退一赔三，最低赔500。

例如：消费者花1000元购买一盒假药，经营者除了返还1000元价款和赔偿其他损失外，还应当应消费者的要求支付3000元的惩罚性赔偿。

（二）故意侵权的加重责任

经营者明知商品或者服务存在缺陷，仍然向消费者提供，造成消费者或者其他受害人死亡或者健康严重损害的，受害人有权要求经营者承担医疗费、护理费、交通费、误工费、伤残补助或丧葬补助、死亡赔偿金，以及精神损害赔偿之外，并有权要求所受损失两倍以下的惩罚性赔偿。

▶★特别提示　如果经营者故意侵权，且构成欺诈的适用情形，则两者并罚。

例如：上述假药案例中，如果经营者是故意售假，消费者的孩子服用假药后死亡，则消费者除了可以要求前述的价款的惩罚性赔偿外，还可以要求经营者支付抢救费、丧葬费和死亡赔偿金等损失赔偿，并且支付该损失赔偿总额二倍以下的惩罚性赔偿。

【经典真题】

甲到某著名手机品牌的官网直营店上买了一个手机，用了一个月之后，感觉手机有问题，遂到维修店进行检修，检修结果为二手手机。先查明：该官网直营店将二手手机当新手机出售。甲能够主张下列哪些请求？[1]

A. 以存在欺诈为由，撤销买卖合同

B. 要求退还旧手机，换一台新手机

C. 主张三倍的惩罚性赔偿

D. 保留该手机主张补偿差价

【解析】 依据《民法典》第148条的规定，官网直营店存在欺诈行为，甲可依法撤销买卖合同，A正确。

依据《消费者权益保护法》第52条的规定，经营者提供商品不符合合同约定的，应当依照约定承担更换商品的法律责任，B正确。

依据《消费者权益保护法》第55条第1款的规定，经营者提供商品或者服务有欺诈行为的，应当按照消费者的要求增加赔偿其受到的损失，增加赔偿的金额为消费者购买商品的价款或者接受服务的费用的3倍，C正确。

保留手机主张补偿差价，没有法律依据，D错误。

◇ **关联法条** 《民法典》第148条，《消费者权益保护法》第52、55条。

【本章小结】

伴随着新的《消费者权益保护法》的修改，新增加的考点成为考试的热点，需要考生着力关注。尤其是网络、电视、电话等新型消费模式下消费者权利的保护规则、消费者权利的社会保护中消费者组织的保护即消协的职能、经营者的新增义务（安全保障、三包、保障消费者的个人信息安全）、争议解决（虚假广告者针对食品药品等的特殊责任、期后连带、知假买假）、法律责任（欺诈、故意侵权的惩罚性赔偿）。考生需要结合民法的理论和规则具体分析消费者权利和经营者义务，以及经营者的责任。

---

[1] **【答案】** ABC

二、产品质量法

产品质量法框架体系

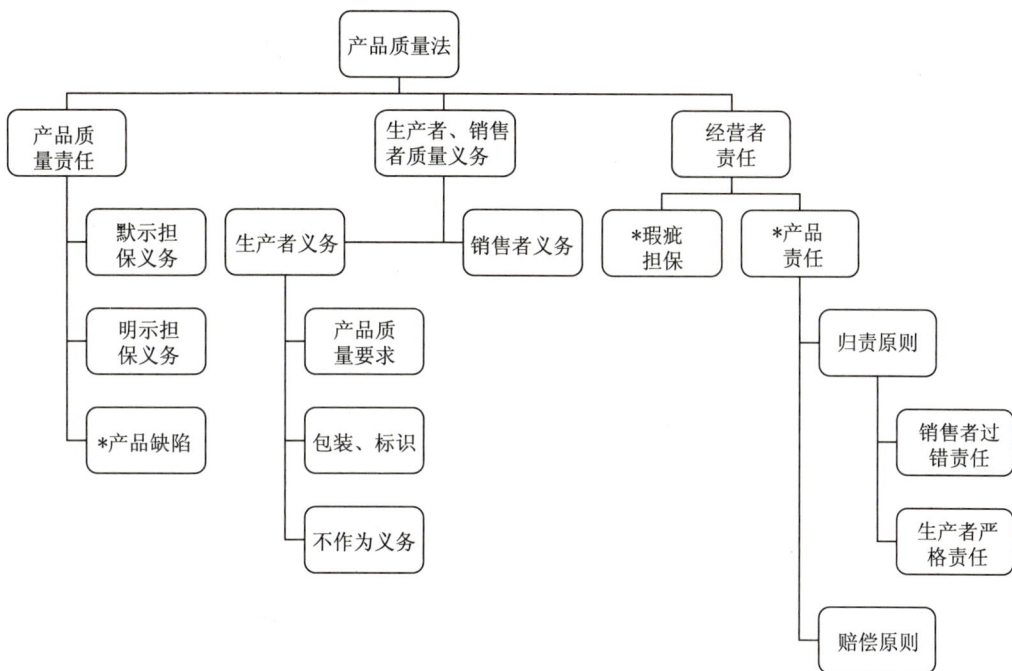

```
                           产品质量法
        ┌──────────────────────┼──────────────────────┐
    产品质量责任          生产者、销售者质量义务        经营者责任
        │                    ┌────┴────┐              ┌────┴────┐
   ┌────┤               生产者义务   销售者义务    *瑕疵担保   *产品责任
   │  默示担保义务          │                                    │
   │                   ┌────┤                              ┌────┤
   │  明示担保义务      产品质量要求                        归责原则
   │                      │                                  │
   │  *产品缺陷         包装、标识                        ┌────┤
                          │                          销售者过错责任
                       不作为义务                          │
                                                     生产者严格责任
                                                          │
                                                       赔偿原则
```

考点1　产品质量责任

产品质量责任是指产品的生产者、销售者以及对产品质量负有直接责任的人违反《产品质量法》规定的产品质量义务应承担的法律后果。在下列三种情况下，可判定上述主体应承担产品质量责任：

（一）违反默示担保义务

生产的产品应当符合默示标准，是产品之所以能称之为某产品的最基本的要求，是指法律、法规对产品质量所作的强制性要求，即使当事人之间有合同的约定，也不能免除和限制这种义务。违反该义务，无论是否造成了消费者的损失，均应承担产品质量责任。

（二）违反明示担保义务

明示担保义务是指生产者、销售者以各种公开的方式，就产品质量向消费者所作的说明或者陈述。这些方式包括订立合同、体现于产品标识及说明书中、展示实物样品、做广告宣传等。一旦生产者、销售者以上述方式明确表示产品所依据和达到的质量标准，就产生了明示担保义务。如果产品质量不符合承诺的标准，必须承担相应的法律责任。

（三）产品存在缺陷

产品缺陷是指产品存在危及人身、他人财产安全的不合理的危险；产品有保障人体健康和人身、财产安全的国家标准、行业标准的，产品缺陷是指不符合该标准。

产品质量责任与产品责任是两个相关却不相同的概念。两者都是经营者违反《产品质量法》应承担的法律责任，但产品责任专指因产品缺陷引起的赔偿责任。

产品缺陷包括生产设计缺陷和经营缺陷。产品上缺乏警示标示或警示说明，构成经营缺陷。

【经典真题】

某家具店出售的衣柜，如未被恰当地固定到墙上，可能发生因柜子倾倒致人伤亡的危险。关于此事，下列哪些说法是正确的?[1]（2016－1－70）

　A. 该柜质量应符合产品安全性的要求

　B. 该柜本身或其包装上应有警示标志或者中文警示说明

　C. 质检部门对这种柜子进行抽查，可向该店收取检验费

　D. 如该柜被召回，该店应承担购买者因召回支出的全部费用

【考点】 产品质量瑕疵和缺陷、产品质量检查、产品召回

▽ **关联法条**

《产品质量法》第15、26、27条，《消费者权益保护法》第19条。

【解析】 依据《产品质量法》第26条的规定，生产者应当对其生产的产品质量负责，生产者应当确保其产品符合产品安全性的要求，所以 A 正确。

依据《产品质量法》第27条第1款第5项的规定，使用不当，容易造成产品本身损坏或者可能危及人身、财产安全的产品，应当有警示标志或者中文警示说明。该柜本身或其包装上应有警示标志或者中文警示说明，所以 B 正确。

依据《产品质量法》第15条第3款的规定，根据监督抽查的需要，可以对产品进行检验。检验抽取样品的数量不得超过检验的合理需要，并不得向被检查人收取检验费用。监督抽查所需检验费用按照国务院规定列支。因此 C 错误。

依据《消费者权益保护法》第19条的规定，采取召回措施的，经营者应当承担消费者因商品被召回支出的必要费用，而不是全部费用，所以 D 错误。

考点2　产品质量瑕疵担保责任

销售者交付的标的物不符合法定或约定的品质标准，应当承担违约责任。售出的商品有下列情形之一的，销售者应当负责修理、更换、退货，给购买产品的消费者造成损失的，销售者应当赔偿损失：

1. 不具备产品应当具备的使用性能而事先未作说明的；

2. 不符合在产品或者在包装上注明采用的产品标准的；

3. 不符合以产品说明、实物样品等方式表明的质量状况的。

销售者依照前款规定负责修理、更换、退货、赔偿损失后，属于生产者的责任或者属于供货者责任的，销售者有权向生产者、供货者追偿。

销售者未按照前款规定给予修理、更换、退货或赔偿损失的，由产品质量监督部门或工商行政管理部门责令改正。

生产者之间，销售者之间，生产者与销售者之间订立的买卖合同、承揽合同有不同约定的，合同当事人按照合同约定执行。

---

〔1〕【答案】AB

考点3　产品责任★★

（一）产品责任的归责原则

我国《产品质量法》对生产者、销售者的产品缺陷责任分别作了不同的规定。

1. 生产者的严格责任。

因产品存在缺陷造成人身、他人财产损害的，生产者应当承担赔偿责任。但严格责任不同于绝对责任，它仍然是一种有条件的责任。《产品质量法》同时规定了法定免责条件：

（1）未将产品投入流通的；

（2）产品投入流通时，引起损害的缺陷尚不存在的。

（3）将产品投入流通时的科学技术水平尚不能发现缺陷的存在的。

> ★特别提示 "产品投入流通后发现存在缺陷的，生产者、销售者应当及时采取警示、召回等补救措施。未及时采取补救措施或者补救措施不力造成损害的，应当承担侵权责任"。

2. 销售者的过错责任。

由于销售者的过错使产品存在缺陷，造成人身、他人财产损害的，销售者应当承担赔偿责任。但销售者如果能够证明自己没有过错，则不必承担赔偿责任。销售者不能指明缺陷产品的生产者也不能指明缺陷产品的供货者的，应当承担赔偿责任。可见，这里的过错是一种推定过错，销售者负有举证责任，否则不能免除赔偿责任。

> ★特别提示 销售者的过错责任归责原则与销售者对消费者先行赔付义务不冲突。对外，生产者和销售者适用先行赔付规则。

> ★特别提示 销售者包括销售环节的各个经销商和销售商，如批发商、零售商、经销商等等。

（二）赔偿原则

1. 产品缺陷责任的求偿对象。

为便于消费者行使权利，《产品质量法》给予消费者选择起诉对象的权利，并规定了生产者和销售者之间的连带责任。因产品存在缺陷造成人身、他人财产损害的，受害人可以向产品的生产者要求赔偿，也可以向产品的销售者要求赔偿。属于产品的生产者的责任，产品的销售者赔偿后，有权向产品的生产者追偿。属于产品的销售者的责任，产品的生产者赔偿后，有权向产品的销售者追偿。

2. 诉讼时效与除斥期间。

（1）诉讼时效。因产品缺陷造成损害要求赔偿的诉讼时效期间为2年，自当事人知道或者应当知道其权益受到损害时起计算。

（2）除斥期间。因产品存在缺陷造成损害要求赔偿的请求权，在造成损害的缺陷产品交付最初用户、消费者满10年丧失；但是，尚未超过明示的安全使用期的除外。

> ★特别提示 产品缺陷责任请求权的诉讼时效是2年，除斥期间是10年，自交付最初消费者开始计算。产品缺陷责任请求权因除斥期间届满而消灭，其他民事请求权可以依法继续存续，如违约责任请求权。

【经典真题】

某商场使用了由东方电梯厂生产、亚林公司销售的自动扶梯。某日营业时间，自动扶梯突然逆向运行，造成顾客王某、栗某和商场职工薛某受伤，其中栗某受重伤，经治疗半身瘫痪，数次自杀未遂。现查明，该型号自动扶梯在全国已多次发生相同问题，但电梯厂均通过更换零部件、维修进行处理，并未停止生产和销售。请回答第95～97题。

95. 关于赔偿主体及赔偿责任，下列选项正确的是：[1]（2015－1－95）

A. 顾客王某、栗某有权请求商场承担赔偿责任

B. 受害人有权请求电梯厂和亚林公司承担赔偿责任

C. 电梯厂和亚林公司承担连带赔偿责任

D. 商场和电梯厂承担按份赔偿责任

【解析】依据《消费者权益保护法》第18条的规定，经营者应当保证其提供的商品或者服务符合保障人身、财产安全的要求。宾馆、商场、餐馆、银行、机场、车站、港口、影剧院等经营场所的经营者，应当对消费者尽到安全保障义务。因此，顾客可向商场主张损害赔偿，A 正确。

依据《消费者权益保护法》第40条第2款的规定，消费者或者其他受害人因商品缺陷造成人身、财产损害的，可以向销售者要求赔偿，也可以向生产者要求赔偿。受害人可向销售者亚林公司、生产者电梯厂主张损害赔偿责任，B 正确。

依据《消费者权益保护法》第40条第2款的规定，受害人既可以向销售者，也可向生产者主张损害赔偿，销售者、生产者对受害人承担连带责任，所以电梯厂和销售商亚林公司承担连带责任，C 正确。

消费者依据安全保障义务向商场主张权利，依据产品缺陷责任向电梯厂主张权利，其请求权基础不同，商场和电梯厂对消费者不成立按份责任，D 错误。

考点4　安全保障义务、产品缺陷责任

▽ 关联法条

《消费者权益保护法》

第十八条　经营者应当保证其提供的商品或者服务符合保障人身、财产安全的要求。对可能危及人身、财产安全的商品和服务，应当向消费者作出真实的说明和明确的警示，并说明和标明正确使用商品或者接受服务的方法以及防止危害发生的方法。

宾馆、商场、餐馆、银行、机场、车站、港口、影剧院等经营场所的经营者，应当对消费者尽到安全保障义务。

第四十条　消费者在购买、使用商品时，其合法权益受到损害的，可以向销售者要求赔偿。销售者赔偿后，属于生产者的责任或者属于向销售者提供商品的其他销售者的责任的，销售者有权向生产者或者其他销售者追偿。

消费者或者其他受害人因商品缺陷造成人身、财产损害的，可以向销售者要求赔偿，也可以向生产者要求赔偿。属于生产者责任的，销售者赔偿后，有权向生产者追偿。属于销售者责任的，生产者赔偿后，有权向销售者追偿。

消费者在接受服务时，其合法权益受到损害的，可以向服务者要求赔偿。

---

[1]【答案】ABC

【经典真题】

关于顾客王某与栗某可主张的赔偿费用，下列选项正确的是：[1]（2015 - 1 - 96）

A. 均可主张为治疗支出的合理费用

B. 均可主张因误工减少的收入

C. 栗某可主张精神损害赔偿

D. 栗某可主张所受损失 2 倍以下的惩罚性赔偿

【解析】依据《消费者权益保护法》第49条、《产品质量法》第44条的规定，因产品缺陷造成的损害，受害人可主张的赔偿费用包括为治疗而支付的合理费用，A 正确。

依据《消费者权益保护法》第49条、《产品质量法》第44条的规定，因产品缺陷造成的损害，受害人可主张的赔偿费用包括误工费，B 正确。

依据《消费者权益保护法》第51条的规定，经营者有侵害消费者或者其他受害人人身权益的行为，造成严重精神损害的，受害人可以要求精神损害赔偿，C 正确。

依据《消费者权益保护法》第55条第2款的规定，经营者明知商品或者服务存在缺陷，仍然向消费者提供，造成消费者或者其他受害人死亡或者健康严重损害的，受害人除要求赔偿损失外，并有权要求所受损失二倍以下的惩罚性赔偿，D 正确。

考点5 产品缺陷责任的赔偿范围

▽ 关联法条

《消费者权益保护法》

第四十九条 经营者提供商品或者服务，造成消费者或者其他受害人人身伤害的，应当赔偿医疗费、护理费、交通费等为治疗和康复支出的合理费用，以及因误工减少的收入。造成残疾的，还应当赔偿残疾生活辅助具费和残疾赔偿金。造成死亡的，还应当赔偿丧葬费和死亡赔偿金。

第五十一条 经营者有侮辱诽谤、搜查身体、侵犯人身自由等侵害消费者或者其他受害人人身权益的行为，造成严重精神损害的，受害人可以要求精神损害赔偿。

第五十五条 经营者提供商品或者服务有欺诈行为的，应当按照消费者的要求增加赔偿其受到的损失，增加赔偿的金额为消费者购买商品的价款或者接受服务的费用的三倍；增加赔偿的金额不足五百元的，为五百元。法律另有规定的，依照其规定。

经营者明知商品或者服务存在缺陷，仍然向消费者提供，造成消费者或者其他受害人死亡或者健康严重损害的，受害人有权要求经营者依照本法第四十九条、第五十一条等法律规定赔偿损失，并有权要求所受损失二倍以下的惩罚性赔偿。

《产品质量法》

第四十四条 因产品存在缺陷造成受害人人身伤害的，侵害人应当赔偿医疗费、治疗期间的护理费、因误工减少的收入等费用；造成残疾的，还应当支付残疾者生活自助具费、生活补助费、残疾赔偿金以及由其扶养的人所必需的生活费等费用；造成受害人死亡的，并应当支付丧葬费、死亡赔偿金以及由死者生前扶养的人所必需的生活费等费用。

---

[1]【答案】ABCD

因产品存在缺陷造成受害人财产损失的，侵害人应当恢复原状或者折价赔偿。受害人因此遭受其他重大损失的，侵害人应当赔偿损失。

【经典真题】

霍某在靓顺公司购得一辆汽车，使用半年后前去靓顺公司维护保养。工作人员告诉霍某该车气囊电脑存在故障，需要更换。霍某认为此为产品质量问题，要求靓顺公司免费更换，靓顺公司认为是霍某使用不当所致，要求其承担更换费用。经查，该车气囊电脑不符合产品说明所述质量。对此，下列哪一说法是正确的?[1]（2017 - 1 - 30）

A. 霍某有权请求靓顺公司承担违约责任

B. 霍某只能请求该车生产商承担免费更换责任

C. 霍某有权请求靓顺公司承担产品侵权责任

D. 靓顺公司和该车生产商应当连带承担产品侵权责任

【解析】依据《消费者权益保护法》第24条的规定，经营者提供的商品或者服务不符合质量要求的，消费者可以依照国家规定、当事人约定退货，或者要求经营者履行更换、修理等义务。依据《民法典（合同编）》第577条的规定，经营者不按约定履行合同，应当承担违约责任。A选项正确。

依据《消费者权益保护法》第24条的规定，消费者可以主张违约责任，可以依法主张更换、修理、退货的权利，而不是只能请求更换，B选项错误。

依据《民法典（侵权责任编）》、《产品质量法》第43条的规定，因产品存在缺陷造成他人损害的，生产者应当承担侵权责任。该题目的事实中并没有提及造成了实际损害，而且靓顺公司也不是生产者，因此霍某不存在主张产品侵权损害赔偿责任的请求权基础。C选项错误。

根据《民法典（侵权责任编）》的规定，因产品存在缺陷造成损害的，被侵权人可以向产品的生产者请求赔偿，也可以向产品的销售者请求赔偿。该产品缺陷并未造成实际的损害，霍某对生产者和销售者主张产品侵权损害赔偿的连带责任，没有请求权基础。D选项错误。

---

[1] 【答案】A

【本章小结】

项目	缺陷产品责任	瑕疵产品责任
责任性质	侵权责任。	违约责任。
责任主体	生产者和销售者连带责任，权利主体有选择权。销售者有先行赔付的义务。	销售者，承担责任后有追偿权。
归责原则	生产者——严格责任；销售者——过错责任。 生产者：因产品存在缺陷造成人身、他人财产损害的，生产者应当承担赔偿责任。 销售者：由于销售者的过错使产品存在缺陷，造成人身、他人财产损害的，销售者应当承担赔偿责任。但销售者如果能够证明自己没有过错，则不必承担赔偿责任。销售者不能指明缺陷产品的生产者也不能指明缺陷产品的供货者的，应当承担赔偿责任。	过错责任。
求偿主体	因产品缺陷遭受人身或财产损害的受害人，包括产品的购买者、使用者和第三人。	与责任主体有合同关系的消费者。近年来，消法、产品质量法更多结合民法考查，考生需要学好民法。

三、食品安全法

食品安全法框架体系

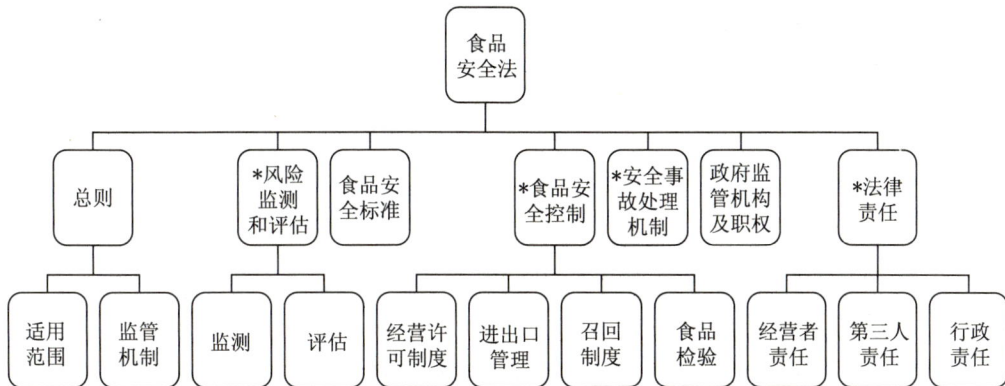

考点1　《食品安全法》的适用范围

（一）网络食品交易（《食品安全法》第62、131条）

1. 网络食品交易第三方平台提供者（简称："平台提供者"）的义务：

（1）审查：应对入网食品经营者进行实名登记，明确其食品安全管理责任；依法应取得许可证的，还应审查其许可证。

（2）制止和停止：发现入网食品经营者违反《食品安全法》的，应及时制止并立即报告所在地县级政府食品药品监督管理部门；发现严重违法的，应立即停止提供网络交易平台服务。

2. 未履行上述义务的法律责任：

（1）由县级以上政府食品药品监督管理部门责令改正，没收违法所得，并处 5 万元以上 20 万元以下罚款；

（2）造成严重后果的，责令停业，吊销许可证；

（3）使消费者的合法权益受到损害的，应与食品经营者承担连带责任。

3. 消费者的权利：

（1）消费者通过网络食品交易第三方平台（以下简称"平台"）购买食品，受害的，可向入网食品经营者或食品生产者要求赔偿。

（2）平台提供者不能提供食品经营者真实名称、地址和有效联系方式的，赔偿，其赔偿后，向食品经营者或食品生产者追偿。

（3）平台提供者作出更有利于消费者承诺的，应履行其承诺。

（二）消费者损害赔偿（《食品安全法》第 148 条）

1. 消费者因不符合食品安全标准的食品受害的，可向经营者或生产者求偿。

2. 接到赔偿要求的生产经营者，应实行首负责任制，先行赔付，然后内部追偿。

3. 生产不符合食品安全标准的食品或经营明知是不符合食品安全标准的食品，消费者除要求赔偿损失外，还可以向生产者或经营者要求支付价款十倍或损失三倍的赔偿金；增加赔偿的金额不足一千元的，为一千元。

4. 但食品的标签、说明书存在不影响食品安全且不会对消费者造成误导的瑕疵的除外。

【经典真题】

1. 李某花 2000 元购得某省 M 公司生产的苦茶一批，发现其备案标准并非苦茶的标准，且保质期仅为 9 个月，但产品包装上显示为 18 个月，遂要求该公司支付 2 万元的赔偿金。对此，下列哪些说法是正确的？[1]（2017 - 1 - 67）

A. 李某的索赔请求于法有据

B. 茶叶的食品安全国家标准由国家卫计委制定、公布并提供标准编号

C. 没有苦茶的食品安全国家标准时，该省卫计委可制定地方标准，待国家标准制定后，酌情存废

D. 国家鼓励该公司就苦茶制定严于食品安全国家标准或地方标准的企业标准，在该公司适用，并报该省卫计委备案

【解析】依据《食品安全法》第 148 条第 2 款的规定，生产不符合食品安全标准的食品或者经营明知是不符合食品安全标准的食品，消费者除要求赔偿损失外，还可以向生产者或者经营者要求支付价款十倍或者损失三倍的赔偿金；A 选项正确

依据《食品安全法》第 27 条的规定，食品安全国家标准由国务院卫生行政部门会同国务院食品药品监督管理部门制定、公布，国务院标准化行政部门提供国家标准编号。B 选项错误。

依据《食品安全法》第 29 条的规定："对地方特色食品，没有食品安全国家标准的，

---

[1] 【答案】AD

省、自治区、直辖市人民政府卫生行政部门可以制定并公布食品安全地方标准，报国务院卫生行政部门备案。食品安全国家标准制定后，该地方标准即行废止。"而不是酌情存废。C选项错误。

依据《食品安全法》第30条的规定，国家鼓励食品生产企业制定严于食品安全国家标准或者地方标准的企业标准，在本企业适用，并报省、自治区、直辖市人民政府卫生行政部门备案。D选项正确。

2. 李某从超市购得橄榄调和油，发现该油标签上有"橄榄"二字，侧面标示"配料：大豆油，橄榄油"，吊牌上写明："添加了特等初榨橄榄油"，遂诉之。经查，李某事前曾多次在该超市"知假买假"。关于此案，下列哪些说法是正确的？[1]（2016–1–71）

A. 该油的质量安全管理，应遵守《农产品质量安全法》的规定
B. 该油未标明橄榄油添加量，不符合食品安全标准要求
C. 如李某只向该超市索赔，该超市应先行赔付
D. 超市以李某"知假买假"为由进行抗辩的，法院不予支持

【考点】食品安全标准、《食品安全法》的适用范围、赔偿责任、知假买假

关联法条

《食品安全法》第2、26、148条，《食品药品纠纷解释》第3条。

【解析】依据《食品安全法》第2条第2款的规定，供食用的源于农业的初级产品（以下称食用农产品）的质量安全管理，遵守《中华人民共和国农产品质量安全法》的规定。而该题干中的橄榄调和油不属于源于农业的初级产品，不适用《农产品质量安全法》的规定，所以A错误。

依据《食品安全法》第26条第1款第2项的规定，食品添加剂的品种、使用范围、用量属于食品安全标准的内容，所以B正确。

依据《食品安全法》第148条的规定，消费者因不符合食品安全标准的食品受到损害的，可以向经营者要求赔偿损失，也可以向生产者要求赔偿损失。接到消费者赔偿要求的生产经营者，应当实行首负责任制，先行赔付，不得推诿。因此李某只向该超市索赔，该超市应先行赔付，所以C正确。

依据《食品药品纠纷解释》第3条的规定，因食品、药品质量问题发生纠纷，购买者向生产者、销售者主张权利，生产者、销售者以购买者明知食品、药品存在质量问题而仍然购买为由进行抗辩的，人民法院不予支持。即知假买假的，经营者应当依法承担责任，不能以之抗辩。所以D正确。

---

[1] 【答案】BCD

【本章小结】

本章由消费者权益保护法、产品质量法、食品安全法构成，主要的考点出现在消费者权益保护法中。需要重点掌握消费者的权利（安全保障权、知情权、自主选择权、公平交易权、获取赔偿权等），消费者权利的社会保护（尤其是社会组织的保护），网络、电视、电话等新型交易模式消费者的权利保护（知情权、后悔权、权利救济），经营者义务（安全保障、三包、消费者个人信息安全等），争议的处理（期后连带，缺陷产品生产者与销售者的连带责任，虚假广告责任，"知假买假"保护等）；产品质量法中只有产品责任需要重点掌握；食品安全法需要重点掌握违反食品安全法的法律责任，尤其是生产不符合食品安全标准和销售明知是不符合食品安全标准的食品的法律责任。食品安全法考查的考点比较生僻，建议考生复习重点即可，对于生僻的法条可以考虑放弃。

第三章
银行法

导学　本章包含《商业银行法》和《银行业监督管理法》两个部门法。在法律职业资格考试中涉考题目约为1~2道题，平均分值在1~3分。有时会出现小案例分析，以不定项选择题的形式结合两个部门法来考查。对银行法的学习应当把握商业银行的设立——商业银行的业务管理——商业银行的审慎经营规则监管——商业银行的接管——商业银行的解散清算的逻辑线索，应重点学习对商业银行实施监管的具体措施。银行法大多考查常规考点，该部门法的分数，考生应当尽量拿到。

★【本部分常考考点包括】

商业银行的贷款规则、商业银行的业务监管、商业银行的接管和破产、银监会的监管权限、监管措施、央行和银监会的权限划分、违反银行业监管法的法律责任。

银行法框架体系

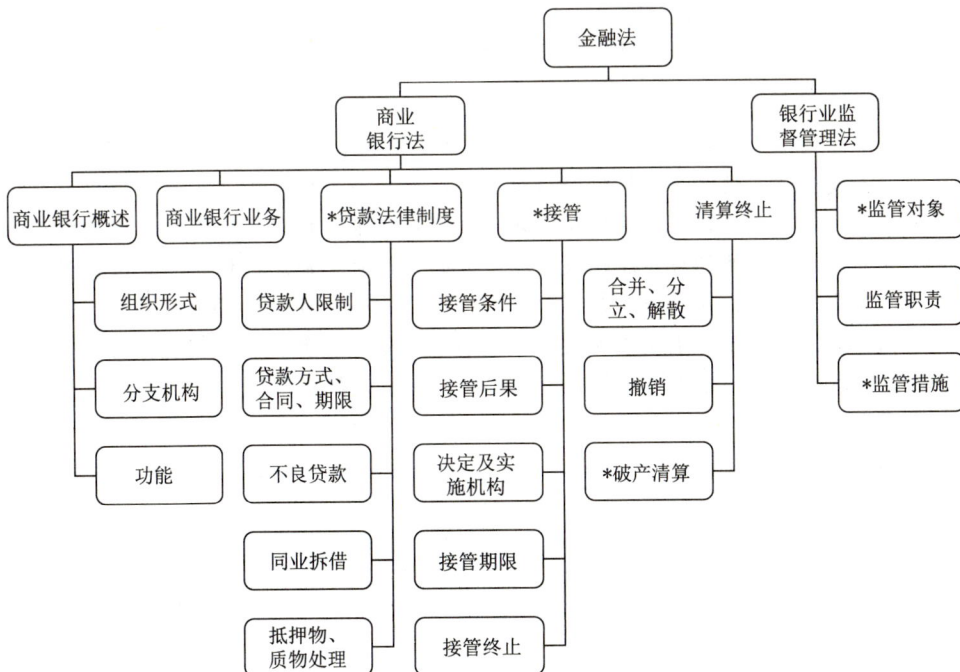

```
                              金融法
                                │
                ┌───────────────┴───────────────┐
             商业                              银行业监
            银行法                              督管理法
  ┌──────┬──────┬──────┬──────┬──────┐      ┌──────┬──────┬──────┐
商业银行 商业银行 *贷款法 *接管  清算终止   *监管对象 监管职责 *监管措施
 概述    业务   律制度
  │      │      │      │       │           │
组织形式 贷款人  接管条件 合并、分立、  撤销
        限制           解散
  │      │      │      │
分支机构 贷款方式 接管后果 撤销
        合同、期限
  │      │      │      │
 功能   不良贷款 决定及实 *破产清算
              施机构
         │      │
        同业拆借 接管期限
         │      │
       抵押物、 接管终止
       质物处理
```

一、商业银行法

考点1　商业银行概述 ★★★

（一）商业银行组织形式

1. 商业银行组织形式。

商业银行是指依照《商业银行法》和《公司法》规定的条件和程序设立的，吸收公众存款、发放贷款、办理结算等业务，具有独立的民事权利能力和民事行为能力的企业法人。

商业银行的组织形式有两种：第一种是有限责任公司；第二种是股份有限公司。

2. 商业银行分支机构。

（1）设立分支机构需要经过银行业监督管理机构审批；

（2）我国境内的分支机构，不按"行政区划"设立；

（3）拨付各分支机构的营运资金的总和不得超过总行运营资本的60%；

（4）分支机构不是独立的法人，由总行统一核算；分支机构的民事责任由总行最终承担；

（5）分支机构具有独立的诉讼主体资格。

歇业吊销：商业银行及其分支机构自取得营业执照之日起无正当理由超过**6个月未开业**的，或开业后自行停业连续**6个月以上**的，由**银监会吊销其经营许可证**，并予以公告。

【经典真题】

1. 根据《商业银行法》，关于商业银行分支机构，下列哪些说法是错误的？[1]（2012-1-66）

A. 在中国境内应当按行政区划设立

B. 经地方政府批准即可设立

C. 分支机构不具有法人资格

D. 拨付各分支机构营运资金额的总和，不得超过总行资本金总额的70%

【考点】分支机构

【解析】《商业银行法》第19条规定："商业银行根据业务需要可以在中华人民共和国境内外设立分支机构。设立分支机构必须经国务院银行业监督管理机构审查批准。在中华人民共和国境内的分支机构，不按行政区划设立。商业银行在中华人民共和国境内设立分支机构，应当按照规定拨付与其经营规模相适应的营运资金额。拨付各分支机构营运资金额的总和，不得超过总行资本金总额的百分之六十。"据此，A、B、D项错误。

第22条规定："商业银行对其分支机构实行全行统一核算，统一调度资金，分级管理的财务制度。商业银行分支机构不具有法人资格，在总行授权范围内依法开展业务，其民事责任由总行承担。"C项正确。

2. 根据《商业银行法》，关于商业银行的设立和变更，下列哪些说法是正确的？[2]（2012-1-67）

A. 国务院银行业监督管理机构可以根据审慎监管的要求，在法定标准的基础上提高商

---

[1]【答案】ABD

[2]【答案】ABD

业银行设立的注册资本最低限额

  B. 商业银行的组织形式、组织机构适用《公司法》

  C. 商业银行的分立、合并不适用《公司法》

  D. 任何单位和个人购买商业银行股份总额5%以上的，应事先经国务院银行业监督管理机构批准

【考点】商业银行的设立和变更

【解析】《商业银行法》第13条第2款规定："国务院银行业监督管理机构根据审慎监管的要求可以调整注册资本最低限额，但不得少于前款规定的限额。"由此，注册资本最低限额不得少于法定限额，可以高于法定限额。故A项"在法定标准的基础上提高"说法正确。

  B项正确。第17条第1款规定："商业银行的组织形式、组织机构适用《中华人民共和国公司法》的规定。"

  C项错误。第25条规定："商业银行的分立、合并，适用《中华人民共和国公司法》的规定。商业银行的分立、合并，应当经国务院银行业监督管理机构审查批准。"

  D项正确。第28条规定："任何单位和个人购买商业银行股份总额百分之五以上的，应当事先经国务院银行业监督管理机构批准。"

考点2　贷款法律制度★★★★

（一）贷款主体

1. 贷款人。

是指中资的金融机构，不包括中外合资经营的金融机构和外商独资经营的金融机构，也不包括没有贷款经营业务能力的其他任何公司和个人。

2. 借款人。

是指从经营贷款业务的中资金融机构取得贷款的法人、其他经济组织、个体工商户和自然人，不包括向境外金融机构借款的借款人，也不包括向境内外资金融机构借款的借款人。

（二）贷款规则

保护措施	内容
贷款类型	以担保贷款为主，信用贷款为辅。 商业银行贷款，借款人应当提供担保。商业银行应当对保证人的偿还能力，抵押物、质物的权属和价值以及实现抵押权、质权的可行性进行严格审查。 经商业银行审查、评估，确认借款人资信良好，确能偿还贷款的，可以不提供担保。
商业银行资产负债比例的要求	1. 贷款人的资本充足率不得低于8%； 2. 流动性资产余额与流动性负债余额的比例不得低于25%； 3. 对同一借款人的贷款余额与贷款人资本余额的比例不得超过10%。

保护措施	内容
关系人贷款	1. 关系人范围。 （1）商业银行的董事、监事、管理人员、信贷业务人员及其近亲属； （2）前项所列人员投资或者担任高级管理职务的公司、企业和其他经济组织。 2. 关系人贷款的限制。 贷款人不得向关系人发放信用贷款，向关系人发放担保贷款的条件不得优于其他借款人同类贷款的条件，以维护公平交易和自身的资金安全。 ➡ ★**特别提示** 关系人仅可以发放担保贷款，且贷款条件不得比其他同类贷款人条件优越。
不良贷款 ➡ ★**特别提示** 未经国务院批准，贷款人不得豁免贷款。	呆账贷款｜是指按财政部有关规定确认为无法偿还，而列为呆账的贷款； 呆滞贷款｜是指按财政部有关规定，逾期（含展期后到期）超过2年仍未归还的贷款，或虽未逾期或逾期不满规定年限但生产经营已经终止、项目已经停建的贷款；（不含呆账贷款） 逾期贷款｜借款合同约定到期（含展期后到期）未归还的贷款。（不含呆滞贷款和呆账贷款）
同业拆借	1. 同业拆借拆出资金的范围：指交足存款准备金，留足备付金，归还央行到期贷款之后的<u>闲置资金</u>。 2. 同业拆借拆入资金的用途（救急）：弥补票据结算、银行汇差头寸的不足，解决临时性周转资金的需要。 3. 禁止利用拆入资金发放<u>固定资产贷款</u>或用于<u>投资</u>。 ➡ ★**特别提示** 同业拆借由央行监管。
抵押物、质物的处理	商业银行因行使抵押权、质权而取得的不动产或股票，应当自取得之日起2年内予以处分。
禁止投资风险项目	1. 商业银行在中华人民共和国境内不得从事信托投资和证券经营业务； 2. 不得向<u>非自用不动产</u>投资； 3. 不得向<u>非银行金融机构</u>和<u>企业</u>投资； 但国家另有规定的除外。

【经典真题】

某商业银行推出"校园贷"业务，旨在向在校大学生提供额度不等的消费贷款。对此，下列哪些说法是错误的？[1]（2017－1－68）

A. 银行向在校大学生提供"校园贷"业务，须经国务院银监机构审批或备案

B. 在校大学生向银行申请"校园贷"业务，无论资信如何，都必须提供担保

C. 银行应对借款大学生的学习、恋爱经历、父母工作等情况进行严格审查

D. 银行为提高"校园贷"业务发放效率，审查人员和放贷人员可同为一人

【解析】依据《银行业监管法》第18条的规定，银行业金融机构业务范围内的业务品

---

[1] 【答案】BCD

种，应当按照规定经国务院银行业监督管理机构审查批准或者备案。银行的校园贷的业务需要经银监会审批或备案，A选项正确，不选。

依据《商业银行法》第36条第2款的规定，经商业银行审查、评估，确认借款人资信良好，确能偿还贷款的，可以不提供担保。因此学生申请校园贷，并不是必须提供担保，B选项错误，要选。

依据《商业银行法》第35条第1款的规定，商业银行贷款，应当对借款人的借款用途、偿还能力、还款方式等情况进行严格审查。审查的核心是借款人的信用和资产状况，而非其恋爱经历、父母工作和学习情况，C选项错误，要选。

依据《商业银行法》第35条第2款的规定，商业银行贷款，应当实行审贷分离、分级审批的制度。D选项错误，要选。

▷ **关联法条**

《商业银行法》第35、36条。

考点3　商业银行的接管 ★★★★

（一）接管的条件

商业银行已经或者可能发生信用危机，严重影响存款人的利益时。

（二）接管的法律后果

暂停被接管人的管理层的经营管理权；被接管人的法律主体资格不丧失；被接管人的债权债务关系不因此而改变。

（三）接管的决定和实施机构

由国务院银行业监督管理机构决定，并组织实施。

（四）接管期限

接管期限由国务院银行业监督管理机构决定，并在接管决定中宣布，一般为1年。接管期限届满，国务院银行业监督管理机构可以决定延期，但接管期限最长不得超过2年。

（五）接管终止的情形

1. 接管决定规定的期限届满或者国务院银行业监督管理机构决定的接管延期届满；

2. 接管期限届满前，该商业银行已恢复正常经营能力；

3. 接管期限届满前，该商业银行被合并或者被依法宣告破产。

考点4　商业银行的清算、终止 ★★★

（一）分立、合并及解散的清算

1. 解散的条件。

商业银行因分立、合并或者出现公司章程规定的解散事由需要解散的，应当向国务院银行业监督管理机构提出申请，并附申请解散的理由和支付存款的本金和利息等债权债务清偿计划，经国务院银行业监督管理机构批准后解散。

2. 解散程序。

商业银行解散的，应当依法成立清算组，清算组成员由国务院银行业监督管理机构指定。由清算组进行清算，按照既定的清算计划及时偿还个人的储蓄存款本金和利息等债务，然后再偿还银行其他的债务，国务院银行业监督管理机构监督清算过程，对清算的重大事项有否决权。

（二）商业银行的被撤销

商业银行因被吊销经营许可证被撤销的，国务院银行业监督管理机构应当依法及时组织成立清算组进行清算，按照清偿计划及时偿还存款本金和利息，程序与解散清算的程序相同。

（三）商业银行的破产清算

1. 破产条件及适用法律。商业银行不能支付到期债务，经国务院银行业监督管理机构同意，由人民法院宣告破产，并组织国务院银行业监督管理机构等部门和有关人员成立清算组对银行的债权债务进行清算。

2. 破产清算支付顺序：商业银行破产清算时，在支付清算费用、所欠职工工资和劳动保险费用后，优先支付个人储蓄存款的本金和利息，在此支付后剩余的破产财产才能按顺序支付国家的税款，之后的剩余才能清偿普通的债权。

（四）商业银行的终止

商业银行因解散、被撤销和被宣告破产而终止，商业银行的终止对金融市场有重大影响，对债权人利益也有重大利害关系。所以，商业银行不得自行决定终止，而是须经国务院银行业监督管理机构的批准，以及按照《商业银行法》《公司法》和《公司登记管理条例》等法律法规的规定办理。

▶ ★特别提示　商业银行及其他企业法人破产的区别

区别点	商业银行	其他企业法人
破产原因	既定表面事实：不能支付到期债务	既定表面＋实质事实：不能支付到期债务＋资产不足以清偿全部债务或者明显缺乏清偿能力 或然事实：出现破产原因或者明显丧失清偿能力可能可以重整
是否需要审批	需要国务院银行业监督管理机构的同意	不需要上级主管部门的批准同意
清偿顺序	个人储蓄存款本金和利息具有特殊地位，仅次于职工工资和劳动保险费用 ▶ ★特别提示　由**法院组织银监会等部门和人员成立清算组**，进行清算	按破产清偿顺序清偿

【经典真题】

1. 某城市商业银行在合并多家城市信用社的基础上设立，其资产质量差，经营队伍弱，长期以来资本充足率、资产流动性、存贷款比例等指标均不能达到监管标准。

某日，该银行行长卷款潜逃。事发后，大量存款户和票据持有人前来提款。该银行现有资金不能应付这些提款请求，又不能由同行获得拆借资金。根据相关法律，下列判断正确的是：[1]（2009－1－95）

---

[1] 【答案】B

A. 该银行即将发生信用危机

B. 该银行可以由中国银监会实行接管

C. 该银行可以由中国人民银行实施托管

D. 该银行可以由当地人民政府实施机构重组

【考点】风险处理

【解析】根据《商业银行法》第64条第1款的规定："商业银行已经或者可能发生信用危机，严重影响存款人的利益时，国务院银行业监督管理机构可以对该银行实行接管。"所以B正确，C错误；

该银行已经发生信用危机不是即将发生，所以A错误；

根据《银行业监督管理法》第38条的规定："银行业金融机构已经或者可能发生信用危机，严重影响存款人和其他客户合法权益的，国务院银行业监督管理机构可以依法对该银行业金融机构实行接管或者促成机构重组，接管和机构重组依照有关法律和国务院的规定执行。"所以D错误。

2. 经采取处置措施，该银行仍不能在规定期限内恢复正常经营能力，且资产情况进一步恶化，各方人士均认为可适用破产程序。如该银行申请破产，应当遵守的规定是：[1] (2009 - 1 - 97)

A. 该银行应当证明自己已经不能支付到期债务，且资产不足以清偿全部债务

B. 该银行在提出破产申请前应当成立清算组

C. 该银行在向法院提交破产申请前应当得到中国银监会的同意

D. 该银行在向法院提交破产申请时应当提交债务清偿方案和职工安置方案

【考点】商业银行破产

【解析】根据《商业银行法》第71条第1款的规定："商业银行不能支付到期债务，经国务院银行业监督管理机构同意，由人民法院依法宣告其破产。商业银行被宣告破产的，由人民法院组织国务院银行业监督管理机构等有关部门和有关人员成立清算组，进行清算。"所以C正确；

商业银行的破产原因只需要表面资不抵债，A错误；

清算组是人民法院宣告银行破产时，组织成立的，B错误；

商业银行提交破产申请时只需要提供不能清偿到期债务的证明，并不要求提交债务清偿方案和职工安置方案，D错误。

考点5 违反商业银行法的法律责任★★★★

（一）中国人民银行有权监管的事项

商业银行有下列情形之一，由中国人民银行责令改正，有违法所得的，没收违法所得，违法所得五十万元以上的，并处违法所得一倍以上五倍以下罚款；没有违法所得或者违法所得不足五十万元的，处五十万元以上二百万元以下罚款；情节特别严重或者逾期不改正的，中国人民银行可以建议国务院银行业监督管理机构责令停业整顿或者吊销其经营许可证；构成犯罪的，依法追究刑事责任：

---

[1]【答案】C

1. 未经批准办理结汇、售汇的；

2. 未经批准在银行间债券市场发行、买卖金融债券或者到境外借款的；

3. 违反规定同业拆借的。

商业银行有下列情形之一，由中国人民银行责令改正，并处二十万元以上五十万元以下罚款；情节特别严重或者逾期不改正的，中国人民银行可以建议国务院银行业监督管理机构责令停业整顿或者吊销其经营许可证；构成犯罪的，依法追究刑事责任：

1. 拒绝或者阻碍中国人民银行检查监督的；

2. 提供虚假的或者隐瞒重要事实的财务会计报告、报表和统计报表的（央行、银监会双重监管）；

3. 未按照中国人民银行规定的比例交存存款准备金的。

（二）央行、国务院银行业监督管理机构均有权监管的事项

商业银行或其他金融机构提供虚假的或者隐瞒重要事实的财务会计报告、报表和统计报表的，银行业监督管理机构和中国人民银行均有权查处。

【经典真题】

商业银行出现下列哪些行为时，中国人民银行有权建议银行业监督管理机构责令停业整顿或吊销经营许可证？[1]（2010－1－69）

A. 未经批准分立、合并的

B. 未经批准发行、买卖金融债券的

C. 提供虚假财务报告、报表和统计报表的

D. 违反规定同业拆借的

【考点】央行、银监会权限

【解析】《商业银行法》第76条规定："商业银行有下列情形之一，由中国人民银行责令改正，有违法所得的，没收违法所得，违法所得五十万元以上的，并处违法所得一倍以上五倍以下罚款；没有违法所得或者违法所得不足五十万元的，处五十万元以上二百万元以下罚款；情节特别严重或者逾期不改正的，中国人民银行可以建议国务院银行业监督管理机构责令停业整顿或者吊销其经营许可证；构成犯罪的，依法追究刑事责任：

（一）未经批准办理结汇、售汇的；

（二）未经批准在银行间债券市场发行、买卖金融债券或者到境外借款的；

（三）违反规定同业拆借的。"

所以D正确，B项没有限定在银行间证券市场，所以错误，只有银行未经批准在银行间证券市场发行、买卖金融债券才构成此处罚措施的情形；

第77条规定："商业银行有下列情形之一，由中国人民银行责令改正，并处二十万元以上五十万元以下罚款；情节特别严重或者逾期不改正的，中国人民银行可以建议国务院银行业监督管理机构责令停业整顿或者吊销其经营许可证；构成犯罪的，依法追究刑事责任：

（一）拒绝或者阻碍中国人民银行检查监督的；

（二）提供虚假的或者隐瞒重要事实的财务会计报告、报表和统计报表的；

（三）未按照中国人民银行规定的比例交存存款准备金的。"

---

[1] 【答案】CD

所以 C 正确，A 项属于银监会直接监管的内容，所以不选。

二、银行业监督管理法

考点 1　监督管理机构

中国银行保险监督管理委员会（简称"银监会"）负责对全国银行业金融机构及其业务活动进行监管。银监会根据履行职责的需要设立派出机构，对派出机构实行统一领导和管理。这表明，在地方设立的银监局直接隶属于中国银监会，不受地方政府领导和管理。银监会的派出机构在授权范围内，履行监督管理职责。

考点 2　银行业监督管理的对象和原则★★

<table>
<tr><td rowspan="3">监管对象</td><td>银行业金融机构</td><td>是指在中华人民共和国境内设立的商业银行、城市信用合作社、农村信用合作社等吸收公众存款的金融机构以及政策性银行。这是银行业监督管理的主要对象。
★特别提示 政策银行是指中国农业发展银行、国家开发银行、中国进出口银行。</td></tr>
<tr><td>其他金融机构</td><td>在中华人民共和国境内设立的金融资产管理公司、信托投资公司、财务公司、金融租赁公司以及经中国银监会批准设立的其他金融机构。</td></tr>
<tr><td>在境外设立的金融机构</td><td>经中国银监会批准在境外设立的金融机构以及前两种金融机构在境外的业务活动。</td></tr>
<tr><td rowspan="3">监管原则</td><td>独立性原则</td><td>银行业监督管理机构及其从事监督管理工作的人员依法履行监督管理职责，受法律保护。地方政府、各级政府部门、社会团体和个人不得干涉。</td></tr>
<tr><td>协同原则</td><td>中国银监会应当和中国人民银行、国务院其他金融监督管理机构建立监督管理信息共享机制，以便它们在各自的职责范围内，开展对银行业和金融市场的有效监督。</td></tr>
<tr><td colspan="2">依法、公开、公正和效率原则</td></tr>
</table>

考点 3　监督管理机构的职责

国务院银行业监督管理机构的监督职责包括以下各项：

（一）依照法律、行政法规制定并发布对银行业金融机构及其业务活动监督管理的规章、规则。

（二）依照法律、行政法规规定的条件和程序，审查批准银行业金融机构的设立、变更、终止以及业务范围。

1. 未经银监会批准，任何单位或个人不得设立银行业金融机构或从事银行业金融机构的业务。

2. 商业银行设立分支机构，分立、合并、解散由银监会审批。

3. 商业银行接管、破产，需要经过银行业监督管理机构同意。

4. 对于银行业金融机构业务范围内的业务品种，按照规定进行审查批准或者备案。需要审查批准或者备案的业务品种，由国务院银行业监督管理机构依照法律、行政法规作出规定并公布。

5. 对银行业金融机构的董事和高级管理人员实行任职资格管理。

6. 商业银行变更下列事项之一的，应当报国务院银行业监督管理机构审批：

（1）变更名称；

（2）变更注册资本；

（3）变更总行或分支行所在地；

（4）调整业务范围；

（5）变更持有资本总额或股份总额5%以上的股东；

（6）修改章程。

7. 依照法律、行政法规制定银行业金融机构的审慎经营规则。审慎经营规则是银行业金融机构必须严格遵守的行为准则，包括风险管理、内部控制、资本充足率、资产质量、损失准备金、风险集中、关联交易、资产流动性等内容。

★特别提示

1. 央行监管——结汇与售汇、银行间债券市场与同业拆借、境外借款、存款准备金、财务报告。（央行、银监会双重监管）

2. 银监会监管——商业银行的大事小事、生老病死、财务报告。

【经典真题】

下列哪一选项不属于国务院银行业监督管理机构职责范围？[1]（2010－1－26）

A. 审查批准银行业金融机构的设立、变更、终止以及业务范围

B. 受理银行业金融机构设立申请或者资本变更申请时，审查其股东的资金来源、财务状况、诚信状况等

C. 审查批准或者备案银行业金融机构业务范围内的业务品种

D. 接收商业银行交存的存款准备金和存款保险金

【考点】银监会监管职责

【解析】《银行业监督管理法》第16条规定："国务院银行业监督管理机构依照法律、行政法规规定的条件和程序，审查批准银行业金融机构的设立、变更、终止以及业务范围。"故A选项属于银监会的职责范围，不当选。第17条规定："申请设立银行业金融机构，或者银行业金融机构变更持有资本总额或者股份总额达到规定比例以上的股东的，国务院银行业监督管理机构应当对股东的资金来源、财务状况、资本补充能力和诚信状况进行审查。"故B选项属于银监会的职责范围，不当选。第18条规定："银行业金融机构业务范围内的业务品种，应当按照规定经国务院银行业监督管理机构审查批准或者备案。需要审查批准或者备案的业务品种，由国务院银行业监督管理机构依照法律、行政法规作出规定并公布。"故C选项属于银监会的职责范围，不当选。《中国人民银行法》第23条第1款第（一）项规定："中国人民银行为执行货币政策，可以运用下列货币政策工具：（一）要求银行业金融机构按照规定的比例交存存款准备金；"故D选项不属于银监会的职责范围，当选。

---

[1]【答案】D

考点4 监督管理措施 ★★★

(一) 强制信息披露

具体措施包括：

1. 获取财务资料。银行业监督管理机构根据履行职责的需要，有权要求银行业金融机构按照规定报送资产负债表、利润表和其他财务会计、统计报表、经营管理资料以及注册会计师出具的审计报告。

2. 现场检查。银行业监督管理机构根据审慎监管的要求，可以采取下列措施进行现场检查：

（1）进入银行业金融机构进行检查；

（2）询问银行业金融机构的工作人员，要求其对有关检查事项作出说明；

（3）查阅、复制银行业金融机构与检查事项有关的文件、资料，对可能被转移、隐匿或者毁损的文件、资料予以封存；

（4）检查银行业金融机构运用电子计算机管理业务数据的系统。

进行现场检查，应当经银行业监督管理机构负责人批准。现场检查时，检查人员不得少于二人，并应当出示合法证件和检查通知书；检查人员少于二人或者未出示合法证件和检查通知书的，银行业金融机构有权拒绝检查。

3. 询问制度。

银行业监督管理机构根据履行职责的需要，可以与银行业金融机构董事、高级管理人员进行监督管理谈话，要求银行业金融机构董事、高级管理人员就银行业金融机构的业务活动和风险管理的重大事项作出说明。

4. 信息披露制度。

中国银监会应当责令银行业金融机构按照规定，如实向社会公众披露财务会计报告、风险管理状况、董事和高级管理人员变更以及其他重大事项等信息。

(二) 强制整改

银行业金融机构违反审慎经营规则的，银监会或者其省一级派出机构应当责令限期改正；逾期未改正的，或者其行为严重危及该银行业金融机构的稳健运行、损害存款人和其他客户合法权益的，经银监会或其省一级派出机构负责人批准，可以区别情形，采取整改措施：

1. 责令暂停部分业务、停止批准开办新业务；（控制经营风险）

2. 停止批准增设分支机构；（控制经营风险）

3. 限制分配红利和其他收入；（防止资产流失）

4. 限制资产转让；（防止资产流失）

5. 责令控股股东转让股权或者限制有关股东的权利；（控制股东风险）

6. 责令调整董事、高级管理人员或者限制其权利。（控制董高风险）

▶ ★特别提示 由司法机关（法院）冻结账户、禁止转移财产，禁止在财产上设定权利。

(三) 接管、重组与撤销

银行业金融机构已经或者可能发生信用危机，严重影响存款人和其他客户合法权益的，银监会可以依法对该银行业金融机构实行接管或者促成机构重组（合并、收购）。

银行业金融机构有违法经营、经营管理不善等情形，不予撤销将严重危害金融秩序、损害公众利益的，银监会有权予以撤销。

银行业金融机构被接管、重组或者被撤销的，国务院银行业监督管理机构有权要求该银行业金融机构的董事、高级管理人员和其他工作人员，按照国务院银行业监督管理机构的要求履行职责。

在接管、机构重组或者撤销清算期间，经国务院银行业监督管理机构负责人批准，对直接负责的董事、高级管理人员和其他直接责任人员，可以采取下列措施：

1. 直接负责的董事、高级管理人员和其他直接责任人员出境将对国家利益造成重大损失的，通知出境管理机关依法阻止其出境；

2. 申请司法机关禁止其转移、转让财产或者对其财产设定其他权利。

（四）冻结账户

经银监会或者其省一级派出机构负责人批准，银监会有权查询涉嫌金融违法的银行业金融机构及其工作人员以及关联行为人的账户；对涉嫌转移或者隐匿违法资金的，经银监会负责人批准，可以申请司法机关予以冻结。

（五）现场检查措施

银行业监督管理机构依法对银行业金融机构进行检查时，经设区的市一级以上银行业监督管理机构负责人批准，可以对与涉嫌违法事项有关的单位和个人采取下列措施：

1. 询问有关单位或者个人，要求其对有关情况作出说明；

2. 查阅、复制有关财务会计、财产权登记等文件、资料；

3. 对可能被转移、隐匿、毁损或者伪造的文件、资料，予以先行登记保存。

银行业监督管理机构采取前款规定措施，调查人员不得少于二人，并应当出示合法证件和调查通知书；调查人员少于二人或者未出示合法证件和调查通知书的，有关单位或者个人有权拒绝。对依法采取的措施，有关单位和个人应当配合，如实说明有关情况并提供有关文件、资料，不得拒绝、阻碍和隐瞒。

（六）法律责任

1. 违法的业务活动——罚没；严重的，责令停业整顿、吊销 F45

银行业金融机构有下列情形之一，责令改正，罚没，情节特别严重或者逾期不改正的，责令停业整顿或吊销其经营许可证；构成犯罪的，依法追究刑事责任：

（1）违法设立分支机构、变更、终止

未经批准设立分支机构的；未经批准变更、终止的；

（2）违法从事业务活动、存贷款利率

违反规定从事未经批准或未备案的业务活动的；违反规定提高或者降低存款利率、贷款利率的。

★特别提示 商业银行违法开展金融业务，违规发放贷款，与相对人订立民事合同的，为保护善意相对人，民事合同有效，商业银行及责任人承担行政责任，甚至刑事责任。

2. 违法信息披露、违反审慎规则——罚款；严重的，责令停业整顿、吊销 F46

银行业金融机构有下列情形之一，罚款，情节特别严重或者逾期不改正的，责令停业整顿或吊销其经营许可证；构成犯罪的，依法追究刑事责任：

（1）擅自任命董高任免

未经任职资格审查任命董事、高级管理人员的；

（2）拒绝监管

拒绝或者阻碍非现场监管或者现场检查的；

（3）违反审慎规则、拒绝整改

严重违反审慎经营规则的；拒绝执行整改措施的；

（4）虚假报告、违规信息披露

提供虚假的或者隐瞒重要事实的报表、报告等文件、资料的；未按照规定进行信息披露的。

3. 违规报告——责令改正、罚款 F47

银行业金融机构不按照规定提供报表、报告等文件、资料的，由银行业监督管理机构责令改正、罚款。

4. 对直接责任人——责令处分、警告、罚款、取消任职资格、行业禁入

银行业金融机构违法的，银监会除依法处罚外，还可以区别不同情形，采取下列措施：

（1）责令给予纪律处分

责令银行业金融机构对直接负责的董高和其他直接责任人员给予纪律处分；

（2）警告、罚款

尚不构成犯罪的，对直接负责的董高和其他直接责任人员给予警告，处 5 万元以上 50 万元以下罚款；

（3）取消任职资格、行业禁入

A 取消直接负责的董高一定期限直至终身的任职资格；

B 禁止直接负责的董高和其他直接责任人员一定期限直至终身从事银行业工作。

【经典真题】

1. 陈某在担任某信托公司总经理期间，该公司未按照金融企业会计制度和公司财务规则严格管理和审核资金使用，违法开展信托业务，造成公司重大损失。对此，陈某负有直接管理责任。关于此事，下列哪些说法是正确的？[1]（2016 – 1 – 72）

A. 该公司严重违反审慎经营规则

B. 银监会可责令该公司停业整顿

C. 国家工商总局可吊销该公司的金融许可证

D. 银监会可取消陈某一定期限直至终身的任职资格

【考点】 审慎经营规则

关联法条 《银行业监督管理法》第 21、37、48 条。

【解析】 依据《银行业监督管理法》第 21 条第 2 款的规定，审慎经营规则，包括风险管理、内部控制、资本充足率、资产质量、损失准备金、风险集中、关联交易、资产流动性等内容。该信托公司的行为违反了审慎经营规则，所以 A 正确。

依据《银行业监督管理法》第 45 条第（三）项的规定，对违反审慎经营规则的金融机构，违反规定从事未经批准或者未备案的业务活动的，情节特别严重或者逾期不改正的，可以责令停业整顿或者吊销其经营许可证，所以 B 正确。

---

[1] 【答案】ABD

依据《银行业监督管理法》第37条的规定，金融机构违反审慎经营规则，工商局并没有吊销金融许可证的权力，即使吊销，该职权也属于银监会，所以C错误。

依据《银行业监督管理法》第48条第（三）项的规定，对于违反银行业监管法的董事高管，可依法取消直接负责的董事、高级管理人员一定期限直至终身的任职资格，禁止直接负责的董事、高级管理人员和其他直接责任人员一定期限直至终身从事银行业工作。所以D正确。

2. 某商业银行决定推出一批新型理财产品，但该业务品种在已获批准的业务范围之外。该银行在报批的同时要求下属各分行开展试销。对此，下列哪些选项是正确的？[1]（2013－1－68）

A. 该业务品种应由中国银监会审批

B. 该业务品种应由中国人民银行审批

C. 因该业务品种在批准前即进行试销，有关部门有权对该银行进行处罚

D. 该业务品种在批准前进行的试销交易为效力待定的民事行为

【考点】银监会监管措施

【解析】《银行业监督管理法》第16条规定："国务院银行业监督管理机构依照法律、行政法规规定的条件和程序，审查批准银行业金融机构的设立、变更、终止以及业务范围。"题干中描述的情形为新增业务范围，属于银监会的监管范围，A正确，B错误；

第45条规定："银行业金融机构有下列情形之一，由国务院银行业监督管理机构责令改正，有违法所得的，没收违法所得，违法所得五十万元以上的，并处违法所得一倍以上五倍以下罚款；没有违法所得或者违法所得不足五十万元的，处五十万元以上二百万元以下罚款；情节特别严重或者逾期不改正的，可以责令停业整顿或者吊销其经营许可证；构成犯罪的，依法追究刑事责任：

（一）未经批准设立分支机构的；

（二）未经批准变更、终止的；

（三）违反规定从事未经批准或者未备案的业务活动的；

……"

C正确，D错误。

3. 某商业银行违反审慎经营规则，造成资本和资产状况恶化，严重危及稳健运行，损害存款人和其他客户合法权益。对此，银行业监督管理机构对该银行依法可采取下列哪些措施？[2]（2013－1－69）

A. 限制分配红利和其他收入　　　　B. 限制工资总额

C. 责令调整高级管理人员　　　　　D. 责令减员增效

【考点】银监会监管措施

【解析】《银行业监督管理法》第37条第1款规定："银行业金融机构违反审慎经营规则的，国务院银行业监督管理机构或者其省一级派出机构应当责令限期改正；逾期未改正

---

[1]【答案】AC

[2]【答案】AC

的，或者其行为严重危及该银行业金融机构的稳健运行、损害存款人和其他客户合法权益的，经国务院银行业监督管理机构或者其省一级派出机构负责人批准，可以区别情形，采取下列措施：

（一）责令暂停部分业务、停止批准开办新业务；

（二）限制分配红利和其他收入；

（三）限制资产转让；

（四）责令控股股东转让股权或者限制有关股东的权利；

（五）责令调整董事、高级管理人员或者限制其权利；

（六）停止批准增设分支机构。"所以 A、C 正确。

【本章小结】

本章需要重点理解的是商业银行的贷款规则、商业银行的风险处理，（接管、重组、撤销清算的适用情况及处理措施）另外，涉考性非常强的考点是央行和银监会的监管职责。

第四章
财税法

导学

本章涵盖的部门法比较多，包括了实体税法（增值税、消费税、个人所得税、企业所得税、车船税）和程序税法（税收征收管理法）及审计法。在历年真题中的涉考科目主要集中在个人所得税、企业所得税和税收征收管理法中，涉题量平均在 2~3 题，均分在 4~5 分。重点学习税收优惠和税收减免的规则以及税收争议纠纷处理的具体规则。16、17 年税法的分值有所增加，达到 7 分左右，其中考查税收法定的基本原理和税种的基本分类，而且连续考查了审计法，考查的法条比较生僻，税法的一些考分也成为司法部的保留分数。

★ 【本部分常考考点包括】

个人所得税法的纳税及免税范围、企业所得税的适用范围及税收优惠、税收保障措施、增值税的减免及税率、消费税的征税对象、审计监督等。

财税法框架体系

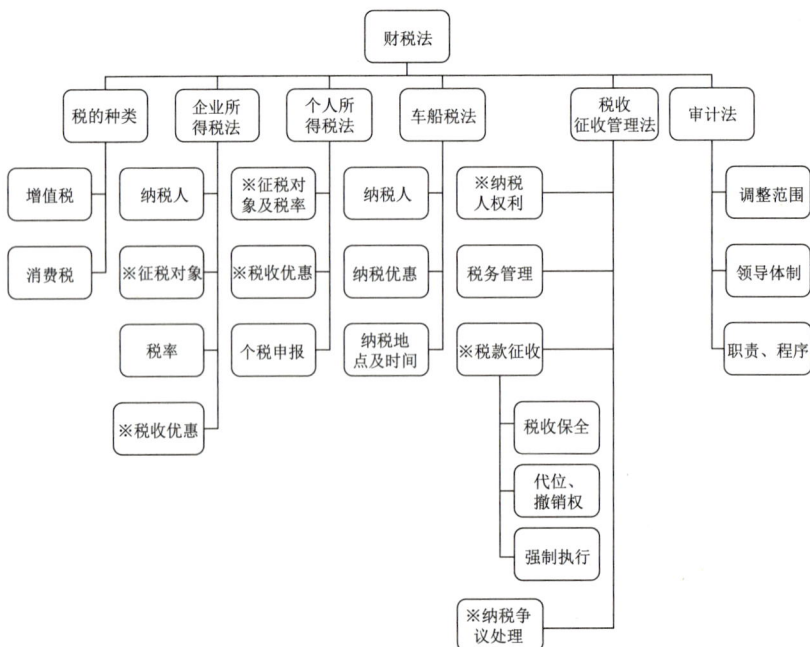

一、税的种类

	征税对象	纳税人	税率
增值税	货物、应税劳务和应税服务等 **免征范围:** 1. 农业生产者销售的自产农业产品; 2. 避孕药品和用具; 3. 古旧图书; 4. 直接用于科学研究、科学试验和教学的进口仪器、设备; 5. 外国政府、国际组织无偿援助的进口物资和设备; 6. 来料加工、来件装配和补偿贸易所需进口的设备; 7. 由残疾人组织直接进口供残疾人专用的物品; 8. 销售自己使用过的物品。	在中国境内销售货物或者加工、修理修配劳务,销售服务、无形资产、不动产以及进口货物的单位和个人。	增值税的税率主要有四类: 1. 17%的基本税率 2. 11%和6%的低税率 3. 零税率 4. 小规模纳税人增值税征收率为3%,国务院另有规定的除外。 (小规模纳税人增值税征收率为3%)
消费税	1. 一些过度消费会对人类健康、社会秩序、生态环境等方面造成危害的特殊消费品,如烟、酒、鞭炮、焰火等; 2. 奢侈品、非生活必需品,如贵重首饰、化妆品、高档手表,高尔夫球以及球具等; 3. 高能耗及高档消费品,如摩托车,小汽车、游艇,木制一次性筷子,实木地板等; 4. 不可再生和替代的石油类消费品,如汽油、柴油等; 5. 具有一定财政意义的产品,如汽车轮胎、护肤护发品等。	在中华人民共和国境内生产、委托加工和进口应税消费品的单位和个人。	消费税税率采用的是比例税率和定额税率。消费税基本不存在免税的问题,只对出口消费品免征消费税。

【经典真题】

1. 关于税收优惠制度,根据我国税法,下列哪些说法是正确的?[1](2016-1-73)

A. 个人进口大量化妆品,免征消费税

B. 武警部队专用的巡逻车,免征车船税

C. 企业从事渔业项目的所得,可免征、减征企业所得税

D. 农民张某网上销售从其他农户处收购的山核桃,免征增值税

考点 消费税、增值税、企业所得税、车船税

关联法条

《车船税法》第3条,《企业所得税法》第27条,《增值税暂行条例》第15条,《消费

---

[1] 【答案】BC

税暂行条例》第 11 条。

【解析】依据《消费税暂行条例》第 11 条的规定，对纳税人出口应税消费品，免征消费税，而对于个人进口化妆品的，不免征消费税，所以 A 错误。

依据《车船税法》第 3 条第 2 项的规定，军队、武装警察部队专用的车船免征车船税，所以 B 正确。

依据《企业所得税法》第 27 条第 1 项的规定，从事农、林、牧、渔业项目的所得可以免征、减征企业所得税，所以 C 正确。

依据《增值税暂行条例》第 15 条第 1 款第 1 项的规定，农业生产者销售的自产农产品可以免征增值税，张某网上销售从其他农户收购的山核桃，不能免征增值税，所以 D 错误。

2. 关于增值税的说法，下列哪一选项是错误的?[1] (2009 - 1 - 26)

A. 增值税的税基是销售货物或者提供加工、修理修配劳务以及进口货物的增值额

B. 增值税起征点的范围只限于个人

C. 农业生产者销售自产农业产品的，免征增值税

D. 进口图书、报纸、杂志的，免征增值税

【考点】增值税

【解析】《增值税暂行条例》第 1 条："在中华人民共和国境内销售货物或者提供加工、修理修配劳务，销售服务、无形资产、不动产以及进口货物的单位和个人，为增值税的纳税人，应当依照本条例缴纳增值税。"所以 A 正确；《增值税暂行条例实施细则》第 37 条第 1 款："增值税起征点的适用范围限于个人。"所以 B 正确；《增值税暂行条例》第 2 条规定："……（二）纳税人销售交通运输、邮政、基础电信、建筑、不动产租赁服务，销售不动产，转让土地使用权，销售或者进口下列货物，税率为 11%：1. 粮食、食用植物油、食用盐；2. 自来水、暖气、冷气、热水、煤气、石油液化气、天然气、二甲醚、沼气、居民用煤炭制品；3. 图书、报纸、杂志、音像制品、电子出版物；4. 饲料、化肥、农药、农机、农膜；5. 国务院规定的其他货物……"所以 D 错误。

《增值税暂行条例》第 15 条："下列项目免征增值税：（一）农业生产者销售的自产农产品；（二）避孕药品和用具；（三）古旧图书；（四）直接用于科学研究、科学试验和教学的进口仪器、设备；（五）外国政府、国际组织无偿援助的进口物资和设备；（六）由残疾人的组织直接进口供残疾人专用的物品；（七）销售的自己使用过的物品。除前款规定外，增值税的免税、减税项目由国务院规定。任何地区、部门均不得规定免税、减税项目。"所以 C 正确。

3. 某教师在税务师培训班上就我国财税法制有下列说法，其中哪些是正确的?[2] (·2017 - 1 -69)

A. 当税法有漏洞时，依据税收法定原则，不允许以类推适用方法来弥补税法漏洞

B. 增值税的纳税人分为一般纳税人和小规模纳税人，小规模纳税人的适用税率统一为 3%

C. 消费税的征税对象为应税消费品，包括一次性竹制筷子和复合地板等

D. 车船税纳税义务发生时间为取得车船使用权或管理权的当年，并按年申报缴纳

---

〔1〕【答案】D

〔2〕【答案】AB

【解析】依据税法的基本原理和原则，税收法定原则，税种、税目、税率以及纳税征收程序均由法律明确规定，不允许采取类推适用方法来弥补漏洞，A选项正确。

依据《增值税暂行条例》第12条的规定，小规模纳税人增值税征收率为3%，B选项正确。

依据《消费税暂行条例》所附的消费税税目表，消费税的税目不包括复合地板，而是实木地板，C选项错误。

依据《车船税法》第8条的规定，车船税纳税义务发生时间为取得车船所有权或者管理权的当月，而不是当年，D选项错误。

▷ **关联法条**

《增值税暂行条例》第12条、《消费税暂行条例》、《车船税法》第8条

《增值税暂行条例》

第十二条　小规模纳税人增值税征收率为3%。

《车船税法》

第八条　车船税纳税义务发生时间为取得车船所有权或者管理权的当月。

二、企业所得税法

考点1　纳税人

(一) 纳税人的范围

根据《企业所得税法》第1条的规定，在中华人民共和国境内，企业和其他取得收入的组织（以下统称企业）为企业所得税的纳税人，个人独资企业、合伙企业不适用《企业所得税法》不缴纳企业所得税。

(二) 居民企业及非居民企业的划分标准

根据《企业所得税法》第2条的规定，根据注册地或实际管理机构（董事会）是否在中国境内将企业分为居民企业和非居民企业。

居民企业，是指依法在中国境内成立，或者依照外国（地区）法律成立但实际管理机构在中国境内的企业。

非居民企业，是指依照外国（地区）法律成立且实际管理机构（董事会）不在中国境内，但在中国境内设立机构、场所的，或者在中国境内未设立机构、场所，但有来源于中国境内所得的企业。

(三) 纳税原则

根据《企业所得税法》第3条的规定，居民企业应当就其来源于中国境内、境外的所得缴纳企业所得税。

非居民企业在中国境内设立机构、场所的，应当就其所设机构、场所取得的来源于中国境内的所得，以及发生在中国境外但与其所设机构、场所有实际联系的所得，缴纳企业所得税。

非居民企业在中国境内未设立机构、场所的，或者虽设立机构、场所但取得的所得与其所设机构、场所没有实际联系的，应当就其来源于中国境内的所得缴纳企业所得税。

▷ ★**特别提示**　非居民企业在中国境内的分支机构应就其境内外所得缴纳企业所得税。

考点 2   征税对象

企业每一纳税年度的收入总额，减除不征税收入、免税收入、各项扣除以及允许弥补的以前年度亏损后的余额，为应纳税所得额。

（一）收入总额

《企业所得税法》规定的收入总额由九大项构成：

1. 销售货物收入；

2. 提供劳务收入；

3. 转让财产收入；

4. 股息、红利等权益性投资收益；

5. 利息收入；

6. 租金收入；

7. 特许权使用费收入；

8. 接受捐赠收入；

9. 其他收入。

（二）不征税收入

1. 财政拨款；

2. 依法收取并纳入财政管理的行政事业性收费、政府性基金；

3. 国务院规定的其他不征税收入。

（三）税前扣除

1. 税前可扣除项目。

企业实际发生的与取得收入有关的、合理的支出，包括成本、费用、税金、损失和其他支出，准予在计算应纳税所得额时扣除。

2. 税前不可扣除项目。

在计算应纳税所得额时，下列支出不得扣除：向投资者支付的股息、红利等权益性投资收益款项；企业所得税税款；税收滞纳金；罚金、罚款和被没收财物的损失；公益性捐赠以外的捐赠支出；赞助支出；未经核定的准备金支出；与取得收入无关的其他支出。

【经典真题】

某公司取得的下列收入中，属于《企业所得税法》规定的应纳税收入的是：[1]（2013 - 1 - 92）

A. 财政拨款   B. 销售产品收入   C. 专利转让收入   D. 国债利息收入

【考点】 应纳税收入

【解析】 根据《企业所得税法》第 6 条的规定："企业以货币形式和非货币形式从各种来源取得的收入，为收入总额。包括：（一）销售货物收入；（二）提供劳务收入；（三）转让财产收入；（四）股息、红利等权益性投资收益；（五）利息收入；（六）租金收入；（七）特许权使用费收入；（八）接受捐赠收入；（九）其他收入。"

《企业所得税法》第 7 条规定："收入总额中的下列收入为不征税收入：（一）财政拨

---

[1] **【答案】** BC

款；（二）依法收取并纳入财政管理的行政事业性收费、政府性基金；（三）国务院规定的其他不征税收入。"

《企业所得税法》第 26 条规定："企业的下列收入为免税收入：（一）国债利息收入；（二）符合条件的居民企业之间的股息、红利等权益性投资收益；（三）在中国境内设立机构、场所的非居民企业从居民企业取得与该机构、场所有实际联系的股息、红利等权益性投资收益；（四）符合条件的非营利组织的收入。"

所以 A 项属于不征税收入，D 项属于免税收入，BC 两项为应纳税收入，为正确选项。

▽ 关联法条

《企业所得税法》

第五条 企业每一纳税年度的收入总额，减除不征税收入、免税收入、各项扣除以及允许弥补的以前年度亏损后的余额，为应纳税所得额。

第六条 企业以货币形式和非货币形式从各种来源取得的收入，为收入总额。包括：

（一）销售货物收入；

（二）提供劳务收入；

（三）转让财产收入；

（四）股息、红利等权益性投资收益；

（五）利息收入；

（六）租金收入；

（七）特许权使用费收入；

（八）接受捐赠收入；

（九）其他收入。

第七条 收入总额中的下列收入为不征税收入：

（一）财政拨款；

（二）依法收取并纳入财政管理的行政事业性收费、政府性基金；

（三）国务院规定的其他不征税收入。

第八条 企业实际发生的与取得收入有关的、合理的支出，包括成本、费用、税金、损失和其他支出，准予在计算应纳税所得额时扣除。

第九条 企业发生的公益性捐赠支出，在年度利润总额12%以内的部分，准予在计算应纳税所得额时扣除；超过年度利润总额12%的部分，准予结转以后三年内计算应纳税所得额时扣除。

第十条 在计算应纳税所得额时，下列支出不得扣除：

（一）向投资者支付的股息、红利等权益性投资收益款项；

（二）企业所得税税款；

（三）税收滞纳金；

（四）罚金、罚款和被没收财物的损失；

（五）本法第九条规定以外的捐赠支出；

（六）赞助支出；

（七）未经核定的准备金支出；

（八）与取得收入无关的其他支出。

考点 3　税收优惠 ★★★★

《企业所得税法》充分考虑、总结现行的所得税优惠政策，进行了全面的调整和规范：

不征税收入及免税收入	1. 不征税收入。 （1）财政拨款； （2）依法收取并纳入财政管理的行政事业性收费、政府性基金； （3）国务院规定的其他不征税收入。 2. 免税收入。 （1）国债利息收入； （2）符合条件的居民企业之间的股息、红利等权益性投资收益； （3）在中国境内设立机构、场所的非居民企业从居民企业取得与该机构、场所有实际联系的股息、红利等权益性投资收益； （4）符合条件的非营利组织的收入。
免征、减征范围	1. 从事农、林、牧、渔业项目的所得。 2. 从事国家重点扶持的公共基础设施项目投资经营的所得。 3. 从事符合条件的环境保护、节能节水项目的所得。 4. 符合条件的技术转让所得。 5. 非居民企业在中国境内没有设立机构、场所的，或者虽设立机构、场所但所得和该机构、场所没有关系的，来源于中国境内的收入。
加计扣除的支出项	1. 开发新技术、新产品、新工艺发生的研究开发费用。 2. 安置残疾人员及国家鼓励安置的其他就业人员所支付的工资。
优惠税率	1. 小型微利企业，20% 税率的税率。 2. 国家需要重点扶持的高新技术企业，15% 的税率。 3. 非居民企业取得《企业所得税法》第 3 条第 3 款的应税所得适用 20% 的税率。

【经典真题】

1. 根据《企业所得税法》规定，下列哪些表述是正确的？[1]（2010－1－71）

A. 国家对鼓励发展的产业和项目给予企业所得税优惠

B. 国家对需要重点扶持的高新技术企业可以适当提高其企业所得税税率

C. 企业从事农、林、牧、渔业项目的所得可以免征、减征企业所得税

D. 企业安置残疾人员所支付的工资可以在计算应纳税所得额时加计扣除

【考点】税收优惠

【解析】根据《企业所得税法》第 25 条："国家对重点扶持和鼓励发展的产业和项目，给予企业所得税优惠。"所以 A 正确。

第 27 条："企业的下列所得，可以免征、减征企业所得税：（一）从事农、林、牧、渔业项目的所得；……"所以 C 正确。

第 28 条第 2 款："国家需要重点扶持的高新技术企业，减按 15% 的税率征收企业所得税。"所以 B 错误。

第 30 条："企业的下列支出，可以在计算应纳税所得额时加计扣除：

（一）开发新技术、新产品、新工艺发生的研究开发费用；

---

［1］【答案】ACD

（二）安置残疾人员及国家鼓励安置的其他就业人员所支付的工资。"所以 D 正确。

2. A 基金在我国境外某群岛注册并设置总部，该群岛系低税率地区。香港 B 公司和浙江 C 公司在浙江签约设立杭州 D 公司，其中 B 公司占 95% 的股权，后 D 公司获杭州公路收费权。F 公司在该群岛注册成立，持有 B 公司 100% 的股权。随后，A 基金通过认购新股方式获得了 F 公司 26% 的股权，多年后又将该股权转让给境外 M 上市公司。M 公司对外披露其实际收购标的为 D 公司股权。经查，A 基金、F 公司和 M 公司均不从事实质性经营活动，F 公司股权的转让价主要取决于 D 公司的估值。对此，根据我国税法，下列哪些说法是正确的？[1]（2017-1-70）

A. A 基金系非居民企业

B. D 公司系居民企业

C. A 基金应就股权转让所得向我国税务机关进行纳税申报

D. 如 A 基金进行纳税申报，我国税务机关有权按照合理方法调整其应纳税收入

【解析】依据《企业所得税法》第 2 条的规定，居民企业，是指依法在中国境内成立，或者依照外国（地区）法律成立但实际管理机构（董事会）在中国境内的企业。二者均不在中国境内的，为非居民企业，A 基金即不在中国境内设立，董事会也不在中国境内，系非居民企业。A 选项正确。

依据《企业所得税法》第 2 条的规定，D 公司在中国设立，系居民企业，B 选项正确。

依据《企业所得税法》第 3 条第 3 款、第 6 条第 1 款第 3 项的规定，非居民企业在中国境内未设立机构、场所的，应当就其来源于中国境内的所得缴纳企业所得税。

F 公司绝对控制 B 公司，而 B 公司又绝对控制了我国居民企业 D 公司，F 公司是 D 公司的实际控制人，而且 F 公司的股权价值主要取决于 D 公司的估值，据此，可以认定，F 公司的股权转让收益来源于我国境内，A 基金将其持有的 F 公司的股权转让的所得属于境内所得，视为转让我国境内企业股权，应当依法进行纳税申报，缴纳企业所得税，C 选项正确。

依据《企业所得税法》第 47 条的规定："企业实施其他不具有合理商业目的的安排而减少其应纳税收入或者所得额的，税务机关有权按照合理方法调整"。F 基金的该股权交易属于通过股权交易的安排，获得投资收益，而不从事实质性经营活动，减少其纳税收入的行为，税法理论上一般采取反避税条款进行调整，因此税务机关有权按照合理方法调整。D 选项正确。

三、个人所得税法

考点　个人所得税法

1. 居民个人和非居民个人 F1

类别		缴税
居民个人	1. 在中国境内有住所； 2. 无住所而一个纳税年度内在中国境内居住累计满 183 天	中国境内和境外取得的所得

---

[1]　【答案】ABCD

续表

类别		缴税
非居民个人	1. 在中国境内无住所又不居住； 2. 无住所而一个纳税年度内在中国境内居住累计不满183天	中国境内取得的所得
纳税年度	自公历1月1日起至12月31日止	

　　2. 个税缴纳 F2、3、6

个人所得		应纳税所得额的计算	税额计算和税率
综合所得	工资、薪金所得	非居民个人的工资、薪金所得，以每月收入额减除费用五千元后的余额为应纳税所得额；	1. 居民个人按纳税年度合并计算个人所得税； 居民个人的综合所得，以每一纳税年度的收入额减除费用六万元以及专项扣除、专项附加扣除和依法确定的其他扣除后的余额，为应纳税所得额。 2. 非居民个人按月或者按次分项计算个人所得税。 3. 超额累进税率：3%至45%
	劳务报酬所得	以每次收入额为应纳税所得额。 劳务报酬所得、稿酬所得、特许权使用费所得以收入减除20%的费用后的余额为收入额。 稿酬所得的收入额减按70%计算。 提示：稿酬打56折	
	稿酬所得		
	特许权使用费所得		
经营所得		以每一纳税年度的收入总额减除成本、费用以及损失后的余额，为应纳税所得额。	超额累进税率：5%至35%
利息、股息、红利所得		以每次收入额为应纳税所得额。	分别计算个人所得税。 比例税率：20%
财产租赁所得		每次收入不超过四千元的，减除费用八百元； 四千元以上的，减除百分之二十的费用，其余额为应纳税所得额。	
财产转让所得		以转让财产的收入额减除财产原值和合理费用后的余额，为应纳税所得额。	
偶然所得			
捐赠扣除		个人将其所得对教育、扶贫、济困等公益慈善事业进行捐赠，捐赠额未超过纳税人申报的应纳税所得额30%的部分，可以从其应纳税所得额中扣除； 国务院规定对公益慈善事业捐赠实行全额税前扣除的，从其规定。	
居民综合所得的专项扣除		1. 居民个人按照国家规定的范围和标准缴纳的基本养老保险、基本医疗保险、失业保险等社会保险费和住房公积金等； 2. 专项附加扣除，包括子女教育、继续教育、大病医疗、住房贷款利息或者住房租金、赡养老人等支出，具体范围、标准和实施步骤由国务院确定，并报全国人民代表大会常务委员会备案。	

【经典真题】

2012年外国人约翰来到中国，成为某合资企业经理，迄今一直居住在北京。根据《个人所得税法》，约翰获得的下列哪些收入应在我国缴纳个人所得税？（2014－1－71）[1]

A. 从该合资企业领取的薪金

B. 出租其在华期间购买的房屋获得的租金

C. 在中国某大学开设讲座获得的酬金

D. 在美国杂志上发表文章获得的稿酬

【解析】居民纳税人从中国境内外所得都必须缴纳个税，非居民纳税人从中国境内所得缴纳个税。在中国境内有住所，或者无住所而一个纳税年度内在我国境内居住满183天的个人都是居民纳税人。该案中，约翰2012年就来到中国，直到今年2014年，在中国居住已经183天，系居民纳税人，应当从中国境内外所得都必须缴纳个税。

从合资企业领取的薪金，属于工资所得，应当缴纳个税，A正确，要选。

出租房屋所获得的租金属于财产租赁所得，应当缴纳个税，B正确，要选。

开设讲座，属于劳务所得，应当缴纳个税，C正确，要选。

发表文章的获得的稿酬，属于稿酬所得，应当缴纳个税，D正确，要选。

3. 免税 F4

（1）省级人民政府、国务院部委和中国人民解放军军以上单位，以及外国组织、国际组织颁发的科学、教育、技术、文化、卫生、体育、环境保护等方面的奖金；

（2）国债和国家发行的金融债券利息；

（3）按照国家统一规定发给的补贴、津贴；

（4）福利费、抚恤金、救济金；

（5）保险赔款；

（6）军人的转业费、复员费、退役金；

（7）按照国家统一规定发给干部、职工的安家费、退职费、基本养老金或者退休费、离休费、离休生活补助费；

（8）依照有关法律规定应予免税的各国驻华使馆、领事馆的外交代表、领事官员和其他人员的所得；

（9）中国政府参加的国际公约、签订的协议中规定免税的所得；

（10）国务院规定的其他免税所得。

该免税规定，由国务院报全国人民代表大会常务委员会备案。

4. 减税 F5

有下列情形之一的，可以减征个人所得税，具体幅度和期限，由省、自治区、直辖市人民政府规定，并报同级人民代表大会常务委员会备案：

（1）残疾、孤老人员和烈属的所得；

（2）因自然灾害遭受重大损失的。

国务院可以规定其他减税情形，报全国人民代表大会常务委员会备案。

---

[1]【答案】ABCD

5. 纳税调整 F8

下列情形之一的，税务机关有权按照合理方法进行纳税调整：

（1）不正当关联交易减少应纳税额

个人与其关联方之间的业务往来不符合独立交易原则而减少本人或者其关联方应纳税额，且无正当理由；

（2）关联企业恶意不分或少分红

居民个人控制的，或者居民个人和居民企业共同控制的设立在实际税负明显偏低的国家（地区）的企业，无合理经营需要，对应当归属于居民个人的利润不作分配或者减少分配；

（3）恶意不正当避税

个人实施其他不具有合理商业目的的安排而获取不当税收利益。

税务机关依照前款规定作出纳税调整，需要补征税款的，应当补征税款，并依法加收利息。

6. 纳税申报 F10

有下列情形之一的，纳税人应当依法办理纳税申报：

（1）综合所得

取得综合所得需要办理汇算清缴；

（2）扣缴义务人没有或未扣缴

取得应税所得没有扣缴义务人或扣缴义务人未扣缴税款；

（3）境外所得

取得境外所得；

（4）移民

因移居境外注销中国户籍；

（5）非居民在境内从两处取得收入

非居民个人在中国境内从两处以上取得工资、薪金所得；

（6）其他

国务院规定的其他情形。

扣缴义务人应当按照国家规定办理全员全额扣缴申报，并向纳税人提供其个人所得和已扣缴税款等信息。

7. 扣缴义务人的手续费 F17

对扣缴义务人按照所扣缴的税款，付给2%的手续费。

四、车船税法

纳税人	乘用车、商用客车、商用货车、挂车、其他车辆专用作业车（不包括拖拉机）、其他车辆轮式专用机械车、摩托车、船舶、游艇等的所有人或管理人。
法定免纳车船税的范围	1. 捕捞、养殖渔船。 2. 军队、武装警察部队专用的车船。 3. 警用车船。 4. 依照法律规定应当予以免税的外国驻华使领馆、国际组织驻华代表机构及其有关人员的车船。

续表

	1. 免征：
特定减免的范围	下列车船免征车船税： ①捕捞、养殖渔船（在渔业船舶登记管理部门登记为捕捞船或者养殖船的船舶）。 ②军队、武装警察部队专用的车船（按照规定在军队、武装警察部队车船登记管理部门登记，并领取军队、武警牌照的车船）。 ③警用车船（公安机关、国家安全机关、监狱、劳动教养管理机关和人民法院、人民检察院领取警用牌照的车辆和执行警务的专用船舶）。 ④依法律应予以免税的外国驻华使领馆、国际组织驻华代表机构及其有关人员的车船； ⑤悬挂应急救援专用号牌的国家综合性消防救援车辆和国家综合性消防救援专用船舶。 2. 减税或免征： ①对节约能源、使用新能源的车船可以减征或免征车船税； 对受地震、洪涝等严重自然灾害影响纳税困难以及其他特殊原因确需减免税的车船，可以在一定期限内减征或者免征车船税。 ②省级政府根据当地实际情况，可以对公共交通车船，农村居民拥有并主要在农村地区使用的摩托车、三轮汽车和低速载货汽车（原四轮农用运输车，不可以上主路）定期减征或免征车船税。 ③临时入境的外国车船和港澳台的车船，不征收车船税。 ④按照规定缴纳船舶吨税的机动船舶，自车船税法实施之日起5年内免征车船税。 依法不需要在车船登记管理部门登记的机场、港口、铁路站场内部行驶或者作业的车船，自车船税法实施之日起5年内免征车船税。
纳税地点	车船税的纳税地点为车船的登记地或者车船税扣缴义务人所在地。依法不需要办理登记的车船，车船税的纳税地点为车船的所有人或者管理人所在地。
纳税时间	车船税纳税义务发生时间为取得车船所有权或者管理权的当月。

◢ 关联法条

《车船税法》

第一条 在中华人民共和国境内属于本法所附《车船税税目税额表》规定的车辆、船舶（以下简称车船）的所有人或者管理人，为车船税的纳税人，应当依照本法缴纳车船税。

第三条 下列车船免征车船税：

（一）捕捞、养殖渔船；

（二）军队、武装警察部队专用的车船；

（三）警用车船；

（四）悬挂应急救援专用号牌的国家综合性消防救援车辆和国家综合性消防救援专用船舶；

（五）依照法律规定应当予以免税的外国驻华使领馆、国际组织驻华代表机构及其有关人员的车船。

第四条 对节约能源、使用新能源的车船可以减征或者免征车船税；对受严重自然灾害影响纳税困难以及有其他特殊原因确需减税、免税的，可以减征或免征车船税。具体办法由国务院规定，并报全国人民代表大会常务委员会备案。

第五条 省、自治区、直辖市人民政府根据当地实际情况，可以对公共交通车船，农村居民拥有并主要在农村地区使用的摩托车、三轮汽车和低速载货汽车定期减征或者免征车船税。

第七条　车船税的纳税地点为车船的登记地或者车船税扣缴义务人所在地。依法不需要办理登记的车船，车船税的纳税地点为车船的所有人或者管理人所在地。

第八条　车船税纳税义务发生时间为取得车船所有权或者管理权的当月。

五、税收征收管理法

考点1　税收征收管理制度概述

（一）《税收征收管理法》的适用范围

原则上，所有税种征收都应适用《税收征收管理法》（以下简称《征管法》）。但是海关征收关税、船舶吨税以及由其代征的增值税、消费税不适用《征管法》。

（二）纳税人权利★★

权利	内容
信息权	纳税人、扣缴义务人有权向税务机关了解国家税收法律、行政法规的规定以及与纳税程序有关的情况。
秘密权	纳税人、扣缴义务人有权要求税务机关为纳税人、扣缴义务人的情况保密。税务机关应当依法为纳税人、扣缴义务人的情况保密。 ★**特别提示** 为纳税人、扣缴义务人保密的情况，是指纳税人、扣缴义务人的商业秘密及个人隐私。纳税人、扣缴义务人的税收违法行为不属于保密范围。
陈述权、申辩权	纳税人、扣缴义务人对税务机关所作出的决定，享有陈述权、申辩权。
控告和检举权	纳税人、扣缴义务人有权控告和检举税务机关、税务人员的违法违纪行为。任何单位和个人都有权检举违反税收法律、行政法规的行为。收到检举的机关和负责查处的机关应当为检举人保密。

【经典真题】

2001年修订的《税收征收管理法》规定了纳税人的权利，下列哪些情形符合纳税人权利的规定？[1]（2009-1-68）

A. 张某要求查询丈夫的个人所得税申报信息，税务机关以保护纳税人秘密权为由予以拒绝

B. 甲公司对税务机关征收的一笔增值税计算方法有疑问，要求予以解释

C. 乙公司不服税务机关对其采取冻结银行存款的税收保全措施，申请行政复议

D. 个体工商户陈某认为税务所长在征税过程中对自己滥用职权故意刁难，向上级税务机关提出控告

【考点】纳税人权利

【解析】根据《税收征收管理法》第7条："税务机关应当广泛宣传税收法律、行政法规，普及纳税知识，无偿地为纳税人提供纳税咨询服务。"

《税收征收管理法》第8条："纳税人、扣缴义务人有权向税务机关了解国家税收法律、行政法规的规定以及与纳税程序有关的情况。纳税人、扣缴义务人有权要求税务机关为纳

―――――――――――――――

〔1〕【答案】ABCD

税人、扣缴义务人的情况保密。税务机关应当依法为纳税人、扣缴义务人的情况保密。纳税人依法享有申请减税、免税、退税的权利。纳税人、扣缴义务人对税务机关所作出的决定，享有陈述权、申辩权；依法享有申请行政复议、提起行政诉讼、请求国家赔偿等权利。纳税人、扣缴义务人有权控告和检举税务机关、税务人员的违法违纪行为。"

所以 ABCD 都正确。

考点2　税款征收 ★★★★

（一）税款征收基本制度

税款征收基本制度主要包括征纳主体制度、征纳期限制度、退税制度、应纳税额的确定制度、税款入库制度和文书送达制度。

1. 征纳主体制度。

征税主体是税务机关、税务人员以及经税务机关依照法律、行政法规委托的单位和人员，其他任何单位和个人不得进行税款征收活动。纳税主体包括纳税人和扣缴义务人。

2. 征纳期限制度。

补征期	纳税人、扣缴义务人按照法律、行政法规规定或者税务机关依照法律、行政法规的规定确定的期限，缴纳或者解缴税款。纳税人因有特殊困难，不能按期缴纳税款的，经省、自治区、直辖市国家税务局、地方税务局批准，可以延期缴纳税款，但是最长不得超过3个月。纳税人的特殊困难包括： （1）因不可抗力，导致纳税人发生较大损失，正常生产经营活动受到较大影响的； （2）当期货币资金在扣除应付职工工资、社会保险费后，不足以缴纳税款的。
追征期	（1）税务机关责任。 因税务机关的责任，致使纳税人、扣缴义务人未缴或者少缴税款的，税务机关在3年内可以要求纳税人、扣缴义务人补缴税款，但是不得加收滞纳金。 ▶★特别提示　税务机关的责任，指的是税务机关适用法律、法规不当或执行行为违法。如果只是纳税人、扣缴义务人计算等失误，则3年内不仅需要补缴税款，还需要加收滞纳金。 （2）因纳税人、扣缴义务人的过失。 因纳税人、扣缴义务人计算错误等失误，未缴或者少缴税款的，税务机关在3年内可以追征税款、滞纳金；有特殊情况的，追征期可以延长到5年。特殊情况，是指纳税人或者扣缴义务人因计算错误等失误，未缴或者少缴、未扣或者少扣、未收或者少收税款，累计数额在10万元上的。 （3）不受期限限制。 对偷税、抗税、骗税的，税务机关追征其未缴或者少缴的税款、滞纳金或者所骗取的税款，则没有期限的限制。 ▶★特别提示　纳税相对人违法违规，随时发现随时处理，不受期限限制。

【经典真题】

某企业因计算错误，未缴税款累计达50万元。关于该税款的征收，下列哪些选项是正确的？[1]（2014－1－70）

---

〔1〕【答案】ABC

A. 税务机关可追征未缴的税款　　　B. 税务机关可追征滞纳金

C. 追征期可延长到 5 年　　　　　　D. 追征时不受追征期的限制

【考点】少缴税款的追征

【解析】《税收征收管理法》第 52 条第 2~3 款规定："因纳税人、扣缴义务人计算错误等失误，未缴或者少缴税款的，税务机关在 3 年内可以追征税款、滞纳金；有特殊情况的，追征期可以延长到 5 年。对偷税、抗税、骗税的，税务机关追征其未缴或者少缴的税款、滞纳金或者所骗取的税款，不受前款规定期限的限制。"所以不受追征期限制的限于"偷税、抗税、骗税"情形，而题干中并不存在上述情形，所以 D 项错误，ABC 说法符合法律规定。

3. 退税制度。

纳税人超过应纳税额缴纳的税款，税务机关发现后应当立即退还；纳税人自结算缴纳税款之日起 3 年内发现的，可以向税务机关要求退还多缴的税款并加算银行同期存款利息，税务机关及时查实后应当立即退还；涉及从国库中退库的，依照法律、行政法规有关国库管理的规定退还。

4. 应纳税额的确定制度。

应纳税额的确定一般由征税机关根据纳税人的纳税申报来确定，在纳税人申报不实或不纳税申报时，税务机关享有核定权和调整权。

《税收征收管理法》第 35 条规定，纳税人有下列情形之一的，税务机关有权核定其应纳税额：

（1）依照法律、行政法规的规定可以不设置账簿的；

（2）依照法律、行政法规的规定应当设置账簿但未设置的；

（3）擅自销毁账簿或者拒不提供纳税资料的；

（4）虽设置账簿，但账目混乱或成本资料、收入凭证、费用凭证残缺不全，难以查账的；

（5）发生纳税义务，未按照规定的期限办理纳税申报，经税务机关责令限期申报，逾期仍不申报的；

（6）纳税人申报的计税依据明显偏低，又无正当理由的。

（二）税款征收保障制度

保障手段	适用情形
代位权	税务机关在下列情形下可以行使代位权： 1. 纳税义务人欠缴税款； 2. 纳税义务人怠于行使到期债权。 ★**特别提示** 税务局行使代位权，不可以对次债务人采取强制措施。
撤销权	税务机关在下列情形下可以行使撤销权： 1. 纳税义务人欠缴税款； 2. 纳税义务人①放弃到期债权；②无偿转让财产；③以明显不合理的低价转让财产而受让人知道该情形。

续表

保障手段	适用情形
税收优先权	1. 税款优先于无担保债权； 2. 税款优先于罚款罚金； 3. 税款和有担保债权（抵押权、质权、留置权）按产生的时间先后确定受偿的顺序。
离境清税制度	欠缴税款的纳税人或者他的法定代表人需要出境的，应当在出境前向税务机关结清应纳税款、滞纳金或者提供担保。未结清税款、滞纳金，又不提供担保的，税务机关可以通知出境管理机关阻止其出境。

对比项目		税收保全措施	税收强制执行措施
不同之处	实施对象的范围	仅适用于从事生产、经营的纳税人	适用于从事生产、经营的纳税人、扣缴义务人和纳税担保人
	时间	纳税期限到来之前	逾期未缴税款
	程序	1. 限期缴纳税款 2. 提供担保 3. 保全措施	1. 限期缴纳税款 2. 强制执行措施
	措施	"冻结""扣押"和"查封"	"扣缴""拍卖"和"变卖"
相同之处	审批权限	必须经过县以上税务局（分局）局长批准	
	限制的范围	1. 义务人个人及其所抚养家属维持生活必需的住房和用品不在税收保全措施和强制措施的范围之内。 2. 单价 5000 元以下的生活用品不得保全或强制执行。 3. 机动车辆、金银饰品、古玩字画、豪华住宅或者一处以外的住房属于奢侈品可以采取保全或强制措施。	

【经典真题】

1. 某企业流动资金匮乏，一直拖欠缴纳税款。为恢复生产，该企业将办公楼抵押给某银行获得贷款。此后，该企业因排污超标被环保部门罚款。现银行、税务部门和环保部门均要求拍卖该办公楼以偿还欠款。关于拍卖办公楼所得价款的清偿顺序，下列哪一选项是正确的？[1]（2014－1－29）

A. 银行贷款优先于税款

B. 税款优先于银行贷款

C. 罚款优先于税款

D. 三种欠款同等受偿，拍卖所得不足时按比例清偿

【考点】 税收优先权

【解析】《税收征收管理法》第 45 条第 1～2 款规定："税务机关征收税款，税收优先于无担保债权，法律另有规定的除外；纳税人欠缴的税款发生在纳税人以其财产设定抵押、

---

[1] **【答案】** B

质押或者纳税人的财产被留置之前的，税收应当先于抵押权、质权、留置权执行。纳税人欠缴税款，同时又被行政机关决定处以罚款、没收违法所得的，税收优先于罚款、没收违法所得。"

所以税款优先于无担保债权和罚款受偿，但与有担保债权对比，看时间。题干中，银行的抵押贷款显然后于税款发生，所以税款优先于银行贷款受偿，B 正确。

2. 甲公司欠税 40 万元，税务局要查封其相应价值产品。甲公司经理说："乙公司欠我公司 60 万元货款，贵局不如行使代位权直接去乙公司收取现金。"该局遂通知乙公司缴纳甲公司的欠税，乙公司不配合；该局责令其限期缴纳，乙公司逾期未缴纳；该局随即采取了税收强制执行措施。关于税务局的行为，下列哪些选项是错误的？[1]（2013 - 1 - 70）

A. 只要甲公司欠税，乙公司又欠甲公司货款，该局就有权行使代位权

B. 如代位权成立，即使乙公司不配合，该局也有权直接向乙公司行使

C. 本案中，该局有权责令乙公司限期缴纳

D. 本案中，该局有权向乙公司采取税收强制执行措施

【考点】代位权

【解析】《税收征收管理法》第 50 条第 1 款："欠缴税款的纳税人因怠于行使到期债权，或者放弃到期债权，或者无偿转让财产，或者以明显不合理的低价转让财产而受让人知道该情形，对国家税收造成损害的，税务机关可以依照合同法第 73 条、第 74 条的规定行使代位权、撤销权。"所以税务局行使代位权的前提是纳税人怠于行使到期债权，所以 A 错误；纳税人的债务人，并不是税务局的行政相对人，代位权行使的过程中，纳税人的债务人没有配合的义务，税务局更不能直接对纳税人的债务人采取任何保全或强制执行的措施，所以 BCD 错误。

考点 3　纳税争议及处罚争议的处理★★

（一）纳税争议

即对是否纳税、缴纳税款的金额有争议的，处理原则如下：

1. 由纳税人先缴税款及滞纳金或提供相应的担保；（先交税或先担保）

2. 向上一级税务机关申请行政复议；（复议前置）

3. 对行政复议结果不服的，才能向法院起诉。未经复议，法院不予受理诉讼，未经纳税或解缴税款又不提供担保的，税务机关不受理复议申请。

（二）处罚争议

对税务机关作出的处罚决定、强制执行措施、保全措施不服的，或复议或起诉。

▶★特别提示　纳税争议，先缴税，先复议；税务处罚、税收保全、税收强制——可选择：复议或诉讼。

【经典真题】

1. 2012 年 12 月，某公司对县税务局确定的企业所得税的应纳税所得额、应纳税额及在 12 月 30 日前缴清税款的要求极为不满，决定撤离该县，且不缴纳税款。县税务局得知后，

---

[1]【答案】ABCD

责令该公司在 12 月 15 日前纳税。当该公司有转移生产设备的明显迹象时，县税务局责成其提供纳税担保。

就该公司与税务局的纳税争议，下列说法正确的是：[1]（2013－1－93）

A. 如该公司不提供纳税担保，经批准，税务局有权书面通知该公司开户银行从其存款中扣缴税款

B. 如该公司不提供纳税担保，经批准，税务局有权扣押、查封该公司价值相当于应纳税款的产品

C. 如该公司对应纳税额发生争议，应先依税务局的纳税决定缴纳税款，然后可申请行政复议，对复议决定不服的，可向法院起诉

D. 如该公司对税务局的税收保全措施不服，可申请行政复议，也可直接向法院起诉

【考点】税收保障措施及纳税争议处理

【解析】《税收征收管理法》第 38 条："税务机关有根据认为从事生产、经营的纳税人有逃避纳税义务行为的，可以在规定的纳税期之前，责令限期缴纳应纳税款；在限期内发现纳税人有明显的转移、隐匿其应纳税的商品、货物以及其他财产或者应纳税的收入的迹象的，税务机关可以责成纳税人提供纳税担保。如果纳税人不能提供纳税担保，经县以上税务局（分局）局长批准，税务机关可以采取下列税收保全措施：

（一）书面通知纳税人开户银行或者其他金融机构冻结纳税人的金额相当于应纳税款的存款；

（二）扣押、查封纳税人的价值相当于应纳税款的商品、货物或者其他财产。

纳税人在前款规定的限期内缴纳税款的，税务机关必须立即解除税收保全措施；限期期满仍未缴纳税款的，经县以上税务局（分局）局长批准，税务机关可以书面通知纳税人开户银行或者其他金融机构从其冻结的存款中扣缴税款，或者依法拍卖或者变卖所扣押、查封的商品、货物或者其他财产，以拍卖或者变卖所得抵缴税款。

个人及其所扶养家属维持生活必需的住房和用品，不在税收保全措施的范围之内。"

所以 A 项应该采取保全措施，即冻结账户，而非强制执行措施的扣缴税款，A 错误；B 正确。

《税收征收管理法》第 88 条第 1~2 款："纳税人、扣缴义务人、纳税担保人同税务机关在纳税上发生争议时，必须先依照税务机关的纳税决定缴纳或者解缴税款及滞纳金或者提供相应的担保，然后可以依法申请行政复议；对行政复议决定不服的，可以依法向人民法院起诉。当事人对税务机关的处罚决定、强制执行措施或者税收保全措施不服的，可以依法申请行政复议，也可以依法向人民法院起诉。"C、D 正确。

⟡ **关联法条**

《税收征收管理法》

第八十八条　纳税人、扣缴义务人、纳税担保人同税务机关在纳税上发生争议时，必须先依照税务机关的纳税决定缴纳或者解缴税款及滞纳金或者提供相应的担保（第一步：先履行），然后可以依法申请行政复议（第二步：行政复议前置）；对行政复议决定不服的，可以依法向人民法院起诉。（第三步：行政诉讼）

---

[1]【答案】BCD

当事人对税务机关的处罚决定、强制执行措施或者税收保全措施不服的，可以依法申请行政复议，也可以依法向人民法院起诉。（普通行政争议，可复议，可诉讼）

当事人对税务机关的处罚决定逾期不申请行政复议也不向人民法院起诉、又不履行的，作出处罚决定的税务机关可以采取本法第四十条规定的强制执行措施，或者申请人民法院强制执行。

2. 昌昌公司委托拍卖行将其房产拍卖后，按成交价向税务部门缴纳了相关税款，并取得了完税凭证。3 年后，县地税局稽查局检查税费缴纳情况时，认为该公司房产拍卖成交价过低，不及市场价的一半。遂作出税务处理决定：重新核定房产交易价，追缴相关税款，加收滞纳金。经查，该公司所涉拍卖行为合法有效，也不存在逃税、骗税等行为。关于此事，下列哪些说法是正确的？[1]（17－1－71）

A. 该局具有独立执法主体资格

B. 该公司申报的房产拍卖价明显偏低时，该局就可核定其应纳税额

C. 该局向该公司加收滞纳金的行为违法

D. 该公司对税务处理决定不服，可申请行政复议，对复议决定不服，才可提起诉讼

【解析】 依据《税收征管法》第 5 条的规定，各地国家税务局和地方税务局应当按照国务院规定的税收征收管理范围分别进行征收管理。该县税务局具有独立执法资格，A 选项正确。

依据《税收征管法》第 35 条的规定，税务机关核定税额，主要是指无账簿或账簿管理混乱，或无正当理由计税偏低的，该房产拍卖合法有效，不存在逃税、骗税行为，税务局不能核定其应纳税额，B 选项错误。

依据《税收征管法》第 52 条的规定，该房产拍卖合法有效，不存在逃税、骗税行为，税务局不能核定其应纳税额，也不能追缴相关税款。即使是因税务机关的责任，致使纳税人、扣缴义务人未缴或者少缴税款的，税务机关在三年内可以要求纳税人、扣缴义务人补缴税款，但是不得加收滞纳金。因此加收滞纳金的行为违法，C 选项正确

依据《税收征管法》第 88 条第 1 款的规定，对于纳税争议，复议前置，D 选项正确。

▽ **关联法条**

《税收征管法》第 5、35、52、88 条。

六、审计法

考点 1　审计及审计法的概念及调整范围

（一）审计的概念

审计，是指审计机关依据法律，独立检查被审计单位的会计凭证、会计账簿、会计报表以及其他与财政收支、财务收支有关的资料和资产，监督财政收支、财务收支真实、合法的活动。

（二）审计法的概念及调整范围

国务院各部门和地方各级人民政府及其各部门的财政收支，国有的金融机构和企业事业组织的财务收支，以及其他依照《审计法》规定应当接受审计的财政收支、财务收支，

---

〔1〕**【答案】** ACD

依照法律规定接受审计监督。

【经典真题】

1. 国家实行审计监督制度。为加强国家的审计监督，全国人大常委会于1994年通过了《审计法》，并于2006年进行了修正。关于审计监督制度，下列哪些理解是正确的？[1] (2016-1-65)

A. 《审计法》的制定与执行是在实施宪法的相关规定

B. 地方各级审计机关对本级人大常委会和上一级审计机关负责

C. 国务院各部门和地方各级政府的财政收支应当依法接受审计监督

D. 国有的金融机构和企业事业组织的财务收支应当依法接受审计监督

【考点】 审计机关、审计机关职责

关联法条

《审计法》第1、9、18、19、20条，《审计法实施条例》第4条。

【解析】 依据《审计法》第1条的规定："为了加强国家的审计监督，维护国家财政经济秩序，提高财政资金使用效益，促进廉政建设，保障国民经济和社会健康发展，根据宪法，制定本法。"因此审计法的制定和执行是实施宪法的相关规定，所以A正确。

依据《审计法》第9条的规定："地方各级审计机关对本级人民政府和上一级审计机关负责并报告工作，审计业务以上级审计机关领导为主。"因此，地方审计机关不对本级人大常委会负责，所以B错误。

依据《审计法》第18条的规定："审计机关对本级各部门（含直属单位）和下级政府预算的执行情况和决算以及其他财政收支情况，进行审计监督。"所以C正确。

依据《审计法》第2条第3款的规定："国务院各部门和地方各级人民政府及其各部门的财政收支，国有的金融机构和企业事业组织的财务收支，以及其他依照本法规定应当接受审计的财政收支、财务收支，依照本法规定接受审计监督。"国有的金融机构和企业事业组织的财务收支应当依法接受审计监督。所以D正确。

2. 某县污水处理厂系扶贫项目，由地方财政投资数千万元，某公司负责建设。关于此项目的审计监督，下列哪些说法是正确的？[2] (2016-1-74)

A. 审计机关对该项目的预算执行情况和决算，进行审计监督

B. 审计机关经银监局局长批准，可冻结该项目在银行的存款

C. 审计组应在向审计机关报送审计报告后，向该公司征求对该报告的意见

D. 审计机关对该项目作出审计决定，而上级审计机关认为其违反国家规定的，可直接作出变更或撤销的决定

【考点】 审计机关职责、审计程序

关联法条

《审计法》第23、38、44、46条。

---

[1] **【答案】** ACD

[2] **【答案】** AD

【解析】依据《审计法》第23条的规定，"审计机关对政府投资和以政府投资为主的建设项目的预算执行情况和决算，对其他关系国家利益和公共利益的重大公共工程项目的资金管理使用和建设运营情况，进行审计监督。"该扶贫项目属于地方财政投资的建设项目，由审计机关进行审计监督。所以A正确。

依据《审计法》第38条第2款的规定，"审计机关对被审计单位违反前款规定的行为，有权予以制止；必要时，经县级以上人民政府审计机关负责人批准，有权封存有关资料和违反国家规定取得的资产；对其中在金融机构的有关存款需要予以冻结的，应当向人民法院提出申请。"冻结银行存款，需要向法院提出申请，所以B错误。

依据《审计法》第44条的规定，"审计组对审计事项实施审计后，应当向审计机关提出审计组的审计报告。审计组的审计报告报送审计机关前，应当征求被审计单位的意见。被审计单位应当自接到审计组的审计报告之日起十日内，将其书面意见送交审计组。审计组应当将被审计单位的书面意见一并报送审计机关。"审计机关在审计报告报送前，征求被审计对象的意见，因此C错误。

依据《审计法》第46条的规定，"上级审计机关认为下级审计机关作出的审计决定违反国家有关规定的，可以责成下级审计机关予以变更或者撤销，必要时也可以直接作出变更或者撤销的决定。"所以D正确。

3. 下列哪些属于审计机关的审计监督范围？[1]（2009-1-69）

A. 国家的事业组织和使用财政资金的其他事业组织的财务支出

B. 国有金融机构和国有企业的资产、负债、损益

C. 政府投资的建设项目的财务收支

D. 国际组织贷款项目的财务收支

【考点】审计的范围

【解析】根据《审计法》第21条："审计机关对国家的事业组织和使用财政资金的其他事业组织的财务收支，进行审计监督。"所以A正确；第22条第1款："审计机关对国有企业、国有金融机构和国有资本占控股地位或者主导地位的企业、金融机构的资产、负债、损益以及其他财务收支情况，进行审计监督。"B正确；第23条："审计机关对政府投资和以政府投资为主的建设项目的预算执行情况和决算，对其他关系国家利益和公共利益的重大公共工程项目的资金管理使用和建设运营情况，进行审计监督。"所以C不正确；第25条："审计机关对国际组织和外国政府援助、贷款项目的财务收支，进行审计监督。"所以D正确。

▷ 关联法条 ◁

《审计法》

第二条　国家实行审计监督制度。坚持中国共产党对审计工作的领导，构建集中统一、全面覆盖、权威高效的审计监督体系。

国务院和县级以上地方人民政府设立审计机关。

国务院各部门和地方各级人民政府及其各部门的财政收支，国有的金融机构和企业事业组织的财务收支，以及其他依照本法规定应当接受审计的财政收支、财务收支，依照本

---

　〔1〕【答案】ABD

法规定接受审计监督。

审计机关对前款所列财政收支或者财务收支的真实、合法和效益，依法进行审计监督。

第二十条　审计署对中央银行的财务收支，进行审计监督。

第二十一条　审计机关对国家的事业组织和使用财政资金的其他事业组织的财务收支，进行审计监督。

第二十二条第一款　审计机关对国有企业、国有金融机构和国有资本占控股地位或者主导地位的企业、金融机构的资产、负债、损益以及其他财务收支情况，进行审计监督。

第二十三条　审计机关对政府投资和以政府投资为主的建设项目的预算执行情况和决算，对其他关系国家利益和公共利益的重大公共工程项目的资金管理使用和建设运营情况，进行审计监督。

第二十四条　审计机关对国有资源、国有资产，进行审计监督。

审计机关对政府部门管理的和其他单位受政府委托管理的社会保险基金、全国社会保障基金、社会捐赠资金以及其他公共资金的财务收支，进行审计监督。

第二十五条　审计机关对国际组织和外国政府援助、贷款项目的财务收支，进行审计监督。

考点2　审计机关的职责、审计程序

审计程序

1. 审计机关根据审计项目计划确定的审计事项组成审计组，并应当在实施审计3日前，向被审计单位送达审计通知书。被审计单位应当配合审计机关的工作，并提供必要的工作条件。

2. 审计人员通过审查会计凭证、会计账簿、会计报表，查阅与审计事项有关的文件、资料，检查现金、实物、有价证券，向有关单位和个人调查等方式进行审计，并取得证明材料。审计人员向有关单位和个人进行调查时，应当出示审计人员的工作证件和审计通知书副本。

3. 审计组对审计事项实施审计后，应当向审计机关提出审计报告。审计报告报送审计机关前，应当征求被审计单位的意见。被审计单位应当自接到审计报告之日起10日内，将其书面意见送交审计组或者审计机关。

4. 审计机关应当自收到审计报告之日起30日内，将审计意见书和审计决定送达被审计单位和有关单位。

审计决定自送达之日起生效。

【经典真题】

为大力发展交通，某市出资设立了某高速公路投资公司。该市审计局欲对其实施年度审计监督。关于审计事宜，下列哪一说法是正确的？[1]（2015－1－28）

A. 该公司既非政府机关也非事业单位，审计局无权审计

B. 审计局应在实施审计3日前，向该公司送达审计通知书

C. 审计局欲查询该公司在金融机构的账户，应经局长批准并委托该市法院查询

D. 审计局欲检查该公司与财政收支有关的资料和资产，应委托该市税务局检查

---

[1]【答案】B

【解析】依据《审计法》第 22 条的规定，"审计机关对国有企业、国有金融机构和国有资本占控股地位或者主导地位的企业、金融机构的资产、负债、损益以及其他财务收支情况，进行审计监督。"国有企业属于审计机关审计的范围，某市出资设立的某高速公司，属于国有企业，当然属于审计的范围，A 错误。

依据《审计法》第 42 条第 1 款的规定，审计机关应当在审计前 3 日内向被审计单位送达审计通知书，B 正确。

依据《审计法》第 37 条第 2 款的规定，审计机关经县级以上人民政府审计机关负责人批准，有权查询被审计单位在金融机构的账户，不需要委托法院查询，C 错误。

依据《审计法》第 36 条的规定，审计机关有权检查被审计单位与财政收支有关的资料和资产，无需委托税务局检查，D 错误。

考点 3　审计权限、审计职责

◇ 关联法条

《审计法》

第三十六条　审计机关进行审计时，有权检查被审计单位的财务、会计资料以及与财政收支、财务收支有关的业务、管理等资料和资产，有权检查被审计单位信息系统的安全性、可靠性、经济性，被审计单位不得拒绝。

第三十七条第二款　审计机关经县级以上人民政府审计机关负责人批准，有权查询被审计单位在金融机构的账户。

第四十二条　审计机关根据经批准的审计项目计划确定的审计事项组成审计组，并应当在实施审计三日前，向被审计单位送达审计通知书；遇有特殊情况，经县级以上人民政府审计机关负责人批准，可以直接持审计通知书实施审计。

被审计单位应当配合审计机关的工作，并提供必要的工作条件。

审计机关应当提高审计工作效率。

第四十三条　审计人员通过审查财务、会计资料，查阅与审计事项有关的文件、资料，检查现金、实物、有价证券和信息系统，向有关单位和个人调查等方式进行审计，并取得证明材料。

向有关单位和个人进行调查时，审计人员应当不少于二人，并出示其工作证件和审计通知书副本。

第四十四条　审计组对审计事项实施审计后，应当向审计机关提出审计组的审计报告。审计组的审计报告报送审计机关前，应当征求被审计单位的意见。被审计单位应当自接到审计组的审计报告之日起十日内，将其书面意见送交审计组。审计组应当将被审计单位的书面意见一并报送审计机关。

第四十五条　审计机关按照审计署规定的程序对审计组的审计报告进行审议，并对被审计单位对审计组的审计报告提出的意见一并研究后，出具审计机关的审计报告。对违反国家规定的财政收支、财务收支行为，依法应当给予处理、处罚的，审计机关在法定职权范围内作出审计决定；需要移送有关主管机关、单位处理、处罚的，审计机关应当依法移送。

审计机关应当将审计机关的审计报告和审计决定送达被审计单位和有关主管机关、单位，并报上一级审计机关。审计决定自送达之日起生效。

第四十六条 上级审计机关认为下级审计机关作出的审计决定违反国家有关规定的，可以责成下级审计机关予以变更或者撤销，必要时也可以直接作出变更或者撤销的决定。

【经典真题】

某县开展扶贫资金专项调查，对申请财政贴息贷款的企业进行核查。审计中发现某企业申请了数百万元贴息贷款，但其生产规模并不需要这么多，遂要求当地农业银行、扶贫办和该企业提供贷款记录。对此，下列哪一说法是正确的？[1]（17-1-31）

A. 只有审计署才能对当地农业银行的财政收支情况进行审计监督

B. 只有经银监机构同意，该县审计局才能对当地农业银行的财务收支进行审计监督

C. 该县审计局经上一级审计局副职领导批准，有权查询当地扶贫办在银行的账户

D. 申请财政贴息的该企业并非国有企业，故该县审计局无权对其进行审计调查

【解析】依据《审计法》第19、20条的规定，审计署对央行的财务收支、对中央预算执行和财务收支进行监督，当地农业银行的财政收支可以由当地审计机关进行审计监督，并不是只有审计署才能对其进行审计监督。A选项错误。

依据《审计法》第22条的规定，审计机关对国有企业的资产、负债、损益以及其他财务收支情况，进行审计监督，并不需要银行业监督管理机构的同意，B选项错误。

依据《审计法》第37条第2款的规定，"审计机关经县级以上人民政府审计机关负责人批准，有权查询被审计单位在金融机构的账户。"该县审计局经上一级审计局副职领导批准，有权查询当地扶贫办在银行的账户，C选项正确。

依据《审计法》第24条第2款的规定，"审计机关对政府部门管理的和其他单位受政府委托管理的社会保险基金、全国社会保障基金、社会捐赠资金以及其他公共资金的财务收支，进行审计监督。"审计机关依法对专项扶贫资金进行审计完全合法，D选项错误。

▽ **关联法条**

《审计法》第19、20、22、24、37条。

【本章小结】

本章以《个人所得税法》《企业所得税法》和《征管法》为主要考点集中地，尤其是个税的适用范围、个税的优惠、企业所得税的适用范围和税收优惠、税款征收的补征及追征、税款征收保障措施（代位权、撤销权、税收优先权、离境清税制度、税收保全、强制执行）、纳税争议处理、纳税人权利、审计机关的权限和审计程序等考点需要重点理解并掌握。

---

〔1〕【答案】C

第五章

劳动法

导学

　　本章从体系上来搭建，由劳动合同法、劳动法、劳动争议调解仲裁法、社会保险法共同构成，在法律职业资格考试经济法部分中，是占据分值最高的一个部门法。平均涉题量有2~3题，平均分值4~5分。其中最主要的部分集中在劳动合同法和社会保险法，基本每年涉及一题。劳动法的学习应当把握劳动合同订立——履行——变更——解除和终止——劳动争议解决的逻辑线索。重点掌握劳动合同解除、劳动者的各项权利以及用人单位的各种义务，尤其需要掌握劳动仲裁的基本规则。

★【本部分常考考点包括】

　　劳动争议的范围、劳动关系建立、劳动合同的订立、变更、履行、解除和终止、经济补偿、非全日制用工、劳务派遣、劳动争议处理、社会保险制度（养老、医疗、失业、工伤、生育）。

劳动法框架体系

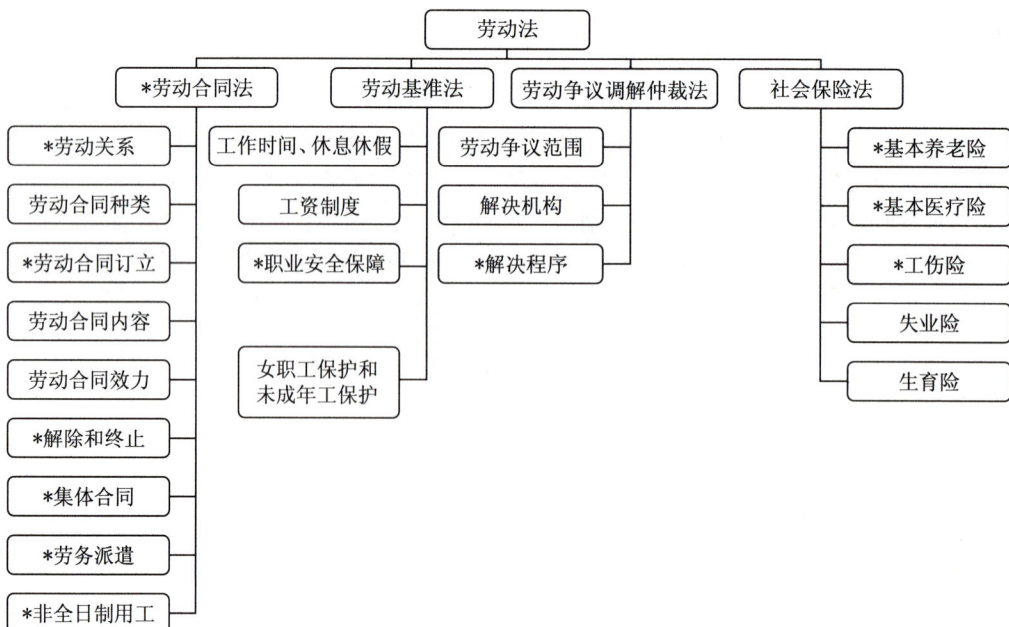

```
                          劳动法
    ┌──────────┬──────────┼──────────────┬──────────┐
  *劳动合同法   劳动基准法   劳动争议调解仲裁法      社会保险法

 *劳动关系    工作时间、休息休假   劳动争议范围        *基本养老险

 劳动合同种类    工资制度       解决机构          *基本医疗险

 *劳动合同订立   *职业安全保障    *解决程序          *工伤险

 劳动合同内容                                    失业险

 劳动合同效力   女职工保护和                       生育险
              未成年工保护
 *解除和终止

 *集体合同

 *劳务派遣

 *非全日制用工
```

一、劳动合同法

考点1　劳动法律关系

（一）劳动合同法适用范围

适用范围	1. 在中华人民共和国境内的企业、个体经济组织和与之形成劳动关系的劳动者。 2. 国家机关（各类国家行政、立法、司法机关，党的机关、政协机关，参政党机关和参政团体机关等）、事业组织（文化、教育、卫生、科研等非营利性单位）、社会团体（行业协会、学会、研究会、基金会、商会等民间组织），实行劳动合同制度的以及按规定应实行劳动合同制度的工勤人员；其他通过劳动合同与国家机关、事业组织、社会团体建立劳动关系的劳动者，适用劳动法律保护。 **★特别提示** 国家机关、事业单位、社会团体也能够成为劳动法律约束的用人单位。 3. 实行企业化管理的事业组织的人员适用劳动法律保护。实行企业化管理的事业组织是指国家不再核拨经费，实行独立核算、自负盈亏的事业组织。 **★特别提示** 比如建筑设计院。
不适用的对象	公务员、农村劳动者（乡镇企业职工和进城务工、经商的农民除外）、现役军人和家庭保姆（家庭不能成为用人单位）、在中华人民共和国境内享有外交特权和豁免权的外国人等不适用我国劳动法律保护。

（二）劳动关系的特征

劳动关系是指劳动者与用人单位在实现劳动的过程中发生的社会关系。具有如下特征：

1. 发生在特定的主体之间，一方是劳动者，一方是用人单位。

2. 是在实现劳动的过程中发生的社会关系。

3. 劳动关系具有人身和财产关系的属性。

人身属性体现在：用人单位有权依法管理和使用劳动者。同时也决定了劳动者必须亲自履行劳动义务，并应遵守用人单位的规章制度，按照用人单位的要求进行劳动。

财产属性体现在：劳动者有偿提供劳动，用人单位向劳动者支付对应的报酬。因此不具有财产属性的慈善、义务、无偿的劳动关系不受《劳动法》调整。

4. 劳动关系具有平等性、从属性。

平等性是指劳动者与用人单位，作为平等的主体通过平等协商缔结劳动合同产生劳动关系。

从属性是指劳动关系一经确立，劳动者成为用人单位的职工，与用人单位存在经济、身份、组织上的从属关系，用人单位通过其规章制度管理劳动者，双方形成管理与被管理、支配与被支配的从属关系。

【经典真题】

关于劳动关系的表述，下列哪些选项是正确的？[1]（2009－1－70）

A. 劳动关系是特定当事人之间的法律关系

---

[1]【答案】ACD

B. 劳动关系既包括劳动者与用人单位之间的关系也包括劳动行政部门与劳动者、用人单位之间的关系

C. 劳动关系既包括财产关系也包括人身关系

D. 劳动关系既具有平等关系的属性也具有从属关系的属性

【考点】劳动关系

【解析】根据《劳动合同法》第2条第1款的规定："中华人民共和国境内的企业、个体经济组织、民办非企业单位等组织（以下称用人单位）与劳动者建立劳动关系，订立、履行、变更、解除或者终止劳动合同，适用本法。"所以劳动关系是劳动者和用人单位之间在实现劳动过程中建立的社会经济关系，是一种具有显著从属性的劳动组织关系。劳动关系一旦形成，劳动者一方成为用人单位的成员。虽然双方的劳动关系是建立在平等自愿、协商一致的基础上，但劳动关系建立后，双方在职责上则具有了从属关系。用人单位作为劳动力使用者，要安排劳动者在组织内和生产资料结合；而劳动者则要通过运用自身的劳动能力，完成用人单位交给的各项生产任务，并遵守单位内部的规章制度。这种从属性的劳动组织关系具有很强的隶属性质，即成为一种在隶属主体间的以指挥和服从为特征的管理关系。而劳务关系的当事人双方则是无组织从属性。劳动关系是人身关系。由于劳动力的存在和支出与劳动者人身不可分离，劳动者向用人单位提供劳动力，实际上就是劳动者将其人身在一定限度内交给用人单位，因而劳动关系就其本质意义上说是一种人身关系。但是，由于劳动者是以让渡劳动力使用权来换取生活资料，用人单位要向劳动者支付工资等物质待遇。就此意义而言，劳动关系同时又是一种以劳动力交易为内容的财产关系。所以 ACD 正确。

考点 2　劳动合同的概念和种类

劳动合同，是劳动者与用人单位之间确立劳动关系，明确双方权利和义务的书面协议。我国《劳动法》明确规定，建立劳动关系应当订立劳动合同。劳动合同按有效期限的不同，分为三种：

种类	内容
定期劳动合同	又称为固定期限劳动合同，是指用人单位与劳动者约定合同终止时间的劳动合同。用人单位与劳动者协商一致，可以订立固定期限劳动合同。 🔲 ★特别提示 从事矿山、井下以及其他有害身体健康的工种、岗位工作的农民工，实行定期轮换制度，合同期限最长不得超过 8 年。

续表

种类	内容	
无固定期限劳动合同	是指用人单位与劳动者约定无确定终止时间的劳动合同。具体有如下三种情形：	
	1. 协商一致	用人单位与劳动者协商一致，可以订立无固定期限劳动合同。
	2. 法定建立	有下列情形之一，劳动者提出或者同意续订、订立劳动合同的，除劳动者提出订立固定期限劳动合同外，应当订立无固定期限劳动合同： （1）劳动者在该用人单位连续工作满 10 年的； （2）用人单位初次实行劳动合同制度或者国有企业改制重新订立劳动合同时，劳动者在该用人单位连续工作满 10 年且距法定退休年龄不足 10 年的； （3）连续订立二次固定期限劳动合同，且劳动者没有《劳动合同法》第 39 条（有过错）和第 40 条（不胜任）第一项、第二项规定的情形，续订劳动合同的。（自 2008 年 1 月 1 日以后计算续订次数） ▶ ★特别提示 具备以上"单十年"、"双十年"、"两次固定期之后续期"的情形下，用人单位负有义务与劳动者签订无固定期限劳动合同，除非劳动者不想签。
	3. 推定建立	用人单位自用工之日起满一年不与劳动者订立书面劳动合同的，视为用人单位与劳动者已订立无固定期限劳动合同。
以完成一定的工作为期限的劳动合同。		

【经典真题】

2009 年 2 月，下列人员向所在单位提出订立无固定期限劳动合同，哪些人具备法定条件？[1]（2009－1－71）

A. 赵女士于 1995 年 1 月到某公司工作，1999 年 2 月辞职，2002 年 1 月回到该公司工作

B. 钱先生于 1985 年进入某国有企业工作。2006 年 3 月，该企业改制成为私人控股的有限责任公司，年满 50 岁的钱先生与公司签订了三年期的劳动合同

C. 孙女士于 2000 年 2 月进入某公司担任技术开发工作，签订了为期三年、到期自动续期三年且续期次数不限的劳动合同。2009 年 1 月，公司将孙女士提升为技术部副经理

D. 李先生原为甲公司的资深业务员，于 2008 年 2 月被乙公司聘请担任市场开发经理，约定：先签订一年期合同，如果李先生于期满时提出请求，可以与公司签订无固定期限劳动合同

【考点】无固定期限合同

【解析】根据《劳动合同法》第 14 条的规定："无固定期限劳动合同，是指用人单位与劳动者约定无确定终止时间的劳动合同。

用人单位与劳动者协商一致，可以订立无固定期限劳动合同。有下列情形之一，劳动者提出或者同意续订立劳动合同的，除劳动者提出订立固定期限劳动合同外，应当订立无固定期限劳动合同：

---

[1]【答案】BCD

（一）劳动者在该用人单位连续工作满10年的；

（二）用人单位初次实行劳动合同制度或者国有企业改制重新订立劳动合同时，劳动者在该用人单位连续工作满10年且距法定退休年龄不足10年的；

（三）连续订立二次固定期限劳动合同，且劳动者没有本法第39条和第40条第一项、第二项规定的情形，续订劳动合同的。

用人单位自用工之日起满一年不与劳动者订立书面劳动合同的，视为用人单位与劳动者已订立无固定期限劳动合同。"

所以BCD正确。注意，C选项有一定的瑕疵，根据《劳动合同法》第97条："……本法第14条第2款第三项规定连续订立固定期限劳动合同的次数，自本法施行后（编者注：2008年1月1日）续订固定期限劳动合同时开始计算。"所以C项孙女士的合同若自2008年1月1日起算至2009年1月，没有连续两次签订固定期限劳动合同。

▽ 关联法条

《劳动合同法》

第十二条 劳动合同分为固定期限劳动合同、无固定期限劳动合同和以完成一定工作任务为期限的劳动合同。

第十三条 固定期限劳动合同，是指用人单位与劳动者约定合同终止时间的劳动合同。

用人单位与劳动者协商一致，可以订立固定期限劳动合同。

第十四条 无固定期限劳动合同，是指用人单位与劳动者约定无确定终止时间的劳动合同。

用人单位与劳动者协商一致，可以订立无固定期限劳动合同。有下列情形之一，劳动者提出或者同意续订、订立劳动合同的，除劳动者提出订立固定期限劳动合同外，应当订立无固定期限劳动合同：（法定建立无固定期限劳动合同）

（一）劳动者在该用人单位连续工作满十年的；（单十年）

（二）用人单位初次实行劳动合同制度或者国有企业改制重新订立劳动合同时，劳动者在该用人单位连续工作满十年且距法定退休年龄不足十年的；（双十年）

（三）连续订立二次固定期限劳动合同，且劳动者没有本法第三十九条和第四十条第一项、第二项规定的情形，续订劳动合同的。（两次固定期之后的续期）

用人单位自用工之日起满一年不与劳动者订立书面劳动合同的，视为用人单位与劳动者已订立无固定期限劳动合同。（推定建立）

第十五条 以完成一定工作任务为期限的劳动合同，是指用人单位与劳动者约定以某项工作的完成为合同期限的劳动合同。

用人单位与劳动者协商一致，可以订立以完成一定工作任务为期限的劳动合同。

考点3 劳动合同订立★★

（一）用人单位自用工之日起即与劳动者建立劳动关系

建立劳动关系，应当订立书面劳动合同。用人单位与劳动者在用工前订立劳动合同的，劳动关系自用工之日起建立。

▶ **★特别提示** 用工之日就是劳动者在本单位开始工作的第一天，所以对劳动关系的保护是事实保护，无论劳动合同签订在用工之前或之后，对劳动关系的保护都从用工之日起开始计算。

（二）书面形式订立劳动合同

建立劳动关系，应当订立书面劳动合同。除了非全日制用工，双方协商一致可以订立口头合同外，其余用人单位与劳动者建立劳动关系均应签订书面劳动合同。

（三）劳资双方订立书面劳动合同的责任。具体表现为：

1. 劳动者的义务。

自用工之日起一个月内，经用人单位书面通知后，劳动者不与用人单位订立书面劳动合同的，用人单位应当书面通知劳动者终止劳动关系，无需向劳动者支付经济补偿，但是应当依法向劳动者支付其实际工作时间的劳动报酬。

2. 用人单位不按时订立书面劳动合同的惩罚。

> ★特别提示 此处的惩罚适用于劳动合同期限届满，没有按时续签的情况。

未签书面劳动合同时间	惩罚
自用工之日起超过一个月不满一年未与劳动者订立书面劳动合同	（1）2倍工资：起始日期为用工之日起满一个月的次日，截止时间为补订书面劳动合同的前一日，每月2倍工资； （2）并补签书面劳动合同。
自用工之日起满一年未与劳动者订立书面劳动合同	（1）11个月的2倍工资：自用工之日起满一个月的次日至满一年的前一日应当向劳动者每月支付两倍的工资； （2）推定无固定期劳动合同成立：自用工之日起满一年的当日视为已经与劳动者订立无固定期限劳动合同，应当立即与劳动者补订书面劳动合同，支付正常工资。

▽ 关联法条

《劳动合同法》

第七条 用人单位自用工之日起即与劳动者建立劳动关系。（劳动关系确立的标志是用工）用人单位应当建立职工名册备查。

第十条 建立劳动关系，应当订立书面劳动合同。

已建立劳动关系，未同时订立书面劳动合同的，应当自用工之日起一个月内订立书面劳动合同。（法定签书面劳动合同的期间，此期间内不签书面劳动合同的不罚）

用人单位与劳动者在用工前订立劳动合同的，劳动关系自用工之日起建立。

《劳动合同法实施条例》

第六条 用人单位自用工之日起超过一个月不满一年未与劳动者订立书面劳动合同的，应当依照劳动合同法第八十二条的规定向劳动者每月支付两倍的工资，并与劳动者补订书面劳动合同；劳动者不与用人单位订立书面劳动合同的，用人单位应当书面通知劳动者终止劳动关系，并依照劳动合同法第四十七条的规定支付经济补偿。

前款规定的用人单位向劳动者每月支付两倍工资的起算时间为用工之日起满一个月的次日，截止时间为补订书面劳动合同的前一日。

第七条 用人单位自用工之日起满一年未与劳动者订立书面劳动合同的，自用工之日起满一个月的次日至满一年的前一日应当依照劳动合同法第八十二条的规定向劳动者每月支付两倍的工资，并视为自用工之日起满一年的当日已经与劳动者订立无固定期限劳动合

同，应当立即与劳动者补订书面劳动合同。（推定为已经签订了无固定期劳动合同，支付正常工资）

考点4　劳动合同的内容★★

劳动合同的内容是劳动者与用人单位在平等协商的基础上就双方的权利义务达成的具体条款，即为劳动合同的条款。一般分为必备条款和可备条款。

（一）试用期条款

1. 期限

劳动合同期限	试用期期限限制
3个月 ≤ 劳动合同期限 < 1年	试用期 ≤ 一个月
1年 ≤ 劳动合同期限 < 3年	试用期 ≤ 二个月
3年 ≤ 劳动合同期限	试用期 ≤ 六个月

如果约定的试用期超过法定期限，则试用期条款不生效。

如果劳动合同只约定试用期，没有约定劳动合同期限的，相当于没有试用期，约定的期限为劳动合同期限。

★特别提示　超期试用禁止

违法约定的试用期已经履行的，由用人单位以劳动者试用期满月工资为标准，按已经履行的超过法定试用期的期间向劳动者支付赔偿金。

2. 试用期间的保护。

① 工资不低于正常岗位工资的80%，且不低于当地最低工资标准。

② 试用期间，劳动者提前3天通知用人单位可以解除合同。在试用期中，除劳动者有《劳动合同法》第39条（有过错）和第40条第（一）项、第（二）项规定（不胜任）的情形外，用人单位不得解除劳动合同。用人单位在试用期解除劳动合同的，应当向劳动者说明理由。

③ 试用期内劳动者的各项劳动权利受法律保护，用人单位应当及时为试用者缴纳社会保险费。

3. 次数限制。

同一用人单位与同一劳动者只能约定一次试用期。劳动者在同一工作单位变动或调整工作岗位，用人单位不得再次约定试用期。

4. 不得约定试用期的情形。

① 非全日制用工；

② 以完成一定工作任务为期限的劳动合同；

③ 劳动合同期限不满3个月的。

（二）培训费用及违约金

1. 提供专项培训费，可约定服务期。

（1）用人单位为劳动者提供专项培训费用，对其进行专业技术培训的，可约定服务期。

（2）培训费的范围。

培训费包括用人单位为了对劳动者进行专业技术培训而支付的有凭证的培训费用、培训期间的差旅费用以及因培训产生的用于该劳动者的其他直接费用。

2. 劳动者违约——按约支付违约金。

（1）劳动者违反服务期约定的，应按约向用人单位支付违约金。

（2）违约金的数额不得超过用人单位提供的培训费用，不得超过服务期尚未履行部分所应分摊的培训费用。

3. 劳动合同顺延。

劳动合同期满，但用人单位与劳动者约定的服务期尚未到期的，劳动合同应续延至服务期满，另有约定除外。

4. 服务期内的劳动合同解除。

（1）因用人单位过错。

劳动者因用人单位过错而解除劳动合同的，不属于违反服务期的约定，劳动者不支付违约金。

（2）因劳动者过错。

用人单位因劳动者过错而解除劳动合同的，劳动者应支付违约金。

用人单位为劳动者提供专项培训费用，对其进行专业技术培训的，可以与该劳动者订立协议，约定服务期。劳动者违反服务期约定的，应当按照约定向用人单位支付违约金。违约金的数额不得超过用人单位提供的培训费用。用人单位要求劳动者支付的违约金不得超过服务期尚未履行部分所应分摊的培训费用。

（三）保守商业秘密条款

在劳动合同中可以约定劳动者保守用人单位商业秘密的有关事项，并可约定在劳动合同终止前或该劳动者提出解除劳动合同后一定时间内（不超过 6 个月），调整其工作岗位，变更劳动合同的相关内容。

（四）竞业限制条款和违约金

1.《劳动合同法》规定，竞业限制的人员限于用人单位的高级管理人员、高级技术人员和其他负有保密义务的人员。

2. 竞业限制的范围、地域、期限由用人单位与劳动者约定，竞业限制的约定不得违反法律、法规的规定。

3. 在解除或者终止劳动合同后，负有竞业限制义务的人员到与本单位生产或者经营同类产品、从事同类业务的有竞争关系的其他用人单位，或者自己开业生产或者经营同类产品、从事同类业务的竞业限制期限，不得超过二年。

4. 用人单位可在劳动合同或保密协议中与劳动者约定竞业限制条款，并约定在解除或终止劳动合同后，在竞业限制期限内按月给予劳动者经济补偿。

劳动者违反竞业限制约定的，应当按照约定向用人单位支付违约金。

（1）约定竞业限制，未约定经济补偿——劳动者履约的，可请求补偿

当事人在劳动合同或者保密协议中约定了竞业限制，但未约定解除或者终止劳动合同后给予劳动者经济补偿，劳动者履行了竞业限制义务，要求用人单位按照劳动者在劳动合同解除或者终止前十二个月平均工资的 30% 按月支付经济补偿的，人民法院应予支持。

前款规定的月平均工资的 30% 低于劳动合同履行地最低工资标准的，按照劳动合同履行地最低工资标准支付。

（2）竞业限制期内，单位可请求解除竞业限制协议——解约损害赔偿：劳动者可请求

单位额外支付三个月经济补偿

在竞业限制期限内，用人单位请求解除竞业限制协议的，人民法院应予支持。

在解除竞业限制协议时，劳动者请求用人单位额外支付劳动者三个月的竞业限制经济补偿的，人民法院应予支持。

（3）劳动者违反竞业限制约定——违约金 + 继续履行

劳动者违反竞业限制约定，向用人单位支付违约金后，用人单位要求劳动者按照约定继续履行竞业限制义务的，人民法院应予支持。

★特别提示 用人单位可与劳动者约定由劳动者承担违约金的唯二情形：1. 用人单位提供专项培训费，劳动者违反服务期约定；2. 劳动者有保密义务，违反竞业限制约定。

除此之外，用人单位不得与劳动者约定由劳动者承担违约金。

【经典真题】

甲公司与公司职工张三约定了竞业限制期限，下列表述正确的是？[1]

A. 如张三履行了竞业限制义务，可要求甲公司按照张三在劳动合同解除或终止前 12 个月平均工资的 30% 按月支付经济补偿

B. 如甲公司解除竞业限制协议，张三可请求甲公司额外支付三个月的竞业限制经济补偿

C. 如张违反竞业限制约定，张三向甲公司支付违约金后，甲公司不可要求张三按照约定继续履行竞业限制义务

D. 如甲公司与张三约定的竞业限制期限为 3 年，则该约定无效

【解析】 劳动者履行竞业限制义务，单位应当给予经济补偿；单位解除竞业限制协议的，应当向劳动者额外支付三个月的经济补偿；竞业限制期限为 3 年，超过部分无效。

关联法条

《最高人民法院关于审理劳动争议案件适用法律问题的解释（一）（2021.1.1）》第 36、37、38、39 条

★特别提示 约定劳动者承担违约金责任只允许存在于上述的专项培训和竞业限制的违约情形下，其余不得约定违约金，即①提供专项培训费，违反服务期约定；②负有保密义务，违反竞业限制约定。

（五）禁止条款

除以上必备条款和可备条款外，我国《劳动合同法》还规定了禁止用人单位从事的行为：

1. 用人单位招用劳动者，不得扣押劳动者的居民身份证和其他证件，不得要求劳动者提供担保或者以其他名义向劳动者收取财物。

2. 除违反专项培训约定的服务期及竞业限制约定的情形外，用人单位不得与劳动者约定由劳动者承担违约金。

【经典真题】

某公司聘用首次就业的王某，口头约定劳动合同期限 2 年，试用期 3 个月，月工资 1200 元，试用期满后 1500 元。

---

[1] 【答案】AB

2012 年 7 月 1 日起，王某上班，不久即与同事李某确立恋爱关系。9 月，由经理办公会讨论决定并征得工会主席同意，公司公布施行《工作纪律规定》，要求同事不得有恋爱或婚姻关系，否则一方必须离开公司。公司据此解除王某的劳动合同。

经查明，当地月最低工资标准为 1000 元，公司与王某一直未签订书面劳动合同，但为王某买了失业保险。

关于双方约定的劳动合同内容，下列符合法律规定的说法是：[1]（2013－1－94）

A. 试用期超过法定期限

B. 试用期工资符合法律规定

C. 8 月 1 日起，公司未与王某订立书面劳动合同，应每月付其两倍的工资

D. 8 月 1 日起，如王某拒不与公司订立书面劳动合同，公司有权终止其劳动关系，且无需支付经济补偿

【考点】试用期

【解析】两年期劳动合同，试用期最长不超过 2 个月，题中 3 个月试用期不合法，A 正确。

《劳动合同法》第 20 条："劳动者在试用期的工资不得低于本单位相同岗位最低档工资或者劳动合同约定工资的 80%，并不得低于用人单位所在地的最低工资标准。"B 正确。

《劳动合同法实施条例》第 6 条："用人单位自用工之日起超过一个月不满一年未与劳动者订立书面劳动合同的，应当依照劳动合同法第 82 条的规定向劳动者每月支付两倍的工资，并与劳动者补订书面劳动合同；劳动者不与用人单位订立书面劳动合同的，用人单位应当书面通知劳动者终止劳动关系，并依照劳动合同法第 47 条的规定支付经济补偿。前款规定的用人单位向劳动者每月支付两倍工资的起算时间为用工之日起满一个月的次日，截止时间为补订书面劳动合同的前一日。"C 正确。

《劳动合同法实施条例》第 5 条："自用工之日起一个月内，经用人单位书面通知后，劳动者不与用人单位订立书面劳动合同的，用人单位应当书面通知劳动者终止劳动关系，无需向劳动者支付经济补偿，但是应当依法向劳动者支付其实际工作时间的劳动报酬。"所以劳动者与用人单位签订劳动合同的期限是用工起一个月内，否则用人单位可解除合同，且不给补偿金，如果一个月后，则属于用人单位的过错，再解除合同，用人单位需要支付经济补偿金。D 错误。

考点 5 劳动合同的效力

（一）劳动合同的无效

劳动合同无效或部分无效的情形有：

1. 以欺诈、胁迫的手段或者乘人之危，使对方在违背真实意思的情况下订立或者变更劳动合同的；

2. 用人单位免除自己的法定责任、排除劳动者权利的；

3. 违反法律、行政法规强制性规定的。

（二）无效劳动合同的确认

对劳动合同的无效或者部分无效有争议的，由劳动争议仲裁机构或者人民法院确认。

---

[1]【答案】ABC

劳动合同部分无效，不影响其他部分效力的，其他部分仍然有效。劳动合同被确认无效，劳动者已付出劳动的，用人单位应当向劳动者支付劳动报酬。劳动报酬的数额，参照本单位相同或者相近岗位劳动者的劳动报酬确定。

★特别提示 劳动合同被确认为无效，劳动者已付出劳动的，用人单位应当依法向劳动者支付劳动报酬和经济补偿。由于用人单位原因订立无效劳动合同，给劳动者造成损害的，用人单位应当赔偿劳动者因合同无效所造成的经济损失。(《最高人民法院关于审理劳动争议案件适用法律问题的解释一（2021.1.1)》第41条)

关联法条

《劳动合同法》

第二十六条 下列劳动合同无效或者部分无效：

（一）以欺诈、胁迫的手段或者乘人之危，使对方在违背真实意思的情况下订立或者变更劳动合同的；

（二）用人单位免除自己的法定责任、排除劳动者权利的；

（三）违反法律、行政法规强制性规定的。

对劳动合同的无效或者部分无效有争议的，由劳动争议仲裁机构或者人民法院确认。（可裁可审）

第二十七条 劳动合同部分无效，不影响其他部分效力的，其他部分仍然有效。（独立）

第二十八条 劳动合同被确认无效，劳动者已付出劳动的，用人单位应当向劳动者支付劳动报酬。劳动报酬的数额，参照本单位相同或者相近岗位劳动者的劳动报酬确定。

考点6 劳动合同的履行和变更

（一）劳动合同的履行

劳动合同的双方当事人按照合同的规定，履行各自应承担的义务。

1. 用人单位的义务。

（1）保障劳动者的报酬。

用人单位拖欠或者未足额支付劳动报酬的，劳动者可以依法向当地人民法院申请支付令。因支付拖欠劳动报酬、工伤医疗费、经济补偿或者赔偿金事项达成调解协议，用人单位在协议约定期限内不履行的，劳动者可以持调解协议书依法向人民法院申请支付令。人民法院应当依法发出支付令。

安排加班的，应当按照规定给付加班费。

（2）用人单位严格执行劳动定额标准，不得强迫或变相强迫劳动者劳动。

劳动者拒绝用人单位管理人员违章指挥、强令冒险作业的，不视为违反劳动合同。劳动者对危害生命安全和身体健康的劳动条件，有权对用人单位提出批评、检举和控告。

（3）用人单位单方面变化，不影响劳动合同履行。

① 用人单位变更名称、法定代表人、主要负责人或者投资人等事项，不影响劳动合同的履行。

② 用人单位发生合并或者分立等情况，原劳动合同继续有效，劳动合同由承继其权利和义务的用人单位继续履行。

其一，用人单位与其他单位合并的，合并前发生的劳动争议，由合并后的单位为当事人；

其二，用人单位分立为若干单位的，其分立前发生的劳动争议，由分立后的实际用人单位为当事人。对承受劳动权利义务的单位不明确的，分立后的单位均为当事人。

2. 劳动者义务。

按合同约定按时、保质保量提供劳动。

(二) 劳动合同的变更

用人单位与劳动者协商一致，可以变更劳动合同约定的内容。变更劳动合同，应当采用书面形式。变更后的劳动合同文本由用人单位和劳动者各执一份。

(1) 变更劳动合同，应采用书面形式。

(2) 未采用书面形式，但已经实际履行了口头变更的劳动合同超过一个月，且变更后内容不违法，变更有效。

(三) 劳动合同续期

1. 期满，劳动者继续工作，单位无异议——视为按原条件继续履行，一方可终止劳动关系

劳动合同期满后，劳动者仍在原用人单位工作，原用人单位未表示异议的，视为双方同意以原条件继续履行劳动合同。一方提出终止劳动关系的，人民法院应予支持。

2. 应订无固定期限劳动合同未订立——视为无期合同，按原劳动合同确定权利义务

用人单位应当与劳动者签订无固定期限劳动合同而未签订的，人民法院可以视为**双方之间存**在无固定期限劳动合同关系，并以原劳动合同确定双方的权利义务关系。

考点 7　劳动合同解除和终止 ★★★

双方协商解除		
劳动者单方解除	过错解除——单方解除权：基于单位的过错	
	无过错解除——任意解除权，预告（30 日、3 日）	
用人单位单方解除	过错解除——单方解除权：基于劳动者的过错	
	无过错解除——单方解除权：基于履行不能（病 4 期 155 不适用：老弱病残孕）	小规模：不胜任、情事变更——无法履行
		大规模：经济性裁员——无法履行

(一) 协商解除

用人单位与劳动者协商一致，可以解除劳动合同。

🔲 **★特别提示** 用人单位提出协商解除的，要补偿。

(二) 劳动者单方解除劳动合同

任意预告解除	劳动者提前 30 日以书面形式通知用人单位，可以解除劳动合同。劳动者在试用期内提前 3 日通知用人单位，可以解除劳动合同。
	🔲 **★特别提示** 劳动者预告解除合同无需任何理由。用人单位不给经济补偿。

续表

过错方解除——因用人单位过错（违约、违法）	1. 未按照劳动合同约定提供劳动保护或者劳动条件的； 2. 未及时足额支付劳动报酬的； 3. 未依法为劳动者缴纳社会保险费的； 4. 用人单位的规章制度违反法律、法规的规定，损害劳动者权益的； 5. 因《劳动合同法》第 26 条第 1 款规定的情形致使劳动合同无效的； 6. 法律、行政法规规定劳动者可以解除劳动合同的其他情形。 用人单位以暴力、威胁或者非法限制人身自由的手段强迫劳动者劳动的，或者用人单位违章指挥、强令冒险作业危及劳动者人身安全的，劳动者可以立即解除劳动合同，不需事先告知用人单位。 ▶ ★特别提示 用人单位的过错，劳动者单方解除无需缓冲时间，需要经济补偿。

（三）用人单位单方解除劳动合同（要补偿）

过错解除——因劳动者过错（违约、犯罪）	1. 在试用期间被证明不符合录用条件的； 2. 严重违反用人单位的规章制度的； 3. 严重失职，营私舞弊，对用人单位利益造成重大损害的； 4. 劳动者同时与其他用人单位建立劳动关系，对完成本单位的工作任务造成严重影响，或者经用人单位提出，拒不改正的； 5. 劳动者以欺诈、胁迫的手段或者乘人之危，使用人单位在违背真实意思的情况下订立或者变更劳动合同的； 6. 被依法追究刑事责任的。 ▶ ★特别提示 劳动者有过错，用人单位可立即解除合同，且不用经济补偿。
无过错解除	有下列情形之一的，用人单位提前三十日以书面形式通知劳动者本人或者额外支付劳动者一个月工资后，可以解除劳动合同： 1. 劳动者患病或者非因工负伤，在规定的医疗期满后不能从事原工作，也不能从事由用人单位另行安排的工作的； 2. 劳动者不能胜任工作，经过培训或者调整工作岗位，仍不能胜任工作的； 3. 劳动合同订立时所依据的客观情况发生重大变化，致使劳动合同无法履行，经用人单位与劳动者协商，未能就变更劳动合同内容达成协议的。 经预先通知劳动者解除劳动合同，应当依照规定对劳动者给予经济补偿。 ▶ ★特别提示 1. 劳动者无过错，但没能力，或者因情事变更可以通过提前一个月通知或额外支付一个月的工资之方式解除合同。 2. 劳动合同无法继续履行。

续表

经济性裁员	适用情形	1. 依照《企业破产法》规定进行**重整**的； 2. 生产经营发生**严重困难**的； 3. **企业转产、重大技术革新**或**经营方式调整**，经变更劳动合同后，仍需裁减人员的； 4. 其他因劳动合同订立时所依据的客观经济情况发生**重大变化**，致使劳动合同无法履行的。
	程序报告工会＋报告劳动局	1. 用人单位经营管理者作出裁员决定； 2. **提前30日向工会或全体职工说明情况**，听取工会或者职工意见； 3. 向劳动行政部门报告。 ⏩ ★特别提示 工会只有知情权及建议权，无决定权，所以裁员决定无需征得工会的同意。
	优先留用人员＋优先招用	1. 与本单位订立较长期限的固定期限劳动合同的； 2. 与本单位订立无固定期限劳动合同的； 3. 家庭无其他就业人员，有需要扶养的老人或者未成年人的。 4. 用人单位依法裁减人员，在6个月内重新招用人员的，应当通知被裁减的人员，并在同等条件下优先招用被裁减的人员。
不适用预告解除及经济性裁员的人员（无过错解除）		1. 从事接触职业病危害作业的劳动者未进行离岗前职业健康检查，或者疑似职业病病人在诊断或者医学观察期间的；（病） 2. 在本单位患职业病或者因工负伤并被确认**丧失或者部分丧失**劳动能力的；（残） 3. 患病或者非因工负伤，在规定的**医疗期内**的；（病） 4. 女职工在**孕期、产期、哺乳期**的；（弱） 5. 在本单位连续工作满**15**年，且距法定退休年龄**不足5年**的；（老） 6. 法律、行政法规规定的其他情形。 ⏩ ★特别提示 老、弱、病、残被特别保护。 （1）此条目中的情形只是排除了用人单位的预告解除及经济性裁员，但如果这些人同时具备劳动者的过错情形，用人单位可以即时解除劳动合同并不需要给付经济补偿金。 （2）在第3、4项情形下劳动合同到期的，应延续到医疗期满或女职工"三期"届满为止。 ⏩ ★特别提示 不适用预告解除和经济性裁员的劳动者仅仅是不适用预告解除和经济性裁员，其他解除都可以适用，如协商解除、劳动者的预告解除、用人单位可基于劳动者的过错而单方解除。

【经典真题】

1. 某厂工人田某体检时被初诊为脑瘤，万念俱灰，既不复检也未经请假就外出旅游。该厂以田某连续旷工超过15天，严重违反规章制度为由解除劳动合同。对于由此引起的劳动争议，下列哪些说法是正确的？[1]（2015－1－70）

A. 该厂单方解除劳动合同，应事先将理由通知工会

B. 因田某严重违反规章制度，无论是否在规定的医疗期内该厂均有权解除劳动合同

C. 如该厂解除劳动合同的理由成立，无需向田某支付经济补偿金

---

[1] 【答案】ABC

D. 如该厂解除劳动合同的理由违法，田某有权要求继续履行劳动合同并主张经济补偿金2倍的赔偿金

【解析】依据《劳动合同法》第43条的规定，所有用人单位的单方解除，用人单位都必须事先将理由通知工会，A正确。

依据《劳动合同法》第39条的规定，因劳动者有过错，用人单位可依法单方解除，无论劳动者是否在医疗期内。劳动者在医疗期内的，用人单位不能无过错解除，其他解除依然可以。因此，田某严重违反规章制度的，该厂可以依法解除，B正确。

依据《劳动合同法》第39条的规定，因劳动者有过错，用人单位依法单方解除的，无需向劳动者支付经济补偿，C正确。

依据《劳动合同法》第48、87条的规定，用人单位违法解除的，劳动者可主张继续履行，无法继续履行的，劳动者可主张经济补偿2倍的赔偿金。继续履行和支付赔偿金是选择关系，而不是并用关系，D错误。

2. 当该公司裁员时，下列说法正确的是：[1]（17-1-97）

A. 无须向劳动者支付经济补偿金

B. 应优先留用与本公司订立无固定期限劳动合同的职工

C. 不得裁减在该公司连续工作满15年的女职工

D. 不得裁减非因公负伤且在规定医疗期内的劳动者

【解析】依据《劳动合同法》第46条第1款第（四）项的规定，用人单位裁员时，应当向被裁减的劳动者支付经济补偿，A选项错误。

依据《劳动合同法》第41条第2款第（二）项的规定，与本单位订立无固定期限劳动合同的劳动者应当优先留用，B选项正确。

依据《劳动合同法》第42条第1款第（五）项的规定，只有符合"病四期155"条件的职工不能被裁员，连续工作满15年且距离退休不到5年的职工才不能被裁减，因此C选项错误。

依据《劳动合同法》第42条第1款第（三）项的规定，医疗期内的职工不能被裁减，D选项正确。

▽ 关联法条

《劳动合同法》第41、42、46条。

（四）解除劳动合同的经济补偿

有下列情形之一的，用人单位应当向劳动者支付经济补偿（因用人单位原因而解除终止的，除非劳动者有过错或主动提出解除。）

1. 因用人单位的过错劳动者单方即时解除劳动合同的；

2. 用人单位向劳动者提出解除劳动合同并与劳动者协商一致解除劳动合同的；

3. 用人单位在劳动者能力不符合岗位要求时，通过预告解除的方式与劳动者解除劳动合同的；

4. 用人单位实行经济性裁员与劳动者解除劳动合同的；

5. 劳动合同期满，用人单位终止固定期限劳动合同的，用人单位维持或者提高劳动合同约定条件续订劳动合同，劳动者不同意续订的情形除外；

---

〔1〕【答案】BD

6. 用人单位被依法宣告破产的，或用人单位被吊销营业执照、责令关闭、撤销或者用人单位决定提前解散的而与劳动者终止劳动合同的；

7. 法律、行政法规规定的其他情形。

★特别提示 用人单位提出解除或终止，或者因为用人单位原因导致劳动合同解除或终止的，一般都需要对劳动者进行经济补偿，除非劳动者有过错被用人单位解除。

解除劳动合同的经济补偿按劳动者在本单位工作的年限，每满一年支付一个月工资的标准向劳动者支付。六个月以上不满一年的，按一年计算；不满六个月的，向劳动者支付半个月工资的经济补偿。

劳动者月工资高于用人单位所在直辖市、设区的市级人民政府公布的本地区上年度职工月平均工资 3 倍的，向其支付经济补偿的标准按职工月平均工资 3 倍的数额支付，向其支付经济补偿的年限最高不超过 12 年。

上述所称月工资是指劳动者在劳动合同解除或者终止前 12 个月的平均工资。

用人单位违反劳动合同法规定解除或者终止劳动合同的，劳动者不要求继续履行劳动合同或者劳动合同已经不能继续履行的，应当依照上述规定的经济补偿标准的二倍向劳动者支付赔偿金。

（五）用人单位违法解除或终止

（1）劳动者要求继续履行的，应继续履行；

（2）劳动者不要求继续履行或不能继续履行的，用人单位应依经济补偿标准的二倍向劳动者支付赔偿金。赔偿金的计算年限自用工之日起计算。但起诉前用人单位已经补正有关程序的除外。

（3）用人单位违反劳动合同法的规定解除或终止劳动合同，依法支付了赔偿金的，不再支付经济补偿。

★特别提示 用人单位违反解除或终止的，继续履行——不能继续履行或劳动者不要求继续履行的——双倍经济补偿的赔偿金

【经典真题】

李某原在甲公司就职，适用不定时工作制。2012 年 1 月，因甲公司被乙公司兼并，李某成为乙公司职工，继续适用不定时工作制。2012 年 12 月，由于李某在年度绩效考核中得分最低，乙公司根据公司绩效考核制度中"末位淘汰"的规定，决定终止与李某的劳动关系。李某于 2013 年 11 月提出劳动争议仲裁申请，主张：原劳动合同于 2012 年 3 月到期后，乙公司一直未与本人签订新的书面劳动合同，应从 4 月起每月支付二倍的工资；公司终止合同违法，应恢复本人的工作。

请回答下列问题。

1. 关于乙公司兼并甲公司时李某的劳动合同及工作年限，下列选项正确的是：[1]（2014 - 1 - 87）

A. 甲公司与李某的原劳动合同继续有效，由乙公司继续履行

B. 如原劳动合同继续履行，在甲公司的工作年限合并计算为乙公司的工作年限

---

[1] 【答案】ABCD

C. 甲公司还可与李某经协商一致解除其劳动合同，由乙公司新签劳动合同替代原劳动合同

D. 如解除原劳动合同时甲公司已支付经济补偿，乙公司在依法解除或终止劳动合同计算支付经济补偿金的工作年限时，不再计算在甲公司的工作年限

【考点】用人单位变更劳动合同的处理

【解析】《劳动合同法》第34条："用人单位发生合并或者分立等情况，原劳动合同继续有效，劳动合同由承继其权利和义务的用人单位继续履行。"AB正确。

用人单位与劳动者协商一致解除劳动合同是允许的，C正确。

甲公司解除合同并支付补偿金后，乙公司再签的合同属于全新的合同，与之前的合同没有任何承继关系，所以乙公司再解除或终止合同时，单独计算工作年限，D正确。

2. 关于未签订书面劳动合同期间支付二倍工资的仲裁请求，下列选项正确的是：[1] (2014－1－88)

A. 劳动合同到期后未签订新的劳动合同，李某仍继续在公司工作，应视为原劳动合同继续有效，故李某无权请求支付二倍工资

B. 劳动合同到期后应签订新的劳动合同，否则属于未与劳动者订立书面劳动合同的情形，故李某有权请求支付二倍工资

C. 李某的该项仲裁请求已经超过时效期间

D. 李某的该项仲裁请求没有超过时效期间

【考点】仲裁时效、期满续期

【解析】《劳动合同法》第82条第1款："用人单位自用工之日起超过一个月不满一年未与劳动者订立书面劳动合同的，应当向劳动者每月支付二倍的工资。"李某的劳动合同到期后，应当重新签订一份新的劳动合同，没有及时签订，相当于用人单位自用工起没有在法定一个月期间内与劳动者签订书面劳动合同，应当2倍工资惩罚。A错误，B正确。

《劳动争议调解仲裁法》第27条第1款："劳动争议申请仲裁的时效期间为一年。仲裁时效期间从当事人知道或者应当知道其权利被侵害之日起计算。"乙公司2012年12月终止劳动关系，李某2013年11月提出仲裁请求，并未超过一年的时效，D正确，C错误。

3. 关于恢复用工的仲裁请求，下列选项正确的是：[2] (2014－1－89)

A. 李某是不定时工作制的劳动者，该公司有权对其随时终止用工

B. 李某不是非全日制用工的劳动者，该公司无权对其随时终止用工

C. 根据该公司末位淘汰的规定，劳动合同应当终止

D. 该公司末位淘汰的规定违法，劳动合同终止违法

【考点】劳动合同解除

【解析】李某作为不定时工作制的员工，依旧是劳动合同约束的劳动者并非"非全日制用工"，所以A错误，B正确。

根据《劳动合同法》第39条："劳动者有下列情形之一的，用人单位可以解除劳动合同：（一）在试用期间被证明不符合录用条件的；（二）严重违反用人单位的规章制度的；

---

[1]【答案】BD
[2]【答案】BD

（三）严重失职，营私舞弊，给用人单位造成重大损害的；（四）劳动者同时与其他用人单位建立劳动关系，对完成本单位的工作任务造成严重影响，或者经用人单位提出，拒不改正的；（五）因本法第26条第1款第一项规定的情形致使劳动合同无效的；（六）被依法追究刑事责任的。"

公司制定"末位淘汰"制度，不属于单位可以单方面解除劳动合同的适用情形，终止劳动合同是不合法的，D 正确，C 错误。

4. 如李某放弃请求恢复工作而要求其他补救，下列选项正确的是：[1]（2014－1－90）

A. 李某可主张公司违法终止劳动合同，要求支付赔偿金

B. 李某可主张公司规章制度违法损害劳动者权益，要求即时辞职及支付经济补偿金

C. 李某可同时获得违法终止劳动合同的赔偿金和即时辞职的经济补偿金

D. 违法终止劳动合同的赔偿金的数额多于即时辞职的经济补偿金

【考点】经济补偿

【解析】《劳动合同法》第46条："有下列情形之一的，用人单位应当向劳动者支付经济补偿：

（一）劳动者依照本法第38条规定解除劳动合同的；（即时辞职）

（二）用人单位依照本法第36条规定向劳动者提出解除劳动合同并与劳动者协商一致解除劳动合同的；（协商一致）

（三）用人单位依照本法第40条规定解除劳动合同的；（预告解除）

（四）用人单位依照本法第41条第1款规定解除劳动合同的；（经济性裁员）

（五）除用人单位维持或者提高劳动合同约定条件续订劳动合同，劳动者不同意续订的情形外，依照本法第44条第一项规定终止固定期限劳动合同的；（劳动合同期满，用人单位单方面解除合同）

（六）依照本法第44条第四项、第五项规定终止劳动合同的；（用人单位破产、终止）

（七）法律、行政法规规定的其他情形。"

所以在追究即时辞职的补偿和违法终止合同的补偿中只能二选一，不能同时适用，AB正确，C 错误。

《劳动合同法》第47条第1款："经济补偿按劳动者在本单位工作的年限，每满一年支付一个月工资的标准向劳动者支付。六个月以上不满一年的，按一年计算；不满六个月的，向劳动者支付半个月工资的经济补偿。"

《劳动合同法》第87条："用人单位违反本法规定解除或者终止劳动合同的，应当依照本法第47条规定的经济补偿标准的二倍向劳动者支付赔偿金。"所以 D 项正确。

考点8　集体合同

（一）集体合同的概述

集体合同是企业职工一方与用人单位通过平等协商，可以就劳动报酬、工作时间、休息休假、劳动安全卫生、保险福利等事项订立的合同。集体合同草案应当提交职工代表大会或者全体职工讨论通过。

集体合同由工会代表企业职工一方与用人单位订立；尚未建立工会的用人单位，由上

---

[1]【答案】ABD

级工会指导劳动者推举的代表与用人单位订立。

集体合同必须采用书面形式。

集体合同签订后并不马上生效，必须要报送劳动行政部门，劳动行政部门自收到集体合同之日起 15 日内未提出异议的，集体合同生效。

集体合同的效力高于劳动合同（集体合同为劳动合同划定底线），劳动合同约定的个人劳动条件和报酬不得低于集体合同。

★特别提示 签订集体合同不是用人单位的法定义务。

（二）集体合同争议处理

因签订集体合同发生争议，当事人协商解决不成的，当地人民政府劳动行政部门可以组织有关各方协调处理。

用人单位违反集体合同，侵犯职工劳动权益的，工会可以依法要求用人单位承担责任；因履行集体合同发生争议，经协商解决不成的，工会可以依法申请仲裁、提起诉讼。

★特别提示 签订集体合同的争议：协商、协调处理；履行集体合同的争议：依法仲裁、诉讼。

【经典真题】

1. 关于集体合同的下列哪一表述是错误的？[1]（2006 – 1 – 28）

A. 未建立工会的企业，集体合同应由职工推举的代表与企业签订

B. 劳动合同中的劳动条件和劳动报酬标准可以高于集体合同的规定

C. 并非所有的企业都必须签订集体合同

D. 集体合同必须经劳动行政部门审查批准方能生效

【考点】 集体合同

【解析】 根据《劳动合同法》第51条："企业职工一方与用人单位通过平等协商，可以就劳动报酬、工作时间、休息休假、劳动安全卫生、保险福利等事项订立集体合同。集体合同草案应当提交职工代表大会或者全体职工讨论通过。集体合同由工会代表企业职工一方与用人单位订立；尚未建立工会的用人单位，由上级工会指导劳动者推举的代表与用人单位订立。"所以集体合同不是所有企业必须签订的合同，AC 正确；《劳动合同法》第55 条："集体合同中劳动报酬和劳动条件等标准不得低于当地人民政府规定的最低标准；用人单位与劳动者订立的劳动合同中劳动报酬和劳动条件等标准不得低于集体合同规定的标准。"B 正确；《劳动合同法》第54 条第 1 款："集体合同订立后，应当报送劳动行政部门；劳动行政部门自收到集体合同文本之日起 15 日内未提出异议的，集体合同即行生效。"集体合同并非由劳动行政部门批准生效，D 错误。

2. 关于集体劳动合同，根据《劳动合同法》，下列哪些说法是正确的？[2]（17 – 1 – 73）

A. 甲公司尚未建立工会时，经其 2/3 以上的职工推举的代表，可直接与公司订立集体合同

B. 乙公司系建筑企业，其订立的行业性集体合同，报劳动行政部门备案后即行生效

---

[1]【答案】D

[2]【答案】CD

C. 丙公司依法订立的集体合同，对全体劳动者，不论是否为工会会员，均适用

D. 因履行集体合同发生争议，丁公司工会与公司协商不成时，工会可依法申请仲裁、提起诉讼

【解析】依据《劳动合同法》第51条第2款的规定，尚未建立工会的用人单位，由上级工会指导劳动者推举的代表与用人单位订立，而不是职工直接与单位协商。A选项错误。

依据《劳动合同法》第54条第1款的规定，"集体合同订立后，应当报送劳动行政部门；劳动行政部门自收到集体合同文本之日起15日内未提出异议的，集体合同即行生效。"而非备案立即生效。B选项错误。

依据《劳动合同法》第54条第2款的规定，依法订立的集体合同对用人单位和劳动者具有约束力。C选项正确。

依据《劳动合同法》第56条的规定，"用人单位违反集体合同，侵犯职工劳动权益的，工会可以依法要求用人单位承担责任；因履行集体合同发生争议，经协商解决不成的，工会可以依法申请仲裁、提起诉讼。"D选项正确。

▷ **关联法条**

《劳动合同法》第51、52、53、54、56条。

考点9　劳务派遣★★★★

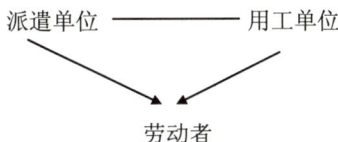

概述

（1）劳动合同用工：基本用工形式。

用工单位应控制派遣用工数量，不得超过其用工总量的一定比例。

（2）劳务派遣用工：补充形式。

只能在临时性、辅助性或者替代性的工作岗位上实施。

①临时性工作岗位：6个月。

存续时间不超过六个月的岗位。

②辅助性工作岗位：非主营岗位。

为主营业务岗位提供服务的非主营业务岗位。

③替代性工作岗位：因一定期间无法工作而替代。

用工单位的劳动者因脱产学习、休假等原因无法工作的一定期间内，可以由其他劳动者替代工作的岗位。

（一）三方主体的法律关系

1. 派遣单位和劳动者（劳动法上的用人单位和劳动者）。

劳动合同约束的双方主体，派遣单位履行用人单位的义务。所以派遣单位要和劳动者签订不低于两年期的固定期限书面劳动合同，劳动者没有被派往用工单位劳动期间，派遣单位要支付不低于当地最低工资标准的工资。

2. 派遣单位与用工单位（民事合同关系）。

二者是**民事协议的双方主体**，受民事派遣协议的约束，派遣单位根据派遣协议的要求物色劳动者派遣到用工单位参与劳动。

3. 用工单位与劳动者（民法上的雇主和雇员）。

没有实质的法律关系，但劳动者事实上在用工单位工作，所以用工单位要保护劳动者并承担劳动者权益受损后的连带责任。

（二）劳务派遣单位、用工单位、劳动者的法律调整

1. 劳务派遣单位（劳动法上的用人单位）。

（1）经营劳务派遣业务应先向劳动行政部门依法申请行政许可，并应具备下列条件：

①注册资本不得少于人民币200万元。

②有与开展业务相适应的固定的经营场所和设施。

③有符合法律、行政法规规定的劳务派遣管理制度。

④法律、行政法规规定的其他条件。

（2）劳动合同。

①派遣单位应履行用人单位对劳动者的义务。

②派遣单位与劳动者订立劳动合同，应载明劳动者的用工单位及派遣期限、工作岗位等情况。

③派遣单位应与劳动者订立2年以上的固定期限劳动合同，按月支付劳动报酬；派遣单位不得以非全日制用工形式招用被派遣劳动者。

④被派遣劳动者在无工作期间，劳务派遣单位应按所在地政府规定的最低工资标准，向其按月支付报酬。

（3）劳务派遣协议。

①派遣单位应与用工单位订立劳务派遣协议，约定派遣岗位和人员数量、派遣期限、劳动报酬和社会保险费的数额与支付方式以及违反协议的责任。

②派遣单位应将派遣协议的内容告知劳动者。

（4）劳动报酬。

①派遣单位不得克扣用工单位按照派遣协议支付给劳动者的劳动报酬。

②派遣单位和用工单位不得向劳动者收取费用。

③派遣单位跨地区派遣劳动者的，劳动者享有的劳动报酬和劳动条件，按用工单位所在地的标准执行。

（5）自我派遣禁止。

用人单位不得设立劳务派遣单位，或通过用人单位或其所属单位出资或合伙设立的劳务派遣单位，向本单位或者所属单位派遣劳动者。

2. 用工单位（民法上的雇主）。

用工单位应当履行下列义务：

（1）执行国家劳动标准，提供相应的劳动条件和劳动保护；

（2）告知被派遣的劳动者工作要求和劳动报酬；

（3）支付加班费、绩效奖金，提供与工作岗位相关的福利待遇；

（4）对在岗被派遣劳动者进行工作岗位所必需的培训；

（5）连续用工的，实行正常的工资调整机制；

（6）不得将被派遣劳动者再派遣到其他用人单位；

（7）应根据工作岗位的实际需要与劳务派遣单位确定派遣期限，不得将连续用工期限分割订立数个短期劳务派遣协议。

3. 劳动者。

（1）劳动者享有与用工单位的劳动者同工同酬的权利。用工单位应按照同工同酬原则，对劳动者与本单位同类岗位的劳动者实行相同的劳动报酬分配办法，无同类岗位劳动者的，参照用工单位所在地相同或相近岗位劳动者的劳动报酬确定。

（2）劳动者有权在派遣单位或用工单位依法参加或组织工会。

（3）劳动者可依法与派遣单位解除劳动合同。

（4）劳动者有过错或不胜任的，用工单位可以将劳动者退回劳务派遣单位，劳务派遣单位依法可以与劳动者解除劳动合同。

4. 法律责任与争议处理（《劳动合同法》第92条、《劳动合同法实施条例》第35条）：

（1）用工单位给被派遣劳动者造成损害的，劳务派遣单位与用工单位承担连带赔偿责任。

（2）劳务派遣期间，被派遣的工作人员因执行工作任务造成他人损害的，由接受劳务派遣的用工单位承担侵权责任；劳务派遣单位有过错的，承担相应的责任。（《民法典》第1191条第2款）

（3）派遣单位或用工单位与劳动者发生劳动争议的，派遣单位和用工单位为共同当事人。

（4）违法未经许可，擅自经营劳务派遣业务的，由劳动行政部门责令停止违法行为，没收违法所得，并处违法所得一倍以上五倍以下的罚款；没有违法所得的，可以处五万元以下的罚款。

（5）派遣单位、用工单位违反劳务派遣规定的，由劳动行政部门责令限期改正；逾期不改正的，以每人五千元以上一万元以下的标准处以罚款，对劳务派遣单位，吊销其劳务派遣业务经营许可证。

【经典真题】

友田劳务派遣公司（住所地为甲区）将李某派遣至金科公司（住所地为乙区）工作。在金科公司按劳务派遣协议向友田公司支付所有费用后，友田公司从李某的首月工资中扣减了500元，李某提出异议。对此争议，下列哪些说法是正确的？[1]（2015-1-71）

A. 友田公司作出扣减工资的决定，应就其行为的合法性负举证责任

B. 如此案提交劳动争议仲裁，当事人一方对仲裁裁决不服的，有权向法院起诉

C. 李某既可向甲区也可向乙区的劳动争议仲裁机构申请仲裁

D. 对于友田公司给李某造成的损害，友田公司和金科公司应承担连带责任

【解析】 依据《劳动合同法》第60条第2款的规定，劳务派遣中，派遣单位不得克扣劳动者的工资，因此派遣单位应当就其克扣工资的行为负举证责任，A正确。

依据《劳动争议调解仲裁法》第47条的规定，小额仲裁对用人单位一裁终局，500元的争议显然属于不超过当地月最低工资标准十二个月金额的小额仲裁，对用人单位一裁终局，用人单位无权向法院起诉。B错误。

依据《劳动争议调解仲裁法》第21条第2款的规定，劳动争议由劳动合同履行地或者

[1] **【答案】** AC

用人单位所在地的劳动争议仲裁委员会管辖。甲区系用人单位所在地，乙区为劳动合同履行地，甲区乙区的劳动争议仲裁委员会都可以管辖，C 正确。

依据《劳动合同法》第 92 条第 2 款的规定，用工单位给被派遣劳动者造成损害的，劳务派遣单位与用工单位承担连带赔偿责任。而派遣单位造成劳动者损害的，派遣单位承担责任，用人单位不一定需要承担连带责任，D 错误。

考点 10 非全日制用工

（一）概念

非全日制用工，是指以小时计酬为主，劳动者在同一用人单位一般平均每日工作时间不超过 4 小时，每周工作时间累计不超过 24 小时的用工形式。

（二）特征

1. 可以订立口头协议；

2. 无试用期；

3. 随时终止，无补偿；

4. 工资结算支付周期最长不得超过 15 日；

5. 不要求一个劳动者只在一个用人单位工作；从事非全日制用工的劳动者可以与一个或一个以上用人单位订立劳动合同；后订立的劳动合同不得影响先订立的劳动合同的履行。

▶ ★特别提示 非全日制用工的三不规则：不书面、不试用、不补偿（随时终止）

【经典真题】

关于非全日制用工的说法，下列哪一选项不符合《劳动合同法》规定？[1]（2010 - 1 - 27）

A. 从事非全日制用工的劳动者与多个用人单位订立劳动合同的，后订立的合同不得影响先订立合同的履行

B. 非全日制用工合同不得约定试用期

C. 非全日制用工终止时，用人单位应当向劳动者支付经济补偿

D. 非全日制用工劳动报酬结算支付周期最长不得超过十五日

【考点】非全日制用工

【解析】《劳动合同法》第 69 条第 2 款规定："从事非全日制用工的劳动者可以与一个或者一个以上用人单位订立劳动合同；但是，后订立的劳动合同不得影响先订立的劳动合同的履行。"故 A 选项说法正确，不当选。

第 70 条规定："非全日制用工双方当事人不得约定试用期。"故 B 选项说法正确，不当选。

第 71 条规定："非全日制用工双方当事人任何一方都可以随时通知对方终止用工。终止用工，用人单位不向劳动者支付经济补偿。"故 C 选项中"用人单位应当向劳动者支付经济补偿"的说法错误，当选。

---

[1]【答案】C

第72条第2款规定："非全日制用工劳动报酬结算支付周期最长不得超过15日。"故D选项说法正确，不当选。

▽ **关联法条**

《劳动合同法》

第六十九条 非全日制用工双方当事人可以订立口头协议。

从事非全日制用工的劳动者可以与一个或者一个以上用人单位订立劳动合同；但是，后订立的劳动合同不得影响先订立的劳动合同的履行。

第七十条 非全日制用工双方当事人不得约定试用期。

第七十一条 非全日制用工双方当事人任何一方都可以随时通知对方终止用工。终止用工，用人单位不向劳动者支付经济补偿。

第七十二条 非全日制用工小时计酬标准不得低于用人单位所在地人民政府规定的最低小时工资标准。

非全日制用工劳动报酬结算支付周期最长不得超过十五日。

二、劳动基准法

考点1 工作时间和休息休假制度

（一）工作时间及种类

标准工作时间	我国的标准工作时间为劳动者每日工作 8 小时，每周工作 40 小时，用人单位应当保证劳动者每周至少休息一日。
缩短工作时间	在特殊条件下从事劳动或有特殊情况时，法律规定在保证完成生产和工作任务的前提下适当缩短工作时间的一种工时制度，适用于以下人群： 1. 从事矿山、井下、高山、有毒、有害、特别繁重、过度紧张等工作的劳动者； 2. 从事夜班工作的劳动者； 3. 哺乳期内的女职工。
延长工作时间	详见加班内容。
不定时工作时间	劳动者的工作时间不能受固定时数限制，而直接确定职工劳动量的工作制度。
综合计算工作时间	因工作性质特殊或者受季节及自然条件限制，需在一段时间内连续作业，采取综合计算工时制，以周、月、季、年等为周期综合计算工作时间的一种工时制度，如建筑、旅游等岗位。

（二）休息休假制度

休假分为法定节假日、探亲假、年休假等。

1. 法定节假日。

只包括：①元旦；②春节；③国际劳动节；④国庆节；⑤清明节；⑥端午节。节日适逢公休假日，顺延补假。

2. 国家实行带薪休年假制度，劳动者连续工作 1 年以上的，享受带薪休年假。

（三）加班制度

1. 一般情况下的延长工作时间。

一般每天加班不得超过 1 小时；因特殊原因需要延长工作时间的，在保障劳动者身体健康的条件下，每日不得超过 3 小时；每月合计不得超过 36 小时。

2. 特殊情况下的延长工作时间。

特殊情况下延长工作时间不需要与工会和劳动者协商，也不受一般情况下延长工作时间的时数限制。

特殊情况是指：

（1）发生自然灾害、事故或者因其他原因，威胁劳动者生命健康和财产安全，需要紧急处理的；

（2）生产设备、交通运输线路、公共设施发生故障，影响生产和公众利益，必须及时抢修的；

（3）法律、行政法规规定的其他情形。

3. 禁止规定。

禁止安排未成年工、怀孕 7 个月以上的女职工和哺乳未满 1 周岁婴儿的女职工延长工作时间。

4. 加班的工资标准。

安排劳动者延长工作时间的，支付不低于工资的 150% 的工资报酬；

休息日安排劳动者工作又不能安排补休的，支付不低于工资的 200% 的工资报酬；

法定休假日安排劳动者工作的，支付不低于工资的 300% 的工资报酬，不能仅仅以安排补休为补偿。

★**特别提示** 用人单位由于生产经营需要，经与工会和劳动者协商后可以延长工作时间。

【经典真题】

王某，女，1990 年出生，于 2012 年 2 月 1 日入职某公司，从事后勤工作，双方口头约定每月工资为人民币 3000 元，试用期 1 个月。2012 年 6 月 30 日，王某因无法胜任经常性的夜间高处作业而提出离职，经公司同意，双方办理了工资结算手续，并于同日解除了劳动关系。同年 8 月，王某以双方未签书面劳动合同为由，向当地劳动争议仲裁委申请仲裁，要求公司再支付工资 12 000 元。请回答第 1~3 题。

1. 关于女工权益，根据《劳动法》，下列说法正确的是：[1]（2016 - 1 - 95）

A. 公司应定期安排王某进行健康检查

B. 公司不能安排王某在经期从事高处作业

C. 若王某怀孕 6 个月以上，公司不得安排夜班劳动

D. 若王某在哺乳婴儿期间，公司不得安排夜班劳动

【考点】 女职工保护

―――――――――

〔1〕【答案】B

关联法条 《劳动法》第60、61、63、65条。

【解析】依据《劳动法》第65条的规定，公司应当定期为未成年工进行健康检查，而不包括女职工，所以A错误。

依据《劳动法》第60条的规定，不得安排女职工在经期从事高处、低温、冷水作业和国家规定的第三级体力劳动强度的劳动。所以B正确。

依据《劳动法》第61条的规定，对怀孕七个月以上的女职工，不得安排其延长工作时间和夜班劳动。而不是6个月，所以C错误。

依据《劳动法》第63条的规定，不得安排女职工在哺乳未满一周岁的婴儿期间从事国家规定的第三级体力劳动强度的劳动和哺乳期禁忌从事的其他劳动，不得安排其延长工作时间和夜班劳动。即不得安排女职工在哺乳未满一周岁的婴儿期间上夜班，因此D错误。

2. 关于该劳动合同的订立与解除，下列说法正确的是：[1]（2016－1－96）

A. 王某与公司之间视作已订立无固定期限劳动合同

B. 该劳动合同期限自2012年3月1日起算

C. 该公司应向王某支付半个月工资的经济补偿金

D. 如王某不能胜任且经培训仍不能胜任工作，公司提前30日以书面形式通知王某，可将其辞退

考点 劳动合同订立、劳动合同解除

关联法条

《劳动合同法》第10、14、40、46条。

【解析】依据《劳动合同法》第14条第3款的规定，用人单位自用工之日起满一年不与劳动者订立书面劳动合同的，视为用人单位与劳动者已订立无固定期限劳动合同。该题干中，王某的用工时间不到1年，不符合订立无固定期限合同的条件，所以A错误。

依据《劳动合同法》第10条的规定，劳动关系自用工之日起建立。该劳动合同期限从2012年2月1日用工之日起算，所以B错误。

依据《劳动合同法》第46条的规定，因用人单位的原因导致劳动合同解除或终止的，用人单位应当依法向劳动者支付经济补偿，但是劳动者单方原因导致劳动合同解除或终止的，不补偿。即因劳动者过错，用人单位解除的，不补偿；劳动者单方预告解除的，不补偿；劳动者提出双方协商解除的，不补偿。王某因无法胜任经常性的夜间高处作业而提出离职，属于劳动者单方预告解除劳动合同，用人单位不需要支付经济补偿，所以C错误。

依据《劳动合同法》第40条第1款第（二）项的规定，劳动者不能胜任工作，经过培训或者调整工作岗位，仍不能胜任工作的，用人单位可提前三十日以书面形式通知劳动者本人或者额外支付劳动者一个月工资后，可以解除劳动合同，所以D正确。

3. 如当地月最低工资标准为1500元，关于该仲裁，下列说法正确的是：[2]（2016－1－97）

A. 王某可直接向劳动争议仲裁委申请仲裁

B. 如王某对该仲裁裁决不服，可向法院起诉

---

[1]【答案】D

[2]【答案】ABD

C. 如公司对该仲裁裁决不服，可向法院起诉

D. 如果公司有相关证据证明仲裁裁决程序违法时，可向有关法院申请撤销仲裁

【考点】劳动争议处理、一裁终局

关联法条

《劳动争议调解仲裁法》第 5、47、49 条。

【解析】依据《劳动争议调解仲裁法》第 5 条的规定，劳动争议处理的方式有协商、调解、仲裁和诉讼，仲裁是前置程序，因此王某可直接申请仲裁，所以 A 正确。

依据《劳动争议调解仲裁法》第 5 条的规定，劳动者对劳动仲裁裁决不服的，可以起诉，所以 B 正确。

依据《劳动争议调解仲裁法》第 47 条第 1 款第 1 项的规定，追索劳动报酬、工伤医疗费、经济补偿或者赔偿金，不超过当地月最低工资标准十二个月金额的争议对用人单位为终局裁决，用人单位不得起诉，所以 C 错误。

依据《劳动争议调解仲裁法》第 49 条第 1 款第 3 项的规定，仲裁程序违反法定程序的，用人单位可依法向劳动争议仲裁委员会所在地的中级人民法院申请撤销裁决，所以 D 正确。

考点 2 工资法律制度

（一）工资基本制度

1. 工资应以货币形式按月支付，不得以实物或者有价证券代替货币支付。

2. 劳动者依法享受休年假、探亲假、婚丧假期间，以及依法参加社会活动期间，用人单位应按照劳动合同约定的标准支付工资。

3. 劳动者在试用、熟练、见习期间，在法定工作时间内提供了正常劳动的，用人单位应支付其不低于最低工资标准的工资。

4. 上述"最低工资"不包括延长工作时间的工资报酬，以货币形式支付给劳动者的各种补贴、津贴，以及按照国家规定的社会保险福利待遇。

（二）工资支付保障

工资支付保障是为保障劳动者劳动报酬权的实现，防止用人单位滥用工资分配权而制定的有关工资支付的一系列规则。有如下内容：

1. 工资应以法定货币支付，不得以实物及有价证券代替货币支付。

2. 工资应在用人单位与劳动者约定的日期支付。工资一般按月支付，至少每月支付一次。实行周、日、小时工资制的，可按周、日、小时支付。

3. 劳动者依法享受休年假、探亲假、婚假、丧假期间，以及依法参加社会活动期间，用人单位应按劳动合同规定的标准支付工资。

4. 对扣除工资金额的限制。

（1）因劳动者本人原因给用人单位造成经济损失的，用人单位可以按照劳动合同的约定要求劳动者赔偿其经济损失。经济损失的赔偿，可从劳动者本人的工资中扣除，但每月扣除金额不得超过劳动者月工资的 20%；若扣除后的余额低于当地月最低工资标准的，则应按最低工资标准支付。

（2）用人单位对劳动者违纪罚款，一般不得超过本人月工资标准的 20%。

【经典真题】

关于工资保障制度，下列哪些表述符合劳动法的规定？[1]（2010－1－74）

A. 按照最低工资保障制度，用人单位支付劳动者的工资不得低于当地最低工资标准

B. 乡镇企业不适用最低工资保障制度

C. 加班工资不包括在最低工资之内

D. 劳动者在婚丧假以及依法参加社会活动期间，用人单位应当依法支付工资

【考点】 工资保障制度

【解析】 根据《劳动法》第48条第2款："用人单位支付劳动者的工资不得低于当地最低工资标准。"所以 A 正确。《劳动法》第51条："劳动者在法定休假日和婚丧假期间以及依法参加社会活动期间，用人单位应当依法支付工资。"所以 D 正确。《劳动部关于贯彻执行〈中华人民共和国劳动法〉若干问题的意见》第54条："劳动法第48条中的'最低工资'是指劳动者在法定工作时间内履行了正常劳动义务的前提下，由其所在单位支付的最低劳动报酬。最低工资不包括延长工作时间的工资报酬，以货币形式支付的住房和用人单位支付的伙食补贴，中班、夜班、高温、低温、井下、有毒、有害等特殊工作环境和劳动条件下的津贴，国家法律、法规、规章规定的社会保险福利待遇。"所以 C 正确。乡镇企业也属于用人单位，所以也适用最低工资保障制度，B 错误。

关联法条

《劳动法》

第四十八条 国家实行最低工资保障制度。最低工资的具体标准由省、自治区、直辖市人民政府规定，报国务院备案。（最低工资保障）

用人单位支付劳动者的工资不得低于当地最低工资标准。

第五十条 工资应当以货币形式按月支付给劳动者本人。不得克扣或者无故拖欠劳动者的工资。（工资支付）

第五十一条 劳动者在法定休假日和婚丧假期间以及依法参加社会活动期间，用人单位应当依法支付工资。（假期工资）

《劳动部关于贯彻执行〈中华人民共和国劳动法〉若干问题的意见》

第五十四条 劳动法第四十八条中的"最低工资"是指劳动者在法定工作时间内履行了正常劳动义务的前提下，由其所在单位支付的最低劳动报酬。最低工资不包括延长工作时间的工资报酬，以货币形式支付的住房和用人单位支付的伙食补贴，中班、夜班、高温、低温、井下、有毒、有害等特殊工作环境和劳动条件下的津贴，国家法律、法规、规章规定的社会保险福利待遇。

第五十七条 劳动者与用人单位形成或建立劳动关系后，试用、熟练、见习期间，在法定工作时间内提供了正常劳动，其所在的用人单位应当支付其不低于最低工资标准的工资。

《工资支付暂行规定》

第五条 工资应当以法定货币支付。不以实物及有价证券替代货币支付。

---

[1] 【答案】ACD

第十一条　劳动者依法享受年休假、探亲假、婚假、丧假期间，用人单位应按劳动合同规定的标准支付劳动者工资。

第十六条　因劳动者本人原因给用人单位造成经济损失的，用人单位可按照劳动合同的约定要求其赔偿经济损失。经济损失的赔偿，可从劳动者本人的工资中扣除。但每月扣除的部分不得超过劳动者当月工资的20%。若扣除后的剩余工资部分低于当地月最低工资标准，则按最低工资标准支付。

考点3　职业安全卫生

女职工的特殊劳动保护	女职工特殊劳动保护是指根据女职工生理特点和抚育子女的需要，对其在劳动过程中的安全健康所采取的有别于男子的特殊保护。 为保护女职工的身体健康，法律规定： 1. 禁止安排女职工从事矿山井下作业、国家规定的第四级体力劳动强度的劳动和其他禁忌从事的劳动； 2. 不得安排女职工在经期从事高处、高温、低温、冷水作业和国家规定的第三级体力劳动强度的劳动； 3. 不得安排女职工在怀孕期间从事国家规定的第三级体力劳动强度的劳动； 4. 对怀孕7个月以上的女职工，不得安排其延长工作时间和夜班劳动； 5. 女职工生育享受不少于98天的产假； 6. 不得安排女职工在哺乳未满1周岁的婴儿期间从事国家规定的第三级体力劳动强度的劳动和哺乳期禁忌从事的其他劳动，不得安排其延长工作时间和夜班劳动。
未成年工的特殊劳动保护	未成年工是指年满16周岁未满18周岁的劳动者。对未成年工特殊劳动保护的措施主要有： 1. 上岗前培训。未成年工上岗，用人单位应对其进行有关的职业安全卫生教育、培训。 2. 禁止安排未成年工从事有害健康的工作。用人单位不得安排未成年工从事矿山井下、有毒有害、国家规定的第四级体力劳动强度的劳动和其他禁忌从事的劳动。 3. 提供适合未成年工身体发育的生产工具等。 4. 对未成年工定期进行健康检查。

【经典真题】

东星公司新建的化工生产线在投入生产过程中，下列哪些行为违反《劳动法》规定？[1]（2009－1－72）

A. 安排女技术员参加公司技术攻关小组并到位于地下的设备室进行检测

B. 在防止有毒气体泄漏的预警装置调试完成之前，开始生产线的试运行

C. 试运行期间，从事特种作业的操作员已经接受了专门培训，但未取得相应的资格证书

D. 试运行开始前，未对生产线上的员工进行健康检查

【考点】职工安全卫生

【解析】根据《劳动法》第59条："禁止安排女职工从事矿山井下、国家规定的第四

---

〔1〕【答案】BC

级体力劳动强度的劳动和其他禁忌从事的劳动"。第 60 条："不得安排女职工在经期从事高处、低温、冷水作业和国家规定的第三级体力劳动强度的劳动。"第 61 条："不得安排女职工在怀孕期间从事国家规定的第三级体力劳动强度的劳动和孕期禁忌从事的劳动。对怀孕 7个月以上的女职工，不得安排其延长工作时间和夜班劳动。"第 63 条："不得安排女职工在哺乳未满一周岁的婴儿期间从事国家规定的第三级体力劳动强度的劳动和哺乳期禁忌从事的其他劳动，不得安排其延长工作时间和夜班劳动。"对女职工的保护没有 A 项的内容，所以 A 不选。

第 53 条第 2 款的规定："新建、改建、扩建工程的劳动安全卫生设施必须与主体工程同时设计、同时施工、同时投入生产和使用。"所以 B 项违法当选。

根据第 55 条的规定："从事特种作业的劳动者必须经过专门培训并取得特种作业资格。"所以 C 项违法当选。

第 54 条规定："用人单位必须为劳动者提供符合国家规定的劳动安全卫生条件和必要的劳动防护用品，对从事有职业危害作业的劳动者应当定期进行健康检查。"所以 D 项没有违法，不当选。

三、劳动争议调解仲裁

考点 1　劳动争议的范围

（一）劳动者与用人单位之间发生的下列纠纷，属于劳动争议，当事人不服劳动争议仲裁机构作出的裁决，依法提起诉讼的，人民法院应予受理：

1. 劳动合同争议

（1）劳动者与用人单位在履行劳动合同过程中发生的纠纷；

（2）劳动者与用人单位之间没有订立书面劳动合同，但已形成劳动关系后发生的纠纷；

（3）劳动者与用人单位因劳动关系是否已经解除或者终止，以及应否支付解除或者终止劳动关系经济补偿金发生的纠纷；

（4）劳动者与用人单位解除或者终止劳动关系后，请求用人单位返还其收取的劳动合同定金、保证金、抵押金、抵押物发生的纠纷，或者办理劳动者的人事档案、社会保险关系等移转手续发生的纠纷；

（5）劳动者依据劳动合同法第 85 条规定[1]，要求用人单位支付加付赔偿金发生的纠纷；

2. 社会保险争议

（1）劳动者以用人单位未为其办理社会保险手续，且社会保险经办机构不能补办导致其无法享受社会保险待遇为由，要求用人单位赔偿损失发生的纠纷；

（2）劳动者退休后，与尚未参加社会保险统筹的原用人单位因追索养老金、医疗费、工伤保险待遇和其他社会保险待遇而发生的纠纷；

---

[1]《劳动合同法》第 85 条规定，"用人单位有下列情形之一的，由劳动行政部门责令限期支付劳动报酬、加班费或者经济补偿；劳动报酬低于当地最低工资标准的，应当支付其差额部分；逾期不支付的，责令用人单位按应付金额百分之五十以上百分之一百以下的标准向劳动者加付赔偿金：（一）未按照劳动合同的约定或者国家规定及时足额支付劳动者劳动报酬的；（二）低于当地最低工资标准支付劳动者工资的；（三）安排加班不支付加班费的；（四）解除或者终止劳动合同，未依照本法规定向劳动者支付经济补偿的。"

（3）劳动者因为工伤、职业病，请求用人单位依法给予工伤保险待遇发生的纠纷；

3. 企业改制纠纷

因企业自主进行改制发生的纠纷。

（二）下列纠纷不属于劳动争议

1. 行政争议

（1）劳动者请求社会保险经办机构发放社会保险金的纠纷；

（2）劳动者对劳动能力鉴定委员会的伤残等级鉴定结论或者对职业病诊断鉴定委员会的职业病诊断鉴定结论的异议纠纷；

2. 民事争议

（1）劳动者与用人单位因住房制度改革产生的公有住房转让纠纷；

（2）家庭或者个人与家政服务人员之间的纠纷；

（3）个体工匠与帮工、学徒之间的纠纷；

（4）农村承包经营户与受雇人之间的纠纷。

（三）按照普通民事纠纷处理

1. 工资欠条为证据的劳动报酬争议

劳动者以用人单位的工资欠条为证据直接提起诉讼，诉讼请求不涉及劳动关系其他争议的，视为拖欠劳动报酬争议，人民法院按照普通民事纠纷受理。

2. 调解组织就劳动报酬达成调解协议，用人单位不履行给付义务的，劳动者直接起诉

当事人在《劳动争议调解仲裁法》第15条规定的调解组织主持下仅就劳动报酬争议达成调解协议，用人单位不履行调解协议确定的给付义务，劳动者直接提起诉讼的，人民法院可以按照普通民事纠纷受理。

【经典真题】

下列不属于劳动争议的是？[1]

A. 张一与甲公司终止劳动关系后，请求甲公司返还其收取的劳动合同保证金以及办理人事档案、社会保险关系等移转手续发生的纠纷

B. 张二退休后，与尚未参加社会保险统筹的原用人单位乙公司因追索养老金、医疗费、工伤保险待遇和其他社会保险待遇而发生的纠纷

C. 张三因为工伤，请求用人单位丙公司依法给予工伤保险待遇发生的纠纷

D. 张四请求社会保险经办机构发放社会保险金的纠纷

【解析】劳动者与社会保险经办机构之间的争议属于行政争议。

⟁ 关联法条

《最高人民法院关于审理劳动争议案件适用法律问题的解释（一）（2021.1.1）》第1、2条

★特别提示 1. 用人单位与其招用的已经依法享受养老保险待遇或者领取退休金的人员发生用工争议而提起诉讼的，人民法院应当按劳务关系处理。

2. 企业停薪留职人员、未达到法定退休年龄的内退人员、下岗待岗人员以及企业经营

---

[1]【答案】D

性停产放长假人员，因与新的用人单位发生用工争议而提起诉讼的，人民法院应当按劳动关系处理。

【经典真题】

下列表述正确的是？[1]

A. 已经退休的李一到甲公司工作，双方发生的用工争议属于劳动关系纠纷

B. 乙公司内退人员李二到戊公司工作，李二与戊公司发生的用工争议属于劳动关系纠纷

C. 丙公司停薪留职人员李三到庚公司工作，李三与庚公司的用工争议属于劳务关系纠纷

D. 丁公司放长假人员李四到辛公司工作，李四与辛公司的用工争议属于劳动关系纠纷

【解析】 用人单位与其招用的已经依法享受养老保险待遇或者领取退休金的人员之间属于劳务关系；企业停薪留职人员、未达到法定退休年龄的内退人员、下岗待岗人员以及企业经营性停产放长假人员与新的用人单位之间属于劳动关系。

关联法条

《最高人民法院关于审理劳动争议案件适用法律问题的解释（一）（2021.1.1）》第32条

【经典真题】

下列哪些情形不属于《劳动争议处理条例》规定的劳动争议范围？[2]（2009-1-73）

A. 张某自动离职一年后，回原单位要求复职被拒绝

B. 郑某辞职后，不同意公司按存款本息购回其持有的职工股，要求做市场价评估

C. 秦某退休后，因社会保险经办机构未及时发放社会保险金，要求公司协助解决

D. 刘某因工伤致残后，对劳动能力鉴定委员会评定的伤残等级不服，要求重新鉴定

【考点】 劳动争议范围

【解析】 根据《劳动合同法》第2条第1款的规定："中华人民共和国境内的企业、个体经济组织、民办非企业单位等组织（以下称用人单位），与劳动者建立劳动关系，订立、履行、变更、解除或者终止劳动合同，适用本法。"所以A项属于订立劳动合同的争议，可以适用劳动争议处理条例；B项属于股东和公司之间就回购股权的争议不属于劳动争议；C项属于当事人和社保部门的民事争议不属于劳动争议；D项刘某和劳动能力鉴定机构的有关鉴定结果的争议不属于劳动争议。所以本题选BCD。

关联法条

《劳动争议调解仲裁法》

第二条 中华人民共和国境内的用人单位与劳动者发生的下列劳动争议，适用本法：

（一）因确认劳动关系发生的争议；

（二）因订立、履行、变更、解除和终止劳动合同发生的争议；

---

[1]【答案】BD

[2]【答案】BCD

（三）因除名、辞退和辞职、离职发生的争议；

（四）因工作时间、休息休假、社会保险、福利、培训以及劳动保护发生的争议；

（五）因劳动报酬、工伤医疗费、经济补偿或者赔偿金等发生的争议；

（六）法律、法规规定的其他劳动争议。

考点2　劳动争议解决机构

劳动争议调解委员会	用人单位内部设立的，调解本单位发生的劳动争议的群众性组织。劳动争议调解委员会由职工代表、用人单位代表和工会代表组成，用人单位代表的人数不得超过调解委员会总人数的1/3，调解委员会主任由工会代表担任。 ▶ ★**特别提示** 劳动争议发生后当事人可以向劳动争议调解委员会申请调解，也可以不经调解而直接申请仲裁。因开除、除名、辞退违纪职工而发生的劳动争议，一般不由劳动争议调解委员会调解。
劳动争议仲裁委员会	1. 设立。 国家授权、依法独立地对劳动争议案件进行专门仲裁的机构。 劳动争议仲裁委员会由<u>劳动行政部门代表、同级工会代表、用人单位方面的代表组成</u>，上述三方代表人数相等，仲裁委员会的总人数为单数，劳动争议仲裁委员会的<u>主任由劳动行政部门代表担任</u>。 2. 仲裁原则及收费。 劳动争议仲裁委员会仲裁劳动争议，实行仲裁庭仲裁制度。仲裁庭仲裁实行少数服从多数的原则。劳动争议仲裁不收费。劳动争议仲裁委员会的经费由财政予以保障。
人民法院	各级人民法院的民事审判庭审理劳动争议案件。

◈ 关联法条

《劳动争议调解仲裁法》

第十九条第一款　劳动争议仲裁委员会由劳动行政部门代表、工会代表和企业方面代表组成。劳动争议仲裁委员会组成人员应当是单数。

考点3　劳动争议解决程序★

（一）和解

劳动争议发生后，当事人应当协商解决，协商一致后，双方可达成和解协议，但和解协议无必须履行的法律效力，而是由双方当事人自觉履行。协商不是处理劳动争议的必经程序，当事人不愿协商或协商不成，可以向本单位劳动争议调解委员会申请调解或向劳动争议仲裁委员会申请仲裁。

▶ ★**特别提示** 和解不是处理劳动争议的必经程序。

（二）调解

劳动争议调解委员会调解劳动争议，应当自当事人申请调解之日起30日内调解结束。到期未结束的，视为调解不成。经调解达成协议的，应制作调解书。调解协议也无必须履行的法律效力。调解解决劳动争议期间，仲裁申诉时效中止，中止期间最长不得超过30日。调解结束之日仲裁申诉时效继续计算。

▶ ★**特别提示** 调解不是解决劳动争议的必经程序。

（三）仲裁

仲裁是用人单位与劳动者之间劳动争议解决的必经程序。

1. 时效。

劳动争议申请仲裁的时效期间为1年。仲裁时效期间从当事人知道或者应当知道其权利被侵害之日起计算。劳动关系存续期间因拖欠劳动报酬发生争议的，劳动者申请仲裁不受1年仲裁时效期间的限制；但是，劳动关系终止的，应当自劳动关系终止之日起1年内提出。

2. 申请形式。

申请人申请仲裁应当提交书面仲裁申请，并按照被申请人人数提交副本。书写仲裁申请确有困难的，可以口头申请，由劳动争议仲裁委员会记入笔录，并告知对方当事人。

3. 仲裁程序及管辖。

（1）程序。

提出仲裁要求的一方应当自劳动争议发生之日起1年内向劳动争议仲裁委员会提出书面申请。劳动争议仲裁委员会接到仲裁申请后，应当在5日内作出是否受理的决定。

受理后，应当在收到仲裁申请的45日内作出仲裁裁决。案情复杂需要延期的，经劳动争议仲裁委员会主任批准，可以延期并书面通知当事人，但是延长期限不得超过15日。

逾期未作出仲裁裁决的，当事人可以就该劳动争议事项向人民法院提起诉讼。

（2）管辖。

① 劳动争议由劳动合同履行地或者用人单位所在地的劳动争议仲裁委员会管辖。

② 双方当事人分别向劳动合同履行地和用人单位所在地的劳动争议仲裁委员会申请仲裁的，由劳动合同履行地的劳动争议仲裁委员会管辖。

4. 先行调解的原则。

仲裁应贯彻先调解的原则，经调解达成协议的，应制作调解书。仲裁调解书具有法律效力，自送达之日起产生约束力，当事人必须自觉履行。一方当事人不履行的，另一方当事人可以申请法院强制执行。

5. 片面终局裁决。

劳动争议仲裁委员会对下列案件的裁决，针对用人单位来讲实行一裁终局：

（1）小额争议：追索劳动报酬、工伤医疗费、经济补偿或者赔偿金，不超过当地月最低工资标准12个月金额的争议；

（2）劳动标准争议：因执行国家的劳动标准在工作时间、休息休假、社会保险等方面发生的争议。

劳动者对一裁终局的仲裁裁决不服的，可以自收到仲裁裁决书之日起15日向人民法院起诉。而用人单位对一裁终局的仲裁裁决，不能再向法院起诉，也不能申请再次仲裁，但在具备法定情形时，用人单位可以向人民法院申请撤销。

除一裁终局的仲裁裁决以外的其他劳动争议案件的仲裁裁决，当事人不服的，可以自收到仲裁裁决书之日起15日内向人民法院提起诉讼；期满不起诉的，裁决书发生法律效力。一方当事人逾期不履行，另一方当事人可以向人民法院申请强制执行。受理申请的人民法院应当依法执行。

> **★特别提示** 举证责任倒置：证据由用人单位掌握的，由单位举证，否则单位承担不利后果。劳动者主张加班费的，应当就加班事实的存在承担举证责任。但劳动者有证据证明用人单位掌握加班事实存在的证据，用人单位不提供的，由用人单位承担不利后果。因

用人单位作出的开除、除名、辞退、解除劳动合同、减少劳动报酬、计算劳动者工作年限等决定而发生的劳动争议，用人单位负举证责任。

（四）诉讼

当事人对可诉的仲裁裁决不服的，可自收到仲裁裁决书之日起 15 日内向人民法院提起诉讼。对经过仲裁裁决，当事人向法院起诉的劳动争议案件，人民法院应当受理。

★特别提示 加括号的环节表示不是必经程序。

劳动争议解决程序	签订集体合同发生的争议解决	履行集体合同发生的争议解决
（双方协商）——（劳动争议调解委员会调解）——劳动争议仲裁委员会仲裁——（人民法院审判）	双方应协商解决——劳动保障行政部门组织各方协调处理	（双方协商解决）——劳动争议仲裁委员会仲裁——（人民法院审判）

【经典真题】

李某原在甲公司就职，适用不定时工作制。2012 年 1 月，因甲公司被乙公司兼并，李某成为乙公司职工，继续适用不定时工作制。2012 年 12 月，由于李某在年度绩效考核中得分最低，乙公司根据公司绩效考核制度中"末位淘汰"的规定，决定终止与李某的劳动关系。李某于 2013 年 11 月提出劳动争议仲裁申请，主张：原劳动合同于 2012 年 3 月到期后，乙公司一直未与本人签订新的书面劳动合同，应从 4 月起每月支付二倍的工资；公司终止合同违法，应恢复本人的工作。

1. 关于李某申请仲裁的有关问题，下列选项正确的是：[1]（2014－1－86）

A. 因劳动合同履行地与乙公司所在地不一致，李某只能向劳动合同履行地的劳动争议仲裁委员会申请仲裁

B. 申请时应提交仲裁申请书，确有困难的也可口头申请

C. 乙公司对终止劳动合同的主张负举证责任

D. 对劳动争议仲裁委员会逾期未作出是否受理决定的，李某可就该劳动争议事项向法院起诉

【考点】 劳动仲裁

【解析】《劳动争议调解仲裁法》第 21 条："劳动争议仲裁委员会负责管辖本区域内发生的劳动争议。劳动争议由劳动合同履行地或者用人单位所在地的劳动争议仲裁委员会管辖。双方当事人分别向劳动合同履行地和用人单位所在地的劳动争议仲裁委员会申请仲裁的，由劳动合同履行地的劳动争议仲裁委员会管辖。"所以 A 错误。

《劳动争议调解仲裁法》第 28 条第 3 款："书写仲裁申请确有困难的，可以口头申请，由劳动争议仲裁委员会记入笔录，并告知对方当事人。"B 正确。

《劳动争议调解仲裁法》第 29 条："……对劳动争议仲裁委员会不予受理或者逾期未作出决定的，申请人可以就该劳动争议事项向人民法院提起诉讼。"所以 D 正确。

《劳动争议调解仲裁法》第 6 条："发生劳动争议，当事人对自己提出的主张，有责任提供证据。与争议事项有关的证据属于用人单位掌握管理的，用人单位应当提供；用人单

---

[1] **【答案】** BCD

位不提供的,应当承担不利后果。"所以劳动争议的处理也遵循"谁主张,谁举证"的原则,乙公司主张终止劳动合同,应当就此提出相关的证据,承担举证责任,C正确。

2. 李某因追索工资与所在公司发生争议,遂向律师咨询。该律师提供的下列哪些意见是合法的?[1] (2012-1-71)

A. 解决该争议既可与公司协商,也可申请调解,还可直接申请仲裁

B. 应向劳动者工资关系所在地的劳动争议仲裁委提出仲裁请求

C. 如追索工资的金额未超过当地月最低工资标准12个月金额,则仲裁裁决为终局裁决,用人单位不得再起诉

D. 即使追索工资的金额未超过当地月最低工资标准12个月金额,只要李某对仲裁裁决不服,仍可向法院起诉

【考点】劳动争议处理

【解析】《劳动法》第77条第1款:"用人单位与劳动者发生劳动争议,当事人可以依法申请调解、仲裁、提起诉讼,也可以协商解决。"据此,A项正确。(另外,还可参考《劳动争议调解仲裁法》第4、5条)

《劳动争议调解仲裁法》第21条第2款:"劳动争议由劳动合同履行地或者用人单位所在地的劳动争议仲裁委员会管辖。双方当事人分别向劳动合同履行地和用人单位所在地的劳动争议仲裁委员会申请仲裁的,由劳动合同履行地的劳动争议仲裁委员会管辖。"据此,B项错误。

《劳动争议调解仲裁法》第47条:"下列劳动争议,除本法另有规定的外,仲裁裁决为终局裁决,裁决书自作出之日起发生法律效力:(一)追索劳动报酬、工伤医疗费、经济补偿或者赔偿金,不超过当地月最低工资标准12个月金额的争议;(二)因执行国家的劳动标准在工作时间、休息休假、社会保险等方面发生的争议。"第48条:"劳动者对本法第47条规定的仲裁裁决不服的,可以自收到仲裁裁决书之日起15日内向人民法院提起诉讼。"本条体现了对劳动者的倾斜保护。据上述法条的规定,工资金额未超过当地月最低工资标准12个月金额,仲裁裁决为终局裁决,用人单位不得再起诉,但劳动者对仲裁裁决不服的,可以向人民法院提起诉讼。C、D说法正确。

▽ **关联法条**

《劳动争议调解仲裁法》

第二十一条 劳动争议仲裁委员会负责管辖本区域内发生的劳动争议。

劳动争议由劳动合同履行地或者用人单位所在地的劳动争议仲裁委员会管辖。双方当事人分别向劳动合同履行地和用人单位所在地的劳动争议仲裁委员会申请仲裁的,由劳动合同履行地的劳动争议仲裁委员会管辖。(两地均有管辖权,有冲突的时候,劳动合同履行地优先)

第二十七条 劳动争议申请仲裁的时效期间为一年。仲裁时效期间从当事人知道或者应当知道其权利被侵害之日起计算。

前款规定的仲裁时效,因当事人一方向对方当事人主张权利,或者向有关部门请求权利救济,或者对方当事人同意履行义务而中断。从中断时起,仲裁时效期间重新计算。

---

[1] 【答案】ACD

因不可抗力或者有其他正当理由，当事人不能在本条第一款规定的仲裁时效期间申请仲裁的，仲裁时效中止。从中止时效的原因消除之日起，仲裁时效期间继续计算。

劳动关系存续期间因拖欠劳动报酬发生争议的，劳动者申请仲裁不受本条第一款规定的仲裁时效期间的限制；但是，劳动关系终止的，应当自劳动关系终止之日起一年内提出。

第二十八条 申请人申请仲裁应当提交书面仲裁申请，并按照被申请人人数提交副本。

仲裁申请书应当载明下列事项：

（一）劳动者的姓名、性别、年龄、职业、工作单位和住所，用人单位的名称、住所和法定代表人或者主要负责人的姓名、职务；

（二）仲裁请求和所根据的事实、理由；

（三）证据和证据来源、证人姓名和住所。

书写仲裁申请确有困难的，可以口头申请，由劳动争议仲裁委员会记入笔录，并告知对方当事人。

四、社会保险法

险种	适用对象	缴费	适用要点
基本养老	全民	1. 缴费（部分积累制，实现社会互助与个人责任的结合）。 职工应当参加基本养老保险，由用人单位和职工共同缴纳基本养老保险费。 （1）用人单位应当按照国家规定的本单位职工工资总额的比例缴纳基本养老保险费，记入基本养老保险统筹基金。 （2）职工应当按照国家规定的本人工资的比例缴纳基本养老保险费，记入个人账户。 （3）无雇工的个体工商户、未在用人单位参加基本养老保险的非全日制从业人员以及其他灵活就业人员参加基本养老保险的，应当按照国家规定缴纳基本养老保险费，分别记入基本养老保险统筹基金和个人账户。 2. 基本养老保险基金。 基本养老保险实行社会统筹与个人账户相结合。 （1）基本养老保险基金由用人单位和个人缴费以及政府补贴等组成（《社会保险法》第11条）。 （2）个人账户不得提前支取，记账利率不得低于银行定期存款利率，免征利息税。个人死亡的，个人账户余额可以继承（《社会保险法》第14条）。 3. 基本养老金。 （1）基本养老金由统筹养老金和个人账户养老金组成。 （2）参加基本养老保险的个人，达到法定退	1. 参加基本养老保险的个人，达到法定退休年龄时累计缴费满十五年的，按月领取基本养老金。 2. 个人账户不得提前支取，记账利率不得低于银行定期存款利率，免征利息税。个人死亡的，个人账户余额可以继承。

续表

险种	适用对象	缴费	适用要点
		休年龄时累计缴费满十五年的，按月领取基本养老金。 （3）参加基本养老保险的个人，达到法定退休年龄时累计缴费不足十五年的，可以缴费至满十五年，按月领取基本养老金；也可以转入新型农村社会养老保险或城镇居民社会养老保险，按照国务院规定享受相应的养老保险待遇。 4. 丧葬补助金和抚恤金、病残津贴。 参加基本养老保险的个人，因病或非因工死亡的，其遗属可以领取丧葬补助金和抚恤金；在未达到法定退休年龄时因病或者非因工致残完全丧失劳动能力的，可以领取病残津贴。所需资金从基本养老保险基金中支付。 5. 全国统筹。 个人跨统筹地区就业的，其基本养老保险关系随本人转移，缴费年限累计计算。个人达到法定退休年龄时，基本养老金分段计算、统一支付。	
基本医疗	全民	1. 在职员工：职工＋单位。 2. 其他：个人缴纳。 ★特别提示 享受最低生活保障的人、丧失劳动能力的残疾人、低收入家庭六十周岁以上的老年人和未成年人等所需个人缴费部分，由政府给予补贴。	不纳入医保基金支付范围的费用： （1）应当从工伤保险基金中支付的； （2）应当由第三人负担的； （3）应当由公共卫生负担的； （4）在境外就医的。
工伤	在职员工	单位	1. 职工所在用人单位未依法缴纳工伤保险费，发生工伤事故的，由用人单位支付工伤保险待遇。用人单位不支付的，从工伤保险基金中先行支付。 从工伤保险基金中先行支付的工伤保险待遇应当由用人单位偿还。用人单位不偿还的，社会保险经办机构追偿。 2. 停止工伤保险待遇。 （1）丧失享受待遇条件； （2）拒不接受劳动能力鉴定的； （3）拒绝治疗的。 3. 个人跨统筹地区就业的，其基本医疗保险关系随本人转移，缴费年限累计计算。

续表

险种	适用对象	缴费	适用要点
失业	在职员工	个人＋单位	1. <u>享受失业待遇条件</u>。 （1）失业前用人单位和本人已经缴纳失业保险费满一年的； （2）非因本人意愿中断就业的； （3）已经进行失业登记，并有求职要求的。 2. <u>停止失业保险待遇的情形</u>。 ①重新就业的；②应征服兵役的；③移居境外的；④享受基本养老保险待遇的；⑤无正当理由，拒不接受当地人民政府指定部门或者机构介绍的适当工作或者提供的培训的。 3. <u>失业人员应当缴纳的基本医疗保险费从失业保险基金中支付，个人不缴纳基本医疗保险费</u>。
生育	在职员工	单位	1. 女职工生育享受产假。 2. 享受计划生育手术休假。 3. 法律、法规规定的其他情形。 生育津贴按照职工所在用人单位<u>上年度职工月平均工资</u>计发。 职工未就业<u>配偶</u>按照国家规定享受生育医疗费用待遇。 ★特别提示 男女员工均适用

【经典真题】

农民姚某于 2016 年 3 月 8 日进入红海公司工作，双方未签订书面劳动合同，红海公司也未给姚某缴纳基本养老保险，姚某向社保机构缴纳了基本养老保险费。同年 12 月 8 日，姚某以红海公司未为其缴纳社会保险为由申请辞职。经查，姚某的工资属于所在地最低工资标准额。关于此事，下列哪些说法是正确的？[1]（17－1－72）

A. 姚某自 2016 年 3 月 8 日起即与红海公司建立劳动关系

B. 红海公司自 2016 年 4 月 8 日起，应向姚某每月支付两倍的工资

C. 姚某应参加新型农村社会养老保险，而不应参加基本养老保险

D. 姚某就红海公司未缴养老保险费而发生争议的，可要求社保行政部门或社保费征收机构处理

【解析】依据《劳动合同法》第 7 条的规定，用人单位自用工之日起即与劳动者建立劳动关系。A 选项正确。

依据《劳动合同法》第 82 条第 1 款的规定，依据《劳动合同法实施条例》第 6 条第 2 款的规定，用人单位自用工之日起超过一个月不满一年未与劳动者订立书面劳动合同的，

---

〔1〕【答案】ABD

应当向劳动者每月支付二倍的工资。用人单位向劳动者每月支付两倍工资的起算时间为用工之日起满一个月的次日，截止时间为补订书面劳动合同的前一日。B选项正确。

依据《社会保险法》第10条第1款的规定，职工参加养老保险是法定义务，C选项错误。

依据《社会保险法》第83条的规定，用人单位侵害个人社会保险权益的，个人也可以要求社会保险行政部门或者社会保险费征收机构依法处理。D选项正确。

🔽 **关联法条**

《社会保险法》第10、83条，《劳动合同法》第7、82条，《劳动合同法实施条例》第6条

【本章小结】

本章劳动合同法和社会保险法中覆盖的考点最多也最重要。需要重点掌握如下考点：劳动合同法中重点掌握劳动关系的建立、书面劳动合同的签订及不按时签订的惩罚、劳动合同的可备条款（试用期、专项培训、保密、竞业限制等）、劳动合同的解除和终止（劳动者单方解除及用人单位单方解除）、经济补偿、劳务派遣、非全日制用工；劳动基准法中需重点掌握女职工及未成年工的保护；劳动争议调解仲裁法中需重点掌握劳动争议的范围及仲裁的程序；社会保险法中重点关注基本养老保险、基本医疗保险、工伤保险、失业保险、生育保险的特点。

第六章
土地和房地产管理法

> **导学** 本章包括土地管理法、城乡规划法、城市房地产管理法、不动产登记暂行条例四个部分，法律职业资格考试中涉考题量平均在2~3题，平均分值在2~4分。其中考点相对集中在土地管理法，房地产管理法往往会与土地管理法结合设计题目，城乡规划法涉考的话，为一道题的量。

★【本部分常考考点包括】

国有土地使用权、集体土地使用权、建设用地管理、划拨土地使用权的转让、土地纠纷处理、城乡规划的实施、临时建设规划、房地产交易等。

土地法的复习应当深入理解我国土地制度的基本原理和基本制度、民法典物权编的基本原理，把握土地使用权的出让——土地使用权的转让——土地使用权纠纷的逻辑线索，重点掌握土地使用权的取得、变动、续期的基本规则。土地法的命题出现了更加细致的趋势，如17年考查的部分法条比较生僻，但基于我国土地制度的基本原理，考生可以给出正确答案。

土地、房地产管理法框架体系

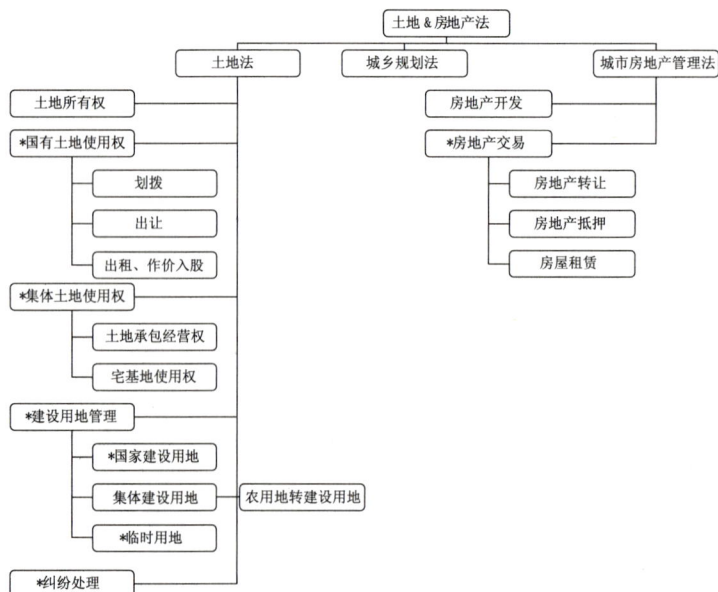

```
                        土地 & 房地产法
        ┌───────────────────┼───────────────────┐
      土地法              城乡规划法         城市房地产管理法

  土地所有权─────────┐                        房地产开发────────┐
  *国有土地使用权────┤                      *房地产交易─────────┤
        ┌─────────┤                              ┌──────────┤
      划拨           │                          房地产转让      │
      出让           │                          房地产抵押      │
      出租、作价入股  │                          房屋租赁        │
  *集体土地使用权────┤
      土地承包经营权  │
      宅基地使用权    │
  *建设用地管理──────┤
      *国家建设用地   │
      集体建设用地────农用地转建设用地
      *临时用地      │
  *纠纷处理──────────┘
```

土地所有权	国家土地所有权		
	集体土地所有权		
土地使用权	国家土地使用权 （国家建设用地）	出让土地使用权	
		划拨土地使用权	
	集体土地使用权	农用地使用权	家庭承包经营权
			其他方式承包经营权
		非农用地使用权 （集体建设用地）	非农经营用地使用权
			非农公益用地使用权
			宅基地使用权

一、土地管理法

考点1　土地所有权

所有权种类	主体	范围
国有土地所有权	**国家。** 由国务院代表国家行使。同时，国务院可通过制定行政法规或发布行政命令授权地方人民政府或其职能部门行使国家土地所有权。	1. 城市市区的土地； 2. 农村和城市郊区被国家依法没收、征收、征购的土地； 3. 国家依法征收的原属于集体所有的土地； 4. 依法不属于集体所有的林地、草地、荒地、滩涂及其他土地； 5. 农村集体经济组织全部成员转为城镇居民的，原属于其成员集体所有的土地； 6. 因国家组织移民、自然灾害等原因，农民成建制地集体迁移后，不再使用的原属于迁移农民集体所有的土地。
集体土地所有权	1. 农民集体所有的土地依法属于村农民集体所有的，由村集体经济组织或者村民委员会作为所有者代表经营、管理。 2. 在一个村范围内存在两个以上农村集体经济组织，且农民集体所有的土地已经分别属于该两个以上组织的农民集体所有的，由农村集体经济组织或者村民小组作为所有者代表经营、管理。 3. 农民集体所有的土地，已经属于乡（镇）农民集体所有的，由乡（镇）农村集体经济组织作为所有者代表经营、管理。	1. 农村和城市郊区的土地，除由法律规定属于国家所有的以外，属于农民集体所有； 2. 宅基地和自留地、自留山，属于农民集体所有。 ▶★**特别提示** 集体土地所有权的行使受以下限制： （1）集体所有的土地不能直接用于房地产开发，也不得出让、转让、出租于非农业建设，不得擅自改变土地用途。向他人提供土地使用权，须经乡（镇）人民政府批准； （2）集体土地的重大处分，应当依法经农村集体经济组织成员表决同意。 **房地产开发须先转为国有**：城市规划区内的集体所有的土地，经依法征用转为国有土地后，该国有土地的使用权方可有偿出让。

考点 2　永久基本农田保护制度（土地管理法 F33 – 35）

（一）永久基本农田

1. 国家实行永久基本农田保护制度。下列耕地应当根据土地利用总体规划划为永久基本农田，实行严格保护：

（1）经国务院农业农村主管部门或者县级以上地方人民政府批准确定的粮、棉、油、糖等重要农产品生产基地内的耕地；

（2）有良好的水利与水土保持设施的耕地，正在实施改造计划以及可以改造的中、低产田和已建成的高标准农田；

（3）蔬菜生产基地；

（4）农业科研、教学试验田；

（5）国务院规定应当划为永久基本农田的其他耕地。

各省、自治区、直辖市划定的永久基本农田一般应当占本行政区域内耕地的百分之八十以上，具体比例由国务院根据各省、自治区、直辖市耕地实际情况规定。

（二）管理和保护

1. 公告

乡（镇）人民政府应当将永久基本农田的位置、范围向社会公告，并设立保护标志。

永久基本农田经依法划定后，任何单位和个人不得擅自占用或者改变其用途。

2. 建设项目难以避让基本农田的，国务院审批

国家能源、交通、水利、军事设施等重点建设项目选址确实难以避让永久基本农田，涉及农用地转用或者土地征收的，必须经国务院批准。

3. 禁止调整规划，规避永久基本农田的审批

禁止通过擅自调整县级土地利用总体规划、乡（镇）土地利用总体规划等方式规避永久基本农田农用地转用或者土地征收的审批。

考点 3　土地征收（土地管理法 F45 – 48）

（一）征收的情形

1. 为了公共利益的需要，有下列情形之一，确需征收农民集体所有的土地的，可以依法实施征收：

（1）军事外交

军事和外交需要用地的；

（2）基础设施

由政府组织实施的能源、交通、水利、通信、邮政等基础设施建设需要用地的；

（3）公共事业

由政府组织实施的科技、教育、文化、卫生、体育、生态环境和资源保护、防灾减灾、文物保护、社区综合服务、社会福利、市政公用、优抚安置、英烈保护等公共事业需要用地的；

（4）安居工程

由政府组织实施的扶贫搬迁、保障性安居工程建设需要用地的；应当纳入国民经济和社会发展年度计划

（5）城镇建设

在土地利用总体规划确定的城镇建设用地范围内，经省级以上人民政府批准由县级以上地方人民政府组织实施的成片开发建设需要用地的；应当纳入国民经济和社会发展年度计划；成片开发并应当符合国务院自然资源主管部门规定的标准。

（6）公共利益

法律规定为公共利益需要可以征收农民集体所有的土地的其他情形。

上述建设活动，应当符合国民经济和社会发展规划、土地利用总体规划、城乡规划和专项规划；

2. 国务院批准的征收情形：

（1）永久基本农田；

（2）永久基本农田以外的耕地超过三十五公顷的；

（3）其他土地超过七十公顷的。

征收前款规定以外的土地的，由省、自治区、直辖市人民政府批准。

（二）征收程序：公告——听取意见——听证——签约

1. 公告

国家征收土地的，依照法定程序批准后，由县级以上地方人民政府予以公告并组织实施。

2. 风险评估、听取意见

县级以上地方人民政府拟申请征收土地的，应当开展拟征收土地现状调查和社会稳定风险评估，并将征收范围、土地现状、征收目的、补偿标准、安置方式和社会保障等在拟征收土地所在的乡（镇）和村、村民小组范围内公告至少三十日，听取被征地的农村集体经济组织及其成员、村民委员会和其他利害关系人的意见。

3. 听证

多数被征地的农村集体经济组织成员认为征地补偿安置方案不符合法律、法规规定的，县级以上地方人民政府应当组织召开听证会，并根据法律、法规的规定和听证会情况修改方案。

4. 订立协议

拟征收土地的所有权人、使用权人应当在公告规定期限内，持不动产权属证明材料办理补偿登记。县级以上地方人民政府应当组织有关部门测算并落实有关费用，保证足额到位，与拟征收土地的所有权人、使用权人就补偿、安置等签订协议；个别确实难以达成协议的，应当在申请征收土地时如实说明。

相关前期工作完成后，县级以上地方人民政府方可申请征收土地。

（三）征收补偿

1. 公平、合理补偿

征收土地应当给予公平、合理的补偿，保障被征地农民原有生活水平不降低、长远生计有保障。

2. 土地补偿费、安置补助费、土地附着物和青苗补偿费、社会保障费

征收土地应当依法及时足额支付土地补偿费、安置补助费以及农村村民住宅、其他地上附着物和青苗等的补偿费用，并安排被征地农民的社会保障费用。

（1） 土地补偿费、安置补助费标准

征收农用地的土地补偿费、安置补助费标准由省、自治区、直辖市通过制定公布区片综合地价确定。制定区片综合地价应当综合考虑土地原用途、土地资源条件、土地产值、土地区位、土地供求关系、人口以及经济社会发展水平等因素，并至少每三年调整或者重新公布一次。

（2） 其他土地、地上附着物和青苗等的补偿标准

征收农用地以外的其他土地、地上附着物和青苗等的补偿标准，由省、自治区、直辖市制定。对其中的农村村民住宅，应当按照先补偿后搬迁、居住条件有改善的原则，尊重农村村民意愿，采取重新安排宅基地建房、提供安置房或者货币补偿等方式给予公平、合理的补偿，并对因征收造成的搬迁、临时安置等费用予以补偿，保障农村村民居住的权利和合法的住房财产权益。

（3） 被征地农民纳入社会保障体系

县级以上地方人民政府应当将被征地农民纳入相应的养老等社会保障体系。

被征地农民的社会保障费用主要用于符合条件的被征地农民的养老保险等社会保险缴费补贴。

考点4 国有土地使用权★★

（一） 出让——有偿、有期

1. 取得。

出让是指国家将国有土地使用权在一定年限内出让给土地使用者，由土地使用者向国家支付土地使用权出让金的行为。

2. 特征。

（1） 国有土地有偿使用。

（2） 出让合同为双务有偿合同。土地使用权出让合同在我国目前主要采取拍卖、招标和双方协议的方式订立，而且各有侧重。采取双方协议方式出让土地使用权的出让金不得低于按国家规定所确定的最低价。

（3） 国有土地有限期使用。国家规定国有土地使用权出让的最高年限，分以下几种情况：居住用地70年；工业用地50年；教育、科技、文化、卫生、体育用地50年；商业、旅游、娱乐用地40年；综合或其他用地50年。

> ★特别提示 只需要记忆商业、旅游、娱乐用地40年即可。居住用地70年，众所周知，其他用地都是50年。

出让合同约定的使用年限届满，土地使用者需要继续使用土地的，应最迟于届满前1年申请续期，除根据社会公共利益需要收回该幅土地的，应当予以批准。

（二） 划拨——无偿、无期

1. 取得。

县级以上政府依法批准，在土地使用者缴纳补偿、安置等费用后将该幅土地交付其使用，或者将土地使用权无偿交付给土地使用者使用的行为。

下列建设用地，经县级以上人民政府依法批准，可以以划拨方式取得：

（1） 国家机关用地和军事用地；

（2） 城市基础设施用地和公益事业用地；

（3）国家重点扶持的能源、交通、水利等基础设施用地；

（4）法律、行政法规规定的其他用地。

划拨土地都是无期限的，是无偿的，需要缴纳安置费、补偿金等费用。

2. 特征。

（1）土地使用权划拨只针对国有土地而言，集体土地不适用划拨方式；

（2）土地使用权划拨是一种行政行为，创设民事权利。土地使用权出让则是一种民事行为；

（3）土地使用权划拨存在两种形式：

① 是经县级以上人民政府依法批准，在土地使用者缴纳补偿、安置等费用后将该幅土地交付给土地使用者使用。该补偿、安置等费用并不是土地使用权的对价，而只是对原先的土地使用者损失和重新安置的补偿。

② 是经县级以上人民政府依法批准，土地使用者无须缴纳补偿、安置等费用，将国有土地无偿交付给土地使用者使用。

（4）以划拨方式取得土地使用权的，除法律、行政法规另有规定外，没有使用期限的限制。

3. 划拨土地上的房地产交易。

土地使用权由划拨转为出让。

（1）以划拨方式取得土地使用权的，转让房地产时，应报有批准权的人民政府审批。有批准权的人民政府准予转让的，应由受让方办出让手续，并缴纳出让金。

（2）以划拨方式取得土地使用权的，转让房地产报批时，有批准权的人民政府决定可以不办理出让手续的，转让方应将转让房地产所获的土地收益上缴国家或作其他处理。

★特别提示 划拨土地经批准出让时，不一定必须办理土地使用权手续，不办理的转让方上缴土地收益，办理手续的，由受让方办理并且缴纳土地使用权出让金。

出租：

房屋所有权人以营利为目的，将以划拨方式取得使用权的国有土地上建成的房屋出租，应当将租金中所含土地收益上缴国家。

★特别提示 划拨土地使用权可以随同地上房屋等附着物一起出租，但不得单独出租划拨土地使用权。

抵押：

（1）划拨土地上房地产抵押。

设定房地产抵押权的土地使用权是以划拨方式取得的，依法拍卖该房地产后，应当从拍卖所得的价款中缴纳相当于应缴纳的土地使用权出让金的款额后，抵押权人方可优先受偿。

我国实行土地使用权和建筑物一并抵押的原则，当划拨土地使用权人将土地上的建筑物设定抵押权时，该建筑物占用范围内的国有土地同时抵押。当抵押权人为实现抵押权而拍卖该抵押物时，取得建筑物所有权的人同时取得了该土地的使用权，只是土地使用权出让金应当从拍卖价款中优先支付。

（2）新增地上物的处置。

房地产抵押合同签订后，土地上新增的房屋不属于抵押财产。可以依法将土地上新增的房屋与抵押财产一同拍卖，对拍卖新增房屋所得，抵押权人无权优先受偿。

（三）土地使用权的收回

1. 为公共利益需要使用土地的，收回时应对土地使用权人给予适当补偿。

2. 为实施城市规划进行旧城区改建，需要调整使用土地的，收回时应对土地使用权人给予适当补偿。

3. 土地出让等有偿使用合同约定的使用期限届满，土地使用者未申请续期或者申请未获批准的。

4. 土地使用者违反城市规划或土地使用权出让合同的规定而开发利用土地，被国家强制收回的。

5. 因单位撤销、迁移等原因停止使用原划拨的国有土地的。

6. 公路、铁路、机场、矿场等经核准报废的。

★特别提示

1. 农村集体经济组织收回土地使用权

有下列情形之一的，农村集体经济组织报**经原批准用地的人民政府**批准，可以收回土地使用权：

（1）为乡（镇）村公共设施和公益事业建设，需要使用土地的；（对土地使用权人应当给予适当补偿）。

（2）不按照批准的用途使用土地的；

（3）因撤销、迁移等原因而停止使用土地的。

【经典真题】

1. 某市政府在土地管理中的下列哪些行为违反了《土地管理法》的规定？[1]（2011 – 1 – 70）

A. 甲公司在市郊申请使用一片国有土地修建经营性墓地，市政府批准其以划拨方式取得土地使用权

B. 乙公司投标取得一块商品房开发用地的出让土地使用权，市政府同意其在房屋建成销售后缴纳土地出让金

C. 丙公司以出让方式在本市规划区取得一块工业用地，市国土局在未征得市规划局同意的情况下，将该土地的用途变更为住宅建设用地

D. 丁公司在城市规划区取得一块临时用地，使用已达 6 年，并在该处修建了永久性建筑，市政府未收回土地，还为该建筑发放了房屋产权证

【考点】 国有土地使用权

【解析】 根据《土地管理法》第 54 条："建设单位使用国有土地，应当以出让等有偿使用方式取得；但是，下列建设用地，经县级以上人民政府依法批准，可以以划拨方式取得：

（一）国家机关用地和军事用地；（二）城市基础设施用地和公益事业用地；（三）国家重点扶持的能源、交通、水利等基础设施用地；（四）法律、行政法规规定的其他用地。"

A 项中的用途并不符合法定的可以使用划拨土地的情况，A 违法。

---

〔1〕【答案】ABCD

第55条第1款："以出让等有偿使用方式取得国有土地使用权的建设单位，按照国务院规定的标准和办法，缴纳土地使用权出让金等土地有偿使用费和其他费用后，方可使用土地。"所以B项违法。

第56条："建设单位使用国有土地的，应当按照土地使用权出让等有偿使用合同的约定或者土地使用权划拨批准文件的规定使用土地；确需改变该幅土地建设用途的，应当经有关人民政府自然资源主管部门同意，报原批准用地的人民政府批准。其中，在城市规划区内改变土地用途的，在报批前，应当先经有关城市规划行政主管部门同意。"所以C项违法。

第57条："建设项目施工和地质勘查需要临时使用国有土地或者农民集体所有的土地的，由县级以上人民政府土地行政主管部门批准。其中，在城市规划区内的临时用地，在报批前，应当先经有关城市规划行政主管部门同意。土地使用者应当根据土地权属，与有关土地行政主管部门或者农村集体经济组织、村民委员会签订临时使用土地合同，并按照合同的约定支付临时使用土地补偿费。临时使用土地的使用者应当按照临时使用土地合同约定的用途使用土地，并不得修建永久性建筑物。临时使用土地期限一般不超过二年。"所以D项违法。

2. 关于国有土地，下列哪些说法是正确的？[1]（2010－1－75）

A. 国有土地可以是建设用地，也可以是农用地

B. 国有土地可以确定给单位使用，也可以确定给个人使用

C. 国有土地可以有偿使用，也可以无偿使用

D. 国有土地使用权可以有期限，也可以无期限

【考点】国有土地使用权

【解析】根据《土地管理法》第9条："城市市区的土地属于国家所有。农村和城市郊区的土地，除由法律规定属于国家所有的以外，属于农民集体所有；宅基地和自留地、自留山，属于农民集体所有。"例如国有农场作为农用地属于国家所有，所以A正确；第10条："国有土地和农民集体所有的土地，可以依法确定给单位或者个人使用。"所以B正确；划拨土地可以为无偿或无期，CD正确。

考点5　集体土地使用权★★★

类型	具体分类	主体	取得	审批	内容与限制
农用地使用权	土地承包经营权：家庭承包	内包：集体经济组织内成员；发包后可外转	承包	农村集体经济组织、村民委员会或村民小组发包	内部转让：发包方同意；转包、出租、互换、其他方式：发包方备案
	土地承包经营权其他方式承包	可直接外包	招标、拍卖、公开协商等方式	外包：三分之二决＋乡府批	转让、出租、入股、抵押或其他方式流转

---

[1]【答案】ABCD

续表

类型	具体分类	主体	取得	审批	内容与限制
非农用地使用权	非农经营用地使用权	企业或集体经济组织	投资	县以上土地局申请，县以上府批	不得转让、出租；因破产、兼并、分立而被其他企业继受的，办理土地出让
	非农公益用地使用权	公益单位	拨付	乡府审、县以上土地局申请，县以上府批	占有、使用
	宅基地使用权	集体经济组织内部成员	分配	乡府审	出卖、出租后失权；一户一基；不得超标

★特别提示（土地管理法 F82）

擅自将农民集体所有的土地通过出让、转让使用权或出租等方式用于非农业建设，或者违反本法规定，将集体经营性建设用地通过出让、出租等方式交由单位或者个人使用的，由县级以上人民政府自然资源主管部门责令限期改正，没收违法所得，并处罚款。

（一）农用地使用权的取得方式为承包（因此又被称为"土地承包经营权"）

1. 农用地使用权——土地承包经营权。

农村集体经济组织成员或其他单位个人依法以家庭承包户或其他方式承包取得，用于农林牧渔等生产经营的有期限的集体土地使用权。

（1）家庭承包。

①取得。

A. 村农民集体所有的，由村集体经济组织或村民委员会发包；村内两个以上农村集体经济组织的农民集体所有的，由村内各该农村集体经济组织或村民小组发包。

B. 国家所有依法由农民集体使用的农村土地，由使用该土地的农村集体经济组织、村民委员会或村民小组发包。

C. 承包方案应依法经本集体经济组织成员的村民会议三分之二以上成员或三分之二以上村民代表同意。

D. 内包：家庭承包的承包方是本集体经济组织的农户。

②内容与限制：流转。

A. 土地经营权流转，当事人双方应签订书面流转合同。

a. 外转，必须经村民会议三分之二以上成员或三分之二以上村民代表的同意，并报乡（镇）人民政府批准。

b. 采取出租（转包）、入股或者其他方式流转的，应当报发包方备案。

B. 不得擅自改变土地用途，不得擅自将农用地转为非农用地。

③收回、调整与保护。

因自然灾害严重毁损承包地等特殊情形对个别农户之间承包的耕地和草地需要适当调整的，必须经本集体经济组织成员的村民会议三分之二以上成员或三分之二以上村民代表同意，并报乡（镇）人民政府和县级人民政府农业等行政主管部门批准。

④继承。承包收益依法继承（《农村土地承包法》第32条）

【经典真题】

季大与季小兄弟二人，成年后各自立户，季大一直未婚。季大从所在村集体经济组织承包耕地若干。关于季大的土地承包经营权，下列哪些表述是正确的?[1]（2014－3－56）

A. 自土地承包经营权合同生效时设立

B. 如季大转让其土地承包经营权，则未经变更登记不发生转让的效力

C. 如季大死亡，则季小可以继承该土地承包经营权

D. 如季大死亡，则季小可以继承该耕地上未收割的农作物

【解析】依据《民法典》第333条第1款规定，土地承包经营权自土地承包经营权合同生效时设立，A正确。

依据《民法典》第335条的规定，土地承包经营权采取登记对抗主义，不登记变更，不得对抗第三人，B错误。请考生注意，物权法上的登记对抗针对是物权和物权的竞争问题，即物权人与物权人之间的冲突；至于债务人和债权人的保护问题，通过债法解决。

依据《农村土地承包法》第32条第1款的规定，承包人应得的承包收益，依照继承法的规定继承。土地承包经营权具有一定的人身专属性，不发生继承问题，但继承人可继承承包的收益，C错误，D正确。

关联法条　《农村土地承包法》第32条，《民法典》第333、335条

（2）其他方式承包。

①取得。

A. 荒山、荒沟、荒丘、荒滩等可直接通过招标、拍卖、公开协商等方式实行承包经营；

B. 也可将土地承包经营权折股分给本集体经济组织成员后，实行承包经营或股份合作经营；

C. 外包：发包方将农村土地发包给本集体经济组织以外的单位或个人承包，应当事先经本集体经济组织成员的村民会议三分之二以上成员或三分之二以上村民代表同意，并报乡（镇）人民政府批准。

②内容与限制：流转。

通过招标、拍卖、公开协商等方式承包农村土地，经依法登记取得权属证书的，其土地承包经营权可以依法采取出租、入股、抵押或其他方式流转。

★特别提示　家庭联产承包责任制，发包只适用于本集体经济组织的内部成员，经济组织以外的人无权取得。招标、拍卖或协商方式的承包不限制受让人身份。请关注农村土地承包经营权的三权分置：所有权、承包权、经管权。

（二）宅基地使用权（F62）

农村集体经济组织分配给内部成员建造住宅、没有期限的集体土地使用权。

1. 一户一宅，不得超标

（1）农村村民一户只能拥有一处宅基地，其宅基地的面积不得超过省、自治区、直辖

---

[1]【答案】AD

市规定的标准。

（2）人均土地少、不能保障一户拥有一处宅基地的地区，县级人民政府在充分尊重农村村民意愿的基础上，可以采取措施，按照省、自治区、直辖市规定的标准保障农村村民实现户有所居。

2. 符合规划：不占基本农田

农村村民建住宅，应当符合乡（镇）土地利用总体规划、村庄规划，不得占用永久基本农田，并尽量使用原有的宅基地和村内空闲地。

编制乡（镇）土地利用总体规划、村庄规划应当统筹并合理安排宅基地用地，改善农村村民居住环境和条件。

3. 审批：乡府审核

农村村民住宅用地，由乡（镇）人民政府审核批准；其中，涉及占用农用地的，依法办理农转建审批手续。

4. 出卖赠与出租后，不再分配

农村村民出卖、出租、赠与住宅后，再申请宅基地的，不予批准。

5. 自愿有偿退出、鼓励盘活闲置宅基地和住宅

国家允许进城落户的农村村民依法自愿有偿退出宅基地，鼓励农村集体经济组织及其成员盘活利用闲置宅基地和闲置住宅。

（三）非农建设用地

（1）非农经营用地。

经审批由农村集体经济组织通过投资方式向从事非农经营者提供的集体土地使用权。

农村集体经济组织使用建设用地兴办企业或与其他单位、个人以土地使用权入股、联营等形式共同举办企业。

①主体：集体经济组织或企业。

②取得：向县级以上政府土地行政主管部门提出申请，由县级以上政府批准；土地使用权作价金额按照国家建设征收集体土地标准确定。其中，涉及占用农用地的，办理农用地专用审批手续。

（2）非农公益用地。

经审批由农村集体经济组织用于乡村公共设施、公益事业建设的集体土地使用权。

①主体：公共设施、公益事业单位。

②取得：经乡（镇）政府审核，向县级以上政府土地行政主管部门提出申请，由县级以上政府批准。

【经典真题】

农户甲外出打工，将自己房屋及宅基地使用权一并转让给同村农户乙，5年后甲返回该村。关于甲返村后的住宅问题，下列哪些说法是错误的?[1]（2012－1－72）

A. 由于甲无一技之长，在外找不到工作，只能返乡务农。政府应再批给甲一处宅基地建房

B. 根据"一户一宅"的原则，甲作为本村村民应拥有自己的住房。政府应再批给甲一

---

[1] 【答案】ABCD

处宅基地建房

C. 由于农村土地具有保障功能，宅基地不得买卖，甲乙之间的转让合同无效。乙应返还房屋及宅基地使用权

D. 由于与乙的转让合同未经有关政府批准，转让合同无效。乙应返还房屋及宅基地使用权

【考点】宅基地

【解析】根据《土地管理法》第62条："农村村民一户只能拥有一处宅基地，其宅基地的面积不得超过省、自治区、直辖市规定的标准。农村村民建住宅，应当符合乡（镇）土地利用总体规划，并尽量使用原有的宅基地和村内空闲地。农村村民住宅用地，由乡（镇）人民政府审核批准；其中，涉及占用农用地的，依照本法第44条的规定办理审批手续。农村村民出卖、出租住房后，再申请宅基地的，不予批准。"本题甲已将宅基地转让他人，政府不再批甲宅基地。因此，A、B说法错误。

另外，根据《土地管理法》规定，农村村民宅基地的所有权属于村民集体所有，村民只有使用权，没有所有权，禁止擅自买卖或非法转让。但因买卖、继承、赠与房屋而发生宅基地使用权转移的，买房户、继承人、被赠与人是本集体经济组织成员的，可依法办理宅基地用地手续。因此宅基地买卖，主要限制的是卖方不得再申请宅基地；对于买方而言，如果是同村村民，可以取得房屋所有权，并可依法办理宅基地用地手续。转让合同并不当然无效。由此，C、D说法错误。

考点6 建设用地管理★★★

（一）国家建设用地

1. 国家建设征地的审批权限。

（1）由国务院批准的包括：基本农田；基本农田以外的耕地超过35公顷的；其他土地超过70公顷的。

（2）征收上述土地以外的土地，由省、自治区、直辖市人民政府批准。

（二）农用地转用手续

凡是涉及农用地转为建设用地，无论是国有土地还是农村集体所有的土地，均需办理转用审批手续。批准权限主要在省级政府，例外是：

1. 永久基本农田转为建设用地的，由国务院审批；

2. 在土地利用总体规划确定的城市和村庄、集镇建设用地规模范围内，为实施该规划将永久基本农田以外的农用地转为建设用地的，按土地利用年度计划分批次由原批准土地利用总体规划的机关或者其授权的机关批准。在已批准的农用地转用范围内，具体建设项目用地可由市、县政府批准。

农用地转用和土地征收审批的关系是：农用地转用审批在先，征地审批和农用地转用审批能一起办理的就一起办理，不再另外办理。

（三）临时建设用地

临时建设用地是指因建设项目施工和地质勘查等需要临时使用国有土地或者集体土地。其与一般建设用地相比，用地时间短，审批手续相对简便。

1. 临时建设用地的审批程序。临时建设用地，由县级以上人民政府自然资源主管部门批准。其中，在城市规划区内的临时用地，在报批前，应当先经有关城市规划行政主管部

门同意。土地使用者应当根据土地权属，与有关土地行政主管部门或者农村集体经济组织、村民委员会签订临时使用土地合同，并按照合同的约定支付临时使用土地补偿费。

2. 临时建设用地的限制。《土地管理法》对临时建设用地作了以下限制性规定：

（1）必须按照临时使用合同约定的用途使用土地；

（2）不得修建永久性建筑；

（3）临时使用土地的期限不得超过2年。

（四）抢险救灾等急需使用土地

（1）抢险救灾等急需使用土地的，可以先行使用土地；

（2）属于临时用地的，灾后应恢复原状并交还原土地使用者使用，不再办理用地审批手续；

（3）属于永久性建设用地的，建设单位应在灾情结束后6个月内申请补办建设用地审批手续。

考点7 土地纠纷及其解决途径★★★★

（一）土地确权争议：

协商——政府处理前置——行政诉讼。

1. 单位之间的争议由县级以上政府处理。

2. 个人之间、个人与单位之间的争议由乡级或县级以上政府处理。

（二）农村土地承包经营纠纷：

和解——可请村委会、乡政府调解；可仲裁（对仲裁不服可起诉）——可直接诉讼。

（三）土地侵权纠纷：

协商——可请土地行政部门行政调处，不服的提起民事诉讼——可直接起诉。

▶★特别提示 注意民事法律关系和行政法律关系的区分，民事争议通过民事诉讼解决，行政争议通过行政诉讼解决。

【经典真题】

某公司取得出让土地使用权后，超过出让合同约定的动工开发日期满两年仍未动工，市政府决定收回该土地使用权。该公司认为，当年交付的土地一直未完成征地拆迁，未达到出让合同约定的条件，导致项目迟迟不能动工。为此，该公司提出两项请求，一是撤销收回土地使用权的决定，二是赔偿公司因工程延误所受的损失。对这两项请求，下列哪些判断是正确的？[1]（2014-1-72）

A. 第一项请求属于行政争议

B. 第二项请求属于民事争议

C. 第一项请求须先由县级以上政府处理，当事人不服的才可向法院起诉

D. 第二项请求须先由县级以上政府处理，当事人不服的才可向法院起诉

【考点】土地争议处理

【解析】土地出让合同是双务有偿合同，作为出让方的国家（由市政府为代表）如果

---

[1]【答案】ABC

不能按合同履行，应承担相应的违约责任，第二项请求属于民事争议，B正确。

市政府收回土地，行使的是行政权力，相对方不服，要求撤销，属于行政争议，A正确。

关于第一项行政争议实质上属于土地的使用权确权纠纷，根据《土地管理法》第14条："土地所有权和使用权争议，由当事人协商解决；协商不成的，由人民政府处理。单位之间的争议，由县级以上人民政府处理；个人之间、个人与单位之间的争议，由乡级人民政府或者县级以上人民政府处理。当事人对有关人民政府的处理决定不服的，可以自接到处理决定通知之日起30日内，向人民法院起诉。在土地所有权和使用权争议解决前，任何一方不得改变土地利用现状。"所以C正确。

D项于法无据。

▽ 关联法条

《土地管理法》

第十四条 土地所有权和使用权争议，由当事人协商解决；协商不成的，由人民政府处理。

单位之间的争议，由县级以上人民政府处理；个人之间、个人与单位之间的争议，由乡级人民政府或者县级以上人民政府处理。

当事人对有关人民政府的处理决定不服的，可以自接到处理决定通知之日起三十日内，向人民法院起诉。

在土地所有权和使用权争议解决前，任何一方不得改变土地利用现状。

考点8 不动产登记暂行条例

（一）登记的概念和种类、登记簿

1. 不动产登记是指不动产登记机构（以下简称：登记机构）依法将不动产权利归属和其他法定事项记载于不动产登记簿的行为。不动产是指土地、海域以及房屋、林木等定着物。

2. 登记种类：

（1）取得：首次登记、转移登记；

（2）变更：变更登记；

（3）消灭：注销登记；

（4）其他：更正登记、异议登记、预告登记、查封登记等。

3. 介质：不动产登记簿应采用电子介质，暂不具备条件的，可采用纸质介质。不动产登记簿由登记机构永久保存。

（二）登记申请

1. 共同申请：因买卖、设定抵押权等申请不动产登记的，应由当事人双方共同申请。

2. 单方申请：属于下列情形之一的，可由当事人单方申请：

属于下列情形之一的，可由当事人单方申请：

（1）非法律行为发生的物权变动

A 首次登记

尚未登记的不动产首次申请登记的；

B 继承、接受遗赠

继承、接受遗赠取得不动产权利的；

C 裁判、决定

法院、仲裁委员会生效的法律文书或政府生效的决定等设立、变更、转让、消灭不动产权利的；

（2）单方行为

A 变更登记

权利人姓名、名称或自然状况发生变化，申请变更登记的；

B 注销登记（抛弃）

不动产灭失或权利人放弃不动产权利，申请注销登记的；

C 更正登记、异议登记

申请更正登记或异议登记的；

（3）其他情形

法律、行政法规规定可由当事人单方申请的其他情形。

3. 到场申请与撤回申请：当事人或其代理人应到登记机构办公场所申请。在登记事项记载于不动产登记簿前，申请人可以撤回申请。

（三）登记办理

1. 实地查看：属于下列情形之一的，登记机构可对申请登记的不动产进行实地查看：

（1）房屋等建筑物、构筑物所有权首次登记；

（2）在建建筑物抵押权登记；

（3）因不动产灭失导致的注销登记；

（4）不动产登记机构认为需要实地查看的其他情形。

2. 调查：对可能存在权属争议，或可能涉及他人利害关系的登记申请，登记机构可以向申请人、利害关系人或者有关单位进行调查。

3. 办理时限：登记机构应自受理申请之日起 30 个工作日内办结登记手续，法定除外。登记事项自记载于不动产登记簿时完成登记。完成登记，核发不动产权属证书或登记证明。

4. 不予登记：登记申请有下列情形之一的，登记机构应不予登记，并书面告知申请人：

（1）违反法律、行政法规规定的；

（2）存在尚未解决的权属争议的；

（3）申请登记的不动产权利超过规定期限的；

（4）法律、行政法规规定不予登记的其他情形。

（四）登记信息共享与保护

依法查询：权利人、利害关系人、国家机关可依法查询、复制不动产登记资料，应说明查询目的，不得将查询获得的不动产登记资料用于其他目的；未经权利人同意，不得泄露。否则依法承担责任。

（五）法律责任

伪造变造证书的法律责任：伪造、变造不动产权属证书、不动产登记证明，或买卖、使用伪造、变造的不动产权属证书、不动产登记证明的，由不动产登记机构或公安机关依法予以收缴；有违法所得的，没收违法所得；并依法承担民事责任、行政责任、刑事责任。

【经典真题】

申请不动产登记时，下列哪一情形应由当事人双方共同申请？[1]（2015－1－29）

A. 赵某放弃不动产权利，申请注销登记

B. 钱某接受不动产遗赠，申请转移登记

C. 孙某将房屋抵押给银行以获得贷款，申请抵押登记

D. 李某认为登记于周某名下的房屋为自己所有，申请更正登记

【解析】依据《不动产登记暂行条例》第14条第2款第5项的规定，抛弃不动产，系单方法律行为，只有一个意思表示，单方申请注销登记即可，A错误。

依据《不动产登记暂行条例》第14条第2款第2项的规定，接受遗赠，自遗赠开始时，物权发生变动。接受遗赠，系单方法律行为，只有一个意思表示，单方申请移转登记即可，B错误。

依据《不动产登记暂行条例》第14条第1款的规定，抵押系双方法律法律行为，系双方设定物权的意思表示的合意，需要双方共同申请抵押登记，C正确。

依据《不动产登记暂行条例》第14条第2款第6项的规定，申请更正登记，系单方行为，不存在双方合意，只需要单方申请即可，D错误。

二、城乡规划法

考点1　城乡规划和规划区的内容

城乡规划，包括城镇体系规划、城市规划、镇规划、乡规划和村庄规划。城市规划、镇规划分为总体规划和详细规划。

详细规划分为控制性详细规划和修建性详细规划。

▶ ★特别提示

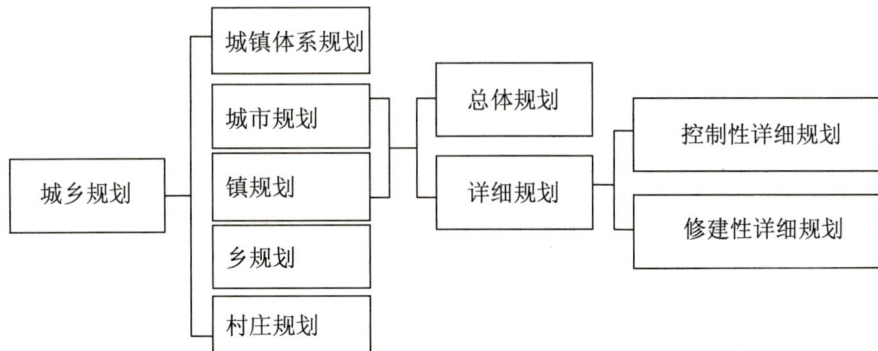

控制性详细规划：以城市的总体规划为依据，确定城市建设地区的土地使用权性质和使用强度的控制指标，道路和工程管线控制性位置以及空间环境控制的规划要求。如确定建筑的高度、密度、绿地率、容积率、公共设施配套要求、停车泊位数量等。

修建性详细规划，以城市的总体规划或控制性规划为依据，针对某一具体地块，制定

---

[1] 【答案】C

用以指导城市各项建筑和工程建设及其施工的规划设计。如景观布置图、道路系统规划设计、工程管线规划设计、绿地系统规划设计。

【经典真题】

根据《城乡规划法》规定，下列哪些选项属于城乡规划的种类？[1]（2009 - 1 - 75）

A. 城乡规划包括城镇体系规划、城市规划、镇规划、乡规划和村庄规划

B. 城市规划、镇规划分为总体规划和详细规划

C. 详细规划分为控制性详细规划和修建性详细规划

D. 修建性详细规划分为建设用地规划和建设工程规划

【考点】 城乡规划的种类

【解析】 根据《城乡规划法》第 2 条第 2 款的规定："本法所称城乡规划，包括城镇体系规划、城市规划、镇规划、乡规划和村庄规划。城市规划、镇规划分为总体规划和详细规划。详细规划分为控制性详细规划和修建性详细规划。"所以 ABC 正确。

▽ **关联法条**

《城乡规划法》

第二条 制定和实施城乡规划，在规划区内进行建设活动，必须遵守本法。

本法所称城乡规划，包括城镇体系规划、城市规划、镇规划、乡规划和村庄规划。城市规划、镇规划分为总体规划和详细规划。详细规划分为控制性详细规划和修建性详细规划。

本法所称规划区，是指城市、镇和村庄的建成区以及因城乡建设和发展需要，必须实行规划控制的区域。规划区的具体范围由有关人民政府在组织编制的城市总体规划、镇总体规划、乡规划和村庄规划中，根据城乡经济社会发展水平和统筹城乡发展的需要划定。

三、房地产管理法

考点 1 房地产开发

房地产开发是指在依法取得土地使用权的国有土地上进行基础设施、房屋建设的行为。

（一）房地产开发项目管理

1. 规划。

房地产开发必须严格执行城市规划，我国的城市规划分为总体规划和详细规划，其中详细规划又分为控制性详细规划和修建性详细规划。详细规划对房地产开发项目具有直接约束力。

2. 用途和期限及土地闲置罚则。

以出让方式取得土地使用权进行房地产开发的，必须按照出让合同约定的用途、动工开发期限开发土地。

超过合同约定期限满 1 年未动工开发的，依法可以征收相当于土地使用权出让金 20% 以下的土地闲置费；满 2 年未动工开发的，可以无偿收回土地使用权；但是，因不可抗力

---

[1] 【答案】ABC

或者政府及其有关部门的行为或者动工开发必需的前期工作造成开工迟延的除外。

确需改变该土地用途的，应经以下部门批准：

①有关政府的土地行政主管部门；

②原批准用地的政府；

③在城市规划区内改变土地用途的，在报原批准的政府批准前，应当先经有关城市规划主管部门同意。

考点2 房地产交易★★★

（一）概述

最主要的是房地产转让、房地产抵押和房地产租赁。

（二）房地产交易的规则

房地产转让、抵押时，房屋所有权和该房屋占用范围内的土地使用权同时转让、抵押，二者不能分割，即"房地一体主义"。

（三）房地产转让

1. 房地产转让的禁止。

《城市房地产管理法》规定，下列房地产不得转让：

①以出让方式取得土地使用权，不符合法定条件的；

②司法机关、行政机关依法裁定、决定查封或者以其他形式限制房地产权利的；

③依法收回土地使用权的；

④共有房地产，未经其他共有人书面同意的；

⑤权属有争议的；

⑥未依法登记领取权属证书的；

⑦法律、行政法规规定禁止转让的其他情形。

2. 房地产转让的条件（登记处分+25%）。

（1）按照出让合同约定，已经支付全部土地使用权出让金，并取得土地使用权证书。

（2）以划拨方式取得土地使用权的，应当向有批准权的人民政府申请批准。准予转让的，受让方应当办理土地使用权出让手续，并依规定缴纳土地使用权出让金；有批准权的人民政府按照国务院规定决定可以不办理土地使用权出让手续的，转让方应当按照国务院规定将转让房地产所获收益中的土地收益上缴国家或者作其他处理。

（3）按出让合同约定进行投资开发，属于房屋建设工程的，完成开发投资总额的25%以上，属于成片开发土地的，形成工业用地或者其他建设用地条件。

（4）转让房地产是已建成房屋的，应持有房屋所有权证书。

★特别提示 登记是基于非法律行为取得的不动产物权的处分要件。

3. 房地产转让的法律效果。（债权债务转移+物权变动）

（1）出让合同的权利义务概括移转：

房地产转让，应当签订书面转让合同，合同中应当载明土地使用权取得的方式。房地产转让时，土地使用权出让合同载明的权利、义务随之转移。

（2）以出让方式取得土地使用权的，转让房地产后，其土地使用权的使用年限为原土地使用权出让合同约定的使用年限减去原土地使用者已经使用年限后的剩余年限。

（3）以出让方式取得土地使用权的，转让房地产后，受让人改变原土地使用权出让合同约定的土地用途的，必须取得原出让方和市、县人民政府城市规划行政主管部门的同意，签订土地使用权出让合同变更协议或者重新签订土地使用权出让合同，相应调整土地使用权出让金。

4. 商品房预售与按揭。

商品房预售应当符合下列条件：

①已支付全部土地使用权出让金，取得土地使用权证书；

②持有建设工程规划许可证；

③按提供预售的商品房计算，投入开发建设的资金达到工程建设总投资的 25% 以上，并已经确定施工进度和竣工交付日期；

④向县级以上人民政府房产管理部门办理预售登记，取得商品房预售许可证明；

⑤预售合同报县级以上人民政府房产管理部门和土地管理部门登记备案。

▶ ★特别提示　备案不是商品房预售合同的生效要件。

【经典真题】

甲企业将其厂房及所占划拨土地一并转让给乙企业，乙企业依法签订了出让合同，土地用途为工业用地。5 年后，乙企业将其转让给丙企业，丙企业欲将用途改为商业开发。关于该不动产权利的转让，下列哪些说法是正确的？[1]（2015 - 1 - 72）

A. 甲向乙转让时应报经有批准权的政府审批

B. 乙向丙转让时，应已支付全部土地使用权出让金，并取得国有土地使用权证书

C. 丙受让时改变土地用途，须取得有关国土部门和规划部门的同意

D. 丙取得该土地及房屋时，其土地使用年限应重新计算

【解析】依据《房地产管理法》第 40 条的规定，划拨土地使用权的出让，应当经过有批准权的政府审批。A 正确。

依据《房地产管理法》第 39 条的规定，以出让方式取得土地使用权的，转让房地产时，应当支付全部土地出让金，并且取得土地使用权证书，类推适用的是民法典物权编上的登记处分要件的法理。登记取得土地使用权证书，建成房屋的，转让房屋，还要取得房屋所有权证书，B 正确。

依据《房地产管理法》第 44 条的规定，受让人改变土地用途的，必须经过规划部门同意，C 正确。

依据《房地产管理法》第 43 条的规定，出让土地使用权受到期限的限制，受让人的使用年限为出让合同约定的年限减去原土地使用者已经使用年限后的剩余年限，D 错误。

考点 3　划拨土地使用权的出让、出让土地使用权的转让

【经典真题】

1. 甲公司以出让方式取得某地块 50 年土地使用权，用于建造写字楼。土地使用权满 3 年时，甲公司将该地块的使用权转让给乙公司，但将该地块上已建成的一幢楼房留作自用。

─────────────

〔1〕【答案】ABC

对此，下列哪些选项是正确的？[1]（2013－1－72）

A. 如该楼房已取得房屋所有权证，则甲公司可只转让整幅地块的使用权而不转让该楼房

B. 甲公司在土地使用权出让合同中载明的权利、义务应由乙公司整体承受

C. 乙公司若要改变原土地使用权出让合同约定的土地用途，取得原出让方的同意即可

D. 乙公司受让后，可以在其土地使用权的使用年限满46年之前申请续期

【考点】房地产交易

【解析】《城市房地产管理法》第32条："房地产转让、抵押时，房屋的所有权和该房屋占用范围内的土地使用权同时转让、抵押。"A错误。

第42条："房地产转让时，土地使用权出让合同载明的权利、义务随之转移。"B正确。

第44条："以出让方式取得土地使用权的，转让房地产后，受让人改变原土地使用权出让合同约定的土地用途的，必须取得原出让方和市、县人民政府城市规划行政主管部门的同意，签订土地使用权出让合同变更协议或者重新签订土地使用权出让合同，相应调整土地使用权出让金。"C错误。

第43条："以出让方式取得土地使用权的，转让房地产后，其土地使用权的使用年限为原土地使用权出让合同约定的使用年限减去原土地使用者已经使用年限后的剩余年限。"D正确。

2. 在加大房地产市场宏观调控的形势下，某市政府对该市房地产开发的管理现状进行检查，发现以下情况，其中哪些做法是需要纠正的？[2]（2017－1－74）

A. 房地产建设用地的供应，在充分利用现有建设用地的同时，放宽占用农用地和开发未利用地的条件

B. 土地使用权出让，符合土地利用总体规划、城市规划或年度建设用地计划之一即可

C. 预售商品房，要求开发商交清全部土地使用权出让金，取得土地使用权证书，并持有建设工程规划许可证等

D. 采取税收减免等方面的优惠措施，鼓励房地产开发企业开发建设商业办公类住宅，方便市民改作居住用途

【考点】商品房预售、土地政策

【解析】依据《土地管理法》第21条第1款的规定，城市建设用地规模应当符合国家规定的标准，充分利用现有建设用地，不占或者尽量少占农用地。而不是放宽占用农用地，A选项错误，要选。

依据《房地产管理法》第10条的规定，土地使用权出让，必须符合土地利用总体规划、城市规划和年度建设用地计划。而不是仅仅符合其中某一计划，B选项错误，要选。

依据《房地产管理法》第45条的规定，预售商品房，需要交清全部土地使用权出让金，取得土地使用权证书，并持有建设工程规划许可证，C选项正确，不选。

依据《房地产管理法》第29条的规定，国家采取税收等方面的优惠措施鼓励和扶持房

---

[1]【答案】BD

[2]【答案】ABD

地产开发企业开发建设居民住宅。而不是鼓励商业办公类住宅开发，D选项错误，要选。

【本章小结】

　　本章的考点集中于《土地管理法》，《城乡规划法》和《房地产管理法》，考点相对简单。须重点掌握如下考点：国有土地使用权（出让、划拨）、集体土地使用权（农用地的承包经营权、非农建设用地）、建设用地管理（国家建设用地、乡村建设用地、临时用地）、土地纠纷处理；城乡建设规划的制定和实施（建设用地规划、建设工程规划、乡村建设规划、临时建设规划）；房地产交易（房地产转让、抵押）。

一、概述 F3、4、9

承包	**1. 家庭承包 + 其他方式承包** （1）农村集体经济组织内部的家庭承包方式； （2）荒山、荒沟、荒丘、荒滩等农村土地，可以采取招标、拍卖、公开协商等方式承包。
经营	**2. 自己经营 + 他人经营（流转经营权）** 承包方承包土地后，享有土地承包经营权，可以自己经营； 也可以保留土地承包权，流转其承包地的土地经营权，由他人经营。
所有权	**3. 所有权不变 + 承包地买卖禁止** 农村土地承包后，土地的所有权性质不变。承包地不得买卖。

二、家庭承包经营权

（一）取得

取得	**1. 发包** （1）**集体所有**——村集体经济组织或村委会发包； （2）**村内两个以上农村集体经济组织所有**——各集体经济组织或村民小组发包； （3）**国家所有**——使用该土地的农村集体经济组织、村民委员会或村民小组发包。
	2. 承包合同（物权合同） （1）**债权合同成立生效、物权合意成立时物权生效** 承包合同自成立之日起生效。承包方自承包合同生效时取得土地承包经营权。 （2）**集体组织分立合并，合同不受影响** 承包合同生效后，发包方不得因承办人或负责人的变动而变更或解除，也不得因集体经济组织的分立或合并而变更或解除。 （3）**违法收回、调整承包地之约定无效** 承包合同中违背承包方意愿或违反法律、行政法规有关不得收回、调整承包地等强制性规定的约定无效。

主体	1. **家庭承包的承包方**是本集体经济组织的农户。 2. **家庭成员平等权利、全体成员登记在册** 农户内家庭成员依法平等享有承包土地的各项权益。 土地承包经营权证或林权证等证书应当将具有土地承包经营权的全部家庭成员列入。 我国某县张家村拟以家庭承包方式向村民发包，依据我国《农村土地承包法》，下列表述错误的是? [1] A. 农村土地的土地承包经营一律由村委会发包 B. 土地承包经营权证可以将具有土地承包经营权的部分家庭成员列入 C. 土地承包合同自登记时生效 D. 土地承包合同约定，发包方针对土地承包权享有任意收回权，该约定有效 【解析】村小组也可发包；土地承包经营权的主体是农户，登记全体家庭成员；土地承包经营权登记对抗，不得随意收回。 ▽ **关联法条** 《农村土地承包法》第 13、23、24 条
内容	1. **权利内容** （1）**使用、收益权** 依法享有承包地使用、收益的权利，有权自主组织生产经营和处置产品； （2）**处分权** 依法互换、转让土地承包经营权； A **内部互换——发包方备案** 承包方之间为方便耕种或各自需要，可以对属于同一集体经济组织的土地的土地承包经营权进行互换，并向发包方备案。 B **内转——发包方同意** 经发包方同意，承包方可以将全部或部分的土地承包经营权转让给本集体经济组织的其他农户，由该农户同发包方确立新的承包关系，原承包方与发包方在该土地上的承包关系即行终止。 C **物权变动——登记对抗** 土地承包经营权互换、转让的，当事人可以向登记机构申请登记。未经登记，不得对抗善意第三人。 D **强迫流转——无效** 任何组织和个人强迫进行土地承包经营权互换、转让或土地经营权流转，该互换、转让或流转无效。 E **依法流转土地经营权；** （3）**补偿权**——承包地被依法征收、征用、占用的，有权依法获得相应的补偿；

[1]【答案】ABCD

续表

	张三获得张家村某块土地的土地承包经营权，关于土地承包经营权及其债务关系，下列表述错误的是?[1] A. 张三依法享有承包地的使用、收益权 B. 张三可依法与同村村民互换、转让土地承包经营权，但二者都需要发包方同意 C. 张三可依法流转土地经营权 D. 张三经发包方同意，可在承包地上从事非农业开发和建设 【解析】内部互换，发包方备案；非农禁止；
	2. 权利期限 耕地的承包期为三十年。期届满后再延长三十年。 草地的承包期为三十年至五十年。承包期届满后相应延长。 林地的承包期为三十年至七十年。承包期届满后相应延长。
法定债务关系	**法定债务关系——承包方的债务** **(1) 非农禁止**：维持土地的农业用途，未经依法批准不得用于非农建设； **(2) 合理利用**：依法保护和合理利用土地，不得给土地造成永久性损害； **(3) 其他义务**：法律、行政法规规定的其他义务。

（二）家庭承包经营权的保护和继承

保护	**1. 承包期内——收回禁止 F27** (1) 承包期内，发包方不得收回承包地。 **(2) 进城无需退出土地承包经营权，引导自愿流转** 国家保护进城农户的土地承包经营权。不得以退出土地承包经营权作为农户进城落户的条件。 承包期内，承包农户进城落户的，引导支持其按照自愿有偿原则依法在本集体经济组织内转让土地承包经营权或将承包地交回发包方，也可以鼓励其流转土地经营权。 **(3) 交回或收回，提高土地生产能力的，相应补偿** 承包期内，承包方交回承包地或发包方依法收回承包地时，承包方对其在承包地上投入而提高土地生产能力的，有权获得相应的补偿。 **2. 承包期内——调整禁止 F28** (1) 承包期内，发包方不得调整承包地。 **(2) 三分之二多数决 + 乡府和县主管部门批，约定不得调整除外** 承包期内，因自然灾害严重毁损承包地等特殊情形对个别农户之间承包的耕地和草地需要适当调整的，必须经本集体经济组织成员的村民会议三分之二以上成员或三分之二以上村民代表的同意，并报乡（镇）人民政府和县级人民政府农业农村、林业和草原等主管部门批准。承包合同中约定不得调整的，按照其约定。

---

[1] 【答案】BD

续表

	3. 承包期内——可自愿交回 F30 **预告半年、自愿交回、合理补偿、期内不得再要求承包** （1）承包期内，承包方可以自愿将承包地交回发包方。 （2）承包方自愿交回承包地的，可以获得合理补偿，但是应当提前半年以书面形式通知发包方。 （3）承包方在承包期内交回承包地的，在承包期内不得再要求承包土地。
	4. 妇女权利保护——未取得承包地的，不得收回其原承包地 F31 承包期内 （1）妇女结婚，在新居住地未取得承包地的，发包方不得收回其原承包地； （2）妇女离婚或丧偶，仍在原居住地生活或不在原居住地生活但在新居住地未取得承包地的，发包方不得收回其原承包地。
继承	**收益继承 F32** （1）承包人应得的承包收益，依照继承法的规定继承。 （2）林地承包的承包人死亡，其继承人可以在承包期内继续承包。

【经典真题】

张小芳通过家庭承包方式获得张家村某农地之土地承包经营权，依据我国《农村土地承包法》，下列表述错误的是？[1]

A. 张小芳进城落户的，该土地承包经营权由发包方自动收回

B. 张小芳自愿交回土地承包经营权的，可以获得合理补偿，但应当提前半年以书面形式通知发包方

C. 如张小芳外嫁到刘家村，则发包方可收回其原承包地

D. 如村委会强迫张小芳与张大芳将土地经营权互换，则该互换合同可撤销

【解析】进城落户，土地承包经营权不得自动收回；妇女外嫁，也不得自动收回；强制互换，合同无效。

▽ **关联法条**

《农村土地承包法》第27、30、31、60条。

---

[1] 【答案】ACD

（三）土地经营权

取得	**1. 土地经营权设定** **出租、入股或其他方式——发包方备案** （1）**承包方可以自主决定依法采取**出租（转包）、入股或其他方式向他人流转土地经营权，并向发包方备案。 （2）**流转收益归承包方** 土地经营权流转的价款由当事人约定。流转的收益归承包方所有。 （3）**承包关系不变** 承包方流转土地经营权的，其与发包方的承包关系不变。 （4）**工商企业作为受让方的，可适量收费 F45** 工商企业等社会资本通过流转取得土地经营权的，本集体经济组织可以收取适量管理费用。 **2. 土地经营权流转原则 F38** 土地经营权流转应当遵循以下原则： （1）**自愿有偿** 依法、自愿、有偿，任何组织和个人不得强迫或阻碍土地经营权流转； （2）**非农禁止** 不得改变土地所有权的性质和土地的农业用途，不得破坏农业综合生产能力和农业生态环境； （3）**承包期内流转** 流转期限不得超过承包期的剩余期限； （4）**受让方须具有农业资质** 受让方须有农业经营能力或资质； （5）**内部成员之优先受让权** 在同等条件下，本集体经济组织成员享有优先权。 **3. 土地经营权流转合同 F40** （1）**书面合同** 当事人双方应当签订书面流转合同，承包方将土地交由他人代耕不超过一年的，可以不签订书面合同。 （2）**流转期限 5 年以上的可登记、登记对抗 F41** 土地经营权流转期限为五年以上的，当事人可以向登记机构申请土地经营权登记。未经登记，不得对抗善意第三人。 土地承包经营权人李四拟流转土地经营权，下列表述正确的是？[1] A. 李四可通过出租方式流转土地经营权，并经发包方批准 B. 土地经营权的流转期限可以超过承包期的剩余期限 C. 李四将土地交由他人代耕不超过一年的，可以不签订书面合同；土地经营权流转期限为五年以上的，当事人可以向登记机构申请土地经营权登记 D. 李四流转土地经营权的，其与发包方的承包关系不变 **【解析】** 土地经营权设定——发包方备案；承包关系不变；书面合同，登记对抗；

---

[1]【答案】CD

续表

内容	**1. 土地经营权人的权利** **（1）收益权** 土地经营权人有权在合同约定的期限内占有农村土地，自主开展农业生产经营并取得收益。 **（2）补偿权** 经承包方同意，受让方可以依法投资改良土壤，建设农业生产附属、配套设施，并按照合同约定对其投资部分获得合理补偿。 **（3）处分权——经承包方同意、本集体经济组织备案** 经承包方书面同意，并向本集体经济组织备案，受让方可以再流转土地经营权。 **2. 土地经营权担保 F47** **（1）承包方提供担保** 承包方可以用承包地的土地经营权向金融机构融资担保，并向发包方备案。 **（2）受让方提供担保——承包方书面同意并向发包方备案** 受让方通过流转取得的土地经营权，经承包方书面同意并向发包方备案，可以向金融机构融资担保。 **（3）担保物权自担保物权合意成立时生效，登记对抗** 担保物权自融资担保合同生效时设立。当事人可以向登记机构申请登记； 未经登记，不得对抗善意第三人。 **（4）担保物权人优先受偿** 实现担保物权时，担保物权人有权就土地经营权优先受偿。 王二依法获得某地块的土地经营权，下列表示错误的是？[1] A. 只要经承包方书面同意，王二可再流转土地经营权 B. 经承包方同意，王二可以依法投资改良土壤，并按照合同约定对其投资部分获得合理补偿 C. 王二通过流转取得的土地经营权，经承包方书面同意并向发包方批准，可以向金融机构融资担保 D. 王二依法以土地经营权向金融机构融资担保，该担保物权自登记时生效 **【解析】**土地经营权设定——发包人备案；土地经营权处分——承包方同意、本集体组织备案；担保——承包方书面同意，发包方备案，登记对抗；

---

[1] 【答案】ACD

续表

法定债务关系	**1. 合同解除** **承包方的解除权** 承包方不得单方解除土地经营权流转合同，但受让方有下列情形之一的除外： （1）**非农**：擅自改变土地的农业用途； （2）**抛荒**：弃耕抛荒连续两年以上； （3）**严重损害生态环境**：给土地造成严重损害或严重破坏土地生态环境； （4）**其他严重违约行为。** **2. 合同终止** **发包方的终止权** **非农建设、抛荒、损害土地或破坏生态，承包方不解除合同——发包方终止合同＋损害赔偿 F64** （1）土地经营权人擅自改变土地的农业用途、弃耕抛荒连续两年以上、给土地造成严重损害或严重破坏土地生态环境，承包方在合理期限内不解除土地经营权流转合同的，发包方有权要求终止土地经营权流转合同。 （2）土地经营权人对土地和土地生态环境造成的损害应当予以赔偿。
法律责任	**非农建设——行政处罚＋发包方制止、损害赔偿 F63** （1）**行政责任** 承包方、土地经营权人违法将承包地用于非农建设的，由县级以上地方人民政府有关主管部门依法予以处罚。 （2）**民事责任** 承包方给承包地造成永久性损害的，发包方有权制止，并有权要求赔偿由此造成的损失。

【经典真题】

甲乙丙丁系张家村村民并各自立户，都获得土地承包经营权，关于土地经营权的表述，下列正确的是？[1]

A. 甲可以入股方式向李四流转土地经营权，甲与发包方的承包关系由李四自动承继

B. 乙以出租方式向王二流转土地经营权，王二不能再流转该土地经营权。如王二改变土地用途，乙不解除土地经营权流转合同的，发包方可主张该合同无效

C. 丙向某农业开发公司流转土地经营权时，张家村的村民享有优先受让权

D. 丁向林七流转土地经营权的期限为 6 年，登记为该土地经营权的生效要件。如林七获得该土地经营权，并以该土地经营权对外提供担保融资，登记为该担保物权设定的生效要件

【解析】土地经营权不改变承包关系；土地经营权人经承包方同意，并经本集体经济组织备案，可以流转土地经营权；土地经营权人擅自改变土地的农业用途、弃耕抛荒连续两年以上、给土地造成严重损害或严重破坏土地生态环境，承包方在合理期限内不解除土地经营权流转合同的，发包方有权要求终止土地经营权流转合同。土地经营权流转期限 5

---

[1] 【答案】C

年以上的，登记系对抗要件；土地经营权提供担保的，登记系对抗要件。

▽ **关联法条**

《农村土地承包法》第38、43、44、46、47条。

三、其他方式承包经营权

取得	**1. 四荒地——拍照挂方式承包或折股承包经营、股份合作经营 F48、50** 荒山、荒沟、荒丘、荒滩 （1）可以直接通过招标、拍卖、公开协商等方式实行承包经营， （2）可以将土地经营权折股分给本集体经济组织成员后，再实行承包经营或股份合作经营。 **2. 外转 F51、52** （1）**三分之二多数决 + 乡府批** 应当事先经本集体经济组织成员的村民会议三分之二以上成员或三分之二以上村民代表的同意，并报乡（镇）人民政府批准。 （2）**资信审查** 应当对承包方的资信情况和经营能力进行审查后，再签订承包合同。 （3）**优先承包权 F51** 以其他方式承包农村土地，在同等条件下，本集体经济组织成员有权优先承包。
流转	**出租、入股、抵押或其他方式** 通过招标、拍卖、公开协商等方式承包农村土地，经依法登记取得权属证书的，可以依法采取出租、入股、抵押或其他方式流转土地经营权。
土地经营权继承	**四荒地的土地经营权继承 F54** （1）**收益继承** 通过招标、拍卖、公开协商等方式取得土地经营权的，该承包人死亡，其应得的承包收益，依照继承法的规定继承； （2）**承包期内继续承包** 在承包期内，其继承人可以继续承包。

【经典真题】

李家村有一处荒山，依据我国《农村土地承包法》，下列表述正确的是？[1]

A. 不可以直接通过拍卖方式对该荒山实行承包经营

B. 如以公开协商方式承包农村土地，在同等条件下，本集体经济组织成员有权优先承包

C. 如王二以招标方式取得该荒地的承包经营权，则可以将该权利抵押

D. 赵六通过公开协商方式取得该荒地的土地经营权，如赵六死亡，其应得的承包收益，其继承人可继承

---

〔1〕【答案】BD

【解析】四荒地可通过拍卖、招标和公开协商方式设定土地承包经营权，该权可以抵押。

▽ **关联法条**

《农村土地承包法》第 48~54 条。

第八章
环境保护法

导学

2015年1月1日生效的新环保法共七章（七十条），与修改前的六章（四十七条）相比，有了较大变化。往年环保法在考试中的涉题量在1~2题，平均分值为1~3分。2015年因为新法的变化，考查力度有所加强。2016年环境法属于"小年"，仅仅考查了环境影响评价制度和环境侵权诉讼时效制度。

环境法的学习应当把握环境基本制度——环境监管——环境法律责任——环境纠纷解决的逻辑线索，重点学习环境标准、信息公开、公益诉讼、环境侵权责任、行政责任等考点。

★【本部分常考考点包括】

环境保护法基本制度（三同时制度、环境标准、信息公开、公益诉讼等等）、环境责任等。

环境法框架体系

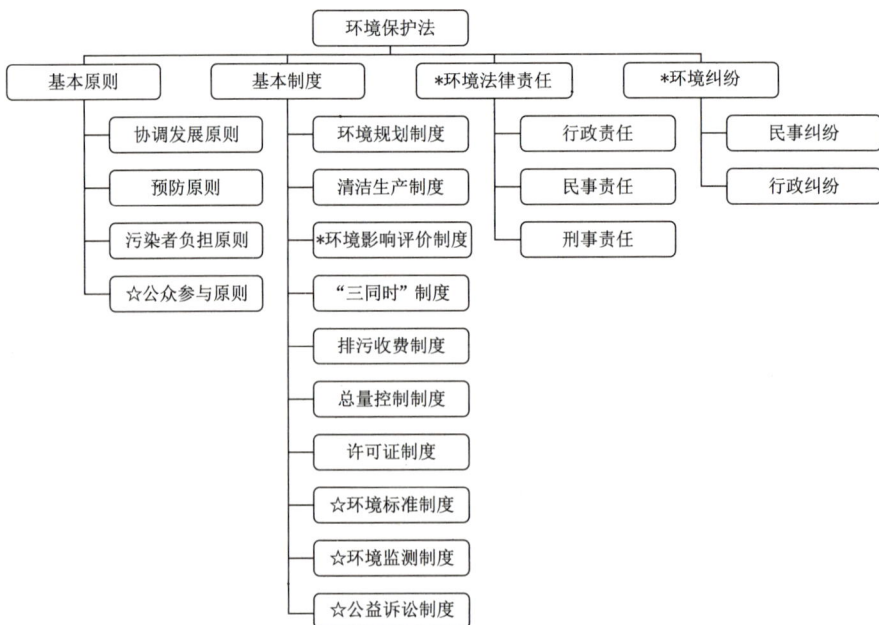

```
                          环境保护法
        ┌───────────┬───────────┬───────────┐
      基本原则      基本制度    *环境法律责任    *环境纠纷
        │            │            │            │
    协调发展原则   环境规划制度    行政责任      民事纠纷
        │            │            │            │
     预防原则     清洁生产制度    民事责任      行政纠纷
        │            │            │
   污染者负担原则  *环境影响评价制度  刑事责任
        │            │
   ☆公众参与原则  "三同时"制度
                     │
                  排污收费制度
                     │
                  总量控制制度
                     │
                   许可证制度
                     │
                 ☆环境标准制度
                     │
                 ☆环境监测制度
                     │
                 ☆公益诉讼制度
```

一、环境保护法的基本原则

考点　公众参与原则

▽ **关联法条**

《环境保护法》

第五十三条　公民、法人和其他组织依法享有获取环境信息、参与和监督环境保护的权利。

各级人民政府环境保护主管部门和其他负有环境保护监督管理职责的部门，应当依法公开环境信息、完善公众参与程序，为公民、法人和其他组织参与和监督环境保护提供便利。

第五十四条　国务院环境保护主管部门统一发布国家环境质量、重点污染源监测信息及其他重大环境信息。省级以上人民政府环境保护主管部门定期发布环境状况公报。

县级以上人民政府环境保护主管部门和其他负有环境保护监督管理职责的部门，应当依法公开环境质量、环境监测、突发环境事件以及环境行政许可、行政处罚、排污费的征收和使用情况等信息。

县级以上地方人民政府环境保护主管部门和其他负有环境保护监督管理职责的部门，应当将企业事业单位和其他生产经营者的环境违法信息记入社会诚信档案，及时向社会公布违法者名单。

第五十五条　重点排污单位应当如实向社会公开其主要污染物的名称、排放方式、排放浓度和总量、超标排放情况，以及防治污染设施的建设和运行情况，接受社会监督。

第五十六条　对依法应当编制环境影响报告书的建设项目，建设单位应当在编制时向可能受影响的公众说明情况，充分征求意见。

负责审批建设项目环境影响评价文件的部门在收到建设项目环境影响报告书后，除涉及国家秘密和商业秘密的事项外，应当全文公开；发现建设项目未充分征求公众意见的，应当责成建设单位征求公众意见。

二、环境保护法的基本制度

（一）环境影响评价制度

环境影响评价，是指对规划和建设项目实施后可能造成的环境影响进行分析、预测和评估，提出预防或者减轻不良环境影响的对策和措施，进行跟踪监测的方法与制度。

1. 环境影响评价的适用范围。

规划的环境影响评价	1. 总体规划。 国务院有关部门、设区的市级以上地方人民政府及其有关部门，对其组织编制的土地利用的有关规划，区域、流域、海域的建设、开发利用规划，应当在规划编制过程中组织进行环境影响评价，编写该规划有关环境影响的篇章或者说明。 规划有关环境影响的篇章或者说明，应当对规划实施后可能造成的环境影响作出分析、预测和评估，提出预防或者减轻不良环境影响的对策和措施，作为规划草案的组成部分一并报送规划审批机关。 未编写有关环境影响的篇章或者说明的规划草案，审批机关不予审批。 2. 专项规划。 国务院有关部门、设区的市级以上地方人民政府及其有关部门，对其组织编制的工业、农业、畜牧业、林业、能源、水利、交通、城市建设、旅游、自然资源开发的有关专项规划（以下简称专项规划），应当在该专项规划草案上报审批前，组织进行环境影响评价，并向审批该专项规划的机关提出环境影响报告书。
建设项目的环境影响评价	国家根据建设项目对环境的影响程度，对建设项目的环境影响评价实行分类管理： ①可能造成重大环境影响的，应当编制环境影响报告书，对产生的环境影响进行全面评价； ②可能造成轻度环境影响的，应当编制环境影响报告表，对产生的环境影响进行分析或者专项评价； ③对环境影响很小、不需要进行环境影响评价的，应当填报环境影响登记表。

2. 建设项目环境影响评价的审批。

审批机关	适用范围
国务院环境保护行政主管部门	①核设施、绝密工程等特殊性质的建设项目； ②跨省、自治区、直辖市行政区域的建设项目； ③由国务院审批的或者由国务院授权有关部门审批的建设项目。
省、自治区、直辖市人民政府规定	其他建设项目。
共同的上一级环境保护行政主管部门	建设项目可能造成跨行政区域的不良环境影响，有关环境保护行政主管部门对该项目的环境影响评价结论有争议的。

3. 环境影响报告书的内容。

专项规划的环境影响报告书	①实施该规划对环境可能造成影响的分析、预测和评估； ②预防或者减轻不良环境影响的对策和措施； ③环境影响评价的结论。
建设项目的环境影响报告书	①建设项目概况； ②建设项目周围环境现状； ③建设项目对环境可能造成影响的分析、预测和评估； ④建设项目环境保护措施及其技术、经济论证； ⑤建设项目对环境影响的经济损益分析； ⑥对建设项目实施环境监测的建议； ⑦环境影响评价的结论。 ■ ★特别提示　涉及水土保持的建设项目，还必须有经水土行政主管部门审查同意的水土保持方案。

【经典真题】

某采石场扩建项目的环境影响报告书获批后，采用的爆破技术发生重大变动，其所生粉尘将导致周边居民的农作物受损。关于此事，下列哪一说法是正确的？[1]（2016-1-31）

A. 建设单位应重新报批该采石场的环境影响报告书

B. 建设单位应组织环境影响的后评价，并报原审批部门批准

C. 该采石场的环境影响评价，应当与规划的环境影响评价完全相同

D. 居民将来主张该采石场承担停止侵害的侵权责任，受3年诉讼时效的限制

【考点】 环境影响评价、环境侵权诉讼时效

▽ 关联法条

《环境影响评价法》第18、24条，《环境侵权纠纷解释》第17条。

【解析】 依据《环境影响评价法》第24条第1款的规定，建设项目的环境影响评价文件经批准后，建设项目的性质、规模、地点、采用的生产工艺或者防治污染、防止生态破坏的措施发生重大变动的，建设单位应当重新报批建设项目的环境影响评价文件。所以A正确。

依据《环境影响评价法》第27条的规定，在项目建设、运行过程中产生不符合经审批的环境影响评价文件的情形的，建设单位应当组织环境影响的后评价，采取改进措施，并报原环境影响评价文件审批部门和建设项目审批部门备案……，环境影响的后评价报原审批部门备案，而不是批准，所以B错误。

依据《环境影响评价法》第18条的规定，建设项目的环境影响评价，应当避免与规划的环境影响评价相重复。即该采石场的环境影响评价，应当避免与规划的环境影响评价完全相同，所以C错误。

根据《中华人民共和国环境保护法》第66条规定，只有提起损害赔偿诉讼才受该诉讼时效限制。所以D错误。

（二）"三同时"制度

1. 概念。

"三同时"制度是指建设项目中的环境保护设施必须与主体工程同时设计、同时施工、同时投产使用的环保法律制度。

2. 适用范围。

在我国领域和我国管辖的其他海域对环境有影响的建设项目需要配置环保设施的，必须适用该制度。

3. 实施。

防治污染的设施必须经原审批环境影响报告书的环境保护行政主管部门验收合格后，该建设项目方可投入生产或者使用。

防治污染的设施不得擅自拆除或者闲置，确有必要拆除或者闲置的，必须征得所在地的环境保护行政主管部门同意。

（三）排污收费制度

1. 概念：排污收费制度指国家环保管理机关依法对排污者征收一定费用的法律制度。

───────────

[1]【答案】A

2. 对象：排放污染物的企业事业单位和其他生产经营者。

3. 排污费的用途：排污费应当全部专项用于环境污染防治，任何单位和个人不得截留、挤占或者挪作他用。

4. 例外：依照法律规定征收环境保护税的，不再征收排污费。

【经典真题】

某市政府接到省环境保护主管部门的通知：暂停审批该市新增重点污染物排放总量的建设项目环境影响评价文件。下列哪些情况可导致此次暂停审批？[1]（2015 - 1 - 73）

A. 未完成国家确定的环境质量目标

B. 超过国家重点污染物排放总量控制指标

C. 当地环境保护主管部门对重点污染物监管不力

D. 当地重点排污单位未按照国家有关规定和监测规范安装使用监测设备

【考点】 建设项目环评审批

【解析】 依据《环境保护法》第44条的规定，对超过国家重点污染物排放总量控制指标或者未完成国家确定的环境质量目标的地区，省级以上人民政府环境保护主管部门应当暂停审批其新增重点污染物排放总量的建设项目环境影响评价文件。A、B 正确，C、D 错误。

▽ 关联法条

《环境保护法》

第四十四条　国家实行重点污染物排放总量控制制度。重点污染物排放总量控制指标由国务院下达，省、自治区、直辖市人民政府分解落实。企业事业单位在执行国家和地方污染物排放标准的同时，应当遵守分解落实到本单位的重点污染物排放总量控制指标。

对超过国家重点污染物排放总量控制指标或者未完成国家确定的环境质量目标的地区，省级以上人民政府环境保护主管部门应当暂停审批其新增重点污染物排放总量的建设项目环境影响评价文件。

（四）环境保护许可证制度

环境保护许可证制度，是指从事有害或可能有害环境的活动之前，必须向有关管理机关提出申请，经审查批准，发放许可证，方可按许可证的规定进行该活动的一整套法律制度措施。在环境保护许可证制度中，使用最广泛的是排污许可证。

（五）环境标准制度

环境标准制度是国家为了保护环境质量、控制污染，按照法定程序制定并实施各种环境技术规范的法律制度。

---

[1]【答案】AB

标准	国家级	地方级	
		制定主体	内容
环境质量标准	国务院环境保护主管部门制定国家环境质量标准	省、自治区、直辖市人民政府	1. 国家环境质量标准中未作规定的项目，可以制定地方环境质量标准； 2. 对国家环境质量标准中已作规定的项目，可以制定严于国家环境质量标准的地方环境质量标准。 ★特别提示 地方环境质量标准应当报国务院环境保护主管部门备案。
污染物排放标准	国务院环境保护主管部门根据国家环境质量标准和国家经济、技术条件，制定国家污染物排放标准。	省、自治区、直辖市人民政府	1. 省、自治区、直辖市人民政府对国家污染物排放标准中未作规定的项目，可以制定地方污染物排放标准； 2. 对国家污染物排放标准中已作规定的项目，可以制定严于国家污染物排放标准的地方污染物排放标准。 ★特别提示 1. 地方污染物排放标准应当报国务院环境保护主管部门备案。 2. "地标"高于"国标"，省级政府有权制定"地标"，"地标"备案。

【经典真题】

关于环境质量标准和污染物排放标准，下列哪些说法是正确的？[1]（2014－1－73）

A. 国家环境质量标准是制定国家污染物排放标准的根据之一

B. 国家污染物排放标准由国务院环境保护行政主管部门制定

C. 国家环境质量标准中未作规定的项目，省级政府可制定地方环境质量标准，并报国务院环境保护行政主管部门备案

D. 地方污染物排放标准由省级环境保护行政主管部门制定，报省级政府备案

考点 环境质量标准、污染物排放标准

解析 《环境保护法》第16条："国务院环境保护主管部门根据国家环境质量标准和国家经济、技术条件，制定国家污染物排放标准。省、自治区、直辖市人民政府对国家污染物排放标准中未作规定的项目，可以制定地方污染物排放标准；对国家污染物排放标准中已作规定的项目，可以制定严于国家污染物排放标准的地方污染物排放标准。地方污染物排放标准应当报国务院环境保护主管部门备案。"A、B说法正确；D项错误。

第15条："国务院环境保护主管部门制定国家环境质量标准。省、自治区、直辖市人民政府对国家环境质量标准中未作规定的项目，可以制定地方环境质量标准；对国家环境质量标准中已作规定的项目，可以制定严于国家环境质量标准的地方环境质量标准。地方环境质量标准应当报国务院环境保护主管部门备案。"所以C正确。

[1]【答案】ABC

（六）公益诉讼制度

对污染环境、破坏生态，损害社会公共利益的行为，依法在设区的市级以上人民政府民政部门登记的相关社会组织，和专门从事环境保护公益活动连续五年以上且信誉良好的社会组织，可以向人民法院提起诉讼，人民法院应当依法受理。

提起诉讼的社会组织不得通过诉讼牟取利益。

【经典真题】

某省天洋市滨海区一石油企业位于海边的油库爆炸，泄漏的石油严重污染了近海生态环境。下列哪一主体有权提起公益诉讼（其中所列组织均专门从事环境保护公益活动连续5年以上且无违法记录）?[1]（2015-1-30）

A. 受损海产养殖户推选的代表赵某

B. 依法在滨海区民政局登记的"海蓝志愿者"组织

C. 依法在邻省的省民政厅登记的环境保护基金会

D. 在国外设立但未在我国民政部门登记的"海洋之友"团体

【考点】提起环境公益诉讼的社会组织

【解析】依据《环境保护法》第58条的规定，对污染环境、破坏生态，损害社会公共利益的行为，依法在设区的市级以上人民政府民政部门登记的社会组织可以向人民法院提起诉讼，养殖户推选的代表赵某无权提起公益诉讼，A错误。

依据《环境保护法》第58条的规定，滨海区民政局的社会组织无权提起公益诉讼，而是市级民政部门登记的社会组织，B错误。

依据《环境保护法》第58条的规定，省民政厅登记的环境保护基金会有权提起环境公益诉讼，C正确。

依据《环境保护法》第58条的规定，未在我国民政部门登记的社会组织无权提起公益诉讼，D错误。

⬇ 关联法条

《环境保护法》

第五十八条 对污染环境、破坏生态，损害社会公共利益的行为，符合下列条件的社会组织可以向人民法院提起诉讼：

（一）依法在设区的市级以上人民政府民政部门登记；（二）专门从事环境保护公益活动连续五年以上且无违法记录。

符合前款规定的社会组织向人民法院提起诉讼，人民法院应当依法受理。

提起诉讼的社会组织不得通过诉讼牟取经济利益。

（七）跨行政区污染防治制度

其他跨行政区域的防治制度。

《环境保护法》第20条第1款规定以外的跨行政区域的环境污染和生态破坏的防治，由上级人民政府协调解决，或者由有关地方人民政府协商解决。

---

[1]【答案】C

【经典真题】

关于我国生态保护制度，下列哪一表述是正确的？[1]（2015 – 1 – 31）

A. 国家只在重点生态功能区划定生态保护红线

B. 国家应积极引进外来物种以丰富我国生物的多样性

C. 国家应加大对生态保护地区的财政转移支付力度

D. 国家应指令受益地区对生态保护地区给予生态保护补偿

【考点】 生态保护

【解析】 依据《环境保护法》第29条第1款的规定，国家在重点生态功能区、生态环境敏感区和脆弱区等区域划定生态保护红线，实行严格保护，并不是只在重点生态功能区划定生态保护红线，A错误。

依据《环境保护法》第30条第2款的规定，引进外来物种以及研究、开发和利用生物技术，应当采取措施，防止对生物多样性的破坏，而不是积极引进外来物种，B错误。

依据《环境保护法》第31条第1～2款的规定，国家建立、健全生态保护补偿制度。国家加大对生态保护地区的财政转移支付力度。有关地方人民政府应当落实生态保护补偿资金，确保其用于生态保护补偿。C正确。

依据《环境保护法》第31条第3款的规定，国家指导受益地区和生态保护地区人民政府通过协商或者按照市场规则进行生态保护补偿，而非指令。D错误。

三、环境法律责任和环境纠纷

（一）环境行政责任

1. 环境行政责任的适用情形。

根据《环境保护法》第59至63条的相关规定，环境行政责任的主要责任形式是罚款、限制生产、停产整治，情节严重者将适用行政拘留。

（1）企业事业单位和其他生产经营者违法排放污染物，受到罚款处罚，被责令改正，拒不改正的，依法作出处罚决定的行政机关可以自责令改正之日的次日起，按照原处罚数额按日连续处罚。（第59条）

（2）企业事业单位和其他生产经营者超过污染物排放标准或者超过重点污染物排放总量控制指标排放污染物的，县级以上人民政府环境保护主管部门可以责令其采取限制生产、停产整治等措施；情节严重的，报经有批准权的人民政府批准，责令停业、关闭。（第60条）

（3）建设单位未依法提交建设项目环境影响评价文件或者环境影响评价文件未经批准，擅自开工建设的，由负有环境保护监督管理职责的部门责令停止建设，处以罚款，并可以责令恢复原状。（第61条）

（4）违反本法规定，重点排污单位不公开或者不如实公开环境信息的，由县级以上地方人民政府环境保护主管部门责令公开，处以罚款，并予以公告。（第62条）

（5）企业事业单位和其他生产经营者有下列行为之一，尚不构成犯罪的，除依照有关法律法规规定予以处罚外，由县级以上人民政府环境保护主管部门或者其他有关部门将案

---

[1] 【答案】C

件移送公安机关，对其直接负责的主管人员和其他直接责任人员，处 10 日以上 15 日以下拘留；情节较轻的，处 5 日以上 10 日以下拘留：

　　① 建设项目未依法进行环境影响评价，被责令停止建设，拒不执行的；

　　②违反法律规定，未取得排污许可证排放污染物，被责令停止排污，拒不执行的；

　　③ 通过暗管、渗井、渗坑、灌注或者篡改、伪造监测数据，或者不正常运行防治污染设施等逃避监管的方式违法排放污染物的；

　　④ 生产、使用国家明令禁止生产、使用的农药，被责令改正，拒不改正的。（第 63 条）

　　2. 环境行政纠纷处理程序。

　　环境行政纠纷，可以通过环境行政复议和环境行政诉讼解决。

　　当事人对行政复议决定不服的诉讼时效为 15 天；直接向人民法院起诉的，诉讼时效为 15 天。

【经典真题】

　　某市混凝土公司新建临时搅拌站，在试运行期间通过暗管将污水直接排放到周边，严重破坏当地环境。公司经理还指派员工潜入当地环境监测站内，用棉纱堵塞空气采集器，造成自动监测数据多次出现异常。有关部门对其处罚后，公司生产经营发生严重困难，拟裁员 20 人以上。关于该公司的行为，下列说法正确的是：[1]（2017 - 1 - 96）

　　A. 如该公司应报批而未报批该搅拌站的环评文件，不得在缴纳罚款后再向审批部门补报

　　B. 该公司将防治污染的设施与该搅拌站同时正式投产使用前，可在搅拌站试运行期间停运治污设施

　　C. 该公司的行为受到罚款处罚时，可由市环保部门自该处罚之日的次日起，按照处罚数额按日连续处罚

　　D. 针对该公司逃避监管的违法行为，市环保部门可先行拘留责任人员，再将案件移送公安机关

　　【考点】三同时制度、环境法律责任

　　【解析】依据《环境保护法》第 19、61 条的规定，建设对环境有影响的项目，应当依法进行环境影响评价。未依法进行环境影响评价的建设项目，不得开工建设。

　　建设单位未依法提交建设项目环境影响评价文件或者环境影响评价文件未经批准，擅自开工建设的，由负有环境保护监督管理职责的部门责令停止建设，处以罚款，并可以责令恢复原状。一般建设项目的环评必须事先申报，不能缴纳罚款后补报，A 选项正确。

　　依据《环境保护法》第 41 条的规定，建设项目中防治污染的设施，应当与主体工程同时设计、同时施工、同时投产使用。防治污染的设施应当符合经批准的环境影响评价文件的要求，不得擅自拆除或者闲置。因此不能擅自停运治污设施，B 选项错误。

　　依据《环境保护法》第 59 条第 1 款的规定，企业事业单位和其他生产经营者违法排放污染物，受到罚款处罚，被责令改正，拒不改正的，依法作出处罚决定的行政机关可以自责令改正之日的次日起，按照原处罚数额按日连续处罚。从责令改正之日的次日起按日连

---

　　〔1〕【答案】A

续处罚，C 选项错误。

依据《环境保护法》第 63 条的规定，企业事业单位和其他生产经营者有违法行为之一，尚不构成犯罪的，除依照有关法律法规规定予以处罚外，由县级以上人民政府环境保护主管部门或者其他有关部门将案件移送公安机关，由公安机关对直接负责的主管人员和其他直接责依法拘留，而不是由环保局拘留，D 选项错误。

▽ 关联法条

《环境保护法》

第十九条　编制有关开发利用规划，建设对环境有影响的项目，应当依法进行环境影响评价。

未依法进行环境影响评价的开发利用规划，不得组织实施；未依法进行环境影响评价的建设项目，不得开工建设。

第四十一条　建设项目中防治污染的设施，应当与主体工程同时设计、同时施工、同时投产使用。防治污染的设施应当符合经批准的环境影响评价文件的要求，不得擅自拆除或者闲置。

第五十九条　企业事业单位和其他生产经营者违法排放污染物，受到罚款处罚，被责令改正，拒不改正的，依法作出处罚决定的行政机关可以自责令改正之日的次日起，按照原处罚数额按日连续处罚。

前款规定的罚款处罚，依照有关法律法规按照防治污染设施的运行成本、违法行为造成的直接损失或者违法所得等因素确定的规定执行。

地方性法规可以根据环境保护的实际需要，增加第一款规定的按日连续处罚的违法行为的种类。

第六十一条　建设单位未依法提交建设项目环境影响评价文件或者环境影响评价文件未经批准，擅自开工建设的，由负有环境保护监督管理职责的部门责令停止建设，处以罚款，并可以责令恢复原状。

第六十三条　企业事业单位和其他生产经营者有下列行为之一，尚不构成犯罪的，除依照有关法律法规规定予以处罚外，由县级以上人民政府环境保护主管部门或者其他有关部门将案件移送公安机关，对其直接负责的主管人员和其他直接责任人员，处十日以上十五日以下拘留；情节较轻的，处五日以上十日以下拘留：

（一）建设项目未依法进行环境影响评价，被责令停止建设，拒不执行的；

（二）违反法律规定，未取得排污许可证排放污染物，被责令停止排污，拒不执行的；

（三）通过暗管、渗井、渗坑、灌注或者篡改、伪造监测数据，或者不正常运行防治污染设施等逃避监管的方式违法排放污染物的；

（四）生产、使用国家明令禁止生产、使用的农药，被责令改正，拒不改正的。

（二）环境民事责任

▽ 关联法条

《民法典》

第七章　环境污染和生态破坏责任

第一千二百二十九条　因污染环境、破坏生态造成他人损害的，侵权人应当承担侵权责任。

第一千二百三十条　因污染环境、破坏生态发生纠纷，行为人应当就法律规定的不承担责任或者减轻责任的情形及其行为与损害之间不存在因果关系承担举证责任。

第一千二百三十一条　两个以上侵权人污染环境、破坏生态的，承担责任的大小，根据污染物的种类、浓度、排放量，破坏生态的方式、范围、程度，以及行为对损害后果所起的作用等因素确定。

第一千二百三十二条　侵权人违反法律规定故意污染环境、破坏生态造成严重后果的，被侵权人有权请求相应的惩罚性赔偿。

第一千二百三十三条　因第三人的过错污染环境、破坏生态的，被侵权人可以向侵权人请求赔偿，也可以向第三人请求赔偿。侵权人赔偿后，有权向第三人追偿。

第一千二百三十四条　违反国家规定造成生态环境损害，生态环境能够修复的，国家规定的机关或者法律规定的组织有权请求侵权人在合理期限内承担修复责任。侵权人在期限内未修复的，国家规定的机关或者法律规定的组织可以自行或者委托他人进行修复，所需费用由侵权人负担。

第一千二百三十五条　违反国家规定造成生态环境损害的，国家规定的机关或者法律规定的组织有权请求侵权人赔偿下列损失和费用：

（一）生态环境受到损害至修复完成期间服务功能丧失导致的损失；

（二）生态环境功能永久性损害造成的损失；

（三）生态环境损害调查、鉴定评估等费用；

（四）清除污染、修复生态环境费用；

（五）防止损害的发生和扩大所支出的合理费用。

1. 环境民事纠纷处理程序。

（1）环境行政调解处理。

环境行政调解处理既不是必经程序，也不是最终程序。环境民事纠纷当事人对行政调解处理决定不服的，可以向人民法院起诉，也可以不经过行政调解处理直接向人民法院起诉。环境行政调解处理决定没有强制执行的效力，对调解处理决定不服的，不能提起行政诉讼，而应提起以对方当事人为被告的环境民事诉讼。

（2）环境民事诉讼。

环境民事诉讼有如下特点：

① 环境民事诉讼时效为 3 年，从当事人知道或者应当知道受到污染损害时起计算。

② 环境民事诉讼适用举证责任倒置。

因污染环境发生纠纷，污染者应当就法律规定的不承担责任或者减轻责任的情形及其行为与损害之间不存在因果关系承担举证责任。

③ 因果关系推定。在我国司法实践中，实行因果关系推定，即被告不能证明自己与环境污染危害无关，如行为人排放的污染物不可能产生受害人遭受的污染，就推定因果关系存在。

④多数人侵权的处理。

两个以上污染者污染环境，污染者承担责任的大小，根据污染物的种类、排放量等因素确定。

⑤因第三人的过错污染环境造成损害的，被害人救济。

被侵权人可以向污染者请求赔偿，也可以向第三人请求赔偿。污染者赔偿后，有权向第三人追偿。

污染者举证证明下列情形之一的，法院应当认定其污染行为与损害之间不存在因果关系：

①排放的污染物没有造成该损害可能的；

②排放的可造成该损害的污染物未到达该损害发生地的；

③该损害于排放污染物破坏生态行为实施之前已发生的；

④其他可以认定污染行为与损害之间不存在因果关系的情形。

★特别提示　被侵权人提起诉讼，请求污染者停止侵害、排除妨碍、消除危险的，不受环境保护法规定的时效期间的限制。

关联法条

《环境侵权责任纠纷司法解释》

第七条　侵权人举证证明下列情形之一的，人民法院应当认定其污染环境、破坏生态与损害之间不存在因果关系：

（一）排放污染物、破坏生态的行为没有造成该损害可能的；

（二）排放的可造成该损害的污染物未到达该损害发生地的；

（三）该损害于排放污染物、破坏生态行为实施之前已发生的；

（四）其他可以认定污染环境、破坏生态行为与损害之间不存在因果关系的情形。

2. 环境服务机构的连带责任。

环境影响评价机构、环境监测机构以及从事环境监测设备和防治污染设施维护、运营的机构，在有关环境服务活动中弄虚作假，对造成的环境污染和生态破坏负有责任的，除依照有关法律法规规定予以处罚外，还应当与造成环境污染和生态破坏的其他责任者承担连带责任。

下列情形之一，应当认定为《环境保护法》第65条规定的弄虚作假：

①环境影响评价机构明知委托人提供的材料虚假而出具严重失实的评价文件的；

②环境监测机构或者从事环境监测设备维护、运营的机构故意隐瞒委托人超过污染物排放标准或者超过重点污染物排放总量控制指标的事实的；

③从事防治污染设施维护、运营的机构故意不运行或者不正常运行环境监测设备或者防治污染设施的；

④有关机构在环境服务活动中其他弄虚作假的情形。

【经典真题】

某化工厂排放的污水会影响鱼类生长，但其串通某环境影响评价机构获得虚假环评文件从而得以建设。该厂后来又串通某污水处理设施维护机构，使其污水处理设施虚假显示从而逃避监管。该厂长期排污致使周边水域的养殖鱼类大量死亡。面对养殖户的投诉，当地环境保护主管部门一直未采取任何查处措施。对于养殖户的赔偿请求，下列哪些单位应承担连带责任？[1]（2015－1－74）

A. 化工厂

B. 环境影响评价机构

C. 污水处理设施维护机构

D. 当地环境保护主管部门

[1]　**【答案】** ABC

【考点】 环评机构、环监机构、环境设施维护机构的连带责任

【解析】 依据《环境保护法》第65条的规定，环境影响评价机构、环境监测机构以及从事环境监测设备和防治污染设施维护、运营的机构，在有关环境服务活动中弄虚作假，对造成的环境污染和生态破坏负有责任的，除依照有关法律法规规定予以处罚外，还应当与造成环境污染和生态破坏的其他责任者承担连带责任。

依据《环境保护法》第65条的规定，化工厂需要承担连带责任，A正确。

环境影响评价机构需要承担连带责任，B正确。

污水处理设施维护机构需要承担连带责任，C正确。

环境保护主管部门不需要承担连带责任，D错误。

▽ **关联法条**

《环境保护法》

第六十五条　环境影响评价机构、环境监测机构以及从事环境监测设备和防治污染设施维护、运营的机构，在有关环境服务活动中弄虚作假，对造成的环境污染和生态破坏负有责任的，除依照有关法律法规规定予以处罚外，还应当与造成环境污染和生态破坏的其他责任者承担连带责任。

（三）环境刑事责任

环境刑事责任的形式同一般的刑事责任的形式没有区别，主要分为主刑和附加刑。主刑的种类包括：管制、拘役、有期徒刑、无期徒刑、死刑。附加刑的种类包括：罚金、剥夺政治权利、没收财产。附加刑可以独立适用。

✦ **★特别提示** 请考生全面把握环境法律责任，包括民事责任、行政责任和刑事责任。

【经典真题】

因连降大雨，某厂设计流量较小的排污渠之污水溢出，流入张某承包的鱼塘，致鱼大量死亡。张某诉至法院，要求该厂赔偿。该厂提出的下列哪些抗辩事由是依法不能成立的？[1]（2013-1-73）

A. 本市环保主管部门证明，我厂排污从未超过国家及地方排污标准

B. 天降大雨属于不可抗力，依法应予免责

C. 经有关机构鉴定，死鱼是全市最近大规模爆发的水生动物疫病所致

D. 张某鱼塘地势低洼，未对污水流入采取防范措施，其损失咎由自取

【考点】 环境民事责任

【解析】《环境保护法》第64条："因污染环境和破坏生态造成损害的，应当依照《中华人民共和国侵权责任法》的有关规定承担侵权责任。"《民法典》第1229条规定，"因污染环境、破坏生态造成他人损害的，侵权人应当承担侵权责任。"《民法典》第1230条规定，"因污染环境、破坏生态发生纠纷，行为人应当就法律规定的不承担责任或者减轻责任的情形及其行为与损害之间不存在因果关系承担举证责任。"所以，ABD不能抗辩，当选，C项能证明某厂的行为和损害后果没有因果关系，可以免责。

――――――――――

[1]【答案】ABD

【本章小结】

新修订的《环保法》，对于环境保护基本制度做了大幅度修正，尤其新增了环境监测制度、公益诉讼制度、跨行政区域污染防治制度，需要重点掌握。另外，修订了环境标准制度、环境影响评价制度，需要掌握细节。环境保护基本原则中，对于新法专章规定的公众参与原则要掌握。环境责任中重点掌握环境行政责任和民事责任。